TRADUZIDO A PARTIR DO GREGO

METAFÍSICA

O livro é a porta que se abre para a realização do homem.

Jair Lot Vieira

ARISTÓTELES

METAFÍSICA

TRADUÇÃO, TEXTOS ADICIONAIS E NOTAS

EDSON BINI

Estudou Filosofia na Faculdade de Filosofia,
Letras e Ciências Humanas da USP.
É tradutor há mais de 40 anos.

edipro

Grafia conforme o novo Acordo Ortográfico da Língua Portuguesa.

2ª edição, 4ª reimpressão 2021.

Editores: Jair Lot Vieira e Maíra Lot Vieira Micales
Coordenação editorial: Fernanda Godoy Tarcinalli
Produção editorial: Murilo Oliveira de Castro Coelho
Assessoria editorial: Flávio Ramalho
Tradução, textos adicionais e notas: Edson Bini
Revisão: Viviam Moreira
Revisão do grego: Ticiano Curvelo Estrela de Lacerda
Arte: Karina Tenório e Danielle Mariotin

Dados Internacionais de Catalogação na Publicação (CIP)
(Câmara Brasileira do Livro, SP, Brasil)

Aristóteles (384-322 a.C.)
Metafísica / Aristóteles ; tradução, textos adicionais e notas Edson Bini – 2. ed. – São Paulo : Edipro, 2012. – (Série Clássicos Edipro)

Título original: ΤΑ ΜΕΤΑ ΤΑ ΦΥΣΙΚΑ.
ISBN 978-85-7283-811-5

1. Aristóteles 2. Filosofia antiga I. Título. II. Série.

05-7162 CDD-185

Índices para catálogo sistemático:
1. Aristóteles : Obras filosóficas : 185
2. Filosofia aristotélica : 185

EDITORA AFILIADA

edipro

São Paulo: (11) 3107-7050 • Bauru: (14) 3234-4121
www.edipro.com.br • edipro@edipro.com.br
@editoraedipro @editoraedipro

SUMÁRIO

SINOPSE DOS LIVROS

APRESENTAÇÃO

O ESCASSO MATERIAL DE QUE dispomos atualmente de Aristóteles (inclusive de seus textos classificados como *esotéricos* – ver "Aristóteles: Sua Obra") revela-nos muito mais um mestre dotado de percuciente espírito científico do que um escritor a nos brindar com textos revisados e burilados destinados à publicação.

Se do ponto de vista do conteúdo, os textos esotéricos superam em profundidade os exotéricos (dos quais conhecemos hoje apenas alguns, e que conhecemos a título precário, pois mais pelas referências dos latinos do que diretamente), do prisma da forma, sua situação é muito semelhante, não passando (à exceção da *Constituição de Atenas*) majoritariamente da compilação das aulas ministradas pelo diligente docente do Liceu.

A *Metafísica*, a par de sua suma importância, constitui nítido exemplo disso. Embora exiba na sua quase totalidade um estilo expositivo característico, a denunciar a pena do Estagirita, está longe de ser uma obra de composição regular e que constitua em suas partes um todo concatenado e coeso.

Seus catorze Livros, além de não se ocuparem de um único tema central, ou temas necessariamente correlatos, mostram um desenvolvimento irregular e abrupto, carecendo de sequenciamento, continuidade, sendo visível a interpolação de alguns Livros e, inclusive, de trechos longos da *Física*; soma-se a isso a disparidade temática de, ao menos, um Livro, o V, que, a despeito da clara oportunidade de sua inserção no todo da *Metafísica*, quebra flagrantemente a sequência da análise do assunto que pretende ser o eixo nevrálgico da obra, ou seja, a busca da ciência a que cabe investigar o *ser enquanto ser* e esta investigação, a saber, a questão ontológica.

Assim, diante de nosso olhar exigente, a *Metafísica* surge, se encarada como um todo, como uma colcha de retalhos.

Entretanto, ainda que paradoxal, é possível que a *Metafísica* tenha sido fundamentalmente o que seu autor quisesse que ela fosse: a miscelânea de discussões filosóficas não necessariamente homogêneas (ainda que subordinadas de algum modo à questão ontológica) que sucedem as discussões da *Física*. Por outro lado, não devemos esquecer que a *Metafísica* foi a obra aristotélica mais *manipulada* (em todas as acepções desta palavra) durante mais de um milênio a partir do primeiro século da era cristã.

Comentários à parte, absolutamente nada disso subtrai o vigor filosófico que permeia suas páginas e a profundidade especulativa de suas análises, como certamente concluirá de sua atenta leitura o estudante e estudioso da filosofia helênica.

Nesta edição, o leitor encontrará uma útil *Sinopse dos Livros*, que o informará sobre as questões específicas tratadas por Aristóteles na *Metafísica*.

CONSIDERAÇÕES DO TRADUTOR

FINDA ESTA EMPREITADA DESAFIADORA, cabe-nos dirigir a palavra ao leitor, razão de ser de nosso trabalho e seu legítimo juiz.

Quer pela estrutura distinta de língua declinada, quer pela riqueza conceitual de seus termos de uso filosófico ou de cunho filosófico, quer pelo longo arco no tempo desde sua concepção e composição, quer, ainda, pela condição por vezes precária dos manuscritos, apesar do labor de extrema competência dos helenistas que estabeleceram os textos, a tradução das obras do pensamento grego, e particularmente de Aristóteles, mostra-se uma tarefa bastante delicada.

Sabemos que toda tradução, por melhor ou menos imperfeita que pretenda ser, não substitui o original, mas apenas o representa. É, de fato, impossível transportar ideias verbalmente expressas de um universo idiomático para outro com exatidão e perfeita fidelidade. O limite do traduzível é o intraduzível.

Nem literalidade, nem paráfrase... mas um equilíbrio entre ambas, já que não são opostos necessariamente excludentes entre si.

Nossa tentativa foi a de preservar, na medida do possível, o teor e espírito do texto. Isso, inexoravelmente, tende a sacrificar a forma em prol do conteúdo. Considerando que não se trata de um texto propriamente literário, o prejuízo é minimizado.

Por outro lado, embora não se trate pura e simplesmente de uma paráfrase da Metafísica, o leitor deve compreender que, apesar do extremo cuidado e zelo do tradutor, a tradução não consegue escapar de certo subjetivismo e de algum grau de ação interpretativa. A total isenção objetiva é humanamente impossível.

As eventuais palavras ou expressões entre colchetes almejam o completamento de ideias, por conta da presumível implicitude. As notas informativas e explicativas almejam a mesma meta didática.

Servimo-nos principalmente do texto estabelecido por Immanuel Bekker, mas nos apoiamos também no trabalho de outros aristotelistas, particularmente naquele de W. D. Ross.

Para facilitar e agilizar a consulta da Metafísica, foi adicionada à margem esquerda a consagrada numeração que Bekker fez constar na sua edição de 1831.

Cientes de nossas limitações e falhas, pedimos ao leitor que expresse sua opinião a respeito deste trabalho através de suas críticas e sugestões, para que, incorporando-as, possamos tornar nosso futuro trabalho menos imperfeito.

Esta tradução é dedicada a FRANCISCO CARLOS MACEDO BINI, irmão na acepção mais lata e incisiva da palavra e paradigma de retidão, serenidade e grandeza moral...

Finalmente, agradecemos à equipe Edipro e especialmente ao Sr. Jair Lot Vieira e ao Sr. Alexandre Rudyard Benevides.

DADOS BIOGRÁFICOS

ARISTÓTELES NASCEU EM ESTAGIRA, cidade da Macedônia, localizada no litoral noroeste da península da Calcídia, cerca de trezentos quilômetros ao norte de Atenas. O ano de seu nascimento é duvidoso – 385 ou, mais provavelmente, 384 a.C.

Filho de Nicômaco e Féstias, seu pai era médico e membro da fraternidade ou corporação dos *Asclepíades* (Ἀσκληπιάδαι, ou seja, *filhos ou descendentes de Asclépios*, o deus da medicina). A arte médica era transmitida de pai para filho.

Médico particular de Amintas II (rei da Macedônia e avô de Alexandre), Nicômaco morreu quando Aristóteles tinha apenas sete anos, tendo desde então o menino sido educado por seu tio Proxeno.

Os fatos sobre a infância, a adolescência e a juventude de Aristóteles são escassos e dúbios. Presume-se que, durante o brevíssimo período que conviveu com o pai, este o tenha levado a Pela, capital da Macedônia ao norte da Grécia, e tenha sido iniciado nos rudimentos da medicina pelo pai e pelo tio.

O fato indiscutível e relevante é que aos dezessete ou dezoito anos o jovem Estagirita transferiu-se para Atenas, e durante cerca de dezenove anos frequentou a *Academia* de Platão, deixando-a somente após a morte do mestre em 347 a.C., embora Diógenes Laércio (o maior dos biógrafos de Aristóteles na antiguidade) afirme que ele a deixou enquanto Platão ainda era vivo.

Não há dúvida de que Aristóteles desenvolveu laços de amizade com seu mestre e foi um de seus discípulos favoritos. Mas foi Espeusipo que herdou a direção da Academia.

O leitor nos permitirá aqui uma ligeira digressão.

Espeusipo, inspirado no último e mais extenso diálogo de Platão (*As Leis*), conferiu à Academia um norteamento franca e profundamente marcado pelo orfismo pitagórico, o que resultou na rápida transformação da Academia platónica em um estabelecimento em que predominava o estudo e o ensino das matemáticas, trabalhando-se mais elementos de reflexão e princípios pitagóricos do que propriamente platônicos.

Divergindo frontalmente dessa orientação matematizante e mística da filosofia, Aristóteles abandonou a Academia acompanhado de outro discípulo de Platão, Xenócrates, o qual, contudo, retornaria posteriormente à Academia, aliando-se à orientação pitagorizante de Espeusipo, mas desenvolvendo uma concepção própria.

Os "fatos" que se seguem imediatamente acham-se sob uma nuvem de obscuridade, dando margem a conjeturas discutíveis.

Alguns autores pretendem que, logo após ter deixado a Academia, Aristóteles abriu uma Escola de retórica com o intuito de concorrer com a famosa Escola de retórica de Isócrates. Entre os discípulos do Estagirita estaria o abastado Hérmias, que pouco tempo depois se tornaria tirano de Atarneu (ou Aterna), cidade-Estado grega na região da Eólida.

Outros autores, como o próprio Diógenes Laércio, preferem ignorar a hipótese da existência de tal Escola e não entrar em minúcias quanto às circunstâncias do início do relacionamento entre Aristóteles e Hérmias.

Diógenes Laércio limita-se a afirmar que alguns supunham que o eunuco Hérmias era um favorito de Aristóteles, e outros, diferentemente, sustentam que o relacionamento e o parentesco criados entre eles foram devidos ao casamento de Aristóteles com Pítia – filha adotiva, irmã ou sobrinha de Hérmias – não se sabe ao certo.

Um terceiro partido opta por omitir tal Escola e associa o encontro de Aristóteles com Hérmias indiretamente a dois discípulos de Platão e amigos do Estagirita, a saber, Erasto e Corisco, que haviam redigido uma Constituição para Hérmias e recebido apoio deste para fundar uma Escola platônica em Assos, junto a Atarneu.

O fato incontestável é que nosso filósofo (Aristóteles) conheceu o rico Hérmias, durante três anos ensinou na Escola platônica de Assos, patrocinada por ele, e em 344 a.C. desposou Pítia.

Nessa Escola nosso filósofo conheceu Teofrasto, o qual se tornaria o maior de seus discípulos. Pertence a este período incipiente o primeiro trabalho filosófico de Aristóteles: *Da Filosofia*.

Após a invasão de Atarneu pelos persas e o assassinato de Hérmias, ocasião em que, segundo alguns autores, Aristóteles salvou a vida de Pítia providenciando sua fuga, dirigiu-se ele a Mitilene na ilha de Lesbos. Pouco tempo depois (em 343 ou 342 a.C.), aceitava a proposta de Filipe II para ser o preceptor de seu filho, Alexandre (então com treze anos) mudando-se para Pela. Na fase de Pela, o Estagirita escreveu duas obras que só sobreviveram fragmentariamente e em caráter transitório: *Da Monarquia* e *Da Colonização.* Nosso filósofo teria iniciado, também nesse período, a colossal *Constituições*, contendo a descrição e o estudo de 158 (ou, ao menos, 125) formas de governo em prática em toda a Grécia (desse alentadíssimo trabalho só restou para a posteridade a *Constituição de Atenas*).

Depois de haver subjugado várias cidades helênicas da costa do mar Egeu, e inclusive ter destruído Estagira (que ele próprio permitiria depois que fosse reconstruída por Aristóteles), Filipe II finalmente tomou Atenas e Tebas na célebre batalha de Queroneia, em 338 a.C.

Indiferente a esses fatos militares e políticos, o Estagirita prosseguiu como educador de Alexandre até a morte de Filipe e o início do reinado de Alexandre (335 a.C.). Retornou então a Atenas e fundou nesse mesmo ano sua Escola no Λύκειον (*Lýkeion – Liceu*), que era um ginásio localizado no nordeste de Atenas, junto ao templo de Apolo Lício, deus da luz, ou Λύκειος (*Lýkeios* – literalmente, *destruidor de lobos*).

O Liceu (já que o lugar emprestou seu nome à Escola de Aristóteles) situava-se em meio a um bosque (consagrado às Musas e a Apolo Lício) e era formado por um prédio, um jardim e uma alameda adequada ao passeio de pessoas que costumavam realizar uma *conversação caminhando* (περίπατος – *perípatos*), daí a filosofia aristotélica ser igualmente denominada filosofia *peripatética*, e sua Escola, Escola *peripatética*, referindo-se à tal alameda e especialmente ao hábito de o Estagirita e seus discípulos andarem por ali discutindo questões filosóficas.

A despeito de estar em Atenas, nosso filósofo permanecia informado das manobras político-militares de Alexandre por meio do chanceler macedônio e amigo, Antipater.

O período do Liceu (335-323 a.C.) foi, sem dúvida, o mais produtivo e fecundo na vida do filósofo de Estagira. Ele conjugava uma intensa atividade intelectual entre o ensino na Escola e a redação de suas obras. Durante a manhã, Aristóteles ministrava aulas restritas aos discípulos mais avançados, os chamados cursos *esotéricos* (ἐσωτερικοί) ou *acroamáticos* (ἀκροαματικοί), os quais versavam geralmente sobre temas mais complexos e profundos de lógica, matemática, física e metafísica. Nos períodos vespertino e noturno, Aristóteles dava cursos abertos, acessíveis ao grande público (*exotéricos* [ἐξωτερικοί]), via de regra de dialética e retórica. Teofrasto e Eudemo, seus principais discípulos, atuavam como assistentes e monitores, reforçando a explicação das lições aos discípulos e anotando-as para que posteriormente o mestre redigisse suas obras, com base nelas.

A distinção entre cursos esotéricos e exotéricos e a consequente separação dos discípulos não eram motivadas por qualquer diferença entre um ensino secreto místico, reservado apenas a *iniciados*, e um ensino meramente religioso, ministrado aos profanos, nos moldes, por exemplo, das instituições dos pitagóricos.

Essa distinção era puramente pragmática, no sentido de organizar os cursos por nível de dificuldade (didática) e, sobretudo, restringir os cursos exotéricos àquilo que despertava o interesse da grande maioria dos atenienses, a saber, a dialética e a retórica.

Nessa fase áurea do Liceu, nosso filósofo também montou uma biblioteca incomparável, constituída por centenas de manuscritos e mapas, e um museu, o qual era uma combinação de jardim botânico e jardim zoológico, com uma profusão de espécimes vegetais e animais oriundos de diversas partes do Império de Alexandre Magno.

Que se acresça, a propósito, que o *curriculum* para o aprendizado que Aristóteles fixou nessa época para o Liceu foi a base para o *curriculum* das Universidades europeias durante mais de dois mil anos, ou seja, até o século XIX.

A morte prematura de Alexandre em 323 a.C. trouxe à baila novamente, como trouxera em 338 a.C., na derrota de Queroneia, um forte ânimo patriótico em Atenas, encabeçado por Demóstenes (o mesmo grande orador que insistira tanto no passado recente sobre a ameaça de Filipe). Isso, naturalmente, gerou um acentuado e ardente sentimento antimacedônico. Como era de esperar, essa animosidade atingiu todos os cidadãos atenienses e metecos que entretinham, de um modo ou de outro, relações com os macedônios.

Nosso filósofo viu-se, então, em uma situação bastante delicada, pois, macedônio de nascimento, não apenas residira em Pela durante anos, cuidando da educação do futuro senhor do Império, como conservara uma correspondência regular com Antipater (braço direito de Alexandre), com quem estreitara um fervoroso vínculo de amizade. As constantes e generosas contribuições de Alexandre ao acervo do Liceu (biblioteca e museu) haviam passado a ser observadas com desconfiança, bem como a amizade "suspeita" do aristocrático e conservador filósofo, que nunca ocultara sua antipatia pela democracia ateniense e que, às vezes, era duro na sua crítica aos próprios atenienses, como quando teria dito que "os atenienses criaram o trigo e as leis, mas enquanto utilizam o primeiro, esquecem as segundas".

Se somarmos ainda a esse campo minado sob os pés do Estagirita o fato de o Liceu ser rivalizado pela nacionalista Academia de Espeusipo e a democrática Escola de retórica de Isócrates, não nos espantaremos ao constatar que muito depressa os cidadãos atenienses começaram a alimentar em seus corações a suspeita de que Aristóteles era um *traidor*.

Segundo Diógenes Laércio, Aristóteles teria sido mesmo acusado de impiedade (cometendo-a ao render culto a um mortal e o divinizando) pelo sumo sacerdote Eurimédon ou por Demófilo.

Antes que acontecesse o pior, o sisudo e imperturbável pensador optou pelo exílio voluntário e abandonou seu querido Liceu e Atenas em 322 ou 321 a.C., transferindo-se para Cálcis, na Eubeia, terra de sua mãe. No Liceu o sucederam Teofrasto, Estráton, Lícon de Troas, Dicearco, Aristóxeno e Aríston de Cós.

Teria dito que agia daquela maneira "para evitar que mais um crime fosse perpetrado contra a filosofia", referindo-se certamente a Sócrates.

Mas viveria pouquíssimo em Cálcis. Morreu no mesmo ano de 322 ou 321, aos sessenta e três anos, provavelmente vitimado por uma enfermidade gástrica de que sofria há muito tempo. Diógenes Laércio supõe, diferentemente, que Aristóteles teria se suicidado tomando cicuta, exatamente o que Sócrates tivera que ingerir, um mês após sua condenação à morte.

Aristóteles foi casado uma segunda vez (Pítia encontrara a morte pouco depois do assassinato de seu protetor, o tirano Hérmias) com Hérpile, uma jovem, como ele, de Estagira, e que lhe deu uma filha e o filho Nicômaco.

O testamenteiro de Aristóteles foi Antipater, e reproduzimos aqui seu testamento conforme Diógenes Laércio, que declara em sua obra *Vida, Doutrina e Sentenças dos Filósofos Ilustres* "(...) haver tido a sorte de lê-lo (...)":

> *Tudo sucederá para o melhor, mas na ocorrência de alguma fatalidade, são registradas aqui as seguintes disposições de vontade de Aristóteles. Antipater será para todos os efeitos meu testamenteiro. Até a maioridade de Nicanor, desejo que Aristomeno, Timarco, Hiparco, Dióteles e Teofrasto (se aceitar e estiver capacitado para esta responsabilidade) sejam os tutores e curadores de meus filhos, de Hérpile e de todos os meus bens. Uma vez alcance minha filha a idade necessária, que seja concedida como esposa a Nicanor. Se algum mal abater-se sobre ela – prazam os deuses que não – antes ou depois de seu casamento, antes de ter filhos, caberá a Nicanor deliberar sobre meu filho e sobre meus bens, conforme a ele pareça digno de si e de mim. Nicanor assumirá o cuidado de minha filha e de meu filho Nicômaco, zelando para que nada lhes falte, sendo para eles tal como um pai e um irmão. Caso venha a suceder algo antes a Nicanor – que seja afastado para distante o agouro – antes ou depois de ter casado com minha filha, antes de ter filhos, todas as suas deliberações serão executórias, e se, inclusive, for o desejo de Teofrasto viver com minha filha, que tudo seja como parecer melhor a Nicanor. Em caso contrário, os tutores decidirão com Antipater a respei-*

to de minha filha e de meu filho, segundo o que lhes afigure mais apropriado. Deverão ainda os tutores e Nicanor considerar minhas relações com Hérpile (pois foi-me ela leal) e dela cuidar em todos os aspectos. Caso ela deseje um esposo, cuidarão para que seja concedida a um homem que não seja indigno de mim.

A ela deverão entregar, além daquilo que já lhe dei, um talento de prata retirado de minha herança, três escravas (se as quiser), a pequena escrava que já possuía e o pequeno Pirraio; e se desejar viver em Cálcis, a ela será dada a casa existente no jardim; se Estagira for de sua preferência, a ela caberá a casa de meus pais. De qualquer maneira, os tutores mobiliarão a casa do modo que lhes parecer mais próprio e satisfatório a Hérpile. A Nicanor também caberá a tarefa de fazer retornar dignamente à casa de seus pais o meu benjamim Myrmex, acompanhado de todos os dons que dele recebi. Que Ambracis seja libertada, dando-se-lhe por ocasião do casamento de minha filha quinhentas dracmas, bem como a menina que ela mantém como serva. A Tales dar-se-á, somando--se à menina que adquiriu, mil dracmas e uma pequena escrava. Para Simão, além do dinheiro que já lhe foi entregue para a compra de um escravo, deverá ser comprado um outro ou dar-lhe dinheiro. Tácon será libertado no dia da celebração do casamento de minha filha, e juntamente com ele Fílon, Olímpio e seu filho. Proíbo que quaisquer dos escravos que estavam a meu serviço sejam vendidos, mas que sejam empregados; serão conservados até atingirem idade suficiente para serem libertados como mostra de recompensa por seu merecimento. Cuidar-se-ão também das estátuas que encomendei a Grilion. Uma vez prontas, serão consagradas. Essas estátuas são aquelas de Nicanor, de Proxeno, que era desígnio fazer, e a da mãe de Nicanor. A de Arimnesto, cuja confecção já findou, será consagrada para o não desaparecimento de sua memória, visto que morreu sem filhos. A imagem de minha mãe será instalada no templo de Deméter, em Nemeia (sendo a esta deusa dedicada), ou em outro lugar que for preferido. De uma maneira ou de outra, as ossadas de Pítia, como era seu desejo, deverão ser depositadas no local em que meu túmulo for erigido. Enfim, Nicanor, se preservado entre vós (conforme o voto que realizei em seu nome), consagrará as estátuas de pedra de quatro côvados de altura a Zeus salvador e à Atena salvadora em Estagira.

ARISTÓTELES: SUA OBRA

A OBRA DE ARISTÓTELES FOI TÃO VASTA e diversificada que nos permite traçar uma pequena história a seu respeito.

Mas antes disso devemos mencionar algumas dificuldades ligadas à bibliografia do Estagirita, algumas partilhadas por ele com outras figuras célebres da Antiguidade e outras que lhe são peculiares.

A primeira barreira que nos separa do Aristóteles *integral*, por assim dizer, é o fato de muitos de seus escritos não terem chegado a nós ou – para nos situarmos no tempo – à aurora da Era Cristã e à Idade Média.

A quase totalidade dos trabalhos de outros autores antigos, como é notório, teve o mesmo destino, particularmente as obras dos filósofos pré-socráticos. A preservação de manuscritos geralmente únicos ao longo de séculos constituía uma dificuldade espinhosa por razões bastante compreensíveis e óbvias.

No que toca a Aristóteles, há obras que foram perdidas na sua íntegra; outras chegaram a nós parciais ou muito incompletas; de outras restaram apenas fragmentos; outras, ainda, embora estruturalmente íntegras, apresentam lacunas facilmente perceptíveis ou mutilações.

Seguramente, entre esses escritos perdidos, existem muitos cujos assuntos tratados nem sequer conhecemos. De outros, estamos cientes dos temas. Vários parecem definitivamente perdidos; a *Constituição de Atenas* foi descoberta no fim do século XIX; outros são atualmente objeto de busca.

Além do esforço despendido em tal busca, há um empenho no sentido de reconstituir certas obras com base nos fragmentos.

É quase certo que boa parte da perda irreparável da obra aristotélica tenha sido causada pelo incêndio da Biblioteca de Alexandria, em que foram consumidos tratados não só de pensadores da época de Aristóteles (presumivelmente de Epicuro, dos estoicos, dos céticos etc.), como também de pré-socráticos e de filósofos gregos dos séculos III e II a.C., como dos astrônomos Eratóstenes e Hiparco, que atuavam brilhante e devotadamente na própria Biblioteca. Mais tarde, no fim do século IV d.C., uma multidão de cristãos fanáticos invadiu e depredou a Biblioteca, ocorrendo mais uma vez a destruição de centenas de manuscritos. O coroamento da fúria dos ignorantes na sua intolerância religiosa contra o imenso saber helênico (paganismo) ocorreu em 415 d.C., quando a filósofa (astrônoma) Hipácia, destacada docente da Biblioteca, foi perseguida e lapidada por um grupo de cristãos, que depois arrastaram seu corpo mutilado pelas ruas de Alexandria.

Uma das obras consumidas no incêndio supracitado foi o estudo que Aristóteles empreendeu sobre, no mínimo, 125 governos gregos.

Juntam-se, tristemente, a esse monumental trabalho irremediavelmente perdido: uma tradução especial do poeta Homero que Aristóteles teria executado para seu pupilo Alexandre; um estudo sobre belicismo e direitos territoriais; um outro sobre as línguas dos povos bárbaros; e quase todas as obras *exotéricas* (poemas, epístolas, diálogos etc.).

Entre os achados tardios, deve-se mencionar a *Constituição de Atenas*, descoberta só muito recentemente, em 1880.

Quanto aos escritos incompletos, o exemplo mais conspícuo é a *Poética*, em cujo texto, de todas as artes poéticas que nosso filósofo se propõe a examinar, as únicas presentes são a tragédia e a poesia épica.

Outra dificuldade que afeta a obra de Aristóteles, esta inerente ao próprio filósofo, é a diferença de caráter e teor de seus escritos, os quais são classificados em *exotéricos* e *acroamáticos* (ou *esotéricos*), aos quais já nos referimos, mas que requerem aqui maior atenção.

Os exotéricos eram os escritos (geralmente sob forma de epístolas, diálogos e transcrições das palestras de Aristóteles com seus discípulos e principalmente das aulas públicas de retórica e dialética) cujo teor não era tão profundo, sendo acessíveis ao público em geral e versando sobretudo sobre retórica e dialética. Os acroamáticos ou esotéricos eram precisamente os escritos de conteúdo mais aprofundado, minucioso e complexo (mais propriamente filosóficos, versando sobre física, metafísica, ética, política etc.), e que, durante o período no qual predominou em Atenas uma disposição marcantemente antimacedônica, circulavam exclusivamente nas mãos dos discípulos e amigos do Estagirita.

Até meados do século I a.C., as obras conhecidas de Aristóteles eram somente as exotéricas. As acroamáticas ou esotéricas permaneceram pelo arco das existências do filósofo, de seus amigos e discípulos sob o rigoroso controle destes, destinadas apenas à leitura e estudo deles mesmos. Com a morte dos integrantes desse círculo aristotélico fechado, as obras acroamáticas (por certo o melhor do Estagirita) ficaram mofando em uma adega na casa de Corisco por quase trezentos anos.

O resultado inevitável disso, como se pode facilmente deduzir, é que por todo esse tempo julgou-se que o pensamento filosófico de Aristóteles era apenas o que estava contido nos escritos exotéricos, que não só foram redigidos no estilo de Platão (epístolas e diálogos), como primam por questionamentos tipicamente platônicos, além de muitos deles não passarem, a rigor, de textos rudimentares ou meros esboços, falhos tanto do ponto de vista formal e redacional quanto carentes de critério expositivo, dificilmente podendo ser considerados rigorosamente como *tratados* filosóficos.

Foi somente por volta do ano 50 a.C. que descobriram que na adega de Corisco não havia *unicamente* vinho.

Os escritos acroamáticos foram, então, transferidos para Atenas e, com a invasão dos romanos, nada apáticos em relação à cultura grega, enviados a Roma.

Nessa oportunidade, Andrônico de Rodes juntou os escritos acroamáticos aos exotéricos, e o mundo ocidental se deu conta do verdadeiro filão do pensamento aristotélico, reconhecendo sua originalidade e envergadura. O Estagirita, até então tido como um simples discípulo de Platão, assumiu sua merecida importância como grande pensador capaz de ombrear-se com o próprio mestre.

Andrônico de Rodes conferiu ao conjunto da obra aristotélica a organização que acatamos basicamente até hoje. Os escritos exotéricos, entretanto, agora ofuscados pelos acroamáticos, foram preteridos por estes, descurados e acabaram desaparecendo quase na sua totalidade.

A terceira dificuldade que nos furta o acesso à integridade da obra aristotélica é a existência dos *apócrifos* e dos *suspeitos*.

O próprio volume imenso da obra do Estagirita acena para a possibilidade da presença de colaboradores entre os seus discípulos mais chegados, especialmente Teofrasto. Há obras de estilo e terminologia perceptivelmente diferentes dos correntemente empregados por Aristóteles, entre elas a famosa *Problemas* (que trata dos temas mais diversos, inclusive a magia), a *Economia* (síntese da primeira parte da *Política*) e *Do Espírito*, sobre fisiologia e psicologia, e que não deve ser confundida com *Da Alma*, certamente de autoria exclusiva de Aristóteles.

O maior problema, contudo, ao qual foi submetida a obra aristotélica, encontra sua causa no tortuoso percurso linguístico e cultural de que ela foi objeto até atingir a Europa cristã

Apesar do enorme interesse despertado pela descoberta dos textos acroamáticos ou esotéricos em meados do último século antes de Cristo, o mundo culto ocidental (então, a Europa) não demoraria a ser tomado pela fé cristã e a seguir pela cristianização oficial estabelecida pela Igreja, mesmo ainda sob o Império romano.

A cristianização do Império romano permitiu aos poderosos Padres da Igreja incluir a filosofia grega no contexto da manifestação pagã, convertendo o seu cultivo em prática herética. A filosofia aristotélica foi condenada e seu estudo posto na ilegalidade. Entretanto, com a divisão do Império romano em 385 d.C., o *corpus aristotelicum* composto por Andrônico de Rodes foi levado de Roma para Alexandria.

Foi no Império romano do Oriente (Império bizantino) que a obra de Aristóteles voltou a ser regularmente lida, apreciada e finalmente *traduzida*... para o árabe (língua semita que, como sabemos, não entretém qualquer afinidade com o grego) a partir do século X.

Portanto, o *primeiro* Aristóteles *traduzido* foi o dos grandes filósofos árabes, particularmente Avicena (*Ibn Sina*, morto em 1036) e Averróis (*Ibn Roschd*, falecido em 1198), ambos exegetas de Aristóteles, sendo o último considerado o mais importante dos *peripatéticos árabes* da Espanha, e *não* o da latinidade representada fundamentalmente por Santo Tomás de Aquino.

Mas, voltando no tempo, ainda no século III, os Padres da Igreja (homens de ferro, como Tertuliano, decididos a consolidar institucionalmente o cristianismo oficial a qualquer custo) concluíram que a filosofia helênica, em lugar de ser combatida, poderia revelar-se um poderoso instrumento para a legitimação e fortalecimento intelectual da doutrina cristã. Porém, de que filosofia grega dispunham em primeira mão? Somente do neoplatonismo e do estoicismo, doutrinas filosóficas gregas que, de fato, se mostravam conciliáveis com o cristianismo, especialmente o segundo, que experimentara uma séria continuidade romana graças a figuras como Sêneca, Epíteto e o imperador Marco Aurélio Antonino.

Sob os protestos dos representantes do neoplatonismo (Porfírio, Jâmblico, Proclo etc.), ocorreu uma apropriação do pensamento grego por parte da Igreja, situação delicadíssima para os últimos filósofos gregos, que, se por um lado podiam perder suas cabeças por sustentar a distinção e/ou oposição do pensamento grego ao cristianismo, por outro tinham de admitir o fato de muitos de seus próprios discípulos estarem se convertendo a ele, inclusive através de uma tentativa de compatibilizá-lo não só com Platão, como também com Aristóteles, de modo a torná-los "aceitáveis" para a Igreja.

Assim, aquilo que ousaremos chamar de *apropriação do pensamento filosófico grego* foi encetado inicialmente pelos próprios discípulos dos neoplatônicos, e se consubstanciou na conciliação do cristianismo (mais exatamente a teologia cristã que principiava a ser construída e estruturada naquela época) primeiramente com o platonismo, via neoplatonismo, e depois com o aristotelismo, não tendo sido disso pioneiros nem os grandes vultos da patrística (São Justino, Clemente de Alexandria, Orígenes e mesmo Santo Agostinho) relativamente a Platão, nem aqueles da escolástica (John Scot Erigene e Santo Tomás de Aquino) relativamente a Aristóteles.

A primeira consequência desse "remanejamento" filosófico foi nivelar Platão com Aristóteles. Afinal, não se tratava de estudar a fundo e exaustivamente os grandes sistemas filosóficos gregos – os pragmáticos Padres da Igreja viam o vigoroso pensamento helênico meramente como um precioso veículo a atender seu objetivo, ou seja, propiciar fundamento e conteúdo filosóficos à incipiente teologia cristã.

Os discípulos cristãos dos neoplatônicos não tiveram, todavia, acesso aos manuscritos originais do *corpus aristotelicum*.

Foi através da conquista militar da península ibérica e da região do Mar Mediterrâneo pelas tropas cristãs, inclusive durante as Cruzadas, que os cristãos voltaram a ter contato com as obras do Estagirita, precisamente por intermédio dos *infiéis*, ou seja, tiveram acesso às *traduções e paráfrases* árabes (e mesmo hebraicas) a que nos referimos anteriormente.

A partir do século XII começaram a surgir as primeiras traduções latinas (latim erudito) da obra de Aristóteles. Conclusão: o Aristóteles linguística e culturalmente original, durante séculos, jamais frequentou a Europa medieval.

Tanto Andrônico de Rodes, no século I a.C., ao estabelecer o *corpus aristotelicum*, quanto o neoplatônico Porfírio no século III ressaltaram nesse *corpus* o Ὄργανον (*Órganon* – série de tratados dedicados à lógica, ou melhor, à *Analítica*, no dizer de Aristóteles) e sustentaram a ampla divergência doutrinária entre os pensamentos de Platão e de Aristóteles. Os discípulos cristãos dos neoplatônicos, a partir da alvorada do século III, deram realce à lógica, à física e à retórica, e levaram a cabo a proeza certamente falaciosa de conciliar os dois maiores filósofos da Grécia. Quanto aos estoicos romanos, também prestigiaram a lógica aristotélica, mas deram destaque à ética, não nivelando Aristóteles com Platão, mas os aproximando.

O fato é que a Igreja obteve pleno êxito no seu intento, graças à inteligência e à sensibilidade agudas de homens como o bispo de Hipona, Aurélio Agostinho (Santo Agostinho – 354-430 d.C.) e o dominicano oriundo de Nápoles, Tomás de Aquino (Santo Tomás – 1224-1274), que se revelaram vigorosos e fecundos teólogos, superando o papel menor de meros intérpretes e *aproveitadores* das originalíssimas concepções gregas.

Quanto a Aristóteles, a Igreja foi muito mais além e transformou *il filosofo* (como Aquino o chamava) na suma e única autoridade do conhecimento, com o que, mais uma vez, utilizava o pensamento grego para alicerçar os dogmas da cristandade e, principalmente, respaldar e legitimar sua intensa atividade política oficial e extraoficial, caracterizada pelo autoritarismo e pela centralização do poder em toda a Europa.

Se, por um lado, o Estagirita sentir-se-ia certamente lisonjeado com tal posição, por outro, quem conhece seu pensamento sabe que também certamente questionaria o próprio *conceito* de autoridade exclusiva do conhecimento.

Com base na clássica ordenação do *corpus aristotelicum* de Andrônico de Rodes, pode-se classificar os escritos do Estagirita da maneira que se segue (note-se que esta relação não corresponde exatamente ao extenso elenco elaborado por Diógenes Laércio posteriormente no século III d.C. e que nela não se cogita a questão dos apócrifos e suspeitos).

1. Escritos sob a influência de Platão, mas já detendo caráter crítico em relação ao pensamento platônico:(*)

— *Poemas*;(*)
— *Eudemo* (diálogo cujo tema é a alma, abordando a imortalidade, a reminiscência e a imaterialidade);
— *Protrépticos*(*) (epístola na qual Aristóteles se ocupa de metafísica, ética, política e psicologia);
— *Da Monarquia*;(*)
— *Da Colonização*;(*)
— *Constituições*;(*)
— *Da Filosofia*(*) (diálogo constituído de três partes: a *primeira*, histórica, encerra uma síntese do pensamento filosófico desenvolvido até então, inclusive o pensamento egípcio; a *segunda* contém uma crítica à teoria das Ideias de Platão; e a *terceira* apresenta uma exposição das primeiras concepções aristotélicas, onde se destaca a concepção do *Primeiro Motor Imóvel*);
— *Metafísica*(*) (esboço e porção da futura Metafísica completa e definitiva);
— *Ética a Eudemo* (escrito parcialmente exotérico que, exceto pelos Livros IV, V e VI, será substituído pelo texto acroamático definitivo *Ética a Nicômaco*);
— *Política*(*) (esboço da futura *Política*, no qual já estão presentes a crítica à República de Platão e a teoria das três formas de governo originais e puras e as três derivadas e degeneradas);
— *Física*(*) (esboço e porção – Livros I e II – da futura *Física*; já constam aqui os conceitos de matéria, forma, potência, ato e a doutrina do movimento);

(*). Os asteriscos indicam os escritos perdidos após o primeiro século da Era Cristã e quase todos exotéricos; das 125 (ou 158) *Constituições*, a de Atenas (inteiramente desconhecida de Andrônico de Rodes) foi descoberta somente em 1880.

— *Do Céu* (nesta obra Aristóteles faz a crítica ao *Timeu* de Platão e estabelece os princípios de sua cosmologia com a doutrina dos cinco elementos e a doutrina da eternidade do mundo e sua finitude espacial; trata ainda do tema da geração e corrupção).

2. Escritos da maturidade (principalmente desenvolvidos e redigidos no período do Liceu – 335 a 323 a.C.):

— A *Analítica* ou *Órganon*, como a chamaram os bizantinos por ser o Ὄργανον (instrumento, veículo, ferramenta e propedêutica) das ciências (trata da lógica – regras do pensamento correto e científico, sendo composto por seis tratados, a saber: Categorias, Da Interpretação, Analíticos Anteriores, Analíticos Posteriores, Tópicos e Refutações Sofísticas);

— *Física* (não contém um único tema, mas vários, entrelaçando e somando oito Livros de física, quatro de cosmologia [intitulados *Do Céu*], dois que tratam especificamente da geração e corrupção, quatro de meteorologia [intitulados *Dos Fenômenos ou Corpos Celestes*], Livros de zoologia [intitulados *Da Investigação sobre os Animais, Da Geração dos Animais, Da Marcha dos Animais, Do Movimento dos Animais, Das Partes dos Animais*] e três Livros de psicologia [intitulados *Da Alma*]);

— *Metafísica* (termo cunhado por Andrônico de Rodes por mero motivo organizatório, ou seja, ao examinar todo o conjunto da obra aristotélica, no século I a.C., notou que esse tratado se apresentava *depois* [μετά] do tratado da *Física*) (é a obra em que Aristóteles se devota à filosofia primeira ou filosofia teológica, quer dizer, à ciência que investiga as causas primeiras e universais do ser, *o ser enquanto ser*; o tratado é composto de quatorze Livros);

— *Ética a Nicômaco* (em dez Livros, trata dos principais aspectos da ciência da ação individual, a ética, tais como o bem, as virtudes, os vícios, as paixões, os desejos, a amizade, o prazer, a dor, a felicidade etc.);

— *Política* (em oito Livros, trata dos vários aspectos da ciência da ação do indivíduo como animal social (*político*): a família e a economia, as doutrinas políticas, os conceitos políticos, o caráter dos Estados e dos cidadãos, as formas de governo, as transformações e revoluções nos Estados, a educação do cidadão etc.);

— *Retórica*[*] (em três Livros);

— *Poética* (em um Livro, mas incompleta).

A relação que transcrevemos a seguir, de Diógenes Laércio (século III), é muito maior, e esse biógrafo, como o organizador do *corpus aristotelicum*, não se atém à questão dos escritos perdidos, recuperados, adulterados, mutilados, e muito

(*). Escrito exotérico, mas não perdido.

menos ao problema dos apócrifos e suspeitos, que só vieram efetivamente à tona a partir do helenismo moderno. O critério classificatório de Diógenes é, também, um tanto diverso daquele de Andrônico, e ele faz o célebre introito elogioso a Aristóteles, a saber:

"Ele escreveu um vasto número de livros que julguei apropriado elencar, dada a excelência desse homem em todos os campos de investigação:

— *Da Justiça*, quatro Livros;
— *Dos Poetas*, três Livros;
— *Da Filosofia*, três Livros;
— *Do Político*, dois Livros;
— *Da Retórica* ou *Grylos*, um Livro;
— *Nerinto*, um Livro;
— *Sofista*, um Livro;
— *Menexeno*, um Livro;
— *Erótico*, um Livro;
— *Banquete*, um Livro;
— *Da Riqueza*, um Livro;
— *Protréptico*, um Livro;
— *Da Alma*, um Livro;
— *Da Prece*, um Livro;
— *Do Bom Nascimento*, um Livro;
— *Do Prazer*, um Livro;
— *Alexandre*, ou *Da Colonização*, um Livro;
— *Da Realeza*, um Livro;
— *Da Educação*, um Livro;
— *Do Bem*, três Livros;
— *Excertos de As Leis de Platão*, três Livros;
— *Excertos da República de Platão*, dois Livros;
— *Economia*, um Livro;
— *Da Amizade*, um Livro;
— *Do ser afetado ou ter sido afetado*, um Livro;
— *Das Ciências*, dois Livros;
— *Da Erística*, dois Livros;
— *Soluções Erísticas*, quatro Livros;
— *Cisões Sofísticas*, quatro Livros;
— *Dos Contrários*, um Livro;

— *Dos Gêneros e Espécies*, um Livro;
— *Das Propriedades*, um Livro;
— *Notas sobre os Argumentos*, três Livros;
— *Proposições sobre a Excelência*, três Livros;
— *Objeções*, um Livro;
— *Das coisas faladas de várias formas ou por acréscimo*, um Livro;
— *Dos Sentimentos* ou *Do Ódio*, um Livro;
— *Ética*, cinco Livros;
— *Dos Elementos*, três Livros;
— *Do Conhecimento*, um Livro;
— *Dos Princípios*, um Livro;
— *Divisões*, dezesseis Livros;
— *Divisão*, um Livro;
— *Da Questão e Resposta*, dois Livros;
— *Do Movimento*, dois Livros;
— *Proposições Erísticas*, quatro Livros;
— *Deduções*, um Livro;
— *Analíticos Anteriores*, nove Livros;
— *Analíticos Posteriores*, dois Livros;
— *Problemas*, um Livro;
— *Metódica*, oito Livros;
— *Do mais excelente*, um Livro;
— *Da Ideia*, um Livro;
— *Definições Anteriores aos Tópicos*, um Livro;
— *Tópicos*, sete Livros;
— *Deduções*, dois Livros;
— *Deduções e Definições*, um Livro;
— *Do Desejável e Dos Acidentes*, um Livro;
— *Pré-tópicos*, um Livro;
— *Tópicos voltados para Definições*, dois Livros;
— *Sensações*, um Livro;
— *Matemáticas*, um Livro;
— *Definições*, treze Livros;
— *Argumentos*, dois Livros;
— *Do Prazer*, um Livro;
— *Proposições*, um Livro;

— *Do Voluntário*, um Livro;
— *Do Nobre*, um Livro;
— *Teses Argumentativas*, vinte e cinco Livros;
— *Teses sobre o Amor*, quatro Livros;
— *Teses sobre a Amizade*, dois Livros;
— *Teses sobre a Alma*, um Livro;
— *Política*, dois Livros;
— *Palestras sobre Política* (como as de Teofrasto), oito Livros;
— *Dos Atos Justos*, dois Livros;
— *Coleção de Artes*, dois Livros
— *Arte da Retórica*, dois Livros;
— *Arte*, um Livro;
— *Arte* (uma outra obra), dois Livros;
— *Metódica*, um Livro;
— *Coleção da Arte de Teodectes*, um Livro;
— *Tratado sobre a Arte da Poesia*, dois Livros;
— *Entimemas Retóricos*, um Livro;
— *Da Magnitude*, um Livro;
— *Divisões de Entimemas*, um Livro;
— *Da Dicção*, dois Livros;
— *Dos Conselhos*, um Livro;
— *Coleção*, dois Livros;
— *Da Natureza*, três Livros;
— *Natureza*, um Livro;
— *Da Filosofia de Árquitas*, três Livros;
— *Da Filosofia de Espeusipo e Xenócrates*, um Livro;
— *Excertos do Timeu e dos Trabalhos de Árquitas*, um Livro;
— *Contra Melisso*, um Livro;
— *Contra Alcmeon*, um Livro;
— *Contra os Pitagóricos*, um Livro;
— *Contra Górgias*, um Livro;
— *Contra Xenófanes*, um Livro;
— *Contra Zenão*, um Livro;
— *Dos Pitagóricos*, um Livro;
— *Dos Animais*, nove Livros;

— *Dissecações*, oito Livros;
— *Seleção de Dissecações*, um Livro;
— *Dos Animais Complexos*, um Livro;
— *Dos Animais Mitológicos*, um Livro;
— *Da Esterilidade*, um Livro;
— *Das Plantas*, dois Livros
— *Fisiognomonia*, um Livro;
— *Medicina*, dois Livros;
— *Das Unidades*, um Livro;
— *Sinais de Tempestade*, um Livro;
— *Astronomia*, um Livro;
— *Ótica*, um Livro;
— *Do Movimento*, um Livro;
— *Da Música*, um Livro;
— *Memória*, um Livro;
— *Problemas Homéricos*, seis Livros;
— *Poética*, um Livro;
— *Física* (por ordem alfabética), trinta e oito Livros;
— *Problemas Adicionais*, dois Livros;
— *Problemas Padrões*, dois Livros;
— *Mecânica*, um Livro;
— *Problemas de Demócrito*, dois Livros;
— *Do Magneto*, um Livro;
— *Conjunções dos Astros*, um Livro;
— *Miscelânea*, doze Livros;
— *Explicações* (ordenadas por assunto), catorze Livros;
— *Afirmações*, um Livro;
— *Vencedores Olímpicos*, um Livro;
— *Vencedores Pítios na Música*, um Livro;
— *Sobre Píton*, um Livro;
— *Listas dos Vencedores Pítios*, um Livro;
— *Vitórias em Dionísia*, um Livro;
— *Das Tragédias*, um Livro;
— *Didascálias*, um Livro;
— *Provérbios*, um Livro;

— *Regras para os Repastos em Comum*, um Livro;
— *Leis*, quatro Livros;
— *Categorias*, um Livro;
— *Da Interpretação*, um Livro;
— *Constituições de 158 Estados* (ordenadas por tipo: democráticas, oligárquicas, tirânicas, aristocráticas);
— *Cartas a Filipe*;
— *Cartas sobre os Selimbrianos*;
— *Cartas a Alexandre* (4), *a Antipater* (9), *a Mentor* (1), *a Aríston* (1), *a Olímpias* (1), *a Hefaístion* (1), *a Temistágoras* (1), *a Filoxeno* (1), *a Demócrito* (1);
— *Poemas*;
— *Elegias*.

Curiosamente, esse elenco gigantesco não é, decerto, exaustivo, pois, no mínimo, duas outras fontes da investigação bibliográfica de Aristóteles apontam títulos adicionais, inclusive alguns dos mais importantes da lavra do Estagirita, como a *Metafísica* e a *Ética a Nicômaco*. Uma delas é a *Vita Menagiana*, cuja conclusão da análise acresce ao elenco anterior:

— *Peplos*;
— *Problemas Hesiódicos*, um Livro;
— *Metafísica*, dez Livros;
— *Ciclo dos Poetas*, três Livros;
— *Contestações Sofísticas ou Da Erística*;
— *Problemas dos Repastos Comuns*, três Livros;
— *Da Bênção, ou por que Homero inventou o gado do sol?*;
— *Problemas de Arquíloco, Eurípides, Quoirilos*, três Livros;
— *Problemas Poéticos*, um Livro;
— *Explicações Poéticas*;
— *Palestras sobre Física*, dezesseis Livros;
— *Da Geração e Corrupção*, dois Livros;
— *Meteorológica*, quatro Livros;
— *Da Alma*, três Livros;
— *Investigação sobre os Animais*, dez Livros;
— *Movimento dos Animais*, três Livros;
— *Partes dos Animais*, três Livros;
— *Geração dos Animais*, três Livros;
— *Da Elevação do Nilo*;
— *Da Substância nas Matemáticas*;

— *Da Reputação*;
— *Da Voz*;
— *Da Vida em Comum de Marido e Mulher*;
— *Leis para o Esposo e a Esposa*;
— *Do Tempo*;
— *Da Visão*, dois Livros;
— *Ética a Nicômaco*;
— *A Arte da Eulogia*;
— *Das Coisas Maravilhosas Ouvidas*;
— *Da Diferença*;
— *Da Natureza Humana*;
— *Da Geração do Mundo*;
— *Costumes dos Romanos*;
— *Coleção de Costumes Estrangeiros*.

A *Vida de Ptolomeu*, por sua vez, junta os títulos a seguir:

— *Das Linhas Indivisíveis*, três Livros;
— *Do Espírito*, três Livros;
— *Da Hibernação*, um Livro;
— *Magna Moralia*, dois Livros;
— *Dos Céus e do Universo*, quatro Livros;
— *Dos Sentidos e Sensibilidade*, um Livro;
— *Da Memória e Sono*, um Livro;
— *Da Longevidade e Efemeridade da Vida*, um Livro;
— *Problemas da Matéria*, um Livro;
— *Divisões Platônicas*, seis Livros;
— *Divisões de Hipóteses*, seis Livros;
— *Preceitos*, quatro Livros;
— *Do Regime*, um Livro;
— *Da Agricultura*, quinze Livros;
— *Da Umidade*, um Livro;
— *Da Secura*, um Livro;
— *Dos Parentes*, um Livro.

A contemplar essa imensa produção intelectual (a maior parte da qual irreversivelmente desaparecida ou destruída), impossível encarar a questão central dos apócrifos e dos suspeitos como polêmica. Trata-se, apenas, de um fato cultural em que possam se debruçar especialistas e eruditos. Nem se o gênio de Estagira dispusesse dos atuais recursos de preparação e produção editoriais (digitação eletrônica, impressão a *laser*, *scanners* etc.) e não meramente de redatores e copiadores de manuscritos, poderia produzir isolada e individualmente uma obra dessa extensão e magnitude, além do que, que se frise, nos muitos apócrifos indiscutíveis, o pensamento filosófico ali contido *persiste* sendo do intelecto brilhante de um só homem: Aristóteles; ou seja, se a forma e a redação não são de Aristóteles, o conteúdo certamente é.

A relação final a ser apresentada é do que dispomos hoje de Aristóteles, considerando-se as melhores edições das obras completas do Estagirita, baseadas nos mais recentes estudos e pesquisas dos maiores helenistas dos séculos XIX e XX. À exceção da *Constituição de Atenas*, descoberta em 1880 e dos *Fragmentos*, garimpados e editados em inglês por W. D. Ross em 1954, essa relação corresponde *verbatim* àquela da edição de Immanuel Bekker (que permanece padrão e referencial), surgida em Berlim em 1831. É de se enfatizar que este elenco, graças ao empenho de Bekker (certamente o maior erudito aristotelista de todos os tempos) encerra também uma ordem provável, ou ao menos presumível, do desenvolvimento da reflexão peripatética ou, pelos menos, da redação das obras (insinuando uma certa continuidade), o que sugere um excelente guia e critério de estudo para aqueles que desejam ler e se aprofundar na totalidade da obra aristotélica, mesmo porque a interconexão e progressão das disciplinas filosóficas (exemplo: *economia – ética – política*) constituem parte indubitável da técnica expositiva de Aristóteles. Disso ficam fora, obviamente, a *Constituição de Atenas* e os *Fragmentos*. Observe-se, contudo, que a ordem abaixo não corresponde exatamente à ordem numérica progressiva do conjunto das obras.

Eis a relação:

— *Categorias* (ΚΑΤΗΓΟΡΙΑΙ);

— *Da Interpretação* (ΠΕΡΙ ΕΡΜΗΝΕΙΑΣ);

— *Analíticos Anteriores* (ΑΝΑΛΥΤΙΚΩΝ ΠΡΟΤΕΡΩΝ);

— *Analíticos Posteriores* (ΑΝΑΛΥΤΙΚΩΝ ΥΣΤΕΡΩΝ);

— *Tópicos* (ΤΟΠΙΚΑ);

— *Refutações Sofísticas* (ΠΕΡΙ ΣΟΦΙΣΤΙΚΩΝ ΕΛΕΓΧΩΝ);

Obs.: o conjunto desses seis primeiros tratados é conhecido como *Órganon* (ΟΡΓΑΝΟΝ).

— *Da Geração e Corrupção* (ΠΕΡΙ ΓΕΝΕΣΕΩΣ ΚΑΙ ΦΘΟΡΑΣ);

— *Do Universo* (ΠΕΡΙ ΚΟΣΜΟΥ);[*]

(*). Suspeito.

— *Física* (ΦΥΣΙΚΗ);

— *Do Céu* (ΠΕΡΙ ΟΥΡΑΝΟΥ);

— *Meteorologia* (ΜΕΤΕΩΡΟΛΟΓΙΚΩΝ);

— *Da Alma* (ΠΕΡΙ ΨΥΧΗΣ);

— *Do Sentido e dos Sensíveis* (ΠΕΡΙ ΑΙΣΘΗΣΕΩΣ ΚΑΙ ΑΙΣΘΗΤΩΝ);

— *Da Memória e da Revocação* (ΠΕΡΙ ΜΝΗΜΗΣ ΚΑΙ ΑΝΑΜΝΗΣΕΩΣ);

— *Do Sono e da Vigília* (ΠΕΡΙ ΥΠΝΟΥ ΚΑΙ ΕΓΡΗΓΟΡΣΕΩΣ);

— *Dos Sonhos* (ΠΕΡΙ ΕΝΥΠΝΙΩΝ);

— *Da Divinação no Sono* (ΠΕΡΙ ΤΗΣ ΚΑΘ΄ΥΠΝΟΝ ΜΑΝΤΙΚΗΣ);

— *Da Longevidade e da Efemeridade da Vida* (ΠΕΡΙ ΜΑΚΡΟΒΙΟΤΗΤΟΣ ΚΑΙ ΒΡΑΧΥΒΙΟΤΗΤΟΣ);

— *Da Juventude e da Velhice. Da Vida e da Morte* (ΠΕΡΙ ΝΕΟΤΗΤΟΣ ΚΑΙ ΓΗΡΩΣ. ΠΕΡΙ ΖΩΗΣ ΚΑΙ ΘΑΝΑΤΟΥ);

— *Da Respiração* (ΠΕΡΙ ΑΝΑΠΝΟΗΣ);

Obs.: o conjunto dos oito últimos pequenos tratados é conhecido pelo título latino *Parva Naturalia*.

— *Do Alento* (ΠΕΡΙ ΠΝΕΥΜΑΤΟΣ);(*)

— *Da Investigação sobre os Animais* (ΠΕΡΙ ΤΑ ΖΩΑ ΙΣΤΟΡΙΑΙ);

— *Das Partes dos Animais* (ΠΕΡΙ ΖΩΩΝ ΜΟΡΙΩΝ);

— *Do Movimento dos Animais* (ΠΕΡΙ ΖΩΩΝ ΚΙΝΗΣΕΩΣ);

— *Da Marcha dos Animais* (ΠΕΡΙ ΠΟΡΕΙΑΣ ΖΩΩΝ);

— *Da Geração dos Animais* (ΠΕΡΙ ΖΩΩΝ ΓΕΝΕΣΕΩΣ);

— *Das Cores* (ΠΕΡΙ ΧΡΩΜΑΤΩΝ);(*)

— *Das Coisas Ouvidas* (ΠΕΡΙ ΑΚΟΥΣΤΩΝ);(*)

— *Fisiognomonia* (ΦΥΣΙΟΓΝΩΜΟΝΙΚΑ);(*)

— *Das Plantas* (ΠΕΡΙ ΦΥΤΩΝ);(*)

— *Das Maravilhosas Coisas Ouvidas* (ΠΕΡΙ ΘΑΥΜΑΣΙΩΝ ΑΚΟΥΣΜΑΤΩΝ);(*)

— *Mecânica* (ΜΗΧΑΝΙΚΑ);(*)

— *Das Linhas Indivisíveis* (ΠΕΡΙ ΑΤΟΜΩΝ ΓΡΑΜΜΩΝ);(*)

— *Situações e Nomes dos Ventos* (ΑΝΕΜΩΝ ΘΕΣΕΙΣ ΚΑΙ ΠΡΟΣΗΓΟΡΙΑΙ);(*)

(*). Suspeito.

— *Sobre Melisso, sobre Xenófanes e sobre Górgias* (ΠΕΡΙ ΜΕΛΙΣΣΟΥ, ΠΕΡΙ ΞΕΝΟΦΑΝΟΥΣ, ΠΕΡΙ ΓΟΡΓΙΟΥ);(*)
— *Problemas* (ΠΡΟΒΛΗΜΑΤΑ);(**)
— *Retórica a Alexandre* (ΡΗΤΟΡΙΚΗ ΠΡΟΣ ΑΛΕΞΑΝΔΡΟΝ);(*)
— *Metafísica* (ΤΑ ΜΕΤΑ ΤΑ ΦΥΣΙΚΑ);
— *Economia* (ΟΙΚΟΝΟΜΙΚΑ);(**)
— *Magna Moralia* (ΗΘΙΚΑ ΜΕΓΑΛΑ);(**)
— *Ética a Nicômaco* (ΗΘΙΚΑ ΝΙΚΟΜΑΧΕΙΑ);
— *Ética a Eudemo* (ΗΘΙΚΑ ΕΥΔΗΜΕΙΑ);
— *Das Virtudes e dos Vícios* (ΠΕΡΙ ΑΡΕΤΩΝ ΚΑΙ ΚΑΚΙΩΝ);(*)
— *Política* (ΠΟΛΙΤΙΚΑ);
— *Retórica* (ΤΕΧΝΗ ΡΗΤΟΡΙΚΗ);
— *Poética* (ΠΕΡΙ ΠΟΙΗΤΙΚΗΣ);
— *Constituição de Atenas* (ΑΘΗΝΑΙΩΝ ΠΟΛΙΤΕΙΑ);(***)
— Fragmentos.(****)

(*). Suspeito.

(**). Apócrifo.

(***). Ausente na edição de 1831 de Bekker e sem sua numeração, já que este tratado só foi descoberto em 1880.

(****). Ausente na edição de 1831 de Bekker e sem sua numeração, uma vez que foi editado em inglês somente em 1954 por W. D. Ross.

CRONOLOGIA

As datas (a.C.) aqui relacionadas são, em sua maioria, aproximadas, e os eventos indicados contemplam apenas os aspectos filosófico, político e militar.

481 – Criada a confederação das cidades-Estado gregas comandada por Esparta para combater o inimigo comum: os persas.

480 – Os gregos são fragorosamente derrotados pelos persas nas Termópilas (o último reduto de resistência chefiado por Leônidas de Esparta e seus *trezentos* é aniquilado); a acrópole é destruída; no mesmo ano, derrota dos persas em Salamina pela esquadra chefiada pelo ateniense Temístocles.

479 – Fim da guerra contra os persas, com a vitória dos gregos nas batalhas de Plateia e Micale.

478-477 – A Grécia é novamente ameaçada pelos persas; formação da *Liga Délia*, dessa vez comandada pelos atenienses.

469 – Nascimento de Sócrates em Atenas.

468 – Os gregos derrotam os persas no mar.

462 – Chegada de Anaxágoras de Clazomena a Atenas.

462-461 – Promoção do governo democrático em Atenas.

457 – Atenas conquista a Beócia.

456 – Conclusão da construção do templo de Zeus em Olímpia.

447 – O Partenon começa a ser construído.

444 – Protágoras de Abdera redige uma legislação para a nova colônia de Túrio.

431 – Irrompe a Guerra do Peloponeso entre Atenas e Esparta.

429 – Morte de Péricles.

427 – Nascimento de Platão em Atenas.

421 – Celebrada a paz entre Esparta e Atenas.

419 – Reinício das hostilidades entre Esparta e Atenas.
418 – Derrota dos atenienses na batalha de Mantineia.
413 – Nova derrota dos atenienses na batalha de Siracusa.
405 – Os atenienses são mais uma vez derrotados pelos espartanos na Trácia.
404 – Atenas se rende a Esparta.
399 – Morte de Sócrates.
385 – Fundação da Academia de Platão em Atenas.
384 – Nascimento de Aristóteles em Estagira.
382 – Esparta toma a cidadela de Tebas.
378 – Celebradas a paz e a aliança entre Esparta e Tebas.
367 – Chegada de Aristóteles a Atenas.
359 – Ascensão ao trono da Macedônia de Filipe II e começo de suas guerras de conquista e expansão.
347 – Morte de Platão.
343 – Aristóteles se transfere para a Macedônia a assume a educação de Alexandre.
338 – Filipe II derrota os atenienses e seus aliados na batalha de Queroneia, e a conquista da Grécia é concretizada.
336 – Morte de Filipe II e ascensão de Alexandre ao trono da Macedônia.
335 – Fundação do Liceu em Atenas.
334 – Alexandre derrota os persas na Batalha de Granico.
331 – Nova vitória de Alexandre contra os persas em Arbela.
330 – Os persas são duramente castigados por Alexandre em Persépolis, encerrando-se a expedição contra os mesmos.
323 – Morte de Alexandre.
322 – Transferência de Aristóteles para Cálcis, na Eubeia; morte de Aristóteles.

LIVRO I

1

980a22 · Todos os seres humanos naturalmente desejam o conhecimento.
Isso é indicado pelo apreço que experimentamos pelos sentidos, pois in-
dependentemente do uso destes nós os estimamos por si mesmos, e mais
do que todos os outros, o sentido da visão. Não somente objetivando a
980a25 · ação, mas mesmo quando não se visa nenhuma ação, preferimos a visão
– no geral – a todos os demais sentidos, isto porque, de todos os sentidos,
é a visão o que melhor contribui para o nosso conhecimento das coisas e
o que revela uma multiplicidade de distinções.

Ora, os animais nascem naturalmente dotados do poder da sensação,
e a partir desta alguns desenvolvem a faculdade da memória, enquanto
980b22 · outros não. Consequentemente, os primeiros são mais inteligentes e mais
capazes de aprender do que os incapazes de lembrar. Os animais incapa-
zes de ouvir sons (como a abelha e qualquer outro tipo semelhante de
criatura) são inteligentes, mas incapazes de aprender; apenas são capazes
980b25 · de aprender os que possuem este sentido somado à faculdade da memória.

Assim, os outros animais [além do ser humano] vivem com base em
impressões e lembranças, contando apenas com uma modesta parcela de
experiência; a raça humana, entretanto, vive também com base na arte
e no raciocínio. É a partir da memória que os seres humanos adquirem
experiência, porque as numerosas lembranças de uma mesma coisa aca-
981a1 · bam por produzir o efeito de uma única experiência. A experiência parece
muito similar à ciência e à arte, mas na realidade é através da experiência

que os seres humanos obtêm ciência e arte, pois, como diz acertadamente Pólo,[1] "a experiência produz arte, mas a inexperiência, acaso".[2] A arte é produzida quando a partir de muitas noções da experiência forma-se um só juízo universal relativamente a objetos semelhantes. Dispor de um juízo de que quando Cálias padecia esta ou aquela doença, isto ou aquilo lhe fazia bem, e semelhantemente com Sócrates e vários outros indivíduos, é uma questão de experiência; mas julgar que faz bem a todas as pessoas de um certo tipo, consideradas como uma classe, que padecem desta ou daquela doença (por exemplo, o fleumático ou bilioso ao padecer uma febre ardente) é uma questão de arte.

Pareceria que, para propósitos práticos, a experiência não é, de modo algum, inferior à arte; de fato, vemos homens da experiência obtendo mais êxito do que aqueles que dispõem de teoria sem experiência. A razão disso é ser a experiência conhecimento dos particulares, enquanto a arte o é dos universais, sendo que as ações e os efeitos produzidos dizem respeito, todos, ao particular, posto que não é o ser humano que o médico cura, salvo incidentalmente, mas sim Cálias ou Sócrates, ou alguma outra pessoa nomeada semelhantemente, que acontece ser também um ser humano. Assim, se alguém dispõe de teoria sem experiência, e conhece o universal, mas não conhece o particular nele contido, com frequência falhará em seu tratamento, uma vez que é o particular que tem que ser tratado. Entretanto, consideramos que o conhecimento e a competência pertencem antes à arte que à experiência, e supomos que artistas sejam mais sábios do que homens de mera experiência (o que significa que, em todos os casos, a sabedoria depende mais propriamente do conhecimento), e isto porque os primeiros conhecem a causa, ao passo que os segundos não a conhecem, uma vez que os homens de experiência conhecem o fato, mas não o porquê; os artistas, contudo, conhecem o porquê e a causa. Pela mesma razão, consideramos que os mestres, em todo ofício, merecem maiores apreços, conhecem mais e são mais sábios do que os artesãos, porque conhecem as razões das coisas que são feitas; pensamos que os artesãos – como certos objetos inanimados – realizam coisas, mas sem saber o que realizam (como, por exemplo, o fogo queima); somente que, enquanto os objetos inanimados executam todas suas ações devido a uma certa qualidade na-

1. Sofista e um dos interlocutores de Sócrates no diálogo *Górgias*, de Platão.
2. *Górgias*, 448 c. Em *Diálogos II*, Obras Completas de Platão, Clássicos Edipro.

tural, os artesãos executam as suas através do hábito. Assim, os mestres dispõem de maior sabedoria, não devido à sua capacidade de fazer coisas, mas porque possuem uma teoria e conhecem as causas.

Geralmente o sinal de conhecimento ou ignorância é a habilidade para ensinar, e por isso sustentamos que a arte – preferivelmente à experiência – é conhecimento científico, visto que os artistas são capazes de ensinar, ao passo que os outros não são. Além disso, não encaramos quaisquer dos sentidos como sabedoria. Embora sejam realmente nossas principais fontes de conhecimento, não nos indicam a razão de coisa alguma, como, por exemplo, o porquê o fogo é quente, mas somente que é quente.

É portanto provável que, de início, o criador de qualquer arte que foi além das sensações comuns fosse admirado por outros seres humanos, não meramente porque algumas de suas invenções foram úteis, mas por ser ele uma pessoa sábia e superior. E à medida que mais e mais artes foram descobertas, algumas relacionadas às necessidades e algumas ligadas aos entretenimentos da vida, os criadores das segundas foram sempre considerados mais sábios do que aqueles das primeiras, porque os seus ramos do conhecimento não visavam à utilidade. Consequentemente, quando todas as descobertas deste tipo estavam completamente desenvolvidas, as ciências que não se relacionam nem com o prazer nem, ainda, com as necessidades da vida foram criadas e, primeiramente, naqueles lugares onde os seres humanos dispunham de lazer. Assim, as ciências matemáticas[3] nasceram nas vizinhanças do Egito,[4] porque aí a casta sacerdotal podia desfrutar do lazer.[5]

A diferença entre a arte e a ciência e as demais atividades mentais afins foi indicada na *Ética;*[6] a razão da presente discussão deve-se ao fato de supor-se geralmente que aquilo que é chamado de sabedoria[7] diz

---

3. Para Aristóteles, a aritmética, a geometria, a música e a astronomia.

4. Isto é, Naucrátis, colônia comercial helênica no Egito; o autor extrai esta informação de Platão, *Fedro*, 274 c.

5. No antigo Egito, as ciências eram cultivadas e desenvolvidas pelos sacerdotes. Platão, no *Fedro,* 274 c, d, atribui a descoberta da aritmética, da geometria e da astronomia ao deus egípcio Thoth (*Tahuti* em copta).

6. *Ética a Nicômaco,* Livro VI, 1139 b 14 – 1141 b 8. Obra constante em Clássicos Edipro.

7. ...σοφίαν... (*sophían*), ou seja, a metafísica. Ver em "Aristóteles: Sua Obra", neste volume, a origem da palavra *metafísica.*

respeito às causas primeiras e aos princípios, de maneira que, conforme já foi indicado, julga-se o homem da experiência mais sábio do que os meros detentores de qualquer faculdade sensorial, o artista mais do que o homem da experiência, o mestre mais do que o artesão; e as ciências especulativas mais ligadas ao saber do que as produtivas.[8] Assim, fica claro que a sabedoria[9] é conhecimento de certos princípios e causas.

2

UMA VEZ QUE estamos investigando este tipo de conhecimento, é necessário que consideremos quais são as causas e princípios cujo conhecimento é sabedoria. Talvez seja mais esclarecedor se tomarmos as opiniões sustentadas quanto ao *sábio*. Consideramos, em primeiro lugar, portanto, que o sábio conhece todas as coisas, na medida do possível, sem ter conhecimento de cada uma delas individualmente; em seguida, que o sábio é aquele capaz de compreender coisas difíceis, as que não se mostram fáceis à compreensão humana (visto que a percepção sensorial, comum a todos, é fácil e nada tem a ver com a sabedoria); e, ademais, que em todo ramo do conhecimento um indivíduo é mais sábio proporcionalmente à sua maior informação precisa e à sua melhor capacidade de expor as causas. Além disso, entre as ciências, consideramos que a ciência desejável em si mesma e em função do conhecimento está mais próxima da sabedoria do que aquela que é desejável por seus resultados, e que a ciência superior está mais próxima da sabedoria do que a subsidiária, pois o sábio deve

---

8. Para Aristóteles, as ciências especulativas (θεωρητικαί – *theoretikaí*), para ele as mais importantes, são as que não têm e prescindem de uma finalidade que as transcende, tais como a *física*, a *metafísica* (palavra por ele não utilizada e que nesta obra ele chama de *sofia* [sabedoria] e teologia), e as *matemáticas*; as ciências produtivas (ποιητικῶν – *poietikôn*) são as que resultam num produto que as transcende, como a medicina, a construção de embarcações, a tecelagem, a carpintaria (e as várias outras formas de artesanato) e as artes em geral (como a poesia, a escultura, a pintura etc.); Aristóteles distingue uma outra modalidade de ciência, a saber, a prática (ou a da πρᾶξις – *práxis*), que envolve a ação humana, individual ou coletiva – a este tipo pertencem a *economia*, a *ética* e a *política*. Ver os tratados aristotélicos *Economia*, *Ética a Nicômaco* e *Política*.

9. Metafísica.

dar ordens e não as receber; nem, tampouco, deve ele obedecer a outros, devendo sim o menos sábio obedecê-lo.

Tais são em gênero e número as opiniões sustentadas quanto à sabedoria e ao sábio. Das qualidades descritas, o conhecimento de todas as coisas tem, necessariamente, que pertencer àquele que, no mais elevado grau, possui conhecimento do universal, porque ele conhece, num certo sentido, todos os particulares compreendidos no universal. Estas coisas, quais sejam, as mais universais, são talvez as de mais difícil apreensão para o ser humano, porque são as mais distanciadas dos sentidos. Que se acresça que as ciências mais exatas são as que mais concernem aos primeiros princípios, pois as que estão baseadas em poucos princípios são mais exatas do que aquelas que incluem princípios adicionais; por exemplo, a aritmética é mais exata do que a geometria. Além disso, a ciência que investiga causas é mais instrutiva do que a ciência que não o faz, pois são os que nos informam acerca das causas de qualquer coisa particular que nos instruem. Ademais, o entendimento e o conhecimento que são desejáveis por si mesmos são mais atingíveis no conhecimento daquilo que é mais cognoscível, uma vez que aquele que deseja o conhecimento por si mesmo desejará maximamente o mais perfeito conhecimento, e este é o conhecimento do mais cognoscível, e as coisas que são as mais cognoscíveis são primeiros princípios e causas, pois é através destes e a partir destes que outras coisas passam a ser conhecidas, e não estes através dos particulares que neles se enquadram. E será a ciência máxima e superior às subordinadas a que detiver o conhecimento da finalidade de cada ação a ser concretizada, isto é, o bem em cada caso particular e, no geral, o bem supremo no conjunto da natureza.

Assim, como resultado de todas as considerações precedentes, o termo que estamos investigando enquadra-se na mesma ciência, a qual deve especular sobre primeiros princípios e causas, uma vez que o bem, ou seja, o *fim*, é uma das causas.

Que não se trata de uma ciência produtiva fica claro com base no exame dos primeiros filósofos. É por força de seu maravilhamento que os seres humanos começam agora a filosofar e, originalmente, começaram a filosofar; maravilhando-se primeiramente ante perplexidades óbvias e, em seguida, por um progresso gradual, levantando questões também acerca das grandes matérias, por exemplo, a respeito das mutações da lua e do sol, a respeito dos astros e a respeito da origem do universo. Ora, aquele que se maravilha e está perplexo sente que é ignorante (de modo que, num certo sentido, o amante dos mitos é um amante da sabedoria,[10] uma vez que os mitos são compostos de maravilhas); portanto, se foi para escapar à ignorância que se estudou filosofia, é evidente que se buscou a ciência por amor ao conhecimento, e não visando qualquer utilidade prática. O curso factual dos acontecimentos testemunha isso, pois a especulação desse tipo principiou visando à recreação e ao passatempo numa época na qual praticamente todas as necessidades da vida já eram atendidas. Fica claro, então, que não é por uma vantagem externa que buscamos esse conhecimento; tal como classificamos um indivíduo humano como independente pelo fato de existir por si mesmo e não graças a uma outra pessoa, classificamos essa como a única ciência independente, uma vez que somente ela existe por si mesma.

Por esse motivo poder-se-ia com justiça supor que sua aquisição está além da capacidade humana, visto que, em muitos aspectos, a natureza humana é escrava, caso em que, como diz Simônides, "Somente a Divindade pode ter este privilégio", devendo o homem[11] apenas buscar o conhecimento que está ao seu alcance. De fato, se os poetas estiverem certos e a Divindade for naturalmente ciumenta, é provável que nesse caso ela seja particularmente ciumenta, e todos os que se destacam no conhecimento, infelizes. Mas é impossível que a Divindade seja ciumenta (na realidade, como diz o provérbio, "os poetas proferem muitas mentiras"), nem tampouco devemos supor que qualquer outra forma de conhecimento seja mais preciosa do que essa, pois o que é o mais divino é o mais precioso. Ora, só existem duas maneiras nas quais a ciência pode ser divina. Uma ciência é divina se for caracteristicamente posse da Divindade, ou se disser respeito a assuntos divinos. E somente essa ciência preenche essas duas condições, pois todos creem que a Divindade seja uma das causas e um tipo de princípio (1) e que a Divindade é quem possui exclusiva ou principalmente esse tipo de conhecimento (2). Consequentemente, ainda que todas as demais ciências sejam mais necessárias do que essa ciência, nenhuma é melhor do que ela.

A aquisição desse conhecimento, contudo, tem, num certo sentido, que resultar em alguma coisa que seja o contrário da perspectiva na qual iniciamos esta investigação. Todos começam – como dissemos –

---

10. Um *filósofo*.

11. ...ἄνδρα... (*ándra*), ser humano do sexo masculino.

maravilhando-se pelas coisas serem como são, por exemplo, relativamente às marionetes, ou aos solstícios, ou à incomensurabilidade da diagonal de um quadrado; por isso parece maravilhoso, a todos que ainda não perceberam, a causa de que uma coisa não poder ser mensurável nem mesmo através da unidade mínima. Mas é preciso que terminemos no contrário e (conforme o provérbio), na melhor posição, como é o caso desses exemplos, quando os homens conhecem a causa, pois não haveria nada que mais maravilhasse um geômetra do que a diagonal se tornar comensurável.

Assim indicamos a natureza da ciência que estamos buscando e o objeto a ser necessariamente atingido por nossa busca e a totalidade de nossa investigação.

3

Está claro que precisamos obter conhecimento das causas primeiras porque é quando pensamos compreender sua causa primeira que reivindicamos conhecer cada coisa particular. Ora, há quatro tipos reconhecidos de causa. Destes, afirmamos que um deles é a essência ou natureza essencial da coisa (uma vez que o "porquê" de uma coisa é, em última instância, reduzível à sua fórmula, e o "porquê" em última instância é uma causa e princípio); um outro é a matéria ou substrato; o terceiro [tipo de causa] é o princípio do movimento; e o quarto é a causa que se opõe a isso, nomeadamente a finalidade ou "bem" (visto ser isso o fim de todo processo gerador e motriz). Isto foi por nós investigado suficientemente em nossa obra sobre a natureza;[12] entretanto, recorramos à evidência daqueles que antes de nós empreenderam a investigação da realidade e filosofaram acerca da verdade, pois claramente também eles reconhecem certos princípios e causas, de modo que representará alguma ajuda para nossa presente investigação estudarmos seu ensinamento, na medida em que ou descobriremos algum outro tipo de causa, ou ficaremos mais convictos quanto aos que acabamos de descrever.

A maioria dos primeiros filósofos concebeu apenas princípios materiais para todas as coisas. Aquilo de que todas as coisas consistem, de que procedem primordialmente e para o quê, por ocasião de sua destruição,

12. Ou seja, a *Física*.

são dissolvidas em última instância, permanecendo a essência, ainda que modificada por suas afecções – isso, dizem, é um elemento e princípio das coisas existentes. Daí acreditam que nada é gerado ou destruído, uma vez que essa entidade primária conserva-se sempre. Deste modo, não dizemos que Sócrates é gerado[13] absolutamente ao tornar-se belo ou instruído, nem que é destruído ao perder essas qualidades, porque o substrato, o próprio Sócrates, persiste. Da mesma maneira, nada mais é gerado ou destruído, visto que há alguma entidade (ou mais de uma) que se conserva sempre e da qual todas as demais coisas são geradas.

Nem todos concordam, entretanto, quanto ao número e caráter desses princípios. Tales,[14] fundador dessa escola de filosofia,[15] afirma que esse princípio permanente é a água (razão pela qual ele igualmente propôs que a terra flutua na água). É presumível que tenha chegado a essa hipótese a partir da observação de que o nutriente de tudo é úmido, e que o próprio calor é gerado da umidade, sua existência dependendo dela (e aquilo de que uma coisa é gerada é sempre seu primeiro princípio). Extraía sua hipótese, portanto, disso e também do fato de as sementes de tudo apresentarem uma natureza úmida, e a água é o primeiro princípio da natureza de coisas úmidas.

Alguns pensam que os homens de tempos muito antigos, muito anteriores à presente era, os quais pela primeira vez especularam a respeito dos deuses, também sustentavam essa mesma opinião sobre o princípio primordial, uma vez que representavam Oceano[16] e Tétis[17] como sendo os pais da criação, e o juramento dos deuses como sendo pela água, ao que eles próprios chamam de Estige. Ora, aquilo que é o mais antigo é o mais reverenciado, e o que é o mais reverenciado é aquilo pelo que juramos. É possível que se julgue duvidoso se essa opinião relativa ao princípio primordial é realmente antiga e reverenciada pelo tempo. Entretanto, declara-se que foi essa a opinião de Tales a respeito da causa primeira.

---

13. O sentido é mais ontológico do que biológico: *vem a ser, passa a existir.*
14. Tales de Mileto (639-546 a.C.).
15. Conhecida como escola jônica.
16. Na mitologia primitiva e pré-olímpica, Oceano (personificação divina da água), filho de Urano (personificação divina do céu) e de Gaia (personificação divina da Terra), é o deus do mar.
17. Esposa de Oceano.

Nada digo quanto a Hípon,[18] pois ninguém pensaria em incluí-lo neste grupo, considerando-se a insignificância de sua inteligência.

Anaxímenes[19] e Diógenes[20] sustentaram que o ar é anterior à água e é, de todos os corpos simples, o mais primordial. Hipaso de Metaponto[21] e Heráclito de Éfeso[22] sustentam isso relativamente ao fogo; e Empédocles[23] – acrescentando a terra como quarto princípio aos já mencionados – toma todos os quatro. Estes – diz ele – conservam-se sempre e somente estão submetidos ao devir pela agregação ou desagregação ao se unirem numa unidade ou dela se separarem.

Anaxágoras de Clazomena,[24] mais velho do que Empédocles, mas posterior em sua atividade [filosófica], sustenta que os primeiros princípios são em número infinito, uma vez que afirma que, como regra geral, todas as coisas que são – como o fogo e a água – homogêneas são geradas e destruídas somente neste sentido – por agregação e desagregação; caso contrário, não são nem geradas nem destruídas, mas conservam-se eternamente.

Com base nesses dados, poder-se-ia supor que a única causa é a do tipo classificado como "material"; mas à medida que os homens prosseguiram por esse caminho, as próprias circunstâncias do caso os conduziram adiante e os impeliram a avançar em suas buscas; porque se é realmente verdadeiro que toda geração e destruição procede de um elemento, ou mesmo de mais de um, *por que* sucede assim e qual é a causa? Não é, certamente, o próprio substrato que produz sua própria mudança. Quero dizer, por exemplo, que nem a madeira nem o bronze são responsáveis pela transformação de si mesmos: a madeira não fabrica um leito, nem o bronze uma estátua, mas é alguma coisa mais, que é a causa da transformação. Ora, investigar isso significa investigar o outro tipo de causa: o princípio do movimento, como deveríamos dizer.

---

18. Hípon de Samos, filósofo eclético que viveu na última metade do século V a.C.
19. Anaxímenes de Mileto floresceu em torno de 545 a.C.
20. Diógenes de Apolônia, filósofo eclético florescente na segunda metade do século V a.C.
21. Filósofo pitagórico aproximadamente contemporâneo de Heráclito.
22. Floresceu no início do século V a.C.
23. Empédocles de Agrigento floresceu em torno de 450 a.C.
24. *Circa* 500-428 a.C.

Os que foram efetivamente os primeiros a empreender esta investigação, e que sustentaram que o substrato é *uma* coisa, não experimentaram apreensões com seu objeto de estudo. Alguns daqueles, porém, que o consideram como *uma* coisa, estando – por assim dizer – frustrados com a investigação, dizem que essa *uma* coisa – e, de fato, o mundo físico inteiro – é imutável no que toca não apenas à geração e à destruição (isso constituía uma crença antiga e era, geralmente, admitido), mas no que toca a toda outra transformação. Esta crença lhes é peculiar.

Nenhum daqueles que sustentavam que o universo é uma unidade atingiu qualquer conceito desse tipo de causa, talvez com a exceção de Parmênides,[25] e mesmo ele na medida em que admite, num certo sentido, não uma causa apenas, mas duas. Aqueles, contudo, que reconhecem mais de um princípio, por exemplo, quente e frio, ou fogo e terra, estão mais bem capacitados para apresentar uma explicação sistemática, porque se valem do fogo como tendo uma natureza cinética, e da água, da terra etc., como sendo os opostos.

Depois desses pensadores e a descoberta dessas causas, posto que eram insuficientes para explicar a geração do mundo real, houve um novo impulso – como dissemos – da própria verdade para que se investigasse o próximo primeiro princípio, isso porque presumivelmente carece de naturalidade que o fogo ou a terra, ou qualquer outro desses elementos, faça coisas existentes manifestarem excelência e beleza; ou, de fato, que esses pensadores tenham sustentado tal ponto de vista. Tampouco era satisfatório atribuir uma matéria de tal importância à espontaneidade e à sorte. Assim, quando alguém afirmou que há inteligência na natureza, tal como nos animais, e que esta é a causa de toda a ordem e arranjo, pareceu um homem ajuizado em contraste com as afirmações casuais de seus predecessores. Sabemos, decididamente, que Anaxágoras adotou esse parecer, mas credita-se a Hermótimo de Clazomena[26] o mérito de tê-lo formulado antes. Esses pensadores, portanto, que sustentavam essa opinião, supuseram um princípio nas coisas que é a causa da beleza e do bem, e o tipo de causa pela qual o movimento é comunicado às coisas.

25. Parmênides de Eleia viveu em torno de 475 a.C.

26. Personagem cuja existência histórica é altamente duvidosa.

4

PODER-SE-IA CONCLUIR que a primeira pessoa que abordou essa questão foi Hesíodo[27] ou, na verdade, qualquer outra pessoa que supôs o *amor ou o desejo*[28] como um primeiro princípio das coisas, como, por exemplo, Parmênides, uma vez que ele diz quando descreve a criação do universo:

Ela[29] *concebeu o Amor antes de todos os deuses.*[30]

E Hesíodo diz:

Antes de todas as coisas, foi o Caos criado,
e depois a Terra de amplos seios...
e o Amor, o mais notável entre todos os imortais.[31]

... sugerindo assim que deve haver no mundo alguma causa para mover as coisas e agregá-las.

A questão de dispor esses pensadores numa ordem de prioridade pode ser tratada posteriormente. Agora, uma vez que era aparente que a natureza também contém o oposto daquilo que é bom, isto é, não apenas ordem e beleza, mas desordem e disformidade; e que há mais coisas más e vulgares do que boas e nobres – em vista disso um outro pensador introduziu a amizade e a discórdia como as respectivas causas dessas coisas, pois, se alguém acompanhar e apreciar as afirmações de Empédocles atentando para o seu significado real e não se detendo em sua linguagem obscura, descobrirá que a amizade é a causa do bem e a discórdia a causa do mal. Assim, seria talvez correto dizer que Empédocles, num certo sentido, referiu-se ao mal e ao bem como primeiros princípios, e foi o primeiro a fazê-lo, isto é, se a causa de todas as boas coisas for o próprio bem *e das más o mal.*[32]

---

27. Hesíodo de Ascra, poeta épico que viveu entre 900 e 800 a.C.
28. ...ἐρῶτα ἢ ἐπιθυμίαν... (*erôta è epithymían*): conceitos pura e francamente sexuais.
29. Presume-se que Parmênides aludia a Afrodite, a deusa do amor sexual, mãe de Eros (Amor), que é a personificação divina masculina do amor sexual.
30. Fragmento 13 de Diels.
31. *Teogonia*, 116-20. A citação de Aristóteles não é rigorosamente exata.
32. Bekker registra o texto em itálico entre colchetes. Ross o ignora.

Esses pensadores, portanto, conforme dizemos, até o tempo de Empédocles, parecem ter apreendido duas das causas que definimos no tratado sobre a natureza:[33] a causa material e o princípio do movimento, mas isso apenas de maneira vaga e obscura. São como soldados destreinados numa batalha, que se precipitam para todos os lados e, com frequência, desferem bons golpes, porém sem critério científico; do mesmo modo, esses pensadores parecem não compreender suas próprias afirmações, visto ficar claro, via de regra, que raramente ou nunca as aplicam. Anaxágoras vale-se da inteligência como um dispositivo artificial para a produção de ordem e a arrasta para todo lugar em que se encontra perdido para explicar algum efeito necessário. Mas em todas as demais situações atribui a causa dos eventos a qualquer coisa, menos à inteligência. Além disso, Empédocles realmente utiliza causas num grau superior a Anaxágoras, mas não suficientemente, nem tampouco atinge a coerência no seu uso. De qualquer modo, a amizade muitas vezes segrega e a discórdia agrega, porque sempre que o universo é segregado em seus elementos pela discórdia o fogo e cada um dos outros elementos são aglomerados numa unidade; e sempre que são todos agregados novamente pela amizade, as partículas de cada elemento são, necessariamente, mais uma vez segregadas.

Empédocles, portanto, diferiu de seus predecessores por ter sido o primeiro a introduzir a divisão dessa causa, fazendo do princípio do movimento não apenas uma força, mas duas forças contrárias e distintas. Além disso, ele foi o primeiro a sustentar que os assim chamados elementos materiais são quatro, embora não os utilize como quatro, tratando-os apenas como dois, considerando o fogo, de um lado, sozinho, e os elementos que a ele se opõem, ou seja, a terra, o ar e a água, do outro, como uma natureza singular. Isso pode ser constatado com base num estudo de seus escritos.

Tal foi, portanto, como dizemos, sua avaliação da natureza e número dos primeiros princípios.

Leucipo,[34] entretanto, e seu discípulo Demócrito[35] sustentam que os elementos são o *cheio* e o *vazio*, classificando o primeiro como o *ser* e o

33. A *Física*.

34. Leucipo de Mileto floresceu em torno de 440 a.C.

35. Demócrito de Abdera floresceu em torno de 420 a.C.

segundo como o *não ser*.[36] Entre esses, eles identificam o cheio ou sólido com o *ser* e o vazio ou raro, com o *não ser* (daí sustentarem que *o que não é* não é menos real do que *o que é*, porque o *vazio* é tão real quanto o *corpo*). Afirmam ser essas as causas materiais das coisas. E tal como os que fazem da substância subjacente uma unidade geradora de todas as outras coisas através de suas modificações, supondo o raro e o denso como primeiros princípios dessas modificações, do mesmo modo esses pensadores sustentam que as diferenças [nos elementos] são as causas de tudo o mais. Essas diferenças – dizem – são três: figura, arranjo e posição, porque afirmam que *o que é* difere somente em *ritmo, intercontato e giro*; desses, ritmo significa figura, intercontato significa arranjo e giro, posição. Assim, por exemplo, A difere de N em figura, AN de NA pelo arranjo, ⌶ de H[37] pela posição. Quanto ao movimento, de onde e como é gerado nas coisas, casualmente ignoraram este ponto, muito à maneira como os outros pensadores agiram.

Tal parece, como dizemos, ter sido a extensão das investigações feitas pelos primeiros pensadores sobre esses dois tipos de causa.

5

Contemporaneamente, contudo, e mesmo antes, os chamados pitagóricos dedicaram-se às matemáticas e foram os primeiros a desenvolver essas ciências; e estudando-as passaram a crer que os princípios delas são os princípios de tudo. E uma vez que os números são naturalmente os primeiros entre esses princípios, e eles imaginavam que poderiam detectar nos números, num grau maior do que no fogo, na terra e na água, muitas analogias com *o que é* e *vem a ser* – esta e aquela propriedade do número sendo *justiça*, e esta ou aquela *alma* e *inteligência*, uma outra *oportunidade* e, analogamente, mais ou menos com todo o resto – e uma vez que perceberam posteriormente que as propriedades e proporções das escalas musicais são baseadas nos números, e visto que parecia claro que todas as outras coisas tinham toda sua natureza moldada nos números, e os números são as primeiras coisas em toda a natureza, supuseram ser os

36. Literalmente *o que é* e *o que não é* (τὸ μὲν ὂν τὸ δὲ μὴ ὄν [*tò mèn òn tò dè mè ón*]).

37. São todas letras do alfabeto *grego* e não do latino.

elementos dos números os elementos de toda as coisas e todo o céu uma escala musical[38] e um número. Fossem quais fossem as analogias com os processos e partes dos céus e com a ordem total do universo que pudessem exibir em números e escalas musicais,[39] eram coletadas e correlacionadas; e se houvesse alguma lacuna em qualquer parte, preenchiam-na prontamente, de forma a fazer de seu sistema um todo concatenado. Por exemplo, visto que a dezena é considerada como sendo uma coisa completa e que compreende toda a natureza essencial do sistema numérico, eles declaram que os corpos que giram nos céus são dez; mas como os corpos visíveis são apenas nove, fizeram da *Antiterra* o décimo. Tratamos minuciosamente desse assunto em outra parte.[40] Mas o propósito da presente discussão é descobrir nesses pensadores quais causas eles supõem e como estas se enquadram no nosso elenco de causas.

Ora, é evidente que esses pensadores também consideram que o número é um primeiro princípio, tanto como a matéria das coisas quanto como o elemento constituinte de suas propriedades e estados. Os elementos do número, de acordo com eles, são o *par* e o *ímpar*; destes o primeiro é ilimitado e o segundo, limitado; o um consiste de ambos (visto que é tanto ímpar quanto par); o número é derivado da unidade, e os números, como dissemos, compõem todo o céu [visível].

Outros pertencentes a essa mesma escola sustentam que há dez princípios, enunciados por eles numa série de duplas correspondentes: limitado e ilimitado, ímpar e par, unidade e pluralidade, direito e esquerdo, macho e fêmea, repouso e movimento, reto e curvo, luz e escuridão, bem e mal, quadrado e oblongo. Aparentemente, Alcmeão de Crotona[41] especulou nos mesmos termos, e ou ele obteve essa teoria deles, ou eles a obtiveram dele, {uma vez que Alcmeão viveu durante a velhice de Pitágoras}[42] e suas

38. ...ἁρμονίαν... (*harmonían*), cabendo também aqui a tradução literal, *harmonia*. Para os pitagóricos, Aristóteles e, numa palavra, para os gregos antigos, a música ou harmonia era uma das matemáticas, ou seja, uma ciência especulativa e não uma ciência produtiva (arte) na terminologia aristotélica.

39. Ver nota anterior.

40. Lamentavelmente, uma das muitas obras perdidas do Estagirita, *Dos Pitagóricos.* Mas o leitor pode, também, consultar proveitosamente a respeito disso o tratado *Do Céu*.

41. Contemporâneo de Pitágoras de Samos, que viveu em torno de 540 a.C.

42. { } interpolação, mas coerente e apropriada.

doutrinas eram muito similares às deles. Ele diz que a maioria das coisas no mundo humano está em duplas (pares). Entretanto, os contrários mencionados por ele não são – como no caso dos pitagóricos – cuidadosamente definidos, sendo tomados casualmente, por exemplo, branco e preto, doce e amargo, bom e mau, grande e pequeno. Assim, Alcmeão apenas indicou sugestões imprecisas quanto aos outros exemplos de contrários, enquanto os pitagóricos expuseram a quantidade dos contrários e o que são. Portanto, de ambas essas autoridades, tudo que podemos colher é que os contrários são primeiros princípios das coisas, e dos primeiros[43] quantos e o que são os contrários. De que forma estes princípios podem referir-se ao nosso elenco de causas não é claramente expresso por eles; entretanto, parecem reconhecer seus elementos como materiais, uma vez que declaram serem estes os constituintes originais dos quais a substância[44] está moldada e composta, tendo-os como suas partes inerentes.

A partir desse levantamento, podemos compreender suficientemente o que queriam dizer aqueles antigos que ensinavam que os elementos da natureza constituem uma pluralidade. Outros, todavia, teorizavam acerca do universo como se esse fosse uma só entidade. Mas suas doutrinas não são todas semelhantes tanto no tocante à excelência que apresentam quanto ao que diz respeito à conformidade com os fatos da natureza. No que toca ao propósito de nossa presente investigação, uma discussão em torno de seus ensinamentos é totalmente irrelevante, uma vez que eles, ao suporem uma unidade, não demonstram, ao mesmo tempo, que o *ser* é gerado tanto a partir da unidade como da matéria, como o fazem alguns filósofos da natureza, mas apresentam uma explicação diferente, visto que os filósofos da natureza, de qualquer forma, assumem também o movimento[45] ao explicarem a geração do universo. Esses pensadores, contudo, sustentam que o universo é imutável. Entretanto, na medida em que seja pertinente à nossa investigação em pauta, Parmênides concebeu a unidade como una enquanto fórmula, ao passo que Melisso a concebeu una enquanto maté-

43. Ou seja, os pitagóricos.

44. ...οὐσίαν... (*ousían*), a primeira das Categorias aristotélicas, vinculada ao sujeito e ao *ser*.

45. O conceito grego κίνησις (*kínesis*) é muito mais rico e amplo do que *movimento*, somando e incorporando a este conceito expresso pela palavra *movimento* outros, tais como mudança, alteração, perturbação, emoção, comoção, agitação etc.

ria. Consequentemente, o primeiro diz que é limitada, e o segundo que é ilimitada. Mas Xenófanes,[46] o primeiro a expor a unidade (pois se diz que Parmênides foi seu discípulo), não ministrou nenhum claro ensinamento, nem tampouco parece ter apreendido uma ou outra dessas concepções da unidade. Mas no que diz respeito à totalidade do céu visível, ele formulou que a unidade é Deus. Esta escola,[47] portanto, como dissemos, pode ser desconsiderada no que toca ao objetivo de nossa presente investigação; dois de seus membros, Xenófanes e Melisso, podem ser completamente ignorados, por exporem opiniões de algum modo demasiado rudimentares e ingênuas. Parmênides, contudo, parece discursar com maior entendimento. Ao sustentar, como o faz, que o não ser, em contraste com o ser, é nada, supõe necessariamente que o ser é uno e nada mais há (ponto que discutimos com maiores detalhes no tratado da natureza[48]); mas sendo compelido a acompanhar os fenômenos e assumindo que o ser é uno na definição, mas múltiplo no tocante à sensação, formula, por seu turno, duas causas, isto é, dois primeiros princípios, *quente* e *frio*, ou em outras palavras, fogo e terra. Desses classifica o quente com o ser e o frio com o não ser.

Com base nas considerações que acabamos de fazer e na avaliação desses pensadores que já debateram essa questão, obtivemos as seguintes informações. Dos primeiros filósofos, aprendemos que o primeiro princípio é corpóreo (considerando-se que a água, o fogo e similares são corpos); alguns o conceberam como único, enquanto outros como múltiplo, mas uns e outros os julgando de natureza material. Outros supõem adicionalmente a essa causa, a fonte do movimento, que alguns sustentam ser uma, enquanto outros afirmam serem duas. Assim, até os filósofos itálicos,[49] e à exceção deles, os outros pensadores expressaram-se vagamente a respeito do assunto, a não ser que – como afirmamos – eles tenham empregado realmente duas causas, e uma dessas, a fonte do movimento, alguns concebam como uma, e outros, como duas. Os pitagóricos, embora igualmente se referissem a dois

46. Xenófanes de Colofon, datas de nascimento e morte incertas, mas seguramente contemporâneo de Parmênides.

47. A escola eleática.

48. Ou seja, a *Física*.

49. O mesmo que pitagóricos; a confraria místico-religiosa e a escola filosófica fundadas por Pitágoras de Samos são chamadas de *itálicas,* porque localizadas em Crotona, na península itálica.

princípios, fizeram o seguinte acréscimo, que lhes é peculiar: acreditavam não que o limitado e o ilimitado fossem entidades separadas – como o fogo, a água ou algo similar – mas que o próprio ilimitado e o próprio uno fossem a essência das coisas das quais são predicados e, consequentemente, que o número fosse a essência de todas as coisas. Tal é o caráter de seus pronunciamentos em torno desse assunto. Também se puseram a discutir e definir o *o quê*[50] das coisas, mas seu procedimento era demasiado rudimentar. Definiram superficialmente e supuseram que a essência de uma coisa é aquilo a que o termo considerado primeiramente se aplica, por exemplo, como se fosse para ser pensado que dobro e 2 são idênticos, *visto ser 2 o primeiro número que é o dobro de um outro.*[51] Mas presumivelmente *ser o dobro de um número* não é o mesmo que *ser o número 2*. Caso contrário, uma coisa será muitas, consequência realmente resultante em seu sistema.

Isso é tudo, portanto, que pode ser aprendido com os primeiros filósofos e seus sucessores.

6

As filosofias descritas anteriormente foram sucedidas pelo sistema de Platão,[52] o qual em muitos aspectos harmonizava-se com elas, mas que também encerrava características distintas daquelas da filosofia itálica. Na juventude, Platão teve contato primeiramente com Crátilo e as doutrinas de Heráclito – segundo as quais todo o mundo sensível encontra-se sempre num estado de fluxo e que não há conhecimento científico disso – pontos de vista que nos anos posteriores ele ainda manteve. E quando Sócrates,[53] deixando de lado a natureza e confinando seu estudo às questões éticas, buscou nessa esfera o universal e foi o primeiro a concentrar-se nas definições, Platão a ele aderiu e concebeu que o problema da definição não diz respeito a qualquer coisa sensível, mas a entidades de outro tipo, isto porque é impossível haver definição geral de coisas sensíveis, que estão em con-

50. ...τι ἐστίν... (*ti estín*), ou seja, a essência.

51. Ou, segundo W. D. Ross (referindo-nos ao texto em *itálico*): *visto ser 2 a primeira coisa da qual dobro é predicável.*

52. Platão de Atenas (427-347 a.C.), fundador da Academia e mestre de Aristóteles.

53. Sócrates de Atenas (469-399 a.C.), mestre de Platão.

tínua mutação. Chamou essas entidades de *Ideias*[54] e sustentou que todas as coisas sensíveis são nomeadas segundo elas e em função de sua relação com elas, uma vez que a pluralidade das coisas que têm o mesmo nome que as Formas existe por participação nelas.[55] (No que toca à *participação*, foi apenas a palavra que ele mudou,[56] pois enquanto os pitagóricos afirmam que as coisas existem por imitação dos números, Platão afirma que existem por participação: meramente uma mudança de termo. Quanto ao que essa *participação* ou *imitação* possa ser, deixaram-no como uma questão em aberto.)

Ele acrescenta que além das coisas sensíveis e das Formas, existe uma classe intermediária, os objetos das matemáticas,[57] que diferem das coisas sensíveis por serem eternos e imutáveis, e das Formas, por haver múltiplos objetos semelhantes das matemáticas, ao passo que cada Forma é, ela própria, única.

Ora, uma vez que as Formas são as causas de tudo o mais, ele supôs que seus elementos são os elementos de todas as coisas. Em consonância com isso, o princípio material é o *grande* e o *pequeno,* e a essência é o uno, visto que os números procedem do *grande* e do *pequeno* pela participação no uno. Ao tratar o uno como uma substância, e não como um predicado de alguma outra entidade, seu ensinamento assemelha-se ao dos pitagóricos, e inclusive é concordante com este ao enunciar que os números são as causas do ser em tudo o mais. Mas é característico de Platão formular uma dualidade em lugar do ilimitado singular, e fazer o ilimitado consistir

54. Isto é, *Formas*, termo que traduz melhor o conceito platônico, além dos inconvenientes da palavra *ideia*. Platão utiliza tanto ἰδέα (*idéa*) quanto εἶδος (*eîdos*), aparentemente de modo indiscriminado (na verdade, são palavras sinônimas). A alternância dos termos Ideias e Formas nesta tradução, no contexto da crítica aristotélica, corre principalmente por conta do respeito ao estilo do autor. Tudo indica que Platão retirou as duas palavras acima do vocabulário corrente (no qual significam forma, aspecto externo, aparência), introduzindo-as na terminologia filosófica para exprimir seu próprio conceito, ou seja: realidade perfeita, singular, universal, imutável, eterna, imperecível do mundo inteligível, da qual as coisas imperfeitas, múltiplas, particulares, mutáveis, temporais, perecíveis do mundo sensível são apenas cópias e simulacros (εἶδολα [*eîdola*]). Ver a teoria das Formas no diálogo de Platão, *Parmênides*.
55. Ver os diálogos de Platão, *Parmênides* e *A República* (Livro VII). Estas obras constam em Clássicos Edipro.
56. Μέθεξις (*Méthexis*).
57. Ou seja, os números e as figuras geométricas.

do *grande* e do *pequeno*. É-lhe, também, peculiar considerar os números como distintos das coisas sensíveis, ao passo que eles sustentam que as próprias coisas são números, e tampouco propõem uma classe intermediária de objetos matemáticos. A distinção feita por ele entre *o uno e os números* e *as coisas ordinárias* (no que foi diferente dos pitagóricos) e sua introdução das Formas deveram-se a sua investigação da lógica (os primeiros pensadores eram estranhos à dialética); sua concepção do outro princípio como uma dualidade deveu-se à crença de que os números, exceto os primos, podem ser prontamente gerados a partir dela, como de uma matriz. O fato, todavia, é precisamente o contrário e a teoria é ilógica, pois se fazem proceder a multiplicidade a partir da matéria, embora a Forma deles gere apenas uma vez, é evidente que somente uma mesa pode ser feita de uma matéria,[58] e ainda assim, aquele que lhe imprime a forma, a despeito de ser apenas um, é capaz de fazer muitas mesas. Tal é, também, a relação do macho com a fêmea: a fêmea é fecundada em uma cópula, mas um macho pode fecundar muitas fêmeas. E estas relações são análogas aos princípios aludidos.

Essa é, portanto, a posição de Platão relativamente à questão que estamos investigando. Com base neste exame, fica claro que ele empregava somente duas causas: a da essência e a causa material, entendendo-se que as Formas são a causa da essência em tudo o mais, e o uno é a causa dela nas Formas. Ele também nos diz o que é o substrato material, do qual as Formas são predicadas no caso de coisas sensíveis, e o uno naquele das Formas, isto é, que isso é uma dualidade, o *grande e pequeno*. Adicionalmente, ele atribuiu a esses dois elementos, respectivamente, a causa do bem e do mal, questão que – como dissemos, fora também abordada por alguns dos filósofos mais antigos, por exemplo Empédocles e Anaxágoras.

7

FIZEMOS APENAS um conciso e breve exame dos filósofos que expressaram opiniões acerca das causas e da realidade e de suas doutrinas. Todavia, ficamos sabendo o suficiente sobre eles, ou seja, que nem um dos que discorrem sobre princípio ou causa mencionou qualquer outro tipo além

58. Mais exatamente, de *uma* porção de madeira.

dos que distinguimos no tratado sobre a natureza.[59] É claro que foi atrás desses tipos que tatearam, ainda que incertamente. Alguns falam do primeiro princípio como material, quer o concebam como uno ou múltiplo, quer como corpóreo ou incorpóreo. Exemplo: Platão refere-se ao *grande e pequeno*; os itálicos referem-se ao *ilimitado*; Empédocles ao fogo, terra, água e ar; Anaxágoras, à infinitude dos homogêneos. Todos esses atinaram com esse tipo de causa; e todos os que, também, fizeram do ar ou da água, ou de *algo mais denso do que o fogo, porém mais raro do que o ar* (pois alguns assim descreveram o elemento primordial) o seu primeiro princípio. Esses pensadores, portanto, captaram somente essa causa, mas outros apreenderam o princípio do movimento (por exemplo, todos os que fizeram da *amizade* e da *discórdia*, ou da *inteligência*, ou do *desejo* um primeiro princípio). Quanto à essência ou substância das coisas, ninguém a enunciou explicitamente. Entretanto, os que conceberam as Formas quase a expressam, uma vez que não concebem as Formas como a matéria das coisas sensíveis (e o uno como a matéria das Formas), tampouco como produtoras do princípio do movimento (porquanto sustentam que são, ao contrário, a causa da imobilidade e do repouso); contudo, apresentam as Formas como a essência de todas as outras coisas, e o uno como essência das Formas. O fim para o qual ações, transformações e movimentos tendem é tratado por eles, de alguma maneira, como uma causa, mas não neste sentido, a saber, no sentido em que é naturalmente uma causa. Aqueles que falam da inteligência ou amizade concebem essas causas como sendo algo *bom*; entretanto, não professam que qualquer coisa exista ou seja gerada[60] devido a elas, mas somente que os movimentos originam-se delas. Do mesmo modo também, os que sustentam que o uno ou o ser é uma entidade desse tipo[61] afirmam que é a causa da substância, mas não que as coisas existem ou são geradas[62] devido a um ou outro. Assim, conclui-se que, num certo sentido, ambos afirmam e negam que o *bem* é uma causa, já que o consideram como tal não absolutamente, mas incidentalmente. Parece, portanto, que todos esses pensadores também, posto que incapazes de atingir qualquer outra causa, comprovem que classificamos as causas acertadamente, com referência tanto ao número

59. A *Física*.

60. Sentido ontológico: passe a existir, venha a ser.

61. Isto é, um bem.

62. Ver nota 60.

quanto à natureza. Ademais, fica claro que todos os princípios têm que ser buscados, ou por esses procedimentos, ou de maneira semelhante.

Examinemos, na sequência, as possíveis dificuldades resultantes das afirmações de cada um desses pensadores e de sua postura relativamente aos primeiros princípios.

8

Todos os que consideram o universo uma unidade e postulam como sua matéria uma certa coisa, e matéria corpórea dotada de grandeza espacial, estão claramente equivocados em muitos aspectos. Eles somente supõem elementos de coisas corpóreas, e não de incorpóreas, que também existem. Tentam indicar as causas da geração e da destruição, investigam a natureza de tudo... e, ao mesmo tempo, suprimem a causa do movimento. Soma-se a isso sua falha em não considerar a essência ou substância como uma causa de quaisquer coisas; e, ademais, sua disposição de classificar qualquer dos corpos simples – salvo a terra – como um primeiro princípio, sem investigar como são gerados uns dos outros. Refiro-me ao fogo, à água, à terra e ao ar. Destes, alguns são gerados uns dos outros mediante combinação e outros, mediante desagregação; e esta diferença é da maior importância no que concerne a decidir sua relativa prioridade. Numa perspectiva, poderia parecer que o mais elementar dos corpos é aquele do qual primeiramente outros corpos são produzidos por combinação, e este seria o corpo mais raro e composto das mais sutis partículas. Daí todos os que propõem o fogo como primeiro princípio estarão rigorosamente de acordo com essa teoria. Entretanto, também no que se refere aos outros pensadores, todos concordam que o elemento corpóreo primordial é desse tipo. De qualquer modo, nenhum dos monistas considerou ser a terra provavelmente um elemento [primordial] – evidentemente por conta do tamanho de suas partículas – enquanto cada um dos outros três elementos teve o seu advogado, uma vez que alguns aventaram o fogo como elemento primordial, outros a água, e outros o ar. E, todavia, por que não sugerem também a terra, como o faz a opinião do vulgo?... já que as pessoas dizem "Tudo é terra". E Hesíodo também diz que a terra foi a primeira das coisas corpóreas geradas – tão antiga e popular parece ser essa opinião. Assim, segundo essa teoria, todo aquele que sugere qualquer desses corpos além do fogo, ou que propõe alguma coisa "mais densa do que o ar, porém mais rara do que a água", estará errado. Por outro lado, se o que é posterior na geração é anterior na natureza, e aquilo que é desenvolvido e combinado é posterior na geração, então teremos o caso inverso: a água será anterior ao ar e a terra à água.

Isso é o bastante no que diz respeito aos proponentes de *uma* causa, tal como descrevemos.

Algo idêntico ocorrerá também se alguém propuser *mais* de uma causa, como, por exemplo, Empédocles, que diz que a matéria consiste de quatro corpos. Devem ser suscitadas objeções igualmente em seu caso, algumas idênticas às anteriores, e algumas que lhe são próprias. Em primeiro lugar, podemos ver coisas sendo geradas umas das outras de uma maneira que demonstra que o fogo e a terra *não* se conservam como a mesma entidade corpórea. (Este assunto foi abordado em meus tratados sobre a natureza.[63]) Ademais, relativamente à causa do movimento nas coisas, se é uma ou duas a serem supostas, não é de se pensar que sua explicação seja inteiramente correta ou mesmo razoável. E, em geral, aqueles que sustentam opiniões como essas devem, necessariamente, suprimir a mudança qualitativa, visto que nessa teoria o frio não provirá do quente, nem o quente do frio, pois para que isso ocorra é preciso haver alguma coisa que realmente assuma essas qualidades contrárias: algum elemento singular que se transforma tanto em fogo quanto em água, o que Empédocles nega.

Se alguém se dispusesse a concluir que Anaxágoras reconhecia dois elementos, a conclusão se harmonizaria rigorosamente com uma opinião que, ainda que não manifestada por ele próprio, deve ter aceitado como desenvolvida por outros. Dizer que originalmente tudo era uma mescla é um despropósito por várias razões, mas especialmente porque disso resulta que as coisas devem ter existido antes num estado puro; porque contraria a natureza *qualquer coisa* misturar-se [fortuitamente] com *qualquer coisa*; e, ademais, porque modificações e acidentes seriam, então, separáveis de suas substâncias (uma vez que aquilo que é misturado pode também ser separado). Ao mesmo tempo, se alguém se dispusesse a acompanhar sua doutrina cuidadosamente e interpretar seu sentido, talvez pudesse ser vista como sendo mais moderna, porque, quando nada ainda estava separado, é óbvio que nada podia ser verdadeiramente predicado daquela substân-

63. Sobretudo em *Do céu* e *Da geração e corrupção*.

cia, por exemplo, que era branca ou preta, ou trigueira,[64] ou de qualquer outra cor. Deve ter sido necessariamente incolor, senão teria apresentado uma dessas cores. Analogamente, com base no mesmo argumento, não tinha sabor ou qualquer outro atributo semelhante, pois não podia ter tido qualquer qualidade, magnitude ou individualidade; caso contrário, alguma forma particular teria pertencido a ela, o que, entretanto, é impossível, supondo-se que tudo estava mesclado, pois então a forma teria sido já separada, ao passo que o proponente da doutrina afirma que tudo estava misturado, exceto a inteligência, a qual, só ela, era pura e sem mistura. Conclui-se disso que ele reconhece como princípios o *uno* (que é simples e sem mescla) e o *outro,*[65] que é o que supomos ser o indeterminado antes de ser determinado e partilhar de alguma forma. A conclusão é que sua explicação não é nem correta nem clara, embora seu sentido aproxime-se das teorias mais recentes e do que é, hoje, mais evidentemente verdadeiro.

Contudo, esses pensadores *estão realmente interessados somente nas teorias*[66] da geração, da destruição e do movimento (pois em geral é somente em referência a esse aspecto da realidade que buscam seus princípios e causas). Aqueles que, todavia, fazem seu estudo cobrir toda a realidade, e que distinguem entre objetos sensíveis e não sensíveis, dão claramente atenção a ambas as classes. Consequentemente, no caso deles é possível examinar mais extensivamente quais contribuições, valiosas ou não, proporcionam à investigação que ora está diante de nós.

Os chamados pitagóricos utilizam princípios e elementos mais abstrusos que os filósofos da natureza. (A razão disso é não os terem retirado do mundo sensível, visto que os objetos matemáticos, exceto os ligados à astronomia,[67] são destituídos de movimento.) Entretanto, todas as suas discussões e investigações concernem à natureza. Dão conta da geração do céu[68] e observam o que ocorre com respeito às suas partes, modificações e atividades, usando seus princípios e causas nesse sentido, embora concordassem

64. ...φαίον... (*phaíon*), cor morena, castanho-escuro.

65. ...θάτερον... (*tháteron*).

66. Ou, mais próximo da literalidade: *veem-se em casa com as teorias.*

67. Para o Estagirita, a astronomia é uma ciência matemática.

68. ...οὐρανόν... (*oúranon*), mas a sequência imediata do texto nos leva a crer que se trata de todo o universo sensível e não apenas da abóbada celeste. W. D. Ross, traduzindo seu próprio texto, mantém *céu.*

com os outros – os filósofos da natureza – que o existente é apenas o sensível e contido nos assim chamados *céus*. Mas – como dissemos – as causas e princípios que mencionam são aplicáveis aos domínios mais elevados do ser, e, de fato, ajustam-se melhor a estes do que às suas teorias sobre a natureza. Porém, quanto a como poder haver movimento, uma vez que tudo que se supõe é o *limite* e o *ilimitado*, e o *ímpar* e o *par*, sequer tocam nesta questão; ou em, tampouco, como sem movimento e mudança pode haver geração e destruição, ou as atividades dos corpos que cruzam os céus. E, ademais, na hipótese de conceder-se-lhes, ou ter sido por eles demonstrado, que a magnitude[69] é composta desses elementos, ainda assim como explicar que alguns corpos são leves, ao passo que outros têm peso? Afinal, nas suas premissas e enunciações, eles se referem o mesmo tanto a objetos sensíveis e objetos matemáticos, razão pela qual não fizeram nenhuma menção ao fogo, à terra ou a quaisquer outros corpos semelhantes, porque – presumo – não dispõem de uma explicação independente para as coisas sensíveis. Além disso, como entendermos que o número e suas modificações são as causas de todo ser e do que ocorre nos céus, tanto no início como agora, e ao mesmo tempo que não há outro número senão o número do qual o universo é composto? Por que quando resolveram que a *opinião* e a *oportunidade* estão nesta ou naquela região, e um pouco acima ou abaixo delas a *injustiça* e a *separação* ou *mistura*, e quando indicam como prova disso que cada uma dessas abstrações é um número, e que também nessa região já há uma pluralidade das magnitudes compostas do número – na medida em que essas modificações do número correspondem a essas diversas regiões – *é o número* que temos que compreender como sendo cada uma dessas abstrações *o mesmo número* que está presente no universo sensível, ou *é um outro tipo de número*? Platão, ao menos, diz que é um outro tipo. É verdade que ele também supõe que os números são tanto essas magnitudes quanto suas causas, mas no seu ponto de vista os números que são causas são inteligíveis, enquanto os outros são sensíveis.

9

Os PITAGÓRICOS, portanto, podem ser, de momento, postos de lado, sendo suficiente o breve exame que deles fizemos. Quanto aos que aventaram

69. ...μέγεθος... (*mégethos*).

as Formas como causas, em primeiro lugar na sua tentativa de apreender as causas das coisas no mundo sensível, introduziram um igual número de outras coisas – como um homem que quisesse contar coisas imaginasse ser impossível fazê-lo se fossem poucas, e tentasse contá-las depois de aumentar o seu número. Isto porque as Formas são em número igual, ou não inferior, às coisas cuja busca das causas levou esses pensadores às Formas; *pois para cada grupo de substâncias há uma Forma correspondente que possui o mesmo nome e existe independentemente das substâncias, o mesmo ocorrendo com todos os outros grupos nos quais há um caráter comum a muitas coisas, estejam as coisas neste mundo mutável ou sejam elas eternas.*[70]

Que se acresça que nenhum dos argumentos pelos quais *tentamos*[71] provar que as Formas existem demonstra [convincentemente] nosso ponto; de alguns deles não resulta necessariamente nenhuma conclusão, e de outros resulta que há Formas de coisas das quais sustentamos que não há Formas, pois de acordo com os argumentos das ciências haverá Formas de todas as coisas das quais há ciências, e de acordo com o argumento do *uno sobre o múltiplo*[72] haverá Formas inclusive das negações; e conforme o argumento de que *temos alguma concepção intelectual do que pereceu,* das coisas perecíveis porque dispomos de uma imagem mental dessas coisas.

Ademais, dos argumentos mais exatos, alguns estabelecem Ideias[73] de relações, o que não afirmamos formar um gênero independente, e outros indicam o *terceiro homem.*[74] E, em geral, os argumentos a favor das Formas suprimem coisas que são mais importantes para nós do que

---

70. Em todo este trecho em *itálico* utilizamos o texto de W. D. Ross, de preferência ao de Bekker, por apresentar maior clareza relativamente à teoria platônica das Formas.

71. Embora criticando a doutrina platônica das Formas e empregando o verbo no presente, Aristóteles exprime-se aqui como um platônico, sugerindo o período em que, discípulo na Academia, seu pensamento era ainda fortemente influenciado por seu mestre.

72. Isto é, o argumento de que há *um* atributo que é comum a *múltiplas* coisas.

73. O mesmo que Formas.

74. ...τρίτον ἄνθρωπον... (*tríton ánthropon*): não é possível saber precisamente a que argumento alude Aristóteles, pois mais de um recebe esse nome. Provavelmente o autor refere-se ao seguinte: se X, no mundo sensível, é um ser humano porque ele é *uma* cópia (e, portanto, um *segundo* ser humano) da Ideia de ser humano no mundo inteligível, deve haver um *terceiro* ser humano no qual está fundida a humanidade desses dois.

a existência das Ideias, pois sugerem que não é a díade que é primordial, mas o número; e que o relativo é anterior ao absoluto, e todas as demais conclusões com respeito às quais certas pessoas, ao acompanharem as opiniões defendidas sobre as Ideias, entraram em conflito com os princípios da teoria.

Além disso, conforme a hipótese pela qual sustentamos a existência das Ideias, haverá Formas não apenas das substâncias, como também de muitas outras coisas (visto ser o conceito único não só no caso das substâncias, como também no caso de todas as demais coisas; havendo, além disso, ciência não somente das substâncias, como também de outras coisas; e, adicionalmente, mil outras consequências semelhantes); contudo, de acordo com a necessidade lógica e a partir dos pareceres geralmente sustentados sobre elas, conclui-se que, se podem ser objeto de participação, então só pode haver Ideias de substâncias, pois não são partilhadas enquanto acidentes; cada Forma só pode ser partilhada na medida em que não é predicada de um sujeito. Quero dizer, por exemplo, que, se alguma coisa participa do *dobro absoluto*, participa também do *eterno*, porém apenas acidentalmente, porque é um acidente do dobro ser ele eterno. Assim, as Formas são apenas das substâncias. Os mesmos nomes, entretanto, indicam substância tanto no mundo sensível quanto no mundo Ideal, pois, caso contrário, que significado haverá em dizer que alguma coisa existe independentemente dos particulares, isto é, a unidade compreendendo sua multiplicidade? Se as Ideias e as coisas particulares que delas participam possuírem Forma idêntica, forçoso será haver algo comum a elas, pois por que deveria o *dois* ser um e o mesmo na díade perecível ou nos que são múltiplos porém eternos, e não identicamente no próprio dois como no dois particular? Mas se a Forma não é a mesma, serão simplesmente homônimos, tal como se alguém chamasse tanto Cálias quanto uma imagem de madeira de homem, sem observar qualquer propriedade comum a eles.

Temos que discutir, sobretudo, no que, afinal, as Formas contribuem para as coisas sensíveis, eternas ou sujeitas à geração e corrupção, uma vez que não constituem a causa de qualquer movimento ou mudança em si. Some-se a isso que não são úteis para o conhecimento das outras coisas (pois não são a substância das coisas, caso contrário estariam nas coisas), nem para a existência destas, visto que não estão presentes nas coisas que delas participam. Se estivessem, poderia parecer, talvez, que são causas, no sentido em que a mistura do branco faz uma coisa ser branca. Mas essa teoria, primeiramente formulada por Anaxágoras e, posteriormente, por Eudoxo[75] e outros, é prontamente refutável, visto ser fácil reunir muitas objeções insuperáveis feitas contra esse ponto de vista. Acrescente-se que outras coisas não são, em qualquer acepção aceitável, provindas das Formas. Dizer que as Formas são modelos e que outras coisas delas participam é empregar frases ocas e metáforas poéticas, pois o que é que confecciona coisas no molde das Ideias?[76] Além disso, qualquer coisa pode ser ou tornar-se semelhante a alguma outra coisa sem ser desta uma cópia; assim um indivíduo pode tornar-se semelhante a Sócrates independentemente de Sócrates existir ou não e, mesmo que Sócrates fosse eterno, está claro que seria idêntico o caso. Igualmente haverá vários *modelos* e, por conseguinte, Formas da mesma coisa; por exemplo, *animal* e *bípede* serão modelos de *ser humano* e assim também será a Ideia de *ser humano*. Adicionalmente, as Formas serão modelos não só de coisas sensíveis, como também de si mesmas – por exemplo, *gênero na acepção de gênero da espécie*[77]), de sorte que a mesma coisa será tanto modelo quanto cópia. Ademais, pareceria impossível que a substância e a coisa da qual ela é a substância existam separadamente e, consequentemente, como podem as Ideias, se são as substâncias das coisas, existir separadas delas?

É afirmado no *Fédon*[78] que as Formas são a causa tanto da existência quanto da geração. Entretanto, supondo a existência das Formas, ainda assim as coisas que delas participam não são geradas, a menos que haja algo para transmitir movimento, enquanto muitas outras coisas (por exemplo, a casa, o anel) são geradas, das quais sustentamos que não há Formas. Assim, é claramente possível que todas as outras coisas podem tanto existir quanto serem geradas[79] pelas mesmas causas das coisas que acabamos de mencionar.

75. Pensador platônico e filósofo hedonista.

76. Aristóteles é severo e sarcástico com seu antigo mestre que, a nosso ver, responde a esta questão no seu diálogo *Timeu*.

77. Ou, segundo Ross: *a Forma do gênero será um gênero das Formas*.

78. Ver em *Diálogos III*, Obras Completas de Platão, presente em *Clássicos Edipro*.

79. Virem a ser, passarem a existir.

Além disso, se as Formas são números, em qual sentido serão causas? Será porque as coisas existentes são outros números, como, por exemplo, um número é homem, um outro é Sócrates, um outro é Cálias? Mas então por que aqueles números são as causas destes? Mesmo que uma classe seja eterna e a outra não, não fará qualquer diferença. E se é porque as coisas deste mundo sensível são proporções numéricas, por exemplo, a harmonia [dos sons ou das vozes] – está claro que há alguma classe de coisas das quais são proporções. Ora, se há esta alguma coisa, isto é, sua matéria, está claro que os próprios números serão proporções entre coisas; quero dizer, a título de exemplo, que, se Cálias é uma proporção numérica de fogo, terra, água e ar, a Ideia correspondente também será um número de certas outras coisas que são seu substrato. A Ideia de homem, também, quer seja, em certo sentido, um número ou não, continuará sendo uma proporção numérica de certas coisas, e não propriamente um número. Tampouco, com base nessas razões, qualquer Ideia será um número.

Um número, além disso, pode ser composto de diversos números, mas como pode uma Forma ser composta de diversas Formas? E se um número não é composto dos próprios outros números, mas de seus constituintes (por exemplo, os do número 10.000), qual é a relação das unidades? Se forem especificamente semelhantes, disso resultarão muitos absurdos e também se não forem – se as unidades num dado número forem dessemelhantes, ou as unidades em cada número forem dessemelhantes daquelas em todo outro número. Afinal, no que podem diferir uma vez que não possuem qualidades? Esse ponto de vista não é plausível, além de ser incompatível com nosso conceito de unidade.

Ademais, torna-se necessário construir um outro tipo de número – com o qual o cálculo ocupa-se – e todos os objetos que são classificados como *intermediários* por alguns pensadores. Mas como e a partir de quais princípios podem ser originados? Ou com quais fundamentos é possível considerá-los intermediários entre as coisas aqui[80] e os números Ideais? Além disso, cada uma das unidades no número 2 provém de um 2 anterior... mas isto é impossível.

992a1 Por outro lado, por que deveria um número tomado como um todo ser uno? E, a somar-se às objeções anteriores, se as unidades são dessemelhantes, deveriam ser discutidas como os pensadores, que propõem

80. Ou seja, *no mundo sensível.*

dois ou quatro elementos, discutem esses elementos, pois nenhum deles utiliza o termo elemento aplicando-o ao substrato comum, por exemplo o corpo, mas ao fogo e à terra – haja ou não um substrato comum, ou seja, o corpo. Na verdade, discorrem sobre o uno como se este fosse homogêneo, tal como o fogo ou a água; mas se assim fosse, os números não seriam substâncias. E se há uma unidade absoluta que é um princípio, fica claro que o termo *unidade* está sendo usado ambiguamente, pois, caso contrário, a teoria é impossível.

Quando queremos referir substâncias aos seus princípios, estabelecemos que linhas procedem do *longo e curto*, um tipo de *grande e pequeno*, e que o plano procede do *largo e estreito*, e o sólido do *profundo* e *raso*. Mas, nesse caso, como pode o plano conter uma linha, ou o sólido uma linha e um plano, se *largo e estreito, profundo e raso* são gêneros distintos? Tampouco o número está contido nesses objetos, porque *muitos e poucos* é ainda uma outra classe; do mesmo modo evidencia-se que nenhuma das outras classes superiores estará contida nas inferiores. Tampouco é o *largo* o gênero do qual *profundo* é uma espécie, pois neste caso o corpo seria um tipo de plano. Ademais, como é possível que figuras contenham pontos? Platão firmemente rejeitou essa classe de objetos, taxando-a de ficção geométrica, mas reconheceu o *princípio da linha*, muitas vezes assumindo esta última classe, ou seja, a das *linhas indivisíveis*. Mas estas precisam ter algum limite e, deste modo, por força do mesmo argumento que demonstra a existência da linha, é demonstrada a existência do ponto.

Em geral, a despeito de a sabedoria[81] ocupar-se da causa das coisas visíveis, ignoramos esta questão (visto não dispormos de uma explicação para a causa do início da mudança); ademais, na convicção de que estamos explicando as substâncias dessas coisas visíveis, estabelecemos a existência de outras substâncias. Entretanto, para determinar *como* estas são as substâncias daquelas, nossa explicação de nada serve, uma vez que *participação*, como dissemos antes, nada significa. E quanto ao que somos capazes de perceber ser a causa nas ciências, e através do que a totalidade da inteligência e da natureza atua, esta causa – que sustentamos ser um dos primeiros princípios – tampouco tem com as Formas a menor conexão.

81. ...σοφίας... (*sophías*): Aristóteles refere-se à filosofia primeira, ao que muito depois dele (no início da era cristã) convencionou-se chamar de *metafísica*. Ver *Aristóteles: sua obra*, nesta mesma edição.

A filosofia converteu-se em matemáticas para os modernos pensadores,[82] ainda que declarem que as matemáticas só devem ser estudadas como um meio para algum outro fim [que não elas mesmas].

992b1 E poder-se-ia considerar a substância da qual fazem o substrato material como demasiado matemática, e como sendo mais propriamente um predicado e diferença da substância, isto é, da matéria, do que a matéria ela mesma. Refiro-me ao *grande e pequeno*, que é como o *raro e denso* sobre o qual discursam os filósofos da natureza, sustentando que são as diferenças primárias do substrato, porque essas qualidades são uma espécie de excesso e deficiência. Também com relação ao movimento, supondo que o *grande e pequeno* constituam movimento, obviamente as Formas serão movidas; em caso contrário, de onde ele provém? Nesta última perspectiva, todo o estudo da natureza é abolido. E o que se supõe ser fácil realizar, ou seja, demonstrar que tudo é uno, não é realizado, uma vez que a partir de sua exposição não se conclui – mesmo que se conceda todas as suas hipóteses – que tudo seja uno, mas somente que há um uno absoluto, e nem sequer isto a não ser que seja concedido que o universal é uma classe, o que é impossível em alguns casos. Tampouco há qualquer explicação das linhas, planos e sólidos que sucedam aos números, nem de como existem ou como podem existir, ou quanto a qual seja sua importância. Não podem ser Formas (uma vez que não são números) ou intermediários (que são os objetos das matemáticas), ou perecíveis; formam claramente uma quarta classe distinta.

Geralmente, investigar os elementos das coisas existentes sem distinguir as várias acepções nas quais se diz existirem as coisas é uma tarefa fadada ao fracasso, especialmente quando se investiga nesse sentido a natureza dos elementos dos quais são compostas as coisas, pois certamente não nos é possível conceber os elementos de atividade, passividade ou retidão; isto é possível, se de fato o for, somente no caso das substâncias. A conclusão é que buscar, ou supor como realizada, a descoberta dos elementos de todas as coisas existentes é um erro. Como é possível apreender os elementos de todas as coisas? É óbvio que não se podia dispor de qualquer conhecimento prévio de nada, porque tal como um homem que está começando a aprender geometria pode ter prévio conhecimento

82. A alusão é especialmente a Espeusipo e à orientação dada por este, como diretor da Academia após a morte de Platão, aos estudos desenvolvidos nela.

de outros fatos, porém não conhecimento prévio dos princípios daquela ciência ou das coisas sobre as quais ele precisa aprender, o mesmo acontece no caso de todos os outros ramos do conhecimento. Daí, se houver uma ciência que abarca tudo – como alguns dizem – *aquele que a estuda* não poderá, de modo algum, ter conhecimento prévio. Mas todo aprendizado procede, total ou parcialmente, do que já é conhecido, quer seja através de demonstração, quer através de definição, posto que as partes da definição têm que ser já conhecidas e familiares. O mesmo revela-se verdadeiro no tocante à indução. Por outro lado, supondo que esse conhecimento pudesse ser inato, seria espantoso que possuíssemos, sem o saber, a mais importante das ciências. Ademais, como pode alguém saber de quais elementos as coisas consistem? Como é isso estabelecido? Mesmo isso apresenta uma dificuldade, porque as opiniões podem ser conflitantes, como ocorre no caso de algumas sílabas, pois alguns dizem que *za* é composta de *s*, *d* e *a*, ao passo que outros declaram que se trata de um som distinto, ou seja, nenhum daqueles que nos são familiares.

Além disso, como pode alguém obter conhecimento dos objetos de uma percepção sensorial particular sem possuir esse sentido? Entretanto, deveríamos se os elementos dos quais todas as coisas consistem, como os sons complexos consistem dos seus elementos peculiares, fossem os mesmos.

10

ASSIM, EVIDENCIA-SE, inclusive com base nas afirmações dos filósofos mais antigos, que toda investigação aparentemente é dirigida para as causas descritas na *Física* e que não podemos sugerir qualquer outra causa além dessas. Elas foram, todavia, apenas conceituadas imprecisamente e, embora num sentido tenham sido todas indicadas antes, num outro não haviam sido indicadas de modo algum, isto porque a filosofia mais antiga é, por assim dizer, como alguém que balbucia em todos os assuntos, já que era nova em sua infância. Mesmo Empédocles afirma que o osso existe em virtude de sua proporção, que é a definição ou essência de uma coisa. Mas com base num raciocínio semelhante, a carne, como qualquer outra coisa, ou absolutamente nada, tem que ser proporção, porque teria que ser devido a isso – e não por causa de sua matéria – que ele chama de fogo, terra, água e ar, que a carne, o osso e toda outra coisa existe. Se alguém mais houvesse afirmado isso, ele teria necessariamente concordado, mas sua própria afirmação não foi clara.

Estes e outros pontos semelhantes já foram explicados. Voltaremos agora às dificuldades passíveis de ser suscitadas a respeito desses mesmos pontos, uma vez que é possível que projetem alguma luz que venha nos auxiliar nas dificuldades posteriores.

LIVRO II

1

A INVESTIGAÇÃO DA VERDADE É, num sentido, difícil e, em outro, fácil. Isso é indicado pelo fato de que, se nenhuma pessoa isolada é capaz de ter uma adequada apreensão dela, não é possível que todos falhemos na tentativa. Cada pensador faz alguma observação a respeito da natureza e, individualmente, pouco contribui ou em nada contribui para a investigação; mas uma combinação de todas as conjeturas tem como resultado algo considerável. Assim, como parece que a verdade é como a porta proverbial na qual ninguém pode deixar de bater, neste sentido nossa investigação será fácil; por outro lado, o fato de estarmos impossibilitados, ainda que dispondo de alguma compreensão do todo, de apreender uma parte particular, indica sua dificuldade. Entretanto, visto que a dificuldade também pode ser avaliada em dois sentidos, é possível que sua causa esteja presente não nos objetos de nossa investigação, mas em nós mesmos, ou seja, tal como ocorre com os olhos dos morcegos relativamente à luz do dia, ocorre com nossa razão em nossa alma relativamente àquelas coisas que são, naturalmente, as mais evidentes.

Não passa de justiça mostrar gratidão não apenas com aqueles cujos pareceres podemos partilhar, como também com aqueles que exprimiram opiniões um tanto superficiais. Estes também contribuíram com alguma coisa. Foi graças ao seu trabalho preliminar que o exercício intelectual foi desenvolvido. Se não tivesse existido nenhum Timóteo,[83] não pos-

83. Timóteo de Mileto (?446-357 a.C.).

suiríamos muito de nossa música. E se não houvesse existido nenhum Frinis,[84] não teria havido nenhum Timóteo. O mesmo ocorre com os que teorizaram acerca da verdade: extraímos certos pontos de vista de alguns deles e eles, por sua vez, estavam em débito com outros.

Ademais, é com acerto que a filosofia é chamada de conhecimento da verdade.[85] O objetivo da ciência especulativa é a verdade, ao passo que o da ciência prática é a ação,[86] pois até mesmo quando estão investigando como uma coisa é o que é os cientistas práticos investigam não o princípio eterno, mas sim a aplicação relativa e imediata. Mas não podemos conhecer a verdade independentemente da causa. Ora, toda coisa através da qual uma qualidade comum é transmitida a outras coisas contém ela própria, entre todas essas coisas, o mais alto grau dessa qualidade (por exemplo, o fogo é o mais quente visto ser a causa do calor em tudo o mais); daí, é também o mais verdadeiro o que faz que todas as coisas derivadas sejam verdadeiras. Portanto, em todos os casos, os primeiros princípios das coisas têm que ser necessariamente verdadeiros acima de tudo o mais, uma vez que não são simplesmente *às vezes* verdadeiros, nem é coisa alguma a causa de sua existência, mas são eles a causa da existência de outras coisas – e tal como cada coisa é no tocante à existência é no tocante à verdade.

2

ADEMAIS, É EVIDENTE que há algum primeiro princípio e que as causas das coisas não são nem uma sequência infinita, nem infinitamente múltiplas quanto ao tipo, pois a geração material de uma coisa a partir de uma outra não pode prosseguir numa progressão infinita (por exemplo, a carne a partir da terra, a terra do ar, o ar do fogo e assim por diante, indefinidamente, sem uma interrupção); tampouco pode a origem do

---

84. Frinis de Mitilene, provavelmente contemporâneo do comediógrafo Aristófanes, que viveu aproximadamente entre 448 e 380 a.C.

85. ...ἐπιστήμην τῆς ἀληθεῖας... (*epistéme tês aletheîas*).

86. Exemplos de ciências especulativas ou teóricas: física e metafísica; de práticas: ética e política.

movimento (por exemplo, o homem ser movido pelo ar, o ar pelo sol, o sol pela discórdia, numa série ilimitada). Da mesma maneira, tampouco pode a causa final ser *ad infinitum*, o caminhar tendo como fim a saúde, a saúde a felicidade e a felicidade alguma coisa mais – uma coisa sempre sendo por uma outra. E ocorre precisamente o mesmo com a causa formal, pois, no caso de todos os termos intermediários de uma série contidos entre o primeiro e o último termo, o termo anterior é necessariamente a causa daqueles que o sucedem – porque se tivéssemos que dizer qual dos três é a causa, diríamos *o primeiro*. De qualquer modo, não é o último termo, uma vez que o que vem no final não é a causa de nada. Tampouco, por outro lado, é o termo intermediário, que se limita a ser a causa de um – e não faz diferença alguma se há um termo intermediário ou vários, ou se seu número é infinito ou finito. Mas no que se refere às séries, que são infinitas desta maneira, e do infinito em geral, todas as partes são igualmente intermediárias até o presente momento. Assim, se não há primeiro termo, não há, de modo algum, causa.

Por outro lado, não pode haver progressão infinita descendente – onde há um começo na direção ascendente – de tal modo que do fogo provenha a água, e da água a terra, e desta maneira algum tipo diverso de coisa seja continuamente produzido. Devemos considerar dois sentidos, nos quais uma coisa *provém a partir de* uma outra, além daquele em que se diz que uma coisa provém *em consequência* de uma outra, por exemplo [quando dizemos que] os jogos olímpicos provêm *dos* jogos ístmicos – *ou* como um homem provém de um menino à medida que este cresce, *ou* como o ar provém da água. Ora, dizemos que um homem *provém de* um menino no sentido de que aquilo que se tornou alguma coisa *provém* daquilo que está se tornando, isto é, o perfeito a partir do imperfeito. (Pois tal como *tornando-se* é sempre intermediário entre o ser e o não ser, também o é aquilo que está se tornando entre *o que* é e *o que não é*. [Dizemos que] o aprendiz está se *tornando* conhecedor e este é o significado da afirmação de que o homem de conhecimento *provém* do aprendiz.) Por outro lado, *provir de uma outra coisa, tal como a água provém do ar, envolve a destruição da outra coisa.* Consequentemente o primeiro tipo de processo não é reversível (exemplo: um menino não pode provir de um homem, porque o produto do processo do tornar-se não é a coisa que está se tornando, mas sim aquela que existe após a conclusão do processo. Assim, o dia provém da aurora, porque é posterior à aurora; por conseguinte, a aurora não provém do dia). O outro tipo, contudo, é reversível. A progressão *ad infinitum* é impossível em ambos os casos, pois no primeiro caso os termos intermediários requerem um fim, e no segundo o processo é reversível,[87] uma vez que a destruição de um membro de um par é a geração do outro. Ao mesmo tempo, a causa primeira, sendo eterna, é indestrutível, isto porque, não sendo o processo de geração infinito na direção ascendente, uma causa primeira cuja destruição produzisse a geração (*vir a ser*) de alguma coisa não poderia ser eterna.

Que se acresça que a *causa final* de uma coisa é um fim,[88] sendo de tal modo a não ocorrer em função de alguma coisa mais, porém, [ao contrário,] de modo que todas as outras coisas ocorram em função dela. Por conseguinte, se deve haver um último termo desse tipo, as séries não serão infinitas; e se não houver tal termo, não haverá causa final. Aqueles que insistem na introdução da infinitude deixam de compreender que estão aniquilando a natureza do bem (ainda que ninguém tentaria fazer qualquer coisa se não fosse provável que viesse a atingir algum limite); tampouco haveria qualquer inteligência no mundo, porque o indivíduo inteligente age sempre visando alguma coisa, o que constitui um limite, porque o fim é um limite.

Tampouco pode a causa formal reportar-se a uma outra definição mais completa, uma vez que a definição anterior é sempre mais rigorosa como definição, o que a posterior não é; [assim,] onde a definição original é inaplicável, também o é a definição posterior. Além disso, os que defendem este ponto de vista destroem o conhecimento científico, pois de acordo com tal posição é impossível conhecer qualquer coisa até que se tenha atingido termos indivisíveis. O entendimento, também, é impossível, pois como conceber coisas que são desta maneira infinitas? É diferente com respeito à linha, a qual – embora no que se refere à divisibilidade nunca se descontinue – ainda, assim, é inconcebível, a menos que façamos uma interrupção (razão pela qual ao examinarmos uma linha infinitamente divisível não é possível contarmos as seções).

87. Isto é, seus termos são intercambiáveis.

88. ...τέλος... (*télos*), fim, em contraposição a meio.

Até a matéria tem que ser concebida sob a forma de alguma coisa mutável. Nada que é infinito pode existir; e, em qualquer caso, o conceito de infinito não é infinito.

Ademais, se o número dos tipos de causas fosse infinito, continuaria sendo impossível obter conhecimento, uma vez que é somente quando ficamos familiarizados com as causas, que supomos conhecer uma coisa, e não possível, num tempo finito, examinar completamente o que é infinito por adição.

3

O EFEITO DE UMA conferência depende dos hábitos do ouvinte, porque se espera a linguagem a que se está habituado, e qualquer coisa que difira disso parece escapar de nosso nível e soa um tanto estranho e incompreensível, por conta de não nos ser familiar ou costumeiro, na medida em que é o costumeiro que apresenta inteligibilidade. O efeito poderoso do costumeiro é claramente demonstrado pelas leis, nas quais os elementos remanescentes fantasiosos e pueris prevalecem, por força do hábito, a despeito de nosso conhecimento deles. Deste modo, algumas pessoas não aceitarão as afirmações de um conferencista, a não ser que ele apresente uma demonstração matemática; outras não as aceitarão a menos que ele faça uso de ilustrações; outras esperam a indicação do testemunho de um poeta. Além disso, alguns indivíduos exigem precisão em tudo, enquanto outros se sentem entediados com ela, seja porque não são capazes de acompanhar os raciocínios, seja porque os julgam triviais ou tacanhos, uma vez que há alguma coisa em torno da precisão que se afigura a algumas pessoas como sendo mesquinha, tanto numa argumentação quanto numa transação comercial.

Portanto, é necessário já estarmos treinados para saber qual tipo de argumentação adotaremos, porque é absurdo buscar simultaneamente o conhecimento e o método de obtê-lo, sendo que nem um nem outro são de fácil obtenção.

A precisão matemática não deve ser exigida em tudo, mas somente nas coisas que não contêm matéria. Consequentemente, seu método não é o da ciência natural, porque se presume que toda a natureza esteja ligada à matéria. Assim, deveríamos principiar por indagar o que é a natureza, pois desta maneira ficará claro quais são os objetos da ciência natural {e se cabe a uma ciência, ou a mais de uma, investigar as causas e os princípios das coisas}.[89]

89. { } Interpolação que não chega a ser inconveniente, inadequada ou inútil, e cujo objetivo evidente é vincular necessariamente estas últimas considerações de Aristóteles ao assunto da metafísica.

LIVRO III

1

É NECESSÁRIO, numa perspectiva da ciência que ora investigamos, que comecemos por descrever as questões que devem ser discutidas em primeiro lugar. Estas consistem de todas as opiniões divergentes sustentadas acerca dos primeiros princípios e também de qualquer outra opinião além dessas que pareça ter passado desapercebida. Ora, para aqueles que desejam livrar-se de dificuldades, constitui um critério proveitoso encará-las cabalmente, uma vez que a subsequente certeza é uma libertação intelectual das prévias dificuldades, libertação esta que é impossível quando desconhecemos o nó que nos mantém atados. A dificuldade do intelecto indica a presença de um *nó* no assunto, pois em sua dificuldade o intelecto acha-se na mesma condição de homens amarrados. Em ambos os casos é impossível executar qualquer movimento avante. Daí devermos primeiramente sondar todas as dificuldades, quer pelas razões indicadas, quer também porque os que iniciam uma investigação sem uma prévia avaliação das dificuldades são como indivíduos que desconhecem o próprio rumo. Além disso, não se sabe sequer se a coisa necessitada foi descoberta ou não. Para esses indivíduos, o fim não se revela claro, embora se revele a quem já encarou as dificuldades.

Ademais, aquele que ouviu [e tornou-se ciente de] todas as teorias conflitantes, como aquele que ouviu ambos os lados de um processo legal, está necessariamente mais apto a julgar.

A primeira dificuldade diz respeito aos assuntos que discutimos em nossas observações preliminares. A investigação das causas pertence a uma única ciência ou a mais de uma? Tem esta ciência que especular apenas os primeiros princípios da substância, ou deve ocupar-se também dos princípios que todos utilizam para demonstração – por exemplo, se é possível simultaneamente afirmar e negar uma e a mesma coisa, e outros princípios similares? E se diz respeito à substância, haverá uma ciência que se ocupa de todas as substâncias, ou mais de uma?... e se mais de uma, são todas afins, ou deveríamos chamar algumas delas de *tipos de sabedoria*[90] e outras de algo diverso? Eis outra questão que requer investigação: sustentamos a existência apenas de substâncias sensíveis ou que há também outras? E sustentamos que há somente uma classe de substâncias não sensíveis ou mais de uma – como afirmam os que propõem as Formas e os objetos matemáticos como intermediários entre as Formas e as coisas sensíveis? Essas questões, portanto, como digo, têm que ser consideradas, como adicionalmente se nossa investigação diz respeito somente às substâncias, ou também aos atributos essenciais da substância. E, complementarmente, com relação ao *mesmo e o outro*, o *semelhante e o dessemelhante e o contrário*, e com relação ao *anterior e o posterior* e todos os demais termos deste jaez que os dialéticos tentam investigar, mas baseando sua investigação exclusivamente em opiniões aceitas pelo povo. É preciso que examinemos a quais domínios pertence o estudo de todas essas questões. Precisamos igualmente examinar todos os atributos essenciais dessas mesmas coisas, e não simplesmente o que é cada uma delas, mas inclusive, se cada uma possui um oposto, e se os primeiros princípios e elementos das coisas são os gêneros nos quais se enquadram ou as partes pré-existentes em que cada coisa é dividida; e se são os gêneros, se são aqueles predicados em última instância dos indivíduos, ou os gêneros primários, por exemplo se *animal* ou *homem* é o primeiro princípio e o mais independente do individual.

Acima de tudo o mais, necessitamos considerar e dedicar-nos à questão de haver qualquer outra causa *per se* além da matéria e, em caso afirmativo, se é dissociável da matéria, e se é um ou muitos; e se há alguma coisa à parte da coisa concreta – por *coisa concreta* entendo a matéria associada a tudo o que é dela predicado – ou nada; ou se há em alguns casos, porém não em outros, e quais são esses casos.

E, ainda mais, é preciso indagarmos se os primeiros princípios têm número ou tipo limitados – tanto aqueles nas definições quanto aqueles

---

90. Metafísica.

no substrato – e se os princípios das coisas perecíveis e das imperecíveis são idênticos ou diferentes; ademais, se todos são imperecíveis, ou se os das coisas perecíveis são perecíveis.

Adicionalmente, colocamo-nos ante a mais difícil e desnorteante de todas as questões: *se a unidade e o ser* – como sustentavam os pitagóricos e Platão – *não são distintos, mas a substância das coisas; ou se assim não é, e se o substrato é algo diferente* (como Empédocles sustenta da amizade, um outro pensador do fogo,[91] e um outro da água[92] ou ar[93]); e se os primeiros princípios são universais ou semelhantes a coisas individuais; e se existem em potência ou ato; e se sua potencialidade ou atualidade depende de alguma coisa além do movimento. Todas essas questões apontadas podem envolver considerável dificuldade. E ainda precisamos indagar se números, linhas, figuras e pontos são substâncias ou não em qualquer sentido, e se são, se são dissociados das coisas sensíveis ou inerentes a elas.

No tocante a todos esses problemas, não só é difícil apreender a verdade com respeito a eles, como já é difícil enunciar adequadamente todas as dificuldades.

2

COMEÇANDO, portanto, pelo primeiro ponto levantado: se cabe a uma só ciência ou a mais de uma investigar todos os tipos de causas. Como é possível que uma só ciência apreenda os primeiros princípios a não ser que estes sejam contrários? Em muitas coisas não estão todos presentes. Como é possível que um princípio do movimento esteja em coisas imóveis (imutáveis)?... ou na *natureza do bem*?... uma vez que tudo que é bem em si mesmo e em função de sua própria natureza é um fim e, portanto, uma causa, visto que em virtude dele outras coisas são geradas e passam a existir. E o fim e propósito é o *fim* de alguma ação, e todas as ações implicam movimento. A conclusão é que seria impossível que esse princípio existisse em coisas imóveis (imutáveis), ou que pudesse haver qualquer bem absoluto. Daí, também nas matemáticas nada é demonstrado por meio dessa causa, nem tampouco há qualquer demonstração do tipo *porque é melhor ou pior.*

91. Heráclito.

92. Tales.

93. Anaxímenes.

De fato, não há pessoa alguma que leve em conta uma tal consideração. E assim, por isso, alguns dos sofistas – dos quais tomamos o exemplo de Aristipo[94] – ridicularizavam as matemáticas sob o fundamento de que nas outras artes, mesmo nas manuais como a carpintaria e a sapataria, toda explicação dada é do tipo *porque é melhor ou pior*, enquanto as matemáticas não avaliam bens e males.

996b1 Por outro lado, se houver muitas ciências das causas e uma diferente para cada princípio diferente, qual destas ciências será considerada aquela que buscamos, ou qual dos mestres destas ciências será considerado o mais sábio no assunto que estamos investigando? Isto porque é possível para todos os tipos de causa aplicar-se ao mesmo objeto. Por exemplo, com referência a uma casa, a origem do movimento[95] é a arte e o construtor; a causa final é a função [desempenhada pela casa]; a matéria é a terra e as pedras, e a forma é a definição. Ora, com base na nossa discussão anterior de qual das ciências deve ser chamada de sabedoria,[96] há razões para atribuir o nome a cada uma delas. Na medida em que ela é o tipo mais soberano e competente de conhecimento, o que as outras ciências – tal como escravas – não podem sequer contradizer, o conhecimento do *fim* e do *bem* assemelha-se a ela – uma vez que tudo o mais é em função do *fim*; entretanto, na medida em que foi definida como conhecimento dos primeiros princípios e do mais cognoscível, será o conhecimento da essência que se assemelhará à sabedoria,[97] pois, embora haja muitos meios de compreender a mesma coisa, dizemos que aquele que reconhece uma coisa por *ser* ela alguma coisa conhece mais do que aquele que a reconhece por *não ser* alguma coisa; e mesmo no primeiro caso, uma pessoa conhece mais do que outra pessoa – e conhece mais do que todas aquela que conhece *o que é* uma coisa, e não aquela que conhece seu tamanho, qualidade ou capacidade natural de atuar ou ser objeto de ação. Ademais, também em todos os demais casos, mesmo naqueles em que é possível demonstração, consideramos que conhecemos uma coisa particular quando conhecemos *o que* ela é (por exemplo, qual é a quadratura de um retângulo? Resposta: a descoberta de uma média proporcional aos seus lados – e analogamente em outros casos). Quanto

---

94. Viveu no século IV a.C. e fundou a escola cirenaica.

95. Isto é, a causa do movimento.

96. Metafísica.

97. Metafísica.

às gerações, ações e todos os tipos de mudança, conhecemo-las quando conhecemos o princípio do movimento, o que é distinto do fim e a ele
25 oposto. A conclusão é que seria de supor-se que a investigação de cada uma dessas causas coubesse a uma ciência diferente.

Também, relativamente aos princípios demonstrativos, é discutível se estes também são objetos de uma só ciência ou de muitas. Refiro-me com [a palavra] *demonstrativos* aos axiomas dos quais procedem todas as demonstrações, por exemplo: *todas as coisas têm que ser ou afirmadas ou*
30 *negadas*, e *é impossível simultaneamente ser e não ser*, e todas as demais proposições deste caráter. Há uma ciência tanto desses princípios quanto da substância ou duas ciências distintas? E se não há apenas uma, qual das duas devemos considerar como sendo a que estamos agora buscando?

Não é provável que ambos os assuntos pertençam a uma só ciência, pois por que deveria a pretensão de compreender esses princípios ser própria da geometria e não de qualquer outra ciência? Portanto, se pertencem
997a1 igualmente a qualquer ciência, e ainda assim não podem pertencer a todas, a compreensão desses princípios não é mais peculiar à ciência que investiga as substâncias do que a qualquer outra ciência. Além disso, em que sentido pode haver uma ciência desses princípios? Já sabemos o que cada um deles é e, ao menos, outras ciências empregam-nos como nos sendo
5 conhecidos. Se, entretanto, há uma ciência demonstrativa deles, terá que haver algum gênero subjacente, e alguns dos princípios serão derivados de axiomas, ao passo que outros ficarão sem demonstração (pois não é possível haver demonstração de tudo), visto que a demonstração tem que proceder *de alguma coisa*, tem que possuir algum tema e provar algo. Disso decorre a necessidade de haver algum gênero de coisas demonstráveis, porquanto
10 todas as ciências demonstrativas empregam axiomas.

Por outro lado, se a ciência da substância for distinta da ciência desses princípios, qual será, em função de sua própria natureza, a mais competente e anterior? Os axiomas são maximamente universais e os primeiros princípios de todas as coisas. E se não couber ao filósofo, a quem mais caberá especular o que é verdadeiro e o que é falso a respeito delas?

15 E, em geral, há uma ciência de todas as substâncias ou mais do que uma? No segundo caso, a que tipo de substância deveremos supor que esta ciência concerne? Por outro lado, é improvável que haja uma ciência de todas as substâncias, pois neste caso haveria uma ciência demonstrativa de todos os atributos, na suposição de que toda ciência demonstrativa proceda

de crenças aceitas e investigue os atributos essenciais referentes a um objeto definido de estudo. Assim, especular os atributos essenciais relacionados ao mesmo gênero é a função da mesma ciência procedente das mesmas crenças, isto porque o assunto pertence a uma ciência, o mesmo ocorrendo com os axiomas, quer pertençam à mesma ciência quer a uma diferente; identicamente quanto aos atributos, quer sejam especulados por essas próprias ciências, quer por uma que seja delas derivada.

E que se indague: essa investigação diz respeito exclusivamente a substâncias ou também aos seus atributos? Quero dizer, por exemplo: se o sólido é um tipo de substância e, igualmente, o são linhas e superfícies, será da esfera da mesma ciência tanto investigá-los quanto os atributos de cada uma dessas classes – os atributos demonstrados pelas ciências matemáticas – ou de uma ciência diferente? Se for da mesma esfera, então a ciência da substância seria também, num certo sentido, demonstrativa; todavia, não parece haver qualquer demonstração do *o que é*.[98] E se pertencer ao campo de outra ciência, qual será a ciência que investiga os atributos da substância? Eis uma questão muito difícil de ser respondida.

Na sequência, cabe-nos dizer que só existem substâncias sensíveis ou que também existem outras? E há realmente somente um tipo de substância, ou mais de um – como sustentam os que discursam sobre Formas e intermediários, que afirmam ser os objetos das ciências matemáticas? Em que sentido dizemos ser as Formas tanto causa quanto substância foi indicado em nossa discussão inicial deste assunto. Embora isso envolva dificuldades em vários aspectos, o mais despropositado é a doutrina segundo a qual há certas coisas independentemente daquelas do universo sensível, e que essas coisas são idênticas às coisas sensíveis, salvo pelo fato de serem eternas, enquanto as coisas sensíveis são perecíveis; pois afirmam nada mais nada menos que há um homem absoluto, um cavalo absoluto e uma saúde absoluta,[99] no que procedem de modo muito semelhante aos que afirmam que há deuses, mas sob forma humana, posto que como estes inventaram nem mais nem menos do que seres humanos eternos, aqueles simplesmente fizeram das Formas coisas sensíveis eternas.

Além disso, se alguém propuser intermediários distintos das Formas e das coisas sensíveis, terá muitos embaraços pela frente, porque é evidente

98. ...τι ἐστίν... (*ti estín*), isto é, a essência.

99. Ou, em outros termos, um homem em si, um cavalo em si e uma saúde em si.

15 que não só haverá linhas à parte tanto de linhas Ideais quanto de linhas
sensíveis, como ocorrerá o mesmo com cada uma das outras classes. Assim,
como a astronomia é uma das ciências matemáticas, terá que haver um
céu além do céu sensível... e um sol... e uma lua e todos os outros corpos
celestes. Mas como crer nestas coisas? Se não é razoável sequer supor que o
20 céu é imóvel, supô-lo móvel é inteiramente impossível.[100] O mesmo ocorre
com os objetos da óptica e com a teoria matemática da harmonia: estes,
também – por razões idênticas –, não podem existir independentemente
de objetos sensíveis. Porque, se houver objetos intermediários dos sentidos
e das sensações, claramente haverá também animais intermediários entre
os animais Ideais e os animais perecíveis.

25 Poder-se-ia também levantar a questão quanto a que tipo de objetos
cabe-nos procurar para essas ciências, pois se tivermos que admitir que a
única diferença entre a mensuração e a geometria é que uma diz respeito
às coisas que nos são perceptíveis e a outra às coisas que não podemos perceber,
está claro que haverá uma ciência paralela à medicina (e a cada uma
30 das demais ciências), intermediária entre a medicina Ideal e a medicina
que conhecemos. Contudo, como é isso possível se neste caso haveria uma
classe de coisas saudáveis distintas das que são sensíveis e do Idealmente
saudável? Tampouco, ao mesmo tempo, é verdade que a mensuração diz
respeito a magnitudes sensíveis e perecíveis, pois neste caso pereceria como
elas perecem. Nem, igualmente, poderia a astronomia dizer respeito a magnitudes
sensíveis ou ao céu que vemos acima de nós, pois tal como linhas
998a1 sensíveis não são como aquelas às quais o geômetra refere-se (visto que nada
há sensível que seja reto ou curvo nesse sentido, pois um círculo [traçado
por nós] toca uma régua não num ponto, mas do modo que Protágoras[101]
costumava dizer ao refutar os geômetras), as trajetórias e órbitas nos céus
5 não são como as discutidas pela astronomia, nem possuem os símbolos do
astrônomo a mesma natureza dos astros.

Alguns, entretanto, declaram que esses chamados intermediários entre
Formas e [coisas] sensíveis efetivamente existem, mas não realmente
separadamente destas, mas nelas. Seria excessivamente demorado examinar
10 detalhadamente todas as impossíveis consequências dessa teoria; basta,
contudo, observar o seguinte: segundo ela não é lógico que isso se limite

100. Ver o tratado de Aristóteles, *Do céu*.

101. Protágoras de Abdera (?480-?410 a.C.), pensador sofista.

aos intermediários, sendo claramente possível que também as Formas estivessem nas coisas sensíveis, uma vez que o mesmo argumento é aplicável a ambos. A consequência necessária é que dois sólidos têm que ocupar o mesmo espaço, e que as Formas[102] não podem ser imóveis,[103] posto que presentes em coisas sensíveis que se movem.[104] E, em geral, qual o propósito de supor a existência de intermediários, a não ser em coisas sensíveis? Os mesmos absurdos de antes resultarão, isto é, haverá um céu além do céu sensível – somente que não deslocado em relação a ele, mas no mesmo espaço, o que é ainda mais impossível.

3

Assim, é muito difícil dizer não somente qual a posição a ser adotada com as questões citadas anteriormente, a fim de alcançar a verdade, como também no caso dos primeiros princípios, se devemos supor que os gêneros, ou os mais simples constituintes de cada coisa particular, são mais verdadeiramente os elementos e primeiros princípios das coisas existentes. Por exemplo, concorda-se geralmente que os elementos e primeiros princípios da fala são as coisas de que, sob a sua forma mais simples, toda fala é composta, e não o termo comum fala,[105] e no caso de proposições geométricas, nós as chamamos de "elementos" cujas demonstrações estão incorporadas nas demonstrações de todas as demais, ou da maioria delas. Mais uma vez, no que diz respeito aos corpos, tanto os que sustentam que há muitos elementos quanto os que sustentam que há um chamam as coisas das quais os corpos são compostos e constituídos de primeiros princípios. Empédocles, por exemplo, afirma que o fogo e a água, e as demais coisas que lhes são associadas, são os elementos presentes nas coisas e dos quais estas são compostas; não se refere a eles como gêneros das coisas. No que tange às

---

102. Ou os *intermediários*.

103. ...ἀκίνητα... (*akíneta*): ou imutáveis, o leitor devendo sempre contemplar a enorme força conceitual do substantivo κίνησις (*kínesis*), do verbo κινέω (*kinéo*) e todos seus congêneres.

104. Vide nota acima.

105. O texto de Bekker registra φονή (*phoné*), fala, mas com certeza, como o confirma W. D. Ross, é *gênero*.

outras coisas, também, se alguém deseja sondar sua natureza, observa, por exemplo, de quais partes é constituída uma cama e como são combinadas; e então compreende a natureza da cama. Assim, a julgar por esses argumentos, os primeiros princípios não seriam os gêneros das coisas.

Contudo, do ponto de vista de que é através de definições que conseguimos conhecer cada coisa particular, e de que os gêneros são os primeiros princípios das definições, os gêneros têm também que ser os primeiros princípios das coisas definidas. E se obter conhecimento das coisas é o obter da espécie de acordo com a qual as coisas são nomeadas, os gêneros são primeiros princípios da espécie. E, aparentemente, alguns, mesmo entre os que chamam a unidade ou o ser, ou o grande e o pequeno, de elementos das coisas, tratam-nos como gêneros.

Tampouco é possível falar dos primeiros princípios em ambos os sentidos. A fórmula da substância é una, mas a definição por gêneros será diferente daquela que nos informa de que partes uma coisa é composta.

Além disso, supondo que os gêneros são primeiros princípios na acepção mais verdadeira, teremos que considerar os gêneros *primários* como sendo primeiros princípios, ou os termos finais predicados diretamente dos indivíduos? Também esta questão envolve uma certa disputa, uma vez que se universais são sempre mais verdadeiramente primeiros princípios, está claro que a resposta será os gêneros superiores, posto serem estes predicados de tudo. Então haverá tantos primeiros princípios das coisas quanto há gêneros primários, e assim tanto a unidade quanto o ser serão primeiros princípios e substâncias, visto que são no mais elevado grau predicados de todas as coisas. Mas é impossível que a *unidade* ou o *ser* seja um gênero de coisas existentes, uma vez que há, necessariamente, diferenças de cada gênero, e cada diferença tem que ser singular. Entretanto, revela-se impossível ou para a espécie do gênero ser predicada das diferenças específicas, ou para o gênero ser predicado sem sua espécie.[106] Consequentemente, se a *unidade* ou o *ser* for um gênero, não haverá diferença quanto ao *ser* ou à *unidade*. Mas se não forem gêneros tampouco serão primeiros princípios, supondo serem os gêneros primeiros princípios. E, ademais, os termos intermediários, tomados juntamente com as diferenças serão gêneros até aos indivíduos; de fato, embora pensem alguns como sendo tais, outros não são considerados como tais. Que se acrescente que as diferenças são mais

106. Ver o tratado *Tópicos*, 144a5 a 144b10 (presente em Clássicos Edipro).

verdadeiramente princípios do que os gêneros, e se estes são também princípios, temos um número quase infinito de princípios, particularmente se fizermos do gênero primário[107] um princípio.

Além disso, se a unidade realmente pertence mais à natureza de um princípio, e o indivisível é uma unidade, e tudo que é indivisível o é quer em quantidade, quer em espécie, e o indivisível em espécie é anterior ao divisível, e os gêneros são divisíveis em espécie, então é, ao contrário, o predicado mais inferior que será uma unidade (pois *ser humano* não é o gênero de *indivíduos humanos*). Ademais, quanto às coisas que admitem anterioridade e posterioridade, aquilo que é predicado das coisas não pode existir à parte delas. Por exemplo, se *dois* for o primeiro número, não haverá um número à parte da espécie dos números; analogamente, não haverá uma figura à parte da espécie das figuras. Mas se os gêneros não existirem à parte da espécie nestes casos dificilmente existirão em outros, porque se supõe que os gêneros muito provavelmente existem nesses casos. No que toca aos indivíduos, porém, não há anterioridade e posterioridade. Que se acresça que quando se trata do melhor ou pior, o melhor é sempre anterior, de modo a não haver gênero também nestes casos.

A julgar por essas considerações, parece que são os termos predicados dos indivíduos, e não os gêneros, que são os primeiros princípios. Mas, por outro lado, não é fácil dizer em que sentido os entenderemos como sendo princípios, uma vez que o primeiro princípio e causa tem que ser à parte das coisas de que é princípio [e causa], e ser capaz de existir quando delas dissociado. Mas por que deveríamos supor que uma tal coisa existe à parte do individual exceto no fato de ser predicada universalmente e de todos os termos? E, com efeito, se esta for uma razão suficiente, serão, ao contrário, os conceitos mais universais que devem ser considerados princípios, e assim os gêneros primários serão os princípios.

4

É NESSE SENTIDO que há uma dificuldade, de todas a mais árdua, mas aquela cujo exame é o mais necessário, e com a qual nossa investigação agora diz respeito. Se nada existe à parte das coisas individuais, e se estas

107. ...πρῶτον γένος... (*prôton génos*), o gênero primeiro, que é o gênero mais elevado.

são em número infinito, como é possível obter conhecimento do numericamente infinito? Afinal, obtemos conhecimento de todas as coisas somente na medida em que contêm algo universal, alguma característica singular e idêntica. Mas, se isso é essencial e tem que haver algo à parte das coisas individuais, tem que ser os gêneros, ou o mais inferior ou o mais elevado. Entretanto, já concluímos ser isso impossível.

Ademais, se admitirmos na íntegra que alguma coisa existe à parte da coisa concreta, quando algo é predicado da matéria, deve existir alguma coisa correspondente a cada grupo de indivíduos, ou a alguns e não a outros, ou a nenhum? Se nada existe à parte das coisas individuais, nada será inteligível. Tudo será sensível e não haverá conhecimento de coisa alguma, a menos que se sustente que a percepção sensorial seja conhecimento. Tampouco, adicionalmente, qualquer coisa será eterna ou imutável, uma vez que todas as coisas sensíveis são todas perecíveis e mutáveis. Além disso, se nada é eterno, até a geração[108] é impossível, pois é necessário haver alguma coisa que se torne alguma coisa, isto é, da qual alguma coisa seja gerada, numa série em que o derradeiro termo seja não gerado, ou seja, se houver qualquer fim para a série e for impossível a geração ocorrer a partir do nada. Além disso, se há geração e movimento, é necessário haver também limite, pois se nenhum movimento é infinito todo movimento tem um fim; e o que não é capaz de ser completamente gerado (*vir a ser* completamente) não pode começar a ser gerado (começar a *vir a ser*), e o que foi gerado (*veio a ser*) tem que *ser* tão logo haja sido gerado (*tenha vindo a ser*). Além disso, se a matéria existe à parte em função de ser não gerada, é ainda mais provável que a substância, isto é, aquilo em que a matéria está, a qualquer dado tempo, se tornando, deva existir. Se nem um nem outro existem, nada existe de modo algum. Mas, uma vez sendo isso impossível, tem que haver algo à parte do todo concreto, ou seja, a configuração ou forma.

Todavia, mais uma vez, se o supormos, teremos diante de nós uma dificuldade [expressa na pergunta]: Em que casos nós o suporemos e em que casos não o suporemos? Está claro que não poderemos supô-lo em todos

---

108. ...γένεσιν... (*génesin*): em todo este contexto tanto o substantivo γένεσις (*génesis*) e suas variações quanto o verbo γίγνομαι (*gígnomai*) e suas variações abarcam um sentido não apenas *biológico* (substantivo: origem, nascimento, geração, *vinda à vida*; verbo: originar, nascer, gerar, *vir à vida*) como também cumulativamente *ontológico*, transmitindo a ideia de *vinda ao ser* (substantivo) e *vir ao ser, devir, tornar-se* (verbo), enquanto distintos e intermediários entre o *não ser* e o *ser*.

eles, pois não devemos supor que uma casa particular existe à parte de casas particulares. Ademais, devemos considerar a essência de todas as coisas, por exemplo dos seres humanos, como singular? Isto é absurdo, pois todas as coisas cuja essência é singular são singulares. Então é múltipla e diversa? Isto também é ilógico e, ademais, como a matéria torna-se cada uma dessas coisas individuais, e como é o todo concreto tanto matéria quanto forma?

Adicionalmente, seria possível apresentar a seguinte dificuldade em torno dos primeiros princípios. Se sua espécie é singular, nenhum deles será singular numericamente, nem sequer a ideia de *unidade* ou de *ser*. E como pode haver conhecimento, a não ser que haja algum termo universal? Por outro lado, se são singulares numericamente, e cada um dos princípios é uno, e não, como no caso das coisas sensíveis, diferente em coisas diferentes (por exemplo, uma vez que uma dada sílaba é sempre da mesma espécie, seus primeiros princípios são sempre os mesmos na espécie, mas somente na espécie, posto que são essencialmente diferentes no número) – se os primeiros princípios são unos (singulares), não nesse sentido, porém numericamente, nada haverá à parte dos elementos, pois inexiste diferença de significado entre "numericamente uno" e "individual". Eis o que entendemos por "individual": o numericamente uno; mas por "universal" entendemos o que é predicável de indivíduos. Consequentemente, tal como se os elementos da fala[109] fossem numericamente limitados, toda a literatura se resumiria nesses elementos, visto que não poderia haver duas ou mais letras da mesma espécie.

Há uma dificuldade, tão séria como qualquer outra, que foi desconsiderada tanto pelos atuais pensadores quanto por seus predecessores, a saber: se os primeiros princípios das coisas perecíveis e imperecíveis são idênticos ou distintos. Com efeito, se são idênticos, como algumas coisas são perecíveis e outras imperecíveis, e qual a causa disso? A escola de Hesíodo e todos os mitólogos[110] consideraram apenas o que parecia razoável para eles próprios, não se importando conosco, pois ao afirmarem serem os primeiros princípios deuses e nascidos dos deuses, declaram que todos os seres

109. Mais exatamente, as letras do alfabeto.

110. ...θεολόγοι... (*theológoi*), mas o termo *teólogo* [com a carga semântica que passamos a atribuir a esta palavra a partir da Idade Média (particularmente a partir da filosofia patrística)] é claramente inconveniente. Hesíodo e outros tratavam dos deuses, mas no âmbito dos mitos.

que não provaram o néctar e a ambrósia tornaram-se mortais, claramente empregando estas palavras num sentido significativo para eles próprios. Entretanto, no que diz respeito à própria aplicação [e sentido] de tais causas, suas afirmações escapam à nossa compreensão. Com efeito, se é por prazer que os deuses ingerem néctar e ambrósia, estes, de maneira alguma, são causas de suas existências; se é para preservar a vida, como podem deuses que requerem nutrição ser eternos?

Entretanto, não vale a pena examinar seriamente as sutilezas dos mitólogos. Devemos, contudo, considerar os que apresentam demonstração de suas afirmações e indagar-lhes por que, afinal, coisas que consistem dos mesmos elementos são algumas de natureza eterna, enquanto outras são perecíveis. E uma vez que esses pensadores não indicam qualquer razão para essa opinião – e não é razoável que as coisas sejam assim – fica evidente que as causas e os princípios das coisas não podem ser idênticos. Mesmo o pensador que se poderia supor discursar com maior consistência, Empédocles, coloca-se na mesma situação, posto que propõe que o *conflito* constitui um tipo de princípio que é a causa da destruição e, não obstante, o conflito pareceria produzir tudo, exceto o *uno*, pois tudo salvo *"Deus"* origina-se dele.[111] De qualquer modo, eis o que ele diz:

...Do que se desenvolveu tudo o que foi, e é e será
no futuro: as árvores, os homens e as mulheres,
os animais e as aves, e os peixes nutridos pela água,
e os deuses muito longevos.

A implicação é evidente, mesmo independentemente dessas palavras,
1000b1 pois se não tivesse havido *conflito* nas coisas todas as coisas teriam sido *uma*, como ele diz: "quando elas se uniram, o *conflito* permaneceu o mais afastado". Assim, conclui-se a partir dessa teoria que *"Deus"*, o mais abençoado dos seres, é menos sábio do que os outros, pois não conhece todos os elementos (já que não possui o *conflito* dentro de si) e o conhecimento é por analogia:[112]

Pela terra (ele diz) percebemos a terra, pela água, a água,
Pelo ar, o ar divino, pelo fogo, o fogo que consome,
O amor pelo amor, e o conflito pelo triste conflito.

111. Entenda-se o *uno* e *"Deus"* na concepção de Empédocles como o universo organizado e unido por ação do *amor* ou da *amizade* [φιλότης (*philótes*), στοργή (*storgé*)].

112. Ver nota anterior.

Todavia – e este foi o nosso ponto de partida –, o que, ao menos, evidencia-se, é que com base em sua teoria conclui-se que o conflito é tanto causa da destruição quanto do *ser*. Tampouco, analogamente, é o *amor* a causa do *ser*, pois ao combinar as coisas na unidade ele destrói tudo o mais. Além disso, Empédocles não explica o efetivo processo de mudança, dizendo apenas que é assim por natureza:

Mas quando o conflito crescendo grandioso nos membros
Irrompeu para a honra quando o tempo se cumpriu,
O qual é, por sua vez, fixado para eles por um vigoroso juramento.

Isso sugeriria que a mudança era uma necessidade. Mas ele não indica a causa da necessidade. Mas até aqui sua teoria é coerente. Ele não representa algumas coisas como sendo perecíveis e outras como imperecíveis, mas torna todas perecíveis, exceto os elementos. A dificuldade com a qual agora lidamos é porque algumas coisas são perecíveis e outras não, supondo que provêm dos mesmos princípios. As observações anteriores bastam para mostrar que os princípios não podem ser idênticos. Se, porém, são diferentes, uma dificuldade que se apresenta agora é serem eles próprios considerados como imperecíveis ou perecíveis. De fato, se são perecíveis, está claro que necessariamente também são oriundos de alguma coisa mais, ou seja, consistem de certos elementos, pois, todas as coisas que perecem, perecem através da dissolução nos elementos dos quais consistem. Por conseguinte, conclui-se que há outros princípios anteriores aos primeiros princípios. Mas isso é impossível, quer a série se detenha ou proceda para o infinito. E, além disso, como podem coisas perecíveis existir se seus princípios forem suprimidos? Por outro lado, se os princípios são imperecíveis, por que alguns princípios imperecíveis produzem coisas perecíveis e outros coisas imperecíveis? Isso não é razoável. Ou é impossível ou requer maiores explicações. Acresça-se que ninguém sequer tentou sustentar diferentes princípios. Sustentam princípios idênticos para todas as coisas. Entretanto, engolem a dificuldade que levantamos em primeiro lugar[113] como se a considerassem uma bagatela.

Mas a questão mais árdua de todas a ser investigada, e ao mesmo tempo a mais necessária do prisma da descoberta da verdade, é se, afinal, o *ser* e a

113. Quer dizer, a da possibilidade de todas as coisas terem princípios idênticos.

unidade são substâncias das coisas existentes, não sendo cada um deles nada mais do que *ser* e *unidade* respectivamente, ou se devemos inquirir o que são exatamente *ser* e *unidade*, havendo alguma outra natureza a eles subjacente. Alguns adotam a primeira dessas opiniões acerca da natureza do *ser* e da *unidade*, outros a segunda. Platão e os pitagóricos afirmam que nem o *ser* nem a *unidade* são qualquer coisa a mais do que eles mesmos, sendo esta a sua natureza, sua essência, sendo simplesmente *ser* e *unidade*. Os *físicos*,[114] porém, por exemplo Empédocles, explicam o que é a unidade reduzindo-a a alguma coisa, por assim dizer, mais inteligível – porquanto pareceria que por *amor*[115] Empédocles entende *unidade*; de qualquer modo, o *amor* é a causa da unidade em todas as coisas. Outros identificam o fogo, e outros, o ar com essa unidade e ser dos quais consistem as coisas e a partir dos quais foram geradas (vieram a ser). Os que postulam elementos em maior número também adotam a mesma opinião, uma vez que eles, igualmente, precisam identificar a unidade e o ser com todos os princípios por eles reconhecidos. E conclui-se que, a menos que se suponha serem a unidade e o ser substâncias em algum sentido, nenhum dos outros universais pode ser substância, uma vez que a unidade e o ser são os mais universais de todos os termos, e se não há *unidade* absoluta ou *ser* absoluto, não é possível que nenhum outro conceito possa existir à parte dos assim chamados particulares. Ademais, se a unidade não é substância, está claro que o número não pode ser uma característica independente das coisas, pois o número é unidade, e a unidade é simplesmente alguma coisa cuja essência é ser um.

Por outro lado, se há unidade e ser absolutos, suas substâncias têm que ser unidade e ser, pois nenhum outro termo é predicado universalmente de unidade e ser, mas somente esses próprios termos. E, também, se há ser absoluto e unidade absoluta, é extremamente difícil conceber como possa haver qualquer outra coisa além deles. Quero dizer: como podem as coisas ser mais do que uma, uma vez que aquilo que é algo além do que é *não é*. Consequentemente, de acordo com o argumento de Parmênides, é forçoso inferir que todas as coisas são uma, isto é, o *ser*.

Num caso ou noutro, impõe-se uma dificuldade, pois, se a *unidade* não é uma substância ou se há uma unidade absoluta, o número não pode ser uma substância. Já foi indicado porque é assim se a unidade não for

114. Ou melhor, os filósofos da natureza.

115. ...φιλίαν... (*philían*).

uma substância; e se for, haverá a mesma dificuldade que há acerca do ser. Com efeito, por que motivo se não a partir do um absoluto ou unidade absoluta poderia haver um outro um? Seria necessário ser ele *não um*. Mas todas as coisas são *ou* uma *ou* muitas das quais cada uma é uma. Acrescente-se que se a unidade absoluta for indivisível, de acordo com o axioma de Zenão, ela nada será, pois diz ele que aquilo que não torna uma coisa maior quando a ela é adicionado, nem a torna menor quando é dela subtraído, não é uma coisa existente, supondo claramente que o que existe é grandeza espacial. E se é grandeza espacial, é corpórea, uma vez que o corpóreo existe em todas as dimensões, ao passo que as outras grandezas, por exemplo a superfície ou a linha, quando adicionadas a uma coisa de uma maneira a aumentarão, mas quando adicionadas de outra, não aumentarão. E o ponto ou unidade não aumentará uma coisa de maneira alguma. Mas visto que a opinião de Zenão é muito rudimentar e precária, sendo possível a uma coisa ser indivisível de um tal modo que possa ser defendida mesmo diante de seu argumento (pois uma tal coisa quando adicionada aumentará alguma coisa em número, embora não em tamanho[116]) – ainda assim, como pode uma grandeza ser composta de uma ou mais dessas coisas indivisíveis? É como dizer que a linha é composta de pontos. Ademais, mesmo que se suponha que seja de tal modo que o número seja gerado – como alguns afirmam – do próprio uno e de alguma coisa mais que não é um, devemos, a despeito disso, indagar por que e como a coisa gerada será num momento número e, no outro, grandeza, se o *não um* era desigualdade e o mesmo princípio em ambos os casos, posto não ficar claro como a grandeza possa ser gerada ou a partir do uno e esse princípio, ou a partir de um número e esse princípio.

5

DISSO EMERGE a questão de se os números, corpos, superfícies e pontos são ou não são substâncias. Se não são, a questão do que é o *ser* e do que são as substâncias das coisas nos deixa perplexos, visto que modificações, movimentos, relações, disposições e razões não parecem indicar a substância de

116. De fato, um ponto é indivisível e carece de grandeza e, não obstante, se adicionado a outros pontos, aumentará o número destes.

coisa alguma; são todos predicados de um substrato e nenhum deles é uma *coisa definida.*[117] Quanto ao que especialmente se supõe que indique substância, a saber, a água, a terra, o fogo e o ar, do que são compostos os corpos complexos, seu calor, frio e similares, são modificações, não substâncias; e é somente o corpo que sofre essas modificações que persiste como algo real e um tipo de substância. Junte-se a isto que o corpo é menos verdadeiramente substância do que a superfície, e a superfície do que a linha, e a linha do que a unidade ou o ponto, porque é através destes que o corpo é definido, e parece que eles são possíveis sem o corpo, mas que o corpo não pode existir sem eles. Esta é a razão porque o indivíduo ordinário e os pensadores mais antigos supuseram que substância, *ser* e corpo são idênticos, e tudo o mais são modificações do corpo e, consequentemente, também que os primeiros princípios dos corpos são os primeiros princípios das coisas existentes, ao passo que os pensadores mais recentes – reputados como mais sábios – supuseram que a *substância* e o *ser* são números.[118]

Como dissemos, se essas coisas não são substâncias, não há de modo algum substância ou *ser,* já que os atributos dessas coisas com certeza carecem do direito de ser classificados como coisas existentes. Por outro lado, se houver um consenso de que linhas e pontos são mais verdadeiramente substâncias do que o são os corpos, embora não possamos ver a que *tipo* de corpos pertencem (uma vez que não podem estar em corpos sensíveis), ainda assim não haverá substância. Ademais, é evidente que todas essas linhas são divisões do corpo, ou em largura, ou em profundidade, ou em comprimento. Que se acresça que todo tipo de figura está igualmente presente num sólido, de sorte que, se "Hermes não está na pedra", tampouco está a metade do cubo no cubo como uma figura determinada. E, consequentemente, tampouco está a superfície, pois, se qualquer tipo de superfície nele estivesse, essa superfície seria o que define a metade do cubo. O mesmo argumento é aplicável à linha, ao ponto e à unidade. Conclui-se que, por mais verdadeiro que possa ser que o corpo seja substância, se superfícies, linhas e pontos forem mais verdadeiramente substâncias do que o é o corpo – e eles não são substâncias em

117. ...τόδε τι... (*tóde ti*), um *isso.*

118. Ou, em outras palavras, *que os números são os primeiros princípios.* Esta alusão é aos pitagóricos, enquanto a primeira é aos filósofos da natureza em geral, que conceberam elementos corpóreos (água, fogo etc.) como primeiros princípios.

sentido algum – a questão do que é o *ser* e do que é a substância das coisas nos atordoa, porque, a se somar aos argumentos anteriores, absurdos resultados decorrerão do ponto de vista de um exame da geração e destruição; com efeito, parece que se a substância, não tendo existido antes, existe agora, ou tendo existido antes não existe subsequentemente, sofre estas mudanças no processo de geração e destruição. Mas pontos, linhas e superfícies, embora existam em um tempo e não em outro, não podem ser gerados ou destruídos no processo do ser, pois sempre que os corpos são unidos ou divididos, no momento em que são unidos, *uma* superfície é instantaneamente produzida, e no momento em que são divididos, *duas*. Assim, quando os corpos são combinados, a superfície não existe, mas pereceu (deixou de ser), e quando são divididos, existem superfícies que não existiam antes. (Está claro que o ponto indivisível jamais é dividido em dois.) E se são gerados e destruídos, do que são gerados? Algo bastante análogo ocorre com o "momento presente"[119] no tempo, que também não pode ser gerado (vir a ser) e destruído (deixar de ser). Entretanto, parece sempre ser diferente, o que demonstra que não é uma substância. E evidentemente ocorre o mesmo com pontos, linhas e superfícies, uma vez ser idêntico o argumento: são todos analogamente limites ou divisões.

6

EM GERAL, seria de se indagar a razão de buscarmos outras coisas além das coisas sensíveis e os intermediários,[120] por exemplo, pelas Formas que nós, platônicos, supomos.[121] Se é pela razão de que os objetos das matemáticas, embora difiram das coisas de nosso mundo em outro aspecto, a elas se assemelham por serem uma pluralidade de objetos de forma similar, de sorte que seus princípios não podem ser numericamente determinados (tal como os princípios de toda linguagem em nosso mundo são deter-

119. ...τὸ νῦν... (*tò nýn*), literalmente *o agora*.

120. ...μέταξυ... (*métaxy*).

121. Aristóteles foi discípulo de Platão e está, nesta oportunidade, executando um levantamento e discussão das teorias relacionadas aos primeiros princípios. É apenas neste sentido que diz *nós, platônicos*. Ele será um duro crítico da *Teoria das Ideias* de Platão.

minados não em número, mas em espécie – a menos que se tome esta ou aquela sílaba ou som particular, uma vez que os princípios destes são determinados também numericamente – e similarmente com os intermediários, pois também no caso destes há uma infinidade de objetos de forma semelhante), então se não há um outro conjunto de objetos além dos objetos sensíveis e matemáticos – como dizem serem as Formas – não há substância singular tanto em espécie como numericamente, nem são os princípios das coisas determinados numericamente, mas apenas em espécie. Desse modo, se assim o é necessariamente, é igualmente necessário, devido a essa razão, que as Formas sejam postuladas, isto porque, mesmo que seus adeptos não expressem sua teoria adequadamente, ainda assim é o que procuram expressar, e é forçoso que sustentem as Formas com fundamento de que cada uma delas é uma substância, e nenhuma delas existe por acidente.[122] Por outro lado, se nos dispomos a supor a existência das Formas, e que os primeiros princípios são numericamente unos, mas não do ponto de vista da espécie, as consequências impossíveis às quais já nos referimos se seguirão necessariamente.

Estreitamente ligado a essas questões está o problema de os elementos existirem potencialmente ou em algum outro sentido. Se em algum outro sentido, haverá alguma coisa anterior aos primeiros princípios, uma vez que a potência é anterior à causa atual, e o potencial não precisa necessariamente sempre se tornar atual. Por outro lado, se os elementos existem potencialmente, é possível que o nada exista, pois mesmo aquilo que ainda não existe é capaz de existir. Aquilo que não existe pode vir a ser, mas nada que é incapaz de existir vem a ser.[123]

Além dos problemas citados anteriormente a respeito dos primeiros princípios, temos igualmente que levantar a questão de se são universais, ou tais como descrevemos serem os particulares. Se são universais, não há substâncias, pois nenhum termo comum denota uma coisa individual, mas sim um tipo – e a substância é algo individual.[124] Mas se o predicado comum fosse postulado como uma coisa individual, Sócrates seria di-

---

122. Acerca da substância e demais categorias, ver o tratado *Categorias*, no *Órganon* de Aristóteles (presente em Clássicos Edipro).

123. Os conceitos-chave potência [δύναμις (*dýnamis*)] e ato [ἐνέργεια (*enérgeia*)] serão abordados extensivamente no Livro IX.

124. ...τόδε τι... (*tóde ti*), literalmente *isso* [singular].

versos seres: ele próprio, ser humano e animal, isto é, se cada predicado denotar uma coisa particular. São, portanto, essas as consequências se os princípios forem universais. Se não forem universais, mas possuírem a natureza dos particulares, serão incognoscíveis, pois todo conhecimento é universal. Consequentemente, deverão haver outros princípios universalmente predicados, anteriores aos primeiros princípios, para que tenhamos qualquer conhecimento deles.

LIVRO IV

1

Há uma ciência que investiga o *ser* como *ser*[125] e as propriedades que lhe são inerentes devido à sua própria natureza.[126] Essa ciência não é nenhuma das chamadas ciências particulares, pois nenhuma delas se ocupa do *ser* geralmente como *ser*. Elas secionam alguma porção do ser e investigam os atributos desta porção, como fazem, por exemplo, as ciências matemáticas.[127] Mas visto que buscamos *os primeiros princípios e as causas supremas,*[128] está claro que devem pertencer a algo em função de sua própria natureza. Por conseguinte, se esses princípios foram investigados por aqueles que também investigaram os elementos das coisas que existem, os elementos têm quer ser elementos do *ser* não acidentalmente, mas em relação ao *ser* como *ser*. Portanto, é do *ser* como *ser* que nós também temos que apreender as primeiras causas.[129]

2

O termo *ser* é utilizado em vários sentidos, mas com referência a uma ideia central e uma característica definida, e não meramente como um epíteto

125. ...τὸ ὂν ᾗ ὄν... (*tò òn è ón*).

126. A metafísica ou ontologia, mas Aristóteles não a designará com estes nomes (ver a origem da palavra *metafísica* em *Aristóteles: sua obra* neste volume).

127. A aritmética, a geometria, a harmonia (música) e a astronomia.

128. ...τὰς ἀρχὰς καὶ τὰς ἀκρότατας αἰτίας... (*tàs arkhàs kaì tàs akrótatas aitías*).

129. ...πρῶτας αἰτίας... (*prôtas aitías*).

ordinário.[130] Assim, como o termo *saudável* relaciona-se sempre com *saúde* (no sentido de preservá-la, ou no de produzi-la, ou naquele de ser um sintoma dela, ou naquele de ser receptivo a ela) e como *médico* relaciona-se com a arte da medicina (no sentido de possuí-la, ou naquele de estar naturalmente adaptado a ela, ou naquele de que é uma função da medicina) – e descobriremos outros termos empregados de maneira semelhante a esses – do mesmo modo *ser* é usado em diversos sentidos, mas sempre com referência a um único princípio. Com efeito, diz-se de algumas coisas que *são* porque são substâncias, outras porque são modificações da substância; outras porque constituem um processo para a substância, ou destruições, ou privações, ou qualidades da substância, ou porque são produtivas ou geradoras da substância ou de termos relativos à substância, ou ainda negações de alguns desses termos ou da substância (assim, chegamos a dizer até que *não ser é não ser*). Desta maneira, tal como há uma ciência de todas as coisas saudáveis, o mesmo aplica-se verdadeiramente a tudo o mais, pois não é somente no caso de termos que expressam uma noção comum que a investigação diz respeito a uma ciência, como também no caso de termos que se relacionam a uma característica particular, posto que estes últimos também, num certo sentido, expressam uma noção comum. Fica claro, portanto, que a investigação das coisas que *são,* enquanto *são,* também diz respeito a uma ciência. Ora, em todos os casos o conhecimento sobretudo tange àquilo que é primário, isto é, aquilo de que todas as outras coisas dependem e do que extraem seus nomes. Se, então, a substância é essa coisa primária, é das substâncias que o filósofo deve apreender os primeiros princípios e causas.

Ora, para toda classe particular de coisas, na medida em que há percepção, há uma ciência. Por exemplo, a gramática, que é uma ciência, ocupa-se da investigação de todos os sons articulados (fala). Daí, a investigação de todas as espécies de *ser* como *ser* diz respeito a uma ciência que é genericamente singular, e a investigação das diversas espécies de *ser* diz respeito às partes específicas dessa ciência.

Bem, se o *ser* e a *unidade* são idênticos, isto é, uma só natureza no sentido de que estão associados como o estão o princípio e a causa, e não como sendo denotados pela mesma definição (embora não faça diferença, mas é útil ao nosso argumento os compreendermos no mesmo sentido), posto que *um ser humano*, *ser humano* bem como *ser humano existente* e *ser*

130. Isto é, esses sentidos não são homônimos.

humano são a mesma coisa, ou seja, a duplicação na afirmação "ele é um ser humano e um ser humano *existente*" não proporciona nenhum significado novo (está claro que os conceitos de humanidade e existência não estão dissociados no tocante a vir a ser ou deixar de ser), e analogamente no caso do termo *um*, de modo que obviamente o termo adicional nessas frases tem a mesma significação, e *unidade* em nada se distingue de *ser*; e, ademais, se a substância de cada coisa é *singular*, em nenhum sentido acidental e, analogamente, é de sua própria natureza algo que *é*, então há tantas espécies de *ser* quanto de *unidade*. E para investigar a essência dessas espécies (quero dizer, por exemplo, a investigação do *mesmo* e do *outro*, e todos os demais conceitos semelhantes – que, a nos expressar a grosso modo, todos os *contrários* são redutíveis a esse primeiro princípio, mas que nos é lícito considerar que foram suficientemente abordados na *Seleção dos Contrários*[131]) existe o domínio de uma ciência que é genericamente singular.

E há tantas divisões da filosofia quanto há tipos de substâncias, de modo que deve haver entre eles uma filosofia primeira e uma que a ela sucede. Com efeito, o *ser* e a *unidade* acarretam imediatamente gêneros e, assim, as ciências corresponderão a esses gêneros. O termo *filósofo* é como o termo *matemático* em seus usos, pois as matemáticas também possuem divisões – há uma ciência primária e uma secundária, e outras sucessivamente, no domínio das matemáticas.

Ora, uma vez que a tarefa de uma ciência é investigar opostos, e o oposto da unidade é a pluralidade, e cabe a uma ciência investigar a negação e a privação da unidade, porque em ambos os casos estamos estudando a unidade, à qual a negação (ou a privação) se refere, enunciada ou sob a simples forma de que a unidade não está presente, ou sob a forma de que não está presente numa classe particular, sendo que neste último caso a unidade é modificada pela diferença, independentemente do conteúdo da negação (pois a negação da unidade é sua ausência), embora na privação haja um substrato do qual ela é predicada, conclui-se que os opostos dos conceitos anteriormente indicados, tais como alteridade, dessemelhança, desigualdade e tudo o mais que seja deles derivado ou da pluralidade e unidade, enquadram-se na esfera da ciência supramencionada. E a *contrariedade* é um deles, tratando-se de um tipo da *diferença*, sendo a *diferença* um tipo de *alteridade*. Por conseguinte, tal como o termo *uno* é usado em vários sentidos, também o serão

131. Aristóteles refere-se a um tratado que não chegou a nós.

esses termos e, no entanto, diz respeito a uma única ciência considerá-los a todos. Com efeito, os termos enquadram-se em distintas ciências não se forem empregados em vários sentidos, mas se suas definições não forem nem idênticas nem referenciáveis a uma noção comum. E como tudo é referido ao que é primário (por exemplo, todas as coisas que são chamadas de *unas* são referidas ao *uno* primário), temos que admitir que isso é também verdadeiro no que toca à *identidade* e *alteridade*, e aos *contrários*. Assim, a primeira coisa a fazer é distinguir todos os sentidos nos quais cada termo é usado e, em seguida, referi-los, ao primário, no caso de cada predicado, e constatar como estão relacionados com ele, pois alguns extrairão seu nome de sua posse, enquanto outros o extrairão de sua produção, e finalmente outros por razões semelhantes.

Assim, fica claro que diz respeito a uma ciência fornecer uma explicação tanto desses conceitos quanto da substância (sendo esta uma das questões suscitadas nas *dificuldades*), e cabe ao filósofo ser capaz de investigar todos os assuntos. Se não for assim, a quem caberá investigar se "Sócrates" e "Sócrates sentado" são o mesmo, ou se uma coisa possui um contrário, ou o que é o contrário, ou quantos significados ele possui? ... e igualmente com todas as demais questões deste jaez. Deste modo, visto serem essas as modificações essenciais da *unidade* como *unidade* e do *ser* como *ser*, e não como números, linhas ou fogo, está claro que cabe a essa ciência[132] descobrir tanto a essência quanto os atributos desses conceitos. E aqueles que os investigam erram, não por serem não filosóficos, mas porque a substância, da qual não possuem nenhum conhecimento real, é anterior. De fato, tal como o número como número apresenta suas modificações peculiares, por exemplo, imparidade e paridade, comensurabilidade e igualdade, excesso e deficiência, sendo estas coisas inerentes aos números, tanto considerados independentemente quanto em relação com outros números, e tal como, de modo semelhante, outras modificações peculiares são inerentes ao sólido, ao imóvel e ao móvel, ao imponderável e ao ponderável, também o *ser* como *ser* possui certas modificações peculiares, sendo a função do filósofo descobrir a verdade destas modificações peculiares, havendo [inclusive] evidência desse fato. Dialéticos e sofistas ostentam a aparência do filósofo, pois a sofística não passa de aparência de sabedoria; dialéticos discutem todos os assuntos, e o *ser* é um assunto comum a todos eles, mas está claro que discutem tais

---

132. Ou seja, a filosofia primeira ou metafísica.

assuntos porque pertencem à filosofia. A sofística e a dialética ocupam-se da mesma classe de temas da filosofia, *mas esta difere da primeira em função da natureza de sua capacidade, e da segunda em função de sua perspectiva da vida.*[133] A dialética aborda como exercício aquilo que a filosofia procura compreender, ao passo que a sofística parece ser filosofia, mas não é.

Ademais, a segunda coluna de contrários é privativa, e tudo é reduzível a *ser* e *não ser*, *unidade* e *pluralidade*, por exemplo o *repouso* enquadrando-se na unidade e o *movimento* na pluralidade. E quase todos concordam que a substância e as coisas existentes são compostas de contrários. De um modo ou outro, todos se referem aos primeiros princípios como contrários, alguns como ímpar e par,[134] alguns como quente e frio,[135] alguns como limitado e ilimitado,[136] e alguns como amor e conflito.[137] E é evidente que todas as demais coisas também são reduzíveis à unidade e pluralidade (é de se supor esta redução). E os princípios aduzidos por outros pensadores enquadram-se completamente nesses, na qualidade de gêneros. E então essas considerações também deixam patente que compete a uma única ciência investigar o *ser* como *ser*, já que todas as coisas são ou contrários ou derivadas de contrários, e os primeiros princípios dos contrários são *unidade* e *pluralidade*, os quais pertencem a uma só ciência, quer façam referência a uma noção comum ou não. Provavelmente, a verdade é que não façam essa referência, mas mesmo se o termo *uno* for usado em vários sentidos os outros estarão relacionados ao sentido primário (e, analogamente, no que tange aos contrários) – mesmo se o *ser* ou a *unidade* não for um universal c o mesmo em todos os casos, ou não for dissociável dos particulares (como presumivelmente não o é – a unidade é, em alguns casos, a da referência comum, em outros a da sucessão). Por esta mesma razão, não cabe ao geômetra inquirir o que é *contrariedade*, ou *completitude*, ou *ser*, ou *unidade*, ou *identidade*, ou *alteridade*, mas proceder a partir da suposição deles.

---

133. O texto de Bekker parece induzir aqui a uma inversão entre sofística e dialética, pois a crítica de ordem metodológica (relativa ao instrumento do conhecer) feita por Aristóteles é dirigida aos dialéticos, enquanto a crítica de ordem ética (relativa à conduta dos sofistas como professores remunerados) é dirigida aos sofistas. O texto de Ross ratifica essa inversão.

134. Alusão aos pitagóricos.

135. Possível alusão a Parmênides.

136. Alusão aos platônicos.

137. Alusão a Empédocles.

Patenteia-se então que diz respeito a uma ciência investigar o *ser* como *ser* e os atributos que lhe são inerentes como *ser*, estando esta mesma ciência encarregada de investigar, além dos conceitos já indicados, a anterioridade e a posterioridade, o gênero e a espécie, o todo e a parte e todos os demais conceitos semelhantes.

3

PRECISAMOS DECIDIR se cabe a uma mesma ciência ou a ciências diferentes a investigação dos chamados axiomas das matemáticas e da substância. É óbvio que a investigação desses axiomas também cabe a uma única ciência, nomeadamente a ciência do filósofo, já que se aplicam a todas as coisas existentes, e não a uma classe particular separada e distinta das outras. Além disso, todos os pensadores os empregam na medida em que são axiomas do *ser* como *ser*, e todo gênero possui ser, embora os empreguem somente tanto quanto suas metas o exigem, isto é, até o ponto em que o gênero, cujos atributos estão demonstrando, se estende. Consequentemente, uma vez que esses axiomas aplicam-se a todas as coisas *como ser* (visto ser isto o que lhes é comum), cabe àquele que investiga o *ser* como *ser* também investigá-las. Por esta razão, ninguém que esteja efetuando uma investigação particular – nem um geômetra nem um aritmético – empenha-se em estabelecer se essas coisas são verdadeiras ou falsas. Contudo, alguns dos filósofos da natureza o fizeram muito naturalmente, porquanto eles exclusivamente se propuseram a investigar a natureza como um todo e o *ser*. Mas como há um tipo mais consumado de pensador do que o filósofo da natureza (já que a natureza é apenas um gênero do *ser*), a especulação desses axiomas também caberá ao pensador do universal que investiga a substância primária.[138] A ciência da natureza[139] é uma modalidade de saber, mas não a modalidade primordial. Quanto às tentativas de alguns dos que discutem os critérios de aceitação da verdade, falta-lhes educação em lógica, pois deveriam compreender essas coisas antes de empreenderem

---

138. Ou seja, o pensador metafísico.

139. ...φυσική... (*physiké*), a física. Ver o tratado homônimo, que é precisamente o que de imediato antecede *este* tratado. Aristóteles claramente hierarquiza de maneira axiológica as ciências, colocando a filosofia primeira (o que chamamos de metafísica ou ontologia) no topo. Ver a nota 8.

sua tarefa, e não investigarem enquanto ainda permanecem aprendendo. Assim, fica claro que a função do filósofo, isto é, do estudioso do todo da substância em sua natureza essencial, é também investigar os princípios do raciocínio silogístico.[140] E é conveniente para quem, da melhor forma, entende cada tipo de assunto ser capaz de estabelecer os mais certos princípios do mesmo, de sorte que quem entende os modos do *ser* como *ser* capacite-se a estabelecer os mais certos princípios de todas as coisas. Ora, esta pessoa é o filósofo, e o princípio mais certo de todos é aquele com relação ao qual não se pode estar equivocado; com efeito, este princípio tem que ser tanto o mais conhecido (pois é acerca do menos conhecido que os erros são sempre cometidos) quanto não baseado em hipótese, uma vez que o princípio a ser captado pelo estudioso de qualquer tipo de ser não é de natureza hipotética, e aquilo que alguém necessita saber – se chega realmente a sabê-lo – é um conhecimento do qual já deve dispor ao empreender uma investigação particular.

Está claro, portanto, que é esse princípio o mais certo de todos os princípios, e assim passamos a indicar qual é ele: É impossível para o mesmo atributo ao mesmo tempo pertencer e não pertencer à mesma coisa e na mesma relação. E é necessário, em face de objeções lógicas,[141] que juntemos quaisquer qualificações. É este o mais certo de todos os princípios, porque apresenta a definição exigida; com efeito, é impossível para qualquer pessoa supor que uma mesma coisa é e não é – como alguns imaginam que Heráclito diz – pois o que um homem diz não representa necessariamente aquilo em que acredita. E se é impossível para atributos contrários pertencerem, simultaneamente, ao mesmo sujeito (a esta premissa devem também ser acrescidas as usuais qualificações), e uma opinião que contradiga a uma outra é contrária a esta, é evidente que é impossível para o mesmo indivíduo supor, ao mesmo tempo, que a mesma coisa é e não é, posto que o indivíduo que cometesse este erro estaria mantendo duas opiniões contrárias ao mesmo tempo. Por conseguinte, todos aqueles que estão demonstrando qualquer coisa reportam-se a isso como uma convicção extrema, uma vez que é naturalmente o ponto de partida de todos os outros axiomas também.

---

140. Tema profunda e extensivamente abordado nos *Analíticos Anteriores* (terceiro tratado do *Órganon*).

141. Leiam-se objeções *dialéticas*.

4

HÁ ALGUNS, todavia, como indicamos, que afirmam que é possível a mesma coisa ser e não ser, dizendo adicionalmente que é possível sustentar esta opinião. Muitos, mesmo entre os filósofos da natureza, adotam essa teoria. Mas já postulamos a impossibilidade de simultaneamente ser e não ser, e por este meio demonstramos ser esse o mais certo de todos os princípios. Alguns, realmente, exigem que mesmo isso seja demonstrado, o que acontece por faltar-lhes educação [em lógica], pois indica falta de educação [em lógica] ignorar do que devemos exigir demonstração e do que não devemos. É absolutamente impossível haver demonstração para tudo, visto que o processo iria ao infinito, de sorte que mesmo assim não haveria nenhuma demonstração. Se, por outro lado, há algumas coisas cuja demonstração não precisa ser feita, eles são incapazes de declarar qual princípio consideram mais indemonstrável do que aquele em pauta. Mesmo no caso dessa posição, entretanto, estamos capacitados a demonstrar a impossibilidade mediante refutação, bastando para isto que o nosso opositor emita alguma afirmação. Se ele não se pronunciar, seria um despropósito buscar um argumento contra alguém que não tem argumentos próprios acerca de nada, na medida em que se recusa a raciocinar, e essa pessoa, como tal, realmente não é melhor do que um vegetal. E distingo a demonstração por refutação da demonstração simples, porque nesta poder-se-ia pensar que alguém assume exatamente o que está em questão, ao passo que, se a discussão for provocada por uma outra pessoa, teremos a demonstração por refutação e não a demonstração pura e simples. O ponto de partida para todas essas discussões não é a exigência de que nosso oponente venha a dizer que alguma coisa é ou não é (uma vez que se poderia supor ser isto estar assumindo o que está em questão), mas que devesse dizer alguma coisa significativa tanto para si mesmo quanto para outrem (o que é essencial desde que se espere que algum argumento se suceda, caso contrário é impossível que tal pessoa raciocine consigo mesma ou com outra pessoa); concedido isso,[142] a demonstração será possível, uma vez que haverá alguma coisa já definida. Entretanto, a pessoa responsável pela demonstração não é quem demonstra, mas quem reconhece, pois embora desconheça a razão, admite-a. Ademais, a pessoa

142. Ou seja, que o oponente profira algo significativo.

que reconhece desse modo terá reconhecido a verdade de algo à parte da demonstração {de sorte que nem tudo será "assim e não assim"}.[143]

Assim, primeiramente, evidencia-se que, de qualquer modo, o seguinte é verdadeiro: a expressão *ser* ou *não ser* possui um significado definido, de modo que nem tudo pode ser "assim e não assim". Além disso, se *homem* possui um significado, que seja este *"animal bípede"*. Por *possui um significado* entendo o seguinte: se X significa *homem*, então se qualquer coisa for um homem, sua humanidade consistirá em ser X. E não faz diferença mesmo que se dissesse que *homem* possui diversos significados, desde que em número limitado, visto que se poderia atribuir um diferente nome a cada fórmula. Por exemplo, poder-se-ia dizer que *homem* não possui um significado, mas vários, um dos quais dispõe da fórmula *animal bípede*, podendo haver muitas outras fórmulas também caso fossem em número limitado; com efeito, um nome particular poderia ser atribuído a cada fórmula. Se, por outro lado, fosse dito que *homem* possui um número infinito de significados, é óbvio que não poderia haver discurso algum; de fato, não ter *um* significado é não ter *nenhum* significado, e se as palavras não têm nenhum significado, o discurso com outros [indivíduos], e mesmo, a rigor, consigo mesmo é nulo, pois é impossível pensar em qualquer coisa se não pensarmos em *uma* coisa, e mesmo que isso fosse possível, *um* nome poderia ser atribuído àquilo em que pensamos. Que este nome, como dissemos no início, tenha significado, e que tenha *um* significado. Ora, é impossível que *ser homem* deva ter o mesmo significado que *não ser homem*, isto é, se *homem* não é meramente predicável de *um* sujeito, mas possui *um* significado (uma vez que não identificamos *ter um significado* com *ser predicável de um sujeito*, visto que neste caso *instruído, branco* e *homem* teriam *um* significado, e assim todas as coisas seriam *um*, posto que teriam todas o mesmo significado). E será impossível para a mesma coisa ser e não ser, exceto por equivocação, como, por exemplo, alguém que chamamos de *homem*, outros poderiam chamar de *não homem*; mas o problema é se a mesma coisa pode, simultaneamente, ser e não ser *homem*, não *no nome*, mas *de fato*. Se *homem* e *não homem* não possuem significados diferentes, está claro que *não ser um homem* não significará nada diferente de *ser um homem*; e assim, *ser um homem* será *não ser um homem*; eles serão *um*. Com efeito, *ser um* significa, como no caso de *traje* e *manto*, que a fórmula é *um*. E se *ser homem* e ser *não homem* devem ser *unos*, terão o mesmo significado. Mas foi demonstrado anteriormente que têm significados diferen-

143. { } Acréscimo suspeito.

tes. Se, então, pode-se dizer verdadeiramente de qualquer coisa que é *homem*, deve ser *animal bípede*, pois era isso que *homem* pretendia significar. E se é assim necessariamente, é impossível que ao mesmo tempo a mesma coisa *não* deva ser *animal bípede*, pois *ser assim necessariamente* significa isto: que é impossível não ser assim. Portanto, não pode ser verdadeiro dizer simultaneamente que a mesma coisa é e não é homem. E o mesmo argumento vale também no caso de não ser homem, porque *ser homem* e *ser não homem* possuem significados diferentes, visto que mesmo *ser branco* e *ser homem* possuem diferentes significados (pois a oposição é muito mais incisiva no primeiro caso, de modo a produzir diferentes significados). E se nos disserem que *branco* também significa *uma* e a mesma coisa,[144] diremos novamente o que dissemos antes, que nesse caso todas as coisas, e não meramente os opostos, serão *um*. Mas se isso é impossível, o que enunciamos procede, isto é, se nosso oponente responder a nossa pergunta; mas se quando indagado pela simples pergunta, ele incluir em sua resposta as negações, não estará respondendo nossa questão. Não há nada que impeça que a mesma coisa seja *homem* e *branco* e uma miríade de outras coisas. Contudo, quando indagado se é verdadeiro dizer que X é homem ou não, nosso oponente deve dar uma resposta significativa de uma coisa, e não acrescentar que X é branco e grande. Conclui-se que é realmente impossível enumerar toda a infinidade de acidentes, de sorte que o deixemos enumerar ou todos ou nenhum. Analogamente, portanto, mesmo que a mesma coisa seja dez mil vezes *homem* e *não homem*, não se deve incluir na própria resposta à pergunta se isso é um *homem*, que é também ao mesmo tempo *não homem*, a não ser que se esteja também obrigado a incluir na própria resposta todas as outras coisas acidentais que o sujeito é ou não é. E se assim agir, não estará argumentando corretamente.

Geralmente, os que assim discursam suprimem substância e essência,[145] uma vez que são levados a afirmar que todas as coisas são acidentes, e que não há isso de *ser essencialmente homem* ou *animal*. Com efeito, se houvesse isso de *ser essencialmente homem*, não seria *ser não homem* nem *não ser homem* (ainda que sejam estas suas negações), pois se pretendia que se tivesse *um* significado, isto é, a substância de alguma coisa. Mas denotar uma substância significa que a essência é aquilo e nada mais, e se *ser essencialmente homem* é o mesmo que ou *ser essencialmente não homem* ou *essencialmente não ser homem*, a essência será alguma coisa mais. A consequência é que são levados a declarar que nada

144. Ou seja, o mesmo que *homem*.

145. ...οὐσίαν καὶ τὸ τι ἦν εἶναι... (*ousían kaì tò ti ên eînai*).

pode apresentar uma definição como essa, mas que todas as coisas são acidentais, pois estamos aqui diante da distinção entre substância e acidente: *branco* é um acidente de *homem* porque embora este seja branco não o é em essência.[146] E uma vez que o acidental sempre implica uma predicação de algum sujeito, se todas as asserções forem acidentais, nada haverá de primário de que sejam construídas essas asserções, de sorte que a predicação terá que prosseguir ao infinito. Mas isso é impossível pois nem sequer mais do que dois acidentes podem ser combinados na predicação. Um acidente não pode ser um acidente de um acidente salvo se ambos são acidentes da mesma coisa. Digo, por exemplo, significativamente que o *branco* é *instruído* e o *instruído*, *branco*, simplesmente porque ambos são acidentes de um homem. Mas não é neste sentido – de que ambos os termos são acidentes de alguma coisa mais – que Sócrates é instruído. Portanto, uma vez que alguns acidentes são predicados no último sentido e alguns no primeiro, os que são predicados no sentido em que *branco* é acidental a Sócrates não podem constituir uma série infinita na direção ascendente; por exemplo, não pode haver um outro acidente de Sócrates branco, porque a soma dessas predicações não produz uma asserção unitária. Tampouco pode *branco* ter um outro acidente, tal como *instruído*, pois o primeiro não é mais um acidente do segundo, e vice-versa; e, além disso, distinguimos que, embora alguns predicados sejam acidentais nesse sentido, outros são acidentais no sentido no qual *instruído* é acidental a Sócrates; e enquanto no primeiro caso o acidente é um acidente de um acidente, não é o que ocorre no segundo caso, de sorte que nem todas as predicações serão de acidentes. Por conseguinte, mesmo nesta situação haverá algo que denota substância, e se é assim, demonstramos que asserções contraditórias não podem ser predicadas ao mesmo tempo.

Que se acresça que se todas as predicações do mesmo sujeito forem verdadeiras ao mesmo tempo, está claro que todas as coisas serão uma, já que se for igualmente possível afirmar ou negar algo de algo a mesma coisa será uma trirreme,[147] um muro e um ser humano, que é o que se segue necessariamente para os que sustentam a teoria de Protágoras.[148] Com efeito, se alguém acha que um ser humano não é uma trirreme, ele claramente não é uma trirreme; e assim ele também é uma trirreme se a asserção contraditória for verdadeira,

146. Sobre a categoria da substância e demais categorias, ver o tratado *Categorias*, o primeiro do *Órganon*.

147. Tipo de embarcação da antiguidade que possuía três ordens de remos.

148. Para o sofista Protágoras, todas as opiniões, bem como todas as aparências, são verdadeiras.

resultando na sentença de Anaxágoras de que "todas as coisas estão mescladas" e, consequentemente, nada realmente existe. Parece, então, que se referem ao indeterminado, e embora pensem que estão se referindo ao que existe, estão realmente se referindo ao que não existe, uma vez que o indeterminado é aquilo que existe em potência, mas não em ato. Mas de fato eles têm que admitir a afirmação ou negação de qualquer predicado de qualquer sujeito, pois é absurdo que no caso de cada termo sua própria negação deva ser verdadeira, enquanto a negação de algum outro termo que não é verdadeiro em relação ao primeiro não deva ser verdadeira. Quero dizer, por exemplo, que, se é verdadeiro dizer que um ser humano não é um ser humano, é também obviamente verdadeiro dizer que ele é ou não é uma trirreme. Então, se a afirmação é verdadeira, a negação deve também ser verdadeira; mas se a afirmação não for verdadeira, a negação será ainda mais verdadeira do que a negação do próprio termo original. Portanto, se esta última negação for verdadeira, a negação de *trirreme* também será verdadeira, e sendo esta verdadeira, a afirmação também será verdadeira.

E não somente isso é concluído pelos adeptos dessa teoria, como também que não é necessário quer afirmar quer negar, pois, se é verdadeiro que qualquer coisa é tanto ser humano quanto não ser humano, está claro que não será nem ser humano nem não ser humano, uma vez que às duas asserções correspondem duas negações, e se a primeira for tomada como uma asserção singular composta de duas, a segunda será também uma asserção singular e oposta à primeira.

E, ademais, ou isso é aplicável a todos os termos – e a mesma coisa é tanto branca quanto não branca e existente e não existente – e analogamente quanto a todas as demais asserções e negações, ou não é aplicável a todos, mas somente a alguns e não a outros. E se não for aplicável a todos, exceções serão admitidas; mas se realmente for aplicável a todos, novamente *ou* a negação será verdadeira onde quer que a afirmação seja verdadeira, e a afirmação será verdadeira onde quer que a negação seja verdadeira, *ou* a negação será verdadeira onde quer que a asserção seja verdadeira, mas a asserção nem sempre será verdadeira onde a negação for verdadeira. E neste último caso, haverá alguma coisa que definitivamente *não é*, e isso será uma crença sólida; e se *o que não é* é sólido e cognoscível, a asserção oposta será ainda mais cognoscível. Mas se o que é negado pode ser igualmente verdadeiramente afirmado tem que ser ou verdadeiro ou falso enunciar os predicados separadamente e dizer, por exemplo, que uma coisa é branca, e então que é não branca. E se não é verdadeiro enunciar os predicados separadamente, nosso oponente não diz o que professa dizer – e nada existe. E como pode o não existente discursar ou andar?[149] Além disso, todas as coisas serão uma,[150] como dissemos antes, e a mesma coisa será *ser humano*, *deus* e *trirreme* e a negação destes termos, pois, se é igualmente possível afirmar ou negar qualquer coisa de qualquer coisa, uma coisa não será diferente de uma outra, já que se qualquer coisa diferisse seria verdadeira e única. E, analogamente, mesmo se for possível fazer uma asserção verdadeira, separando os predicados, o que dissemos procede. E procederia também que todas as asserções seriam verdadeiras e todas falsas, e que o nosso oponente, ele próprio, admite que o que ele diz é falso. Ademais, fica evidente que a discussão com ele é destituída de objetivo, porque ele nada enuncia de efetivo, já que não diz nem *sim* nem *não*, mas *sim e não*, e então nega, novamente, ambos e não diz *nem sim nem não*; se não fosse assim, já haveria alguma asserção definida.

Ademais, se quando a afirmação for verdadeira a negação for falsa, e quando esta for verdadeira a afirmação for falsa, será impossível afirmar e negar verdadeiramente a mesma coisa ao mesmo tempo, embora se possa talvez dizer que este é o ponto em questão.

Além disso, estará errado aquele que supõe que uma coisa é assim ou não é assim e aquele que supõe ambas [as enunciações] corretas? Se ele[151] estiver certo, qual o significado de dizer que "esta é a natureza da realidade"? E se não estiver certo, mas estiver mais certo[152] do que o detentor da primeira opinião, a realidade terá imediatamente uma natureza definida, e isto será verdadeiro e, ao mesmo tempo, não verdadeiro. E se todos estão igualmente certos e errados, um adepto dessa opinião estará incapacitado tanto de discursar quanto significar qualquer coisa, uma vez que ao mesmo tempo diz tanto *sim* quanto *não*. E se ele não constrói nenhum juízo, mas *pensa* e *não pensa* indiferentemente, que diferença haverá entre ele e as plantas?

Consequentemente, fica bastante evidente que ninguém – entre os que professam essa teoria ou os que pertencem a qualquer outra escola –

---

149. Aristóteles se move do lógico para o ontológico: se nosso oponente sustentar que estamos limitados a afirmar que *isso* é *aquilo* e *não aquilo*, incorrerá em contradição em toda asserção que enunciar, inclusive na de que o existente é existente e não existente. Ora, se o existente é não existente, nada existe, inclusive o oponente. E como pode falar ou caminhar se não existe?

150. Isto é, idênticas.

151. Presume-se que Aristóteles refira-se a segunda pessoa.

152. ...μᾶλλον ἀληθεύει... (*mâllon aletheúei*), mas entenda-se *menos errado*.

coloca-se realmente nessa posição. Se assim não fosse, por que alguém caminha até Megara, e não permanece em casa, simplesmente pensando em fazer a viagem? Por que não caminha cedo, numa manhã, até a beira de um poço ou de um precipício, e neles se precipita, em lugar de francamente se esquivar a agir assim, demonstrando deste modo que *não* pensa que é igualmente bom e não bom neles precipitar-se?

É óbvio que então ele julga que um procedimento é melhor e o outro pior. E se é assim, deve julgar que uma coisa é *ser humano* e uma outra *não ser humano*, e que uma coisa é doce e uma outra não doce. Com efeito, pensando ser desejável beber água e ver um ser humano, se disporá a procurá-los, não se pondo a procurar e julgar as coisas indiscriminadamente, o que, contudo, faria se a mesma coisa fosse igualmente ser humano e não ser humano. Mas, como dissemos, não há ninguém que obviamente não evite certas coisas e não outras. Daí, pelo que parece, todos os indivíduos formam juízos não qualificados, se não sobre todas as coisas, ao menos sobre o que é melhor ou pior. E se o fazem por conjetura e sem conhecimento, seria de se esperar que estivessem ainda mais ansiosos pela verdade, tal como um enfermo estaria mais ansioso pela saúde do que uma pessoa saudável, pois de fato aquele que conjetura, comparado com aquele que conhece, não encontra uma relação saudável com a verdade.

Por outro lado, por mais que as coisas possam ser "assim e não assim", diferenças de grau são inerentes à natureza das coisas. De fato, não deveríamos dizer que dois e três são igualmente regulares; nem estão aquele que pensa que quatro é cinco, e aquele que pensa que é mil igualmente errados; consequentemente, se não estão igualmente errados, um está claramente menos errado e assim mais certo. Se então aquilo que possui mais a natureza de alguma coisa está mais próximo desta alguma coisa, haverá alguma verdade da qual o mais verdadeiro está mais próximo. E mesmo que não houver, ainda assim haverá agora alguma coisa mais certa e verdadeira e seremos libertados da doutrina desqualificada que nos impediria de determinar qualquer coisa em nosso pensamento.

5

A TEORIA DE PROTÁGORAS origina-se da mesma opinião e ambas [as teorias] igualmente têm que ser ou verdadeiras ou não verdadeiras, uma vez que se todas as opiniões e fenômenos são verdadeiros tudo tem que ser simultaneamente verdadeiro e falso; realmente, muitas pessoas formam juízos que são opostos aos de outras pessoas e supõem que aqueles que não pensam o mesmo que elas próprias estão errados, de modo que a mesma coisa tem tanto que ser quanto não ser. E se assim é, todas as opiniões são necessariamente verdadeiras, já que os que estão errados e os que estão certos têm pensamentos que se opõem entre si. E, portanto, se esta for a natureza da realidade, todos estarão certos.

Fica claro, então, que ambas essas teorias procedem do mesmo modo de pensar. Mas o método de discussão não é idêntico para todos os casos,[153] visto que alguns exigem persuasão, ao passo que outros exigem coação. A ignorância dos que elaboraram esse pensamento, em meio à perplexidade, é facilmente remediável, porque estamos nos ocupando de seu modo de pensar e não de sua teoria. Mas os que sustentam a teoria por ela mesma somente podem ser curados refutando-se a teoria tal como expressa em seu próprio discurso e suas palavras.

É aos que se tornam perplexos diante de sua observação das coisas sensíveis que ocorre essa opinião. Ao verem os contrários gerados a partir da mesma coisa são levados à crença de que contradições e contrários podem ser verdadeiros ao mesmo tempo. Então se o que não é não pode ser gerado,[154] a coisa tem que ter existido antes igualmente como ambos os contrários, tal como Anaxágoras declara que tudo está mesclado em tudo; e inclusive Demócrito, já que também declara que o *vazio* e o *cheio* estão igualmente presentes em todas as partes e, não obstante, o segundo *é*, ao passo que o primeiro *não é*. Diremos, portanto, aos que baseiam seu juízo em tais considerações, que embora num sentido sua teoria esteja correta estão errados num outro sentido, visto que *ser* apresenta dois significados, de maneira que há um sentido em que alguma coisa pode ser gerada (vir a ser) a partir do *não ser* e um outro sentido em que não pode; há também um sentido em que a mesma coisa pode ser e não ser simultaneamente, mas não sob o mesmo aspecto, uma vez que a mesma coisa pode *ser* simultaneamente em potência [dois] contrários, mas não o pode em ato. Além disso, pedir-lhes-emos que concebam também um outro tipo de substância das coisas existentes, na qual não há absolutamente movimento, nem destruição, nem geração.

---

153. Ou melhor, segundo W. D. Ross, *para todos os oponentes (interlocutores).*

154. ...εἰ οὖν μὴ ἐνδέχεται γένεσθαι τὸ μὴ ὄν,... (*ei oûn mè endékhetai génesthai tò mè ón*) – então se o não ser não pode vir a ser.

1009b1 Da mesma forma, foi a partir de uma observação das coisas sensíveis que ocorreu a certas pessoas a teoria segundo a qual há verdade nos fenômenos. Pensam elas que a verdade não deveria ser avaliada pelo grande ou pequeno número dos que a sustentam e afirmam que a mesma coisa parece doce a alguns que a provam, enquanto parece amarga a outros, de modo que se todos estivessem doentes ou loucos, à exceção de dois ou três indivíduos que estivessem com saúde ou senso, estes seriam considerados doentes ou loucos, e não os outros. E acrescentam que também muitos animais captam das mesmas coisas impressões que contrariam as nossas, e que o próprio indivíduo nem sempre capta o mesmo [nas coisas] através de sua percepção sensorial. Consequentemente, não há certeza de quais, entre essas impressões, são verdadeiras ou falsas, já que um tipo não é mais verdadeiro do que outro, o sendo igualmente. Daí a declaração de Demócrito de que ou não há verdade ou a nós ela não se mostra.

Em geral, dizem que a impressão dada através da percepção sensorial é necessariamente verdadeira porque supõem que o pensamento é percepção sensorial, e esta é alteração física. Com efeito, foi por esta razão que tanto Empédocles quanto Demócrito – e praticamente todos os demais – experimentaram uma obsessão por opiniões como essas. De fato, Empédocles declara que aqueles que alteram sua condição corpórea alteram seu pensamento:

[É] de acordo com seu presente [estado] que aumenta o pensamento nos seres humanos.

E numa outra passagem diz ele:

E na medida em que mudam para uma natureza diferente, sempre lhes ocorre pensar diferentemente.

E Parmênides expressa-se do mesmo modo:

Tal como cada um, a qualquer tempo, apresenta o temperamento de seus membros multiplamente articulados, assim ocorre o pensamento aos seres humanos, pois, para cada ser humano e todos os seres humanos, a substância de seus membros é a mesma coisa que pensa, com o predomínio do pensamento.

Há um relato também de algo dito por Anaxágoras a alguns de seus discípulos – de que as coisas seriam para eles como as julgassem ser. E afirmam que Homero também claramente tinha essa opinião, já que fez Heitor, quando este se achava inconsciente devido ao golpe, jazer com os pensamentos desarranjados,[155] sugerindo assim que mesmo os que estão *com o intelecto avariado* pensam, ainda que não os mesmos pensamentos. É evidente que se ambos são tipos de pensamento a realidade também será *tanto assim como não assim*. É, ao longo deste caminho, que as consequências revelam-se sumamente difíceis, pois se aqueles que têm a mais clara visão possível de tal verdade (sendo eles os que mais a buscam e amam) sustentam essas opiniões e fazem tais pronunciamentos acerca da verdade, com certeza aqueles que tentam ser filósofos podem muito bem desesperar, pois nesse caso a busca da verdade seria *perseguir aves no ar*.

Mas a razão de esses homens sustentarem essa opinião é que, embora tenham investigado a verdade daquilo que é, supuseram que *o que é* restringe-se às coisas sensíveis, no que a natureza do indeterminado, isto é, do *ser* no sentido que elucidamos[156] está fartamente presente, e portanto suas afirmações, embora plausíveis, não são verdadeiras. Esta forma da crítica é mais adequada do que a que Epicarmo[157] aplicou a Xenófanes.[158] E, ademais, observando que toda essa substância indeterminada está em movimento, e que não é possível fazer nenhuma predicação verdadeira do que está em mutação, entenderam ser impossível emitir qualquer afirmação verdadeira sobre o que é em todos os aspectos inteiramente mutável. De fato, foi a partir dessa suposição que nasceu a mais extrema dessas opiniões mencionadas por nós, a dos seguidores professos de Heráclito, tal como defendida por Crátilo, que descambou para pensar que não era necessário dizer coisa alguma, tendo se limitado a mover seu dedo, e criticou Heráclito por declarar que não se pode entrar no mesmo rio duas vezes, já que ele próprio sustentava que isso não podia ser feito sequer uma vez.

Replicaremos, contudo, a essa teoria, suplementarmente, que embora o mutável ao mudar ofereça [a esses pensadores] um certo efetivo fundamento para supor que o mutável *não é*, ainda assim há nisso algo de discutível, pois aquilo que está desfazendo qualquer qualidade conserva algo do que está sendo desfeito, e algo daquilo que *vem a ser* já existe necessariamente. E, geral-

---

155. A referência do autor é à *Ilíada*, canto XXIII, 698, mas o ferido neste combate é Euríalo e não Heitor, o que, de qualquer modo, não tira a pertinência da ilustração de Aristóteles.

156. No Capítulo 4.

157. Pensador que viveu no início do século V a.C. e que aderiu a uma soma de ideias de Pitágoras e Heráclito.

158. Pensador pertencente à mesma escola de Parmênides de Eleia. Floresceu por volta de 600 a.C.

mente, se uma coisa está perecendo, estará presente aí algo que *existe*. E se uma coisa está vindo a ser, aquilo do que procede e através do que é gerada (vem a ser) necessariamente existe, processo que não pode seguir *ad infinitum*. Mas deixemos essa linha de raciocínio e observemos que mudança quantitativa não é o mesmo que mudança qualitativa. Tomemos como certo que nada há de permanente quanto à quantidade. Entretanto, reconhecemos tudo através da *forma*. E mais uma vez, os que defendem a teoria que refutamos são censuráveis pelo fato de haverem afirmado acerca da totalidade do universo material, o que haviam observado numa mera minoria de coisas sensíveis. Com efeito, é somente o domínio sensorial que nos cerca que se mantém submetido à destruição e à geração. Entretanto, esse domínio representa uma fração ínfima do todo, o que nos levaria a pensar que teria sido mais justo da parte deles absolver o primeiro (o ínfimo domínio sensorial) em função do segundo (o todo) do que condenar o segundo por conta do primeiro.

Além disso, diremos evidentemente a esses pensadores algo idêntico ao que dissemos há um tempo, na necessidade de demonstrar-lhes e convencê-los que há um tipo imutável de natureza. Aqueles que afirmam que as coisas simultaneamente *são* e *não são* ficam logicamente obrigados a admitir que todas as coisas estão em repouso e não que estão em movimento, isto porque não dispõem de nada para que se possa mudar, *visto que tudo existe em tudo*.[159]

Quanto à realidade, considerando que nem todo fenômeno é real, começamos por afirmar que a percepção, efetivamente, ao menos a do objeto próprio de um sentido, embora não seja falsa, a impressão que dela obtemos não é idêntica à percepção, com o que podemos com justiça nos mostrar surpresos se nossos oponentes levantarem a questão de se grandezas e cores são realmente como aparecem a distância ou ao alcance da mão, como aparecem ao saudável ou ao enfermo; e se coisas pesadas são como aparecem ao fraco ou ao forte; e se a verdade é como aparece ao desperto ou ao adormecido, pois evidentemente não creem realmente na última alternativa; ninguém, de qualquer maneira, se à noite pensa estar em Atenas enquanto está realmente na Líbia, parte para o Odeon.[160] Por outro lado,

159. Ou, traduzindo de W. D. Ross: *visto que todos os atributos já pertencem a todos os sujeitos.*

160. O Ὦδειον (*Ódeion*), situado no sudeste de Atenas, era um prédio público cuja finalidade era a realização de exercícios de canto. A partir da administração de Péricles, o Odeon foi destinado a determinados serviços públicos (assembleias do povo, julgamentos etc.).

no que tange ao futuro (como, de fato, afirma Platão), a opinião do médico e a do ignorante presumivelmente não são, uma e outra, igualmente confiáveis, digamos quanto a se alguém vai ficar bem ou não. Igualmente inexiste confiabilidade no caso dos próprios sentidos, nossa percepção de um objeto estranho e de um objeto próprio de um determinado sentido, ou de um objeto congênere e de um objeto real daquele próprio sentido. Mas no caso de cores, a visão, e não o paladar, é confiável, ao passo que no caso do gosto, o paladar e não a visão. Mas nenhum dos sentidos jamais declara ao mesmo tempo que o mesmo objeto é *assim* e *não assim*. Nem sequer num outro tempo o sentido pronuncia algo conflitante no que respeita à qualidade, mas somente acerca daquilo a que pertence a qualidade. Quero dizer, por exemplo, que um mesmo vinho pode parecer, por efeito de sua própria alteração ou daquela do corpo de alguém, num momento doce e, noutro, não doce. A doçura, contudo, tal como é quando existe, jamais muda, estando-se sempre certo a respeito disso, e aquilo que é para ser doce é necessariamente desta natureza. Entretanto, todas essas teorias destroem a possibilidade da existência necessária de qualquer coisa, na medida em que destroem a existência de sua substância, pois o *necessário* não pode ser de um modo e de um outro. Por conseguinte, se qualquer coisa existe, necessariamente não pode ser *tanto assim quanto não assim*.

E em geral, se somente existisse o sensível, nada haveria sem a existência de coisas animadas, já que não haveria nenhuma faculdade sensorial. A opinião de que não existiriam nem qualidades sensíveis nem sensações é provavelmente verdadeira (já que estas dependem do efeito que é produzido naquele que percebe). Entretanto, é impossível que os substratos geradores da sensação não devessem existir mesmo independentemente da sensação, pois a sensação não é sensação de si mesma, havendo algo além da sensação que deve ser anterior a esta, uma vez que aquilo que move é naturalmente anterior ao que é movido, o que não é menos verdadeiro se os termos forem correlativos.

6

MAS ALGUNS ENTRE AQUELES que realmente sustentam essas convicções e aqueles que se limitam a professar essas opiniões levantam a seguinte dificuldade: indagam a quem cabe julgar o homem saudável e, em geral, a quem compete julgar corretamente em cada caso particular. Todavia, essas questões são como querer saber se, num dado momento, estamos despertos ou adormecidos. E todos os problemas desse tipo redundam no mesmo. Essas pessoas exigem uma razão para tudo; buscam um ponto de partida e desejam entendê-lo por demonstração, ainda que a julgar por suas ações revela-se evidente que tais indivíduos não têm convicção alguma. O erro em que incorrem é o que já indicamos; o fato é que exigem uma razão para coisas que carecem de razão, visto que o ponto de partida de uma demonstração não é uma questão de demonstração. É possível que a primeira classe [dessas pessoas] possa ser prontamente persuadida disso, porque não é difícil captá-lo. Mas os que se limitam a buscar irrefutabilidade na argumentação, buscam o impossível, uma vez que reivindicam o direito de contradizer a si próprios, e não perdem tempo em fazê-lo. Entretanto, se nem todas as coisas são relativas, algumas existindo por si mesmas, nem todo fenômeno será verdadeiro, já que um fenômeno é um fenômeno para um [determinado] alguém. A conclusão é que aquele que diz que todos os fenômenos são verdadeiros torna todas as coisas relativas. Assim, os que exigem algo irrefutável na argumentação e, ao mesmo tempo, reivindicam demonstrar sua posição devem garantir-se declarando que o fenômeno (o que aparece) é verdadeiro não em si mesmo, mas *para quem* aparece, e *no momento em que* aparece, e *no sentido e maneira* nos quais aparece. Ora, se demonstram sua posição, mas não a demonstram sem adotar a postura citada anteriormente, o resultado será que não demorarão a contradizer a si mesmos. Com efeito, é possível que para um mesmo homem uma coisa apareça à visão como sendo mel, mas não apareça como tal para o paladar e, [como tem ele dois olhos] se a visão destes não for igual, pode ser que as coisas não pareçam as mesmas para cada um dos olhos. Diremos aos que afirmam – pelas razões anteriormente indicadas – que os fenômenos são verdadeiros e que, portanto, todas as coisas são igualmente falsas e verdadeiras, porque não *aparecem* idênticas para todos e nem sempre idênticas ao mesmo indivíduo, mas frequentemente se *manifestam* contrariamente ao mesmo tempo (com efeito, quando cruzamos os dedos, enquanto o tato nos informa que há dois objetos, a visão informa que há somente um): *sim, mas não para o mesmo sentido ou para a mesma parte dele, da mesma maneira e ao mesmo tempo*, de modo que com esta qualificação o fenômeno será verdadeiro. Mas talvez seja por esta razão que aqueles que argumentam pela discussão, e não por experimentarem uma dificuldade, são levados a dizer que o fenômeno não é verdadeiro em si mesmo, mas verdadeiro para quem percebe; e, como afirmamos antes, são levados também a tornar tudo relativo e dependente da opinião e da sensação, de modo que nada aconteceu ou acontecerá, a menos que primeiramente alguém haja formado uma opinião a respeito; se assim não fosse, está claro que todas as coisas não seriam relativas à opinião.

Ademais, se uma coisa é una, é relativa a uma coisa ou a alguma coisa determinada. E se a mesma coisa é tanto uma metade quanto um igual, ainda assim o igual não é relativo ao dobro. Se para o sujeito pensante, *ser humano* e o objeto do pensamento são idênticos, *ser humano* não será o sujeito pensante mas o objeto do pensamento; por outro lado, se cada coisa for considerada como relativa ao sujeito pensante, este será relativo a uma infinidade de coisas especificamente diferentes.

Tenhamos como adequadamente estabelecido que a mais certa das crenças é a de que afirmações contrárias não são ambas verdadeiras simultaneamente, e quais as consequências que resultam da rejeição dessa crença e porque as pessoas a rejeitam. E como a contradição de uma afirmação não pode ser verdade ao mesmo tempo da mesma coisa, evidencia-se que contrários não são aplicáveis ao mesmo tempo à mesma coisa, porque em cada par de contrários um deles é uma privação não menos do que é um contrário, e é uma privação de substância. [E que se diga, a propósito, que] privação é a negação de um predicado a algum gênero definido. Portanto, se é impossível afirmar e negar simultaneamente uma coisa verdadeiramente, também é impossível para contrários aplicarem-se simultaneamente a uma coisa: ou ambos se aplicam a ela em relações particulares, ou um deles numa relação particular e o outro não qualificadamente.

7

TAMPOUCO, COM EFEITO, pode haver qualquer intermediário entre declarações contrárias. De um tema ou assunto devemos ou afirmar ou negar uma coisa, seja o que for. Isso ficará claro se começarmos por definir verdade e falsidade. Dizer que *o que é* não é, ou que *o que não é* é, é falso, mas dizer que *o que é* é, e que *o que não é* não é, é verdadeiro. Consequentemente, também quem diz que uma coisa é ou não é dirá ou o que é verdadeiro ou o que é falso. Mas nem *o que é* nem *o que não é* se diz ser *ou* não ser. Além disso, um intermediário entre contrários o será ou como o cinza está entre o preto e o branco, ou como [aquilo que não é] *nem homem nem cavalo* está entre homem e cavalo. No último sentido, não pode mudar (pois a mudança é de não bom para bom, ou de bom para não bom). Na prática, entretanto, está claramente sempre mudando; de fato, a mudança só pode ocorrer para o oposto e o intermediário. E se fosse um verdadeiro intermediário, neste caso também teria que ocorrer uma mudança para branco não de não branco. Isso, contudo, não é de fato percebido. Além do mais, o entendimento ou afirma ou nega todo objeto do entendimento ou do pensamento – ou que se evidencia a partir da definição – quando é verdadeiro ou falso. É verdadeiro quando, ao afirmar ou negar, associa os predicados de uma maneira; é falso quando o faz da outra maneira.

Novamente, o intermediário, a menos que seja conservado meramente por conta do argumento, tem que existir ao lado de todos os termos contrários, o que possibilitará a alguém declarar o que não é nem verdadeiro nem falso. E haverá um intermediário entre *o que é* e *o que não é*, de sorte a haver também um tipo de mudança intermediária entre a geração e a destruição. Além disso, mesmo em todas as classes, nas quais a negação de um atributo significa a afirmação de seu contrário, haverá um intermediário. Por exemplo, na esfera dos números, haverá um número que não é nem ímpar nem não ímpar: entretanto, neste caso incorremos na impossibilidade, como ressalta óbvio da definição.[161] Mais uma vez o processo prosseguirá *ad infinitum* e as coisas que existem não se limitariam a ser acrescidas da metade, mas mesmo de muito mais. De fato, novamente será possível negar o intermediário com referência tanto à sua afirmação quanto à sua negação, e o [novo termo] resultante será alguma coisa, considerando-se que sua substância é algo distinto. Do mesmo modo, quando um indivíduo, ao ser indagado se uma coisa é branca, diz *não*, tudo que negou foi que ela é [branca]... e o seu não ser [branca] constitui uma negação.

Ora, tais como outros paradoxos[162] também ocorreram, essa opinião ocorreu a certas pessoas, isso porque quando estas se veem impossibilitadas de livrar-se de argumentos erísticos rendem-se ao argumento e admitem a verdade da conclusão. Alguns, por conseguinte, aderem a essa teoria e argu-

---

161. Presume-se a de que todo número é *ou* par *ou* ímpar.

162. ...παράδοξον... (*parádoxon*) – o paradoxo é uma opinião extraordinária, ou seja, uma opinião que foge da aceitação geral, indo além da opinião comum. Não é, portanto, necessariamente uma opinião *falsa*.

mentam dessa maneira por essa razão, ao passo que outros assim agem porque exigem uma explicação para tudo. E o ponto de partida para lidar com todas essas pessoas é a definição. Ora, a definição apoia-se na necessidade de que queiram dizer algo dotado de significado; com efeito, a fórmula da qual a palavra é um signo converte-se em sua definição. A doutrina de Heráclito, segundo a qual *todas as coisas são e não são*, parece tornar tudo verdadeiro, ao passo que a de Anaxágoras, segundo a qual *há um intermediário entre os termos de uma contradição*, parece tornar tudo falso, porque, quando as coisas são mescladas, a mescla não é nem boa nem não boa, resultando que nenhuma declaração que possa ser feita é verdadeira.

8

Com base nessa análise, evidencia-se que as declarações unilaterais e radicais feitas por algumas pessoas não podem ser substancialmente verdadeiras – por um lado, a afirmação de que nada é verdadeiro (uma vez que afirmam que não há porque a mesma regra aplicável à comensurabilidade da diagonal de um quadrado não o seja a todas as coisas); por outro, a afirmação de que tudo é verdadeiro. Essas teorias são praticamente idênticas à de Heráclito, já que a teoria que sustenta [conjuntamente] que todas as coisas são verdadeiras e todas falsas também emite cada uma dessas afirmações separadamente, de sorte que se são impossíveis combinadas também são impossíveis individualmente. Além disso, é evidente que há afirmações contrárias que não podem ser simultaneamente verdadeiras. Nem, por outro lado, podem todas as afirmações ser falsas, ainda que é o que pareceria mais possível diante do que foi dito. Entretanto, contra todas essa teorias, devemos exigir – como sustentamos anteriormente – não que alguma coisa seja ou não seja, mas que [as pessoas] afirmem algo que tenha significado, de modo que possamos argumentar a partir de uma definição, começando por apreender o que significa *falsidade* ou *verdade*. Se aquilo que for verdadeiro afirmar coincidir com aquilo que é falso negar, será impossível que todas as afirmações sejam falsas, uma vez que uma parte da contradição é necessariamente verdadeira. Ademais, se é necessário, no tocante a todas as coisas, serem ou afirmadas ou negadas, impossível que ambas as partes sejam falsas, já que unicamente uma das partes da contradição é falsa. De fato, a consequência notória da exposição de todas essas teorias é que elas destroem a si mesmas, porquanto aquele que diz que tudo é verdadeiro torna a teoria oposta à sua também verdadeira e, portanto, a sua própria teoria não verdadeira (na medida em que a teoria oposta afirma que a sua não é verdadeira). E quem diz que tudo é falso torna a si mesmo falso. E se apelam para exceções, um que exclusivamente a teoria oposta não é verdadeira; o outro que somente sua própria teoria não é falsa, nem por isso deixarão de ser levados a postular a verdade ou falsidade de um número infinito de asserções, já que a asserção de que a asserção verdadeira é verdadeira é também verdadeira, processo que caminhará *ad infinitum.*

Tampouco estão certos os que sustentam que todas as coisas estão em repouso, nem os que defendem que todas as coisas estão em movimento. Com efeito, se todas as coisas estão em repouso, as mesmas coisas se manterão sempre verdadeiras e falsas, quando [sabemos que] *esse estado de coisas* é evidentemente sujeito à mudança; de fato, o próprio enunciador de uma asserção não existia num tempo e novamente virá a não existir.[163] E se todas as coisas estão em movimento, nada será verdadeiro, ou seja, tudo será falso. Contudo, foi demonstrado ser isso impossível; ademais, é necessário que o mutável seja *aquilo que é,* uma vez que a mudança é de alguma coisa para alguma coisa. Que se complemente que tampouco é verdadeiro que todas as coisas estão em repouso ou em movimento *às vezes,* mas nenhuma coisa *continuamente,* visto que há uma coisa que move continuamente o que é movido,[164] além do que o *primeiro motor*[165] é ele mesmo *não movido.*

---

163. Isto é, estando submetido à geração e destruição, o indivíduo existe numa determinada e restrita faixa de tempo, não existindo nem antes nem depois.

164. A referência de Aristóteles é à esfera dos astros fixos. Ver Livro XII, Capítulos 6 a 8.

165. ...πρῶτον κινοῦν... (*prôton kinoûn*), conceito central da metafísica aristotélica. Ver Livro XII, Capítulo 7.

LIVRO V

1

Princípio[166] significa [a] a parte de uma coisa a partir da qual se pode empreender o primeiro movimento. Por exemplo, uma linha[167] ou uma estrada[168] tem um princípio em cada uma das extremidades opostas; [b] o ponto a partir do qual é possível que cada coisa seja, do melhor modo, originada. Por exemplo, um processo de aprendizado deve, às vezes, ser *principiado* não pelo que é elementar [no assunto] ou pelo ponto de partida do assunto, mas a partir do ponto que mostra mais facilidade para o aprendizado; [c] aquilo cuja presença determina em primeira instância o surgimento de alguma coisa. Por exemplo, a quilha de um navio e as fundações de uma casa, e, como supõem alguns pensadores, no caso dos seres vivos, o coração;[169] [como pensam] outros, o cérebro,[170] e outros alguma outra parte, seja qual for; [d] aquilo a partir de que, ainda que não imanente à coisa, uma coisa nasce[171] e de que o movimento e a transformação procedem primordialmente, como o filho provém do pai

---

166. Ἀρχή (*arkhé*) engloba, na metafísica, os sentidos de origem, princípio e fundamento, não tanto isolada, mas conjuntamente. Por outro lado, esse termo também significa autoridade, poder e governo (especialmente na administração doméstica [*oikonomia*] e na política).

167. ...μήκους... (*mékous*), literalmente *extensão.*

168. ...ὁδοῦ... (*hodoû*) pode significar estrada (caminho) e viagem. Tanto um conceito quanto o outro se ajusta igualmente à ilustração de Aristóteles.

169. De acordo com *Da geração dos animais*, o que supunha o próprio Aristóteles.

170. Opinião de Platão expressa no *Timeu.*

171. Vem a ser, passa a existir.

e da mãe, e a disputa provém do ultraje; [e] aquilo, em conformidade com cuja escolha deliberada, o que é movido *é movido*, e o que é transformado *é transformado*, do que são exemplos as magistraturas nas cidades e os governos: oligarquias, monarquias e tiranias; [f] as artes também são chamadas de *princípios*, sobretudo as artes arquitetônicas; [g] aquilo a partir de que uma coisa começa a ser compreensível também é chamado de *princípio* da coisa, por exemplo as hipóteses das demonstrações. (*Causa* pode apresentar uma quantidade semelhante de distintos sentidos, já que todas as causas são princípios.)

É, assim, comum a todos os *princípios* serem o primeiro ponto a partir do qual uma coisa ou *é*, ou *vem a ser* ou torna-se conhecida; além disso, alguns *princípios* são imanentes às coisas, enquanto outros não são.[172] Portanto, a *natureza* [de uma coisa] é um princípio, o sendo também o *elemento* [de uma coisa], bem como o *entendimento* e a *escolha*, a *substância* e a *causa final* – pois o *bom* e o *belo*, em muitos casos, são o princípio do conhecimento e do movimento [de muitas coisas].

2

Causa[173] significa [a] aquilo em função de cuja presença alguma coisa vem a ser, [do que são] exemplos o bronze de uma estátua e a prata de uma taça, bem como as classes [de materiais] que os contêm; [b] a *forma* ou modelo, isto é, a fórmula da essência e as classes que a contêm, por exemplo a proporção 2:1 e o número em geral são *causas* da oitava, e as partes da fórmula; [c] aquilo de que procede o primeiro princípio da mudança (transformação) ou do repouso, por exemplo o homem que delibera é uma *causa*, e o pai uma *causa* do filho, e em geral aquilo que produz é a *causa* daquilo que é produzido, e aquilo que muda é a *causa* daquilo que é mudado; [d] a finalidade, isto é, a causa final, [do que é] exemplo: a *finalidade* de caminhar é a saúde, pois [à pergunta] "Por que alguém caminha?" respondemos "Para ter saúde", e ao respondê-lo julgamos ter fornecido a *causa* – e também todos os meios que intervêm (e contribuem) anteriormente à finalidade, quando alguma coisa adicional desencadeou o processo, por exemplo o emagrecimento, o purgativo, os medicamentos e os instrumentos que atuam antes da obtenção da saúde, já que todos eles são em função da finalidade, ainda

172. Isto é, transcendem a elas.

173. ...αἴτιον... (*aítion*).

que sejam diferentes entre si pelo fato de uns serem instrumentos, enquanto os outros são ações.

Esses são, aproximadamente, todos os sentidos de *causa*. Porém, uma vez que as causas são referidas com vários sentidos, conclui-se haver diversas causas (e isso não em caráter acidental) da mesma coisa. Por exemplo, tanto a escultura quanto o bronze são causas da estátua, não em conexão com qualquer outra coisa, mas enquanto estátua. Entretanto, não são causas do mesmo modo, mas uma como *matéria* e a outra como *princípio de movimento*. E as coisas podem ser causas umas das outras, por exemplo o exercício do vigor físico, e este do exercício – mas não de idêntico modo, mas um como uma finalidade e o outro como uma fonte de movimento. Além disso, por vezes a mesma coisa é a causa de contrários, porque aquilo que devido à sua presença é a causa de algo em particular às vezes acusamos de ser – devido à sua ausência – a causa do contrário, quando dizemos, por exemplo, que a ausência do piloto é a causa do naufrágio, ao passo que sua presença era a causa da segurança. E em ambas, a presença e a privação são causas como fontes de movimento.[174]

Todas as causas que acabamos de descrever classificam-se muito claramente em quatro sentidos. Com efeito, os componentes das sílabas,[175] o material dos artigos manufaturados, o fogo (a terra e todos os corpos desse tipo), as partes de um todo e as premissas da conclusão de um silogismo[176] são causas no sentido *material*. Destas, algumas são causas como *substratum* (por exemplo, as partes), outras como *essência* (o todo, a composição e a forma). O sêmen, o médico, aquele que planeja ou delibera e, em geral, aquilo que produz[177] são todos princípios de mudança ou de repouso. Os restantes são causas como a *finalidade* e o *bem* das outras [coisas], posto que a causa final inclina-se a ser o bem supremo e a *finalidade* do restante. Consideremos que é indiferente o classificarmos de *bem* ou *bem aparente*.

Essas são, portanto, as quatro *espécies* de causas. Entretanto, as *variedades* de causas são muitas, ainda que uma vez resumidas sejam também relativamente poucas.

De fato, fala-se de causas em muitos sentidos e, mesmo entre as que pertencem à mesma espécie, há as causas que o são num sentido anterior,

---

174. Isto é, causas motrizes.

175. Isto é, as letras.

176. Ou literalmente: *as hipóteses da conclusão*.

177. Ou: *aquele que age*.

enquanto há outras que o são num sentido posterior. Por exemplo, o médico e o profissional especialista são, ambos, causas da saúde, bem como a proporção 2:1 e o número são, ambos, causas da oitava; por outro lado, os universais que abrangem uma dada causa são causas de seus efeitos particulares. Além disso, uma coisa pode ser uma causa acidental, [ou melhor] uma causa no sentido de um acidente, e as classes que encerram os acidentes. Por exemplo, a causa de uma estátua num sentido é Policlito, enquanto num outro sentido é o escultor, porque o escultor ser Policlito é um acidente. E [também] são causas os termos universais[178] que incluem os acidentes. Por exemplo, a causa de uma estátua é um ser humano – ou em geral um ser vivo, já que Policlito é um ser humano e o ser humano é um ser vivo. E mesmo no que tange às causas acidentais, há as que são mais remotas ou mais próximas do que outras. Por exemplo, seria possível dizer que a causa da estátua é *homem branco* ou *homem instruído*, e não apenas Policlito ou homem.

Mas além de todas essas variedades de causas, na qualidade de próprias e acidentais, algumas são chamadas de causas num sentido de *potência*, enquanto outras o são num sentido de *ato*. Por exemplo, a causa da construção [da casa] é ou o *construtor* ou o *construtor ao construir*. A mesma diversidade de significados que já indicamos é aplicável aos *efeitos* das causas, por exemplo a *esta* estátua, ou a *uma* estátua, ou, em geral, a uma imagem; também a *este* bronze, ou ao bronze ou ao material em geral. Algo idêntico ocorre com os efeitos acidentais. Ademais, as causas acidentais e as próprias podem ter um sentido combinatório, como, por exemplo, a causa não é nem Policlito nem um escultor, mas o escultor Policlito.

Entretanto, embora essas variedades de causas sejam em número de seis, cada uma é empregada em dois sentidos. As causas são particulares [1], genéricas [2], acidentais [3], genericamente acidentais [4], estas podendo ser enunciadas isoladamente [5] ou em combinação [6].[179] E, ademais, todas são *atuais* (em *ato*) ou potenciais (em *potência*).[180] E que se acresça que há entre elas a diferença de que causas *atuais* e particulares existem ou não existem simultaneamente aos seus efeitos, por exemplo *este* homem *particular* administrando tratamento médico a *este* homem *particular* que está recuperando a saúde, e *este* construtor *particular* a este prédio *particular* que

178. As classes.

179. Sentido 1.

180. Sentido 2.

está sendo construído; entretanto, não é o que ocorre sempre com causas potenciais, pois a casa não perece simultaneamente ao construtor.

3

Elemento[181] significa [a] o componente imanente primordial, numa coisa, o qual é indivisível como espécie em outras espécies. Por exemplo, os elementos de um som são as partes das quais esse som é composto e nas quais ele é divisível em última instância, não sendo essas partes mais divisíveis em outros sons delas mesmas distintos como espécies; se forem divididas, serão de idêntica espécie, como uma parte da água é água, embora uma parte da sílaba não seja uma sílaba; [b] os que se referem aos elementos dos corpos entendem semelhantemente [por elementos] as partes em que os corpos são, em última instância, divisíveis, não o sendo mais em outras partes diferentes em espécie. E quer discorram sobre *um* tal elemento ou *mais de um*, é o que entendem por elemento; [c] os elementos das figuras geométricas e, geralmente, os elementos das demonstrações têm significados muito semelhantes, uma vez que as demonstrações primárias contidas em muitas outras demonstrações são chamadas de *elementos* das demonstrações. Os silogismos primários que consistem de três termos, um deles o termo médio, são desta natureza; [d] o termo *elemento* é também empregado metaforicamente a qualquer pequena unidade que se presta a vários propósitos – e, em decorrência disso, aquilo que é pequeno, ou simples, ou indivisível é classificado como um *elemento*; [e] daí [conclui-se] que as coisas mais universais são elementos, já que cada uma delas, por ser uma unidade simples, está presente numa multiplicidade de coisas, ou em todas ou em tantas quanto possível, devendo-se acrescer a isso que, para alguns, a unidade e o ponto são primeiros princípios; [f] e visto que os chamados gêneros são universais e indivisíveis (uma vez que não há fórmula deles), há quem chame os gêneros de elementos, e eles de preferência às diferenças, pela razão de o gênero ser mais universal: com efeito, onde a diferença está presente, acompanha-a o gênero, ao passo que onde o gênero está presente nem sempre a diferença está presente. Enfim, é comum a todos os casos (significados) o elemento de cada coisa ser o primariamente imanente a ela.

---

181. ...στοιχεῖον... (*stoikheîon*).

4

Natureza[182] significa [a] a gênese das coisas que crescem – sentido insinuado se pronunciarmos o υ de φύσις longo; [b] a coisa imanente a partir da qual a coisa que cresce principia a crescer; [c] a fonte da qual o movimento primordial, em todo objeto natural, é induzido neste objeto como tal. Diz-se que todas as coisas crescem extraindo o aumento de uma outra coisa, através de contato e unidade orgânica, ou adesão, como no caso dos embriões. A unidade orgânica é distinta do contato, pois neste não há necessidade de haver nada mais além do contato, enquanto em ambas as coisas que formam uma unidade orgânica há alguma coisa idêntica que produz, em lugar de mero contato, uma unidade que é orgânica, contínua e quantitativa (mas não qualitativa). Adicionalmente, *natureza* significa [d] a matéria primária – sem forma e imutável a partir de sua própria potência – *de que* consiste qualquer objeto natural[183] ou *a partir da qual* é este produzido, do que é exemplo o bronze ser chamado de *natureza* de uma estátua e de artigos de bronze, e a madeira a natureza de artigos de madeira, algo análogo ocorrendo em todos os demais casos, pois quando um artigo é feito dessas *naturezas* a matéria primária é preservada de maneira persistente. É neste sentido que as pessoas chamam de *natureza* os elementos dos objetos naturais, alguns indicando ser ela o fogo, outros a terra, o ar ou a água, e outros [indicando ser] alguma coisa semelhante, enquanto outros [indicam ser ela] alguns desses, e outros todos eles; ademais, a natureza significa [e] a substância dos objetos naturais, como nas palavras dos que dizem que a natureza é a *composição* primária de uma coisa, ou como declara Empédocles:

Não há natureza de nada que existe,
Mas apenas combinação e separação do que foi combinado.
Natureza não passa de um nome dado a estas pelos homens.

Consequentemente, com relação a coisas que *são* ou são geradas (vêm a ser) pela natureza, embora aquilo de que naturalmente são geradas (vêm a ser) ou *são* já esteja presente, dizemos que não têm ainda sua natureza, a menos que tenham a forma e a aparência.[184] Aquilo que contém ambas

182. ...φύσις... (*phýsis*).

183. Para W. D. Ross é *não natural.*

184. ...τὸ εἶδος καὶ τὴν μορφήν... (*tò eîdos kaì tèn morphén*).

existe *por* natureza, do que são exemplos os seres vivos e suas partes. E a natureza é *tanto* a matéria primária (em dois sentidos: primária relativamente à coisa ou primária em geral; por exemplo, no caso de produtos de bronze, é o bronze a matéria primária relativamente a esses produtos, ao passo que, em geral, seja talvez a água, quer dizer, se todas as coisas dissolvíveis forem água), *quanto* a forma ou substância, isto é, o fim do processo de geração. Na verdade, em função desse sentido de *natureza*, por uma extensão do significado, toda substância em geral é chamada de *natureza,* porque a natureza de qualquer coisa é um tipo de substância.

Do que foi dito, conclui-se então que *natureza* no sentido primordial e estrito é a substância das coisas que encerram em si mesmas, como tais, um princípio de movimento; de fato, a matéria é chamada de *natureza* devido à sua capacidade de receber a natureza; e os processos de geração e crescimento são chamados de *natureza* porque são movimentos originados da natureza. E natureza neste sentido é a fonte de movimento nos objetos naturais, o qual é, de algum modo, a eles inerente, ou em potência ou em ato.

5

Necessário[185] significa [a] aquilo sem o que, como condição concomitante, a vida é impossível, por exemplo, a respiração e o alimento são *necessários* ao ser vivo, pois este é incapaz de viver sem eles; [b] [são necessárias] as condições sem as quais o bem não pode ser ou vir a ser, ou sem as quais não podemos nos livrar ou nos manter livres do mal, por exemplo ingerir remédio é *necessário* para nos curarmos da doença, e navegar para Egina é necessário para recuperar o próprio dinheiro; [c] o coercitivo e a coerção, ou seja, aquilo que impede e barra, contrariando o impulso e o propósito. Com efeito, o coercitivo é chamado de *necessário*, o que torna o necessário penoso, tal como diz Eveno:[186]

Pois toda coisa necessária é sempre aflitiva.

E a coerção é um tipo de necessidade, como declara Sófocles:

A coerção leva-me a fazer isso necessariamente.[187]

---

185. ...ἀναγκαῖον... (*anankaîon*).

186. Eveno de Paros, poeta e sofista que floresceu na mesma época de Sócrates.

187. Citação (não inteiramente textual) da peça *Eletra*, 256.

E a necessidade[188] é tida, acertadamente, como algo inexorável, uma vez que contraria o movimento, o qual se harmoniza com o propósito e o cálculo.[189]

[d] Também aquilo que não é possível ser de outra maneira dizemos ser *necessariamente* assim. E deste sentido de necessário, de algum modo, todos os demais derivam; com efeito, o termo *coercitivo* é empregado de alguma coisa que é necessário alguém fazer ou sofrer somente quando não é possível agir de acordo com o impulso devido à coerção, o que demonstra que a necessidade é aquilo devido ao que é impossível que uma coisa seja de outra maneira. Algo idêntico é verdadeiro no que toca às condições concomitantes da vida e do bem; com efeito, quando num dos casos, o bem, e no outro caso, a vida e o ser não são possíveis na falta de determinadas condições, estas são *necessárias*, e essa causa é um tipo de necessidade. [e] Ademais, a demonstração é uma coisa *necessária* porque *uma coisa*[190] não pode ser de outra maneira se a demonstração tiver sido em sentido absoluto; e as causas desta necessidade são as primeiras premissas, ou seja, o fato de que as proposições das quais depende o silogismo não podem ser de outra forma.

Assim, no tocante às coisas necessárias, para algumas há uma causa externa de sua necessidade, enquanto para outras tal causa inexiste; é, entretanto, através delas que outras coisas são necessariamente o que são. Por conseguinte, o *necessário* no sentido primordial e estrito é o *simples*, uma vez que ele não pode ser em mais do que uma condição – não pode ser em um estado *e* em um outro, pois se fosse assim estaria admitindo ser em mais de uma condição. Portanto, se há certas coisas eternas e imutáveis, nelas nada há que seja coercitivo ou contrário à sua natureza.

6

O TERMO *um* aplica-se [a] ao que é uno por acidente e ao que é uno por sua própria natureza. Exemplos do que é uno por acidente são *Corisco* e o *instruído*, bem como *Corisco instruído*, já que é o mesmo dizer *Corisco* e

---

188. ...ἀνάγκη... (*anánke*).

189. ...λογισμόν. ... (*logismón*), ou razão, raciocínio, reflexão. O que Aristóteles quer dizer é que a *necessidade* é estática e imutável, não estando submetida nem ao movimento (ao qual se opõe), nem, consequentemente, à faculdade de raciocinar e à faculdade de deliberar (a qual implica a liberdade).

190. ... *a conclusão*... (W. D. Ross).

o *instruído* e *Corisco instruído*, e o instruído e o justo, e Corisco instruído justo. Com efeito, todos esses termos referem-se por acidente a uma coisa: justo e instruído porque são acidentais relativamente a uma substância; e instruído e Corisco porque um é acidental relativamente ao outro. Analogamente, num certo sentido Corisco instruído é o mesmo que Corisco porque uma parte da expressão é acidental relativamente a outra, digamos instruído relativamente a Corisco; [analogamente] Corisco instruído é o mesmo que Corisco justo pelo fato de uma parte de cada expressão ser um acidente de uma e mesma coisa. Ocorre algo idêntico inclusive se o acidente for aplicado a um gênero ou a um termo universal – exemplo: homem e homem instruído são o mesmo, ou porque instruído é um acidente de homem (que é uma substância), ou porque ambos são acidentes de algum indivíduo, por exemplo Corisco. Mas não pertencem a ele do mesmo modo, visto que um lhe pertence presumivelmente como *gênero* na substância, enquanto o outro como *estado* ou *paixão* da substância. Portanto, as coisas chamadas de *unas* por acidente assim o são.

Quanto às coisas que são chamadas de *unas* em si mesmas,[191] diz-se que algumas o são em função de sua continuidade, do que é exemplo um feixe que, apresentando continuidade graças ao laço [que o ata], é tornado *um*, e pedaços de madeira, que graças à cola, tornam-se *um*. E uma linha, mesmo se curva, é classificada como una se for contínua, tal como cada um dos membros, digamos a perna ou o braço. E destas próprias coisas, as que são naturalmente contínuas são *unas* num sentido mais verdadeiro do que as que são artificialmente contínuas. *Contínuo*[192] significa aquilo cujo movimento é essencialmente uno, não sendo possível que seja de outra maneira; quanto ao movimento, é uno quando não é passível de divisão, ou seja, é indivisível no tempo. As coisas essencialmente contínuas são as que são *unas* não apenas por contato; de fato se colocares pedaços de madeira em contato entre si, não dirás que são *um* pedaço de madeira, ou um corpo ou qualquer outra coisa contínua. E se diz que coisas que são completamente contínuas são *unas* mesmo se possuírem uma articulação,[193] embora o sejam mais as que não a possuam, do que são exemplos a canela e a coxa, que são mais verdadeiramente *unas* do que a perna, porque é possível que o movimento da perna não seja uno. Acresça-se que a linha reta é mais verdadeiramente una do que a linha curva. Clas-

191. Isto é, em virtude de sua própria natureza.

192. ...σύνεχες... (*súnekhes*).

193. Com o que podem ser dobradas ou curvadas.

sificamos a linha curva e que contém um ângulo como tanto una quanto não una, na medida em que pode ou não pode mover-se simultaneamente. A linha reta, contudo, sempre se move simultaneamente e nenhuma porção de si que detenha grandeza está em repouso enquanto uma outra se move, como sucede com a linha curva.

[b] Um outro sentido de *um* é o que indica a uniformidade do substrato do prisma da forma. Coisas uniformes são aquelas cuja forma é indistinguível à sensação; quanto ao substrato, é ou o que é primário, ou o que é final relativamente ao fim. Com efeito, diz-se ser o vinho uno e a água una, na medida em que são indistinguíveis do ponto de vista da forma. Também se afirma serem todos os líquidos[194] *unos* (do que são exemplos o azeite e o vinho) e as coisas dissolvíveis, porque o substrato final de todas essas coisas é idêntico, uma vez que todas elas são água ou ar.

[c] Diz-se das coisas que são *unas* quando seu gênero é uno, mas distinguem-se nas suas diferenças opostas. Adicionalmente, diz-se de todas estas coisas que são *unas* porque o gênero (que é o substrato das diferenças) é uno (por exemplo, *cavalo*, *homem* e *cão* são, num certo sentido, *unos [um]* visto que todos [os três] são seres vivos) – isso de um modo bastante semelhante àquele no qual a matéria é una. Por vezes, diz-se que essas coisas são unas nesse sentido, ao passo que em certas ocasiões afirma-se que o gênero superior delas é uno e o mesmo (se forem espécies finais de seu gênero) – o gênero acima do gênero imediato, por exemplo, os triângulos isósceles e equilátero são uma e mesma *figura* por serem ambos triângulos. Mas não são os mesmos triângulos.

[d] Também são [duas] coisas chamadas de *unas* quando a definição que indica a essência de uma não é passível de ser distinguida de uma definição que explicite a [essência] da outra, isto embora toda definição em si mesma seja distinguível. A consequência disso é aquilo que aumenta e diminui ser uno porque sua definição é una, tal como no que se refere aos planos, a definição da forma é una. E, em geral, são unas no mais verdadeiro dos sentidos aquelas coisas, cujo conceito (o qual concebe a essência) é indistinguível e inseparável seja no tempo, no espaço ou na definição; e destas as que são substâncias são unas o mais verdadeiramente que todas, pois em geral as coisas que não admitem distinção são unas na medida em que não a admitem. Por exemplo, se homem como homem não admite distinção, é *um* homem; se não a admite como ser vivo, é *um* ser vivo; se não a admite como grandeza, é *uma* grandeza.

---

194. ...κυμοί... (*kymoí*), literalmente *sucos*.

Ora, a maioria das coisas, portanto, são chamadas de *unas* porque produzem alguma outra coisa una, ou a possuem, ou sofrem a ação dela, ou estão relacionadas a ela. Entretanto, algumas [coisas] que são chamadas de *unas* num sentido primordial são aquelas cuja substância é *una* e una ou em continuidade, ou em forma ou em definição, pois computamos como mais de uma, coisas que não apresentam continuidade, ou cuja forma não é una, ou cuja definição não é *una*.

[e] Ademais, num certo sentido chamamos qualquer coisa de una desde que apresente quantidade e continuidade, e num outro sentido dizemos que não é *una* a menos que seja um *todo* de alguma espécie, isto é, a menos que seja una na forma; se observarmos, por exemplo, as partes de um calçado serem combinadas *de qualquer maneira*, não diremos que são unas – exceto por conta de sua continuidade. Serão, somente, quando combinadas para ser um calçado, e quando já possuírem alguma forma. Assim, de todas as linhas, a circunferência que constitui um círculo é a mais verdadeiramente una, porque é integral e completa.

A essência do uno é ser uma espécie de ponto de partida do número; com efeito, a primeira medida é um ponto de partida, porque o nosso instrumento inicial de obtenção de conhecimento de uma coisa é a primeira medida de cada classe de objetos; *o uno*, então, é o ponto de partida do que é cognoscível no tocante a cada coisa particular. A unidade, porém, não é a mesma em todas as classes, uma vez que numa é o quarto de intervalo, ao passo que numa outra é a vogal ou a consoante. E há uma outra unidade para a gravidade e uma outra para o movimento. Mas em todos os casos a unidade é indivisível, seja do ponto de vista da quantidade, seja daquele da espécie (isto é, *formalmente*). Deste modo, aquilo que é quantitativamente, e enquanto quantitativo totalmente indivisível, e é destituído de posição, é chamado de *unidade*; e aquilo que é totalmente indivisível e tem posição é chamado de *ponto*; aquilo que é divisível *simplesmente*,[195] de linha, duplamente,[196] de *plano*, e o que é quantitativamente divisível triplamente[197] de *corpo*. E, invertendo-se a ordem, aquilo que é divisível duplamente é

195. ...μοναχῇ... (*monakhêi*). Bekker sugere *em um sentido*; W. D. Ross sugere e traduz *em uma dimensão.*

196. ...διχῇ... (*dikhêi*). Bekker: *em dois sentidos*; Ross: *em duas [dimensões].*

197. ...τριχῇ... (*trikhêi*). Bekker: *em todos* os *três sentidos*; Ross: *em todas, isto é, em três dimensões.*

um plano, divisível simplesmente uma linha, enquanto aquilo que não é, de modo algum, quantitativamente divisível é um ponto ou uma unidade: não tendo posição, uma unidade e a tendo, um ponto.

Por conseguinte, algumas coisas são unas numericamente, outras do ponto de vista da espécie, outras do ponto de vista do gênero, outras por analogia; o são numericamente aquelas cuja matéria é una, [o são] em espécie aquelas cuja definição é una, em gênero as que pertencem à mesma categoria, e por analogia [o são] as que se relacionam do mesmo modo que alguma coisa mais [relaciona-se] com alguma terceira coisa. Estes últimos tipos de unidade estão sempre contidos nos primeiros, por exemplo todas as coisas que são numericamente unas também o são do ponto de vista da espécie, embora nem todas que sejam unas do ponto de vista da espécie o sejam numericamente; ademais, todas as que são unas na espécie são unas no gênero, mas nem todas que são unas no gênero o são na espécie, ainda que sejam unas por analogia; e que se acresça que nem todas que são unas por analogia o são do ponto de vista do gênero.

É evidente que *muitos* terá os significados opostos a *um*.[198] Algumas coisas são chamadas de *muitas* (múltiplas) porque não são contínuas, outras porque sua matéria, primária ou final, é divisível do ponto de vista da espécie, outras porque as definições que indicam sua essência são mais do que uma.

7

O *ser*[199] significa [a] o ser acidental, [b] o ser por si mesmo (ou seja, por sua própria natureza).

No caso de [a] dizemos, por exemplo, que a pessoa justa *é* instruída, e que o homem *é* instruído, e que a pessoa instruída *é* um homem, tal como dizemos que a pessoa instruída constrói porque acontece de o construtor ser instruído, ou acontece de a pessoa instruída ser um construtor; de fato, neste sentido "uma coisa é uma outra coisa" significa "uma é um acidente da outra". É o que ocorre com os exemplos dados, pois quando dizemos que "o homem é instruído" e "a pessoa instruída é um homem", ou "o branco é instruído", ou "o instruído é branco", nos últimos dois casos é porque ambos

198. Oposição entre a multiplicidade e a unidade.

199. ...τὸ ὄν... (*tò ón*). On é o neutro de ὤν (*ón*), particípio presente do verbo εἰμί (*eimí*), ser.

os predicados são acidentes do mesmo sujeito, enquanto no primeiro caso é porque o predicado é acidental ao que *é*. E dizemos que "a pessoa instruída é um homem" porque a "pessoa instruída" é um acidente de "um homem". Analogamente, diz-se que o não branco *é*, porque aquilo de que ele é um acidente, *é*. São estes, portanto, os sentidos nos quais se diz que as coisas *são* acidentalmente: ou porque ambos os predicados se aplicam ao mesmo sujeito, que *é*, ou porque o predicado se aplica ao sujeito, que *é*, ou porque o próprio sujeito, ao qual pertence aquilo do que ele próprio é predicado, *é*.

No caso de [b], seus sentidos são aqueles indicados pelas figuras de predicação,[200] uma vez que o *ser* tem tantos sentidos quantas são essas figuras. Ora, considerando que alguns predicados indicam o que uma coisa é; outros sua qualidade, outros sua quantidade, outros sua relação; outros sua atividade (ação) ou passividade (paixão), outros seu lugar; outros seu tempo, a cada um destes corresponde um sentido de *ser*. [Desta perspectiva] não há diferença entre "o homem está se recuperando" e "o homem recupera-se"; ou entre "o homem está caminhando" ou "cortando" e "o homem caminha" ou "corta", coisa análoga sendo aplicável aos demais casos.

[c] Além disso, *ser* e *é* significam que uma coisa é verdadeira, e *não ser* que é falsa. De modo semelhante, na afirmação e negação – por exemplo, em "Sócrates é instruído", *é* significa que isso é verdadeiro; ou em "Sócrates é não branco", significa que isso é verdadeiro. Mas em "a diagonal não é comensurável", *não é* significa que o enunciado é falso.

[d] Ademais, *ser* [e *é*] significam que alguns desses enunciados que mencionamos podem ser emitidos em virtude de uma potência, ao passo que outros podem ser emitidos em virtude de um ato. Com efeito, dizemos que tanto o que vê potencialmente quanto o que vê em ato *é* "uma coisa que vê"; de maneira idêntica, dizemos que tanto o que é *capaz* de utilizar o *entendimento* quanto o que efetivamente o utiliza *entende*; por outro lado, dizemos que está em repouso tanto aquilo em que o repouso já está presente quanto aquilo que é capaz de repouso. Do mesmo modo, no que tange às substâncias, já que dizemos que Hermes está na pedra e que a metade da linha está no todo. E dizemos que é trigo o que não está ainda maduro. Entretanto, a questão de se uma coisa é potencialmente existente ou não deve ser esclarecida em outro lugar.[201]

200. Ou seja, as *categorias*. Ver *Categorias* (primeiro tratado do *Órganon* – presente em Clássicos Edipro), p. 41-2, IV, 25-2a1.

201. Livro IX, Capítulo 9.

8

Substância[202] significa [a] os corpos simples, do que são exemplo a terra, o fogo, a água e similares; e, em geral, os corpos e as coisas deles compostas, animais e divinas, incluindo as partes destes. Todas essas coisas são chamadas de substâncias porque não são predicadas de nenhum sujeito, embora tudo o mais seja predicado delas.

[b] Aquilo que, estando presente em tais coisas, que não são predicadas de um sujeito, é a causa de seu ser, como, por exemplo, no animal a alma é a causa de seu ser.

[c] Todas as partes presentes nas coisas que são definidoras e indicadoras de sua individualidade, e cuja supressão acarreta a supressão do todo, como, por exemplo, segundo alguns, o plano[203] suprimiria o corpo e a linha o plano. Alguns pensam que o número em geral também seja dessa natureza, sob o fundamento de que se ele fosse suprimido nada existiria, sendo ele o que determina tudo.[204]

[d] A essência, cuja fórmula é a definição, também é chamada de substância de cada coisa particular.

Conclui-se, então, que *substância* apresenta [fundamentalmente] dois sentidos: (1) o substrato (sujeito) final, que não é mais predicado de nenhuma outra coisa mais, e (2) tudo o que possua uma existência individual e independente.[205] A aparência ou a forma de cada coisa particular possui esta natureza.

9

Mesmo[206] significa [a] o que é acidentalmente o mesmo, por exemplo *branco* e *instruído* são o mesmo porque são acidentes do mesmo sujeito;[207] [por outro lado,] *homem* é o mesmo que *instruído* visto que um é acidente do

202. ...οὐσία... (*ousía*).

203. Superfície.

204. Posição principalmente sustentada pelos pitagóricos.

205. Ou, contemplando uma certa literalidade, que aqui incorpora maior peso ontológico: *aquilo que é um* isso *e dissociável.*

206. ...ταῦτα... (*taûta*).

207. Ou melhor, são acidentes de um sujeito que lhes é comum.

outro, ao passo que *instruído* é o mesmo que *homem* porque é um acidente de *homem*; e [o composto] *homem instruído* é o mesmo que cada um dos termos [simples] *instruído* e *homem* – e *vice-versa*, uma vez que tanto *homem* quanto *instruído* é empregado do mesmo modo como *homem instruído*, e este último do mesmo modo do primeiro. O resultado é nenhuma dessas predicações poder ser feita universalmente, já que não é verdadeiro dizer que *todo* homem é o mesmo que "instruído" – isto porque, se predicações universais são essenciais às coisas, as predicações acidentais não o são, sendo feitas não qualificadamente (numa aplicação simples) relativamente aos indivíduos somente. Supõe-se que *Sócrates* e *Sócrates instruído* são o mesmo; entretanto, Sócrates não é a designação de uma classe,[208] de modo que não dizemos *todo Sócrates* como dizemos *todo homem*.

Diz-se que algumas coisas são *as mesmas* nesse sentido, mas também que outras o são num sentido essencial [b], na idêntica quantidade de sentidos em que o *um* (o uno) é essencialmente um, pois se diz que coisas cuja matéria é una dos pontos de vista da espécie e do número e coisas cuja substância é una são as mesmas. Assim, a *identidade*[209] é claramente uma unidade no *ser*, de duas ou mais coisas, ou de uma coisa tratada como mais de uma, do que é exemplo quando dizemos que uma coisa é *idêntica* a si mesma, já que a tratamos como duas.

As coisas são chamadas de *outras*[210] se sua forma, matéria ou definição de essência for mais de uma. Em geral *outro* é empregado nos sentidos que se opõem a *mesmo*.

São chamadas de coisas *diferentes*[211] [a] aquelas que, embora num sentido sejam as mesmas, são *outras* não só numericamente, como também do prisma da espécie, do gênero, ou por analogia; [b] aquelas cujo gênero não é idêntico (mas *outro*), e os contrários, e todas as coisas que têm sua *alteridade* em sua substância.

Diz-se que as coisas *semelhantes*[212] são [a] as que têm os mesmos atributos em todos os aspectos, [b] as que têm mais atributos idênticos do que diferentes e [c] aquelas cuja qualidade é una. Também [d] aquela [coisa]

---

208. Ou: *...não é predicável de mais de um sujeito.*

209. ...ταυτότης... (*tautótes*).

210. ...ἕτερα... (*hétera*).

211. ...διάφορα... (*diáphora*).

212. ...ὅμοια... (*hómoia*).

que compartilha com uma outra coisa o maior número de atributos ou os mais importantes atributos (sendo cada um deles um de dois contrários) do ponto de vista da capacidade de mudança [das coisas] é *semelhante* àquela outra coisa. Emprega-se *dessemelhante*[213] nos sentidos opostos a *semelhante*.

10

DAMOS O NOME DE *oposto*[214] aos [a] contraditórios, aos [b] contrários, aos [c] termos relativos, à [d] privação, ao [e] estado[215] e aos [f] extremos, como no processo de geração e corrupção. E são chamadas de opostas [g] as coisas que não podem estar presentes simultaneamente naquilo que é receptivo a ambas – elas próprias ou seus constituintes. *Cinza* e *branco* não se aplicam simultaneamente à mesma coisa, de modo que seus constituintes são opostos.

Chamamos de *contrários*[216] [a] os atributos diferentes no gênero que não são aplicáveis simultaneamente à mesma coisa; [b] os atributos mais diferentes no mesmo gênero; [c] os atributos mais diferentes no mesmo material receptivo; [d] os mais diferentes atributos que se enquadram na mesma capacidade; [e] as coisas cuja diferença é maior absolutamente, do ponto de vista do gênero ou daquele da espécie. As outras coisas chamadas de *contrárias* o são ou porque possuem atributos do tipo mencionado anteriormente, ou porque são receptivas a eles, ou porque são produtivas deles ou suscetíveis a eles, ou realmente os produzem ou estão submetidas a eles (sofrem sua ação), ou são rejeições ou aquisições, ou posses ou privações deles, ou seja, de tais atributos. Posto que *um* e *ser* têm vários significados, todos os demais termos empregados em relação a *um* e *ser* necessariamente variam (quanto ao significado) paralelamente a eles – variação na qual se enquadram, portanto, *mesmo*, *outro* e *contrário*, de modo a apresentarem um significado independente e distinto de acordo com cada categoria.

As coisas são chamadas de *outras* do ponto de vista da espécie [a] se pertencerem ao mesmo gênero e não forem subordinadas entre si; [b] as que estão no mesmo gênero e apresentam uma diferença; ou [c] as que apresen-

213. ...ἀνόμοια... (*anómoia*).

214. ...ἀτικείμενα... (*antikeímena*).

215. Ou *posse*.

216. ...ἐναντία... (*enantía*).

tam uma contrariedade em sua substância. Que se acrescente que [d] contrários (todos eles ou os que são assim chamados num sentido primário) são *outros do ponto de vista da espécie* entre si; e assim são [e] todas as coisas cujas fórmulas diferem na espécie final do gênero (por exemplo, *homem* e *cavalo* são indivisíveis do ponto de vista do gênero, mas suas fórmulas são diferentes); e [f] atributos da mesma substância que encerram uma diferença. O *mesmo do ponto de vista da espécie* apresenta os significados opostos a esses.

11

CHAMA-SE *anterior e posterior*[217] com respeito às coisas, em alguns casos (na hipótese de que haja em cada gênero alguma coisa primária ou ponto de partida) [num primeiro sentido]: [a] àquilo que está mais próximo de algum ponto de partida, que seja determinado ou absoluta e naturalmente, ou relativamente,[218] ou localmente, ou mediante alguma ação [humana]. Por exemplo, as coisas são *anteriores* no espaço por estarem mais próximas ou de algum lugar naturalmente determinado – tal como o meio ou o extremo – ou de algum objeto fortuito; e aquilo que é mais distante é *posterior*. Outras coisas [b] são anteriores ou posteriores no tempo. Algumas coisas são anteriores por estarem distantes do presente, como no caso de acontecimentos passados (de fato, a guerra de Troia é anterior à guerra contra os persas, por estar mais distante do presente); algumas outras coisas por estarem mais próximas do presente, como no caso dos acontecimentos futuros (com efeito, os jogos de Nemeia são anteriores aos jogos pítios, por estarem mais próximos do presente, considerado este como primeiro e ponto de partida). Outras coisas [c] são anteriores no movimento (de fato, aquilo que está mais próximo do primeiro motor é anterior – por exemplo, o menino é anterior ao homem). Isso[219] é também um ponto de partida num sentido absoluto. Outras [coisas] são [d] anteriores em potência, uma vez que aquilo que é superior em potência, ou seja, o mais potente, é anterior; é aquilo de acordo com cuja deliberação o outro, isto é, o posterior, tem que dar sequência, de maneira que, dependendo do primeiro (anterior) mover ou não mover, o

217. ...πρότερα καὶ ὕστερα... (*prótera kaì hýstera*).

218. Ou seja, tomando-se alguma coisa por referência.

219. Isto é, o primeiro motor.

segundo (posterior) é ou não é movido. [Neste caso] a vontade é um ponto de partida. [e] Outras coisas são anteriores no que respeita à ordem, sendo elas sistematicamente ordenadas em relação a algum determinado objeto, de acordo com certa regra. Por exemplo, aquele que está próximo ao líder do coro é anterior àquele que é o seguinte, porém o segundo,[220] e a sétima corda é anterior à oitava:[221] com efeito, num caso o líder do coro é o ponto de partida, ao passo que no outro o ponto de partida é a corda mediana.

Nesses exemplos, *anterior* tem esse sentido. Mas num outro sentido [segundo sentido] aquilo que é anterior (referindo-se ao conhecimento) é tratado como absolutamente anterior. E das coisas que são anteriores neste sentido, as coisas que são anteriores quanto à fórmula são diferentes das que são anteriores quanto à percepção. Os universais são anteriores na fórmula, mas são os particulares que o são na percepção. E na fórmula o atributo também é anterior ao todo concreto; por exemplo, *instruído* a *homem instruído*, pois a fórmula não será um todo sem o concurso da parte. E não obstante isso, não é possível conceber a existência de *instruído* independentemente de alguma pessoa instruída.

Ademais, [num terceiro sentido] atributos de sujeitos anteriores são chamados de *anteriores*: por exemplo, a qualidade de reto é anterior à lisura, porque a primeira é um atributo da linha em si mesma, enquanto a segunda o é da superfície.

Algumas coisas, portanto, são classificadas como anteriores e posteriores nesse [terceiro] sentido, mas outras [num quarto sentido] o são em virtude de sua natureza e substância, a saber, todas as coisas cuja existência é possível independentemente de outras coisas, ao passo que as outras coisas não podem existir sem elas. Platão empregou esta distinção. Considerando-se que *ser* tem vários significados, o substrato – e, portanto a substância – é anterior. [Deve-se observar que] a anterioridade em potência é distinta daquela em ato. Algumas coisas são anteriores em potência, outras em ato. Por exemplo, a semilinha em potência é anterior à linha inteira, ou [em geral] a parte é anterior ao todo, ou a matéria é anterior à substância; mas em ato são poste-

220. *O segundo membro do coro é anterior ao terceiro.*

221. *A segunda corda mais inferior é anterior a mais inferior.* Aristóteles tem em mente um instrumento musical de oito cordas, embora logo na sequência mencione a *corda mediana*, que só pode existir num instrumento de número ímpar de cordas, como a lira, que tem sete cordas.

riores, pois é somente quando o todo for dissolvido que existirão em ato. Na verdade, num certo sentido, todas as coisas que são chamadas de anteriores e posteriores assim o são de acordo com esse quarto sentido, pois algumas coisas podem existir independentemente de outras na geração (por exemplo, o todo sem as partes), e outras na dissolução (corrupção) (por exemplo, as partes sem o todo), algo semelhante ocorrendo com os outros exemplos.

12

Potência[222] significa [a] o princípio do movimento ou da mudança existente em alguma coisa distinta da coisa mudada, ou nela enquanto outra. Por exemplo, a arte da construção é uma potência que está ausente na coisa construída. Mas a arte da medicina, a qual é uma potência, pode estar presente no paciente, ainda que não enquanto paciente. Desta maneira, [entende-se que] potência significa o princípio em geral da mudança ou movimento numa outra coisa, ou na mesma coisa enquanto outra; ou o princípio do ser de uma coisa movida ou transformada por uma outra coisa, ou por si mesma enquanto outra (pois, em função do princípio através do qual a coisa passiva é afetada de qualquer modo, nós a classificamos como capaz de ser afetada – às vezes se é efetivamente afetada e, às vezes, não relativamente a qualquer paixão, mas somente se é transformada para o melhor). [b] O poder de executar isso bem, ou em conformidade com a intenção, isto porque às vezes afirmamos que aqueles capazes meramente de caminhar, ou de falar, sem, entretanto, realizá-lo tão bem quanto tencionavam, *não são capazes* de falar ou caminhar. O mesmo é aplicável à passividade. [c] Todos os estados em virtude dos quais as coisas são geralmente não afetadas ou imutáveis, ou não facilmente deterioráveis, são denominados *potências*; de fato, as coisas são fragmentadas, desgastadas, esmagadas e em geral destruídas não através da potência, mas através de sua ausência e de deficiências de algum tipo; e as coisas não deixam de ser afetadas por esses processos, sendo escassa e superficialmente afetadas por eles por terem uma potência, em razão de serem potentes e encontrarem-se em algum estado positivo.

Visto que *potência* apresenta todos esses significados, *potente* significará: [a] aquilo que contém um princípio de movimento ou mudança (posto que

222. ...δύναμις... (*dýnamis*).

mesmo o que é estático[223] é, num certo sentido, potente) que ocorre numa outra coisa, ou em si mesma *enquanto* outra; [b] aquilo sobre o que alguma coisa mais possui uma tal potência; [c] aquilo que tem a potência de transformar as coisas[224] para melhor ou para pior (com efeito, pensa-se que inclusive o que perece é potente para perecer, pois não teria perecido se não fosse potente para isso; de fato, possui uma certa disposição, causa ou princípio que lhe confere aptidão para essa paixão. Às vezes, pensa-se que é assim porque contém alguma coisa, às vezes porque é *destituído* de alguma coisa. Mas se a privação é, num certo sentido, um *estado* ou um *hábito* tudo será potente através de *ter* alguma coisa, de sorte que uma coisa é *potente* em função de ter um certo *hábito* ou princípio, e também em virtude de *ter a privação* desse hábito, se é que é possível *ter privação*; e se a privação não é, num certo sentido, *hábito*, o termo *potente* é equívoco).

[d] Uma coisa é *potente* se nem qualquer outra coisa nem ela mesma *enquanto* outra contêm uma potência ou princípio que a aniquila. [e] Todas essas coisas são potentes ou porque apresentariam meramente a possibilidade eventual de acontecer ou não acontecer, ou porque teriam a possibilidade efetiva de se realizarem bem. Esse tipo de potência é encontrado mesmo em coisas inanimadas, do que são exemplos os instrumentos [musicais] – realmente dizem que uma lira *pode* ser tocada, enquanto uma outra não o *pode*, de modo algum, se não estiver bem afinada.

Impotência[225] é privação de potência, ou seja, a supressão do princípio que foi descrito – ou em geral ou em alguma coisa que teria naturalmente tal princípio [determinante da potência], ou inclusive num tempo em que naturalmente já o tivesse, assim os sentidos em que diríamos serem *impotentes*[226] um menino, um homem[227] e um eunuco. Adicionalmente, para cada tipo de potência há uma impotência correspondente – tanto para aquilo que se limita a *poder* produzir movimento quanto para aquilo que pode produzi-lo com êxito.

Diz-se de certas coisas que são *impotentes* nesse sentido de impotência. Entretanto, outras são chamadas de impotentes num sentido distinto, no-

---

223. *Aquilo que pode conduzir as coisas ao repouso.*

224. O texto de Ross possui conteúdo diferenciado: *aquilo que possui uma potência de transformar em alguma coisa.*

225. ...ἀδυναμία... (*adynamía*).

226. O que é destacado aqui é a incapacidade de *gerar,* decorrente da incapacidade de ter relações sexuais.

227. ...ἄνδρα... (*ándra*).

meadamente possível e impossível.[228] *Impossível* significa aquilo cujo contrário é necessariamente verdadeiro, por exemplo é *impossível* que a diagonal de um quadrado seja comensurável com os lados, uma vez que esta afirmação é uma falsidade cujo contrário não só é verdadeiro como *necessário*. Daí essa comensurabilidade ser não somente uma falsidade, como também *necessariamente* uma falsidade. Quanto ao contrário do impossível, ou seja, o *possível*, é encontrado quando o contrário não é necessariamente uma falsidade, por exemplo é *possível* que um homem esteja sentado, uma vez que não é necessariamente uma falsidade não estar ele sentado. *Possível*, portanto, significa em um sentido, como indicamos, (1) aquilo que não é necessariamente uma falsidade, num outro sentido (2) aquilo que é verdadeiro, e num outro (3) aquilo que tem a possibilidade de ser verdadeiro.

Diz-se *potência* em geometria por extensão de sentido.

Esses sentidos de *possível* não implicam correspondência alguma com potência. Mas os sentidos que implicam uma correspondência com potência referem-se todos ao primeiro significado, ou seja, "um princípio de transformação que existe em alguma coisa distinta daquela na qual ocorre a transformação, ou na mesma coisa *enquanto* outra". Quanto a outras coisas, diz-se de algumas que são potentes porque alguma coisa mais exerce uma tal potência sobre elas, de outras porque essa alguma coisa não a exerce, outras porque a exerce de um modo particular. O termo *impotente* é empregado analogamente. A conclusão é que a definição dominante de *potência* no sentido primário será "um princípio que produz mudança em alguma coisa distinta daquela na qual ocorre a mudança, ou na mesma coisa *enquanto* outra".

13

Quantidade[229] significa aquilo que é divisível em partes constituintes, cada qual sendo, por natureza, alguma coisa individual. Deste modo, a pluralidade, se numericamente calculável, é um tipo de quantidade, o mesmo ocorrendo com a grandeza, se mensurável. *Pluralidade*[230] significa o poten-

---

228. ...δύνατον καὶ ἀδύνατον... (*dýnaton kaì adýnaton*).

229. ...πόσον... (*póson*).

230. ...πλῆτος... (*plêtos*).

cialmente divisível em partes não contínuas, ao passo que *grandeza,*[231] o potencialmente divisível em partes contínuas. Quanto à grandeza, aquilo que é contínuo em uma direção é o comprimento, o que o é em duas, a largura, e o que é contínuo em três direções é a profundidade. Em relação a estas, a pluralidade limitada é um número, o comprimento limitado é uma linha; a largura, uma superfície; a profundidade, um corpo.[232]

Além disso, enquanto algumas coisas são essencialmente quantitativas, outras o são apenas acidentalmente. Por exemplo, a *linha* é essencialmente quantitativa, mas *instruído* é quantitativo apenas acidentalmente. Da primeira classe,[233] algumas são quantitativas em função de sua substância, do que é exemplo a linha (uma vez que a fórmula que a descreve é, de algum modo, quantitativa), outras são modificações e estados de uma substância desse tipo. À guisa de exemplos, temos *muito* e *pouco, longo* e *curto, largo* e *estreito, profundo* e *raso, pesado* e *leve* etc. Ademais, *grande* e *pequeno* e *maior* e *menor,* quer usados absolutamente ou relativamente entre si, são atributos essenciais da quantidade. Em sentido figurado, entretanto, esses termos também são aplicados a outras coisas. No tocante às coisas que são, acidentalmente quantitativas, algumas são assim chamadas no sentido em que anteriormente indicamos ser *instruído* ou *branco* quantitativo, pelo fato de o sujeito ao qual se aplicam ser quantitativo; outras no sentido em que movimento e tempo são assim chamados, pois se diz também que são, num certo sentido, quantitativos e contínuos, visto que as coisas das quais são atributos são divisíveis. Não me refiro àquilo que é movido, mas àquilo através do que, ou ao longo do que o movimento ocorreu, pois é em função disso ser quantitativo que o movimento é quantitativo. E por ser o movimento quantitativo, o tempo também é.

14

Qualidade[234] significa [a] a diferença da substância, por exemplo o ser humano é um ser vivo de uma determinada qualidade porque é bípede, e o

231. ...μέγεθος... (*mégethos*).

232. Ou seja, um sólido.

233. Quer dizer, das que são essencialmente quantitativas.

234. ...ποῖον... (*poîon*).

cavalo o é porque é quadrúpede. Por outro lado, o círculo é uma figura geométrica de uma certa qualidade porque não possui ângulos – o que demonstra que a diferença no que toca à substância é a qualidade. Este é, pois, um significado de qualidade: diferença da substância. Mas há um outro sentido [b] aplicável aos objetos imutáveis das matemáticas, quer dizer, os números têm uma certa qualidade – por exemplo, os números compostos que são representados geometricamente não por uma linha, mas por um plano ou sólido (os que são produtos respectivamente de dois e três fatores); e, em geral, [qualidade] significa aquilo que existe além da quantidade na substância [dos números], visto que a substância de cada número é o que ele é uma vez, por exemplo, a de seis (6) não é o que ele é duas ou três vezes, mas o que é uma vez, pois seis é uma vez seis.

[c] Todas as paixões[235] da substância em movimento em função das quais os corpos tornam-se diferentes quando elas se transformam, do que são exemplos o quente e o frio, a brancura e a negrura, o peso e a leveza etc. [d] O termo qualidade é empregado com referência à virtude e vício[236] e, em geral, ao bom e ao mau.

Qualidade, portanto, comporta, de modo aproximativo, dois significados, sendo um destes mais próprio do que o outro. Qualidade no sentido primordial é a diferença da substância, e a qualidade nos números enquadrando-se nesse sentido, pois constitui um tipo de diferença da substância, embora nem das coisas em movimento nem delas *enquanto* em movimento. Em segundo lugar, há as paixões[237] das coisas em movimento *enquanto* em movimento e as diferenças dos movimentos. A virtude e o vício enquadram-se entre essas paixões porque indicam diferenças do movimento ou atividade de acordo com os quais as coisas em movimento atuam ou são atuadas bem ou mal, pois aquilo que pode atuar ou ser movido de alguma maneira é bom, e aquilo que pode atuar de alguma maneira – e da maneira contrária – é mau. *Bom* e *mau* indicam qualidade especialmente com referência às coisas animadas, e entre estas, particularmente, no caso das dotadas de vontade.

---

235. ...πάθη... (*páthe*), mas entendam-se *atributos*.

236. ...ἀρετὴν καὶ κακίαν... (*aretèn kaì kakían*).

237. Entendam-se atributos ou modificações.

15

As coisas são *relativas*[238] no sentido [a] em que o *dobro* é *relativo* à *metade* e o *triplo* é relativo a *um terço*, e em geral o *muitas vezes maior* ao *muitas vezes menor* e *aquilo que ultrapassa ao que é ultrapassado*. [b] No sentido em que a coisa que aquece ou corta é *relativa* à aquecida ou cortada; e, em geral, a [relação] do ativo com o passivo. [c] No sentido em que o mensurável [é *relativo*] à medida, e o cognoscível [é *relativo*] ao conhecimento, e o sensível [é *relativo*] à sensação.

No primeiro sentido [a] diz-se que os termos relativos estão numericamente relacionados ou simplesmente[239] ou definidamente aos vários números ou ao um (1). Por exemplo, o dobro está numa relação numérica definida com o 1 [um], o que *muitas vezes* é mais notável em uma relação numérica, e não definida, com o 1 [um], ou seja, *esta* ou *aquela*; e o que é recíproco com a metade [1/2] de alguma outra coisa é uma relação numérica definida com número; a que é o *1 [um] e um bocado* de vezes alguma coisa mais está numa relação indefinida com um número recíproco, tal como *muitas vezes* é notável numa relação indefinida com o 1 [um]. A *relação* daquilo que ultrapassa com aquilo que é ultrapassado é completamente indefinida numericamente, uma vez que o número é [sempre] comensurável e não é predicado do incomensurável; por outro lado, aquilo que ultrapassa, em relação àquilo que é ultrapassado, é isto e alguma coisa a mais, e *esta alguma coisa a mais* é indefinida, pois é, indiferentemente, igual ou não igual ao que é excedido. Consequentemente, não só se diz que todas essas coisas são relativas com respeito ao número, como também o igual, o semelhante e o mesmo (idêntico), embora de modo distinto, uma vez que todos esses termos são empregados com referência à unidade. Coisas *idênticas* são aquelas cuja substância é una, *semelhantes* àquelas cuja qualidade é una, *iguais* àquelas cuja quantidade é una. Ora, o *um* é o ponto de partida e o padrão do número, de modo que todas essas relações envolvem o número, ainda que não todas da mesma maneira.

[b] Coisas ativas e passivas são chamadas de relativas em função de uma potência ativa ou passiva, ou da *atualização* das potências – por exemplo, aquilo que *pode* aquecer é considerado *relativo* àquilo que *pode*

238. ...πρός τι... (*prós ti*).

239. Entenda-se *indefinidamente*.

ser aquecido porque *pode* aquecer; por outro lado, aquilo que está aquecendo é relativo ao que está sendo aquecido, e aquilo que está cortando, àquilo que está sendo cortado, porque suas potências são *atualizadas* (são convertidas em atos). Relações numéricas, contudo, não são atualizadas (salvo no sentido descrito em outra parte); não possuem *atualizações* com respeito ao movimento. Entre as coisas potencialmente relativas, algumas adicionalmente são relativas com respeito a períodos particulares de tempo – por exemplo, aquilo que *fez* ou *fará* é relativo àquilo que *foi feito* ou *será feito*. É deste modo que um pai é chamado de pai de um filho, pois um atuou e o outro sofreu o ato de uma maneira particular. Além disso, alguns termos são relativos devido a uma privação de sua potência, do que é exemplo o termo *impossível* e todos os outros deste tipo, tais como *invisível*.

Assim, termos relativos que envolvem número e potência são todos relativos porque sua própria essência inclui [em sua natureza] uma referência a alguma coisa mais, mas não porque alguma coisa mais está relacionada à sua essência. Entretanto, [c] aquilo que é mensurável, cognoscível ou pensável é chamado de relativo, porque alguma coisa mais está relacionada à sua essência, pois o pensável implica haver dele um pensamento, mas o pensamento não é relativo àquilo de que ele é o pensamento, pois neste caso estaríamos dizendo a mesma coisa duas vezes. Analogamente, a visão é a visão de alguma coisa, não daquilo de que ela é a visão, ainda que isso decerto seja verdadeiro; de fato, é relativa a alguma cor ou a alguma outra coisa similar. Mas, conforme a outra maneira [discursiva], uma coisa idêntica seria dita duas vezes: *"é a visão daquilo que é o objeto da visão"*.

Portanto, coisas que são chamadas de relativas por sua própria natureza são assim chamadas, algumas vezes, nesses sentidos, outras vezes porque as classes que as compreendem são desse tipo. Por exemplo, a medicina é estimada como *relativa* porque se pensa que seu gênero, a ciência, é relativa. Além disso, há as propriedades em função das quais as coisas que as possuem são chamadas de relativas – por exemplo, a *igualdade* é relativa porque o igual é relativo, e a *semelhança* é relativa porque o semelhante é relativo. E outras são acidentalmente relativas – por exemplo, um ser humano é relativo porque acontece ser ele duplo de alguma coisa mais, e *duplo* é um termo relativo; ou *branco* é relativo se acontece da mesma coisa ser branca bem como dupla.

16

Completo[240] significa [a] aquilo externamente ao que é impossível encontrar mesmo uma única de suas partes, por exemplo o tempo *completo* de cada coisa é aquele fora do qual é impossível encontrar qualquer lapso de tempo que seja parte dele; [b] aquilo que, no que tange à virtude (excelência) e ao bem,[241] não pode ser superado em seu gênero – por exemplo, um médico e um flautista são completos (perfeitos) quando não apresentam deficiência ou lacuna alguma no que respeita ao seu gênero característico de excelência [na sua arte em particular]. E, deste modo, por uma extensão do significado, utilizamos a palavra em conexão com coisas más, e falamos de um *perfeito* caluniador e de um perfeito *ladrão*, posto que de fato os classificamos como "bons", isto é, um "bom" ladrão e um "bom" caluniador; [c] e a excelência é um tipo de perfeição, pois cada coisa e toda substância são completas (perfeitas) quando – e exclusivamente quando –, com respeito ao seu gênero peculiar, a excelência não carece de partícula alguma de sua magnitude particular; [d] coisas que atingiram seu fim – sendo este bom – são chamadas de *completas* (perfeitas), por terem alcançado seu fim. Em decorrência disto, visto que o fim é algo extremo, estendemos o significado da palavra para coisas más e falamos que alguma coisa está *completamente* arruinada e *completamente* destruída quando nada falta para sua destruição e para o seu mal, e haja alcançado um extremo. Esta é a razão porque se chama a morte, num sentido figurado, de o fim, porque ambos são coisas extremas. E o objeto extremo da ação também é um fim.

As coisas, portanto, que são chamadas de completas (perfeitas) em função de sua própria natureza são assim chamadas em todos esses sentidos, *quer* porque – no que diz respeito à virtude (excelência) – não apresentam qualquer deficiência ou lacuna e não podem ser superadas, e porque não é possível encontrar nenhuma de suas partes fora delas, *quer* porque, geralmente, são insuperáveis em cada classe particular e não têm nenhuma parte externamente; todas as outras coisas são assim chamadas devido a esses [dois primeiros gêneros], porque produzem ou possuem alguma coisa desse gênero, ou a ele se ajustam, ou, de uma maneira ou outra, referem-se às coisas que são completas (perfeitas) no sentido primordial.

---

240. ...τελεῖον... (*teleîon*), sentido idêntico a *perfeito*.

241. ...ἀρετὴν καὶ τὸ εὖ... (*aretèn kaì tò eû*).

17

Limite[242] significa [a] a parte mais remota de cada coisa, o primeiro ponto fora do qual não pode ser encontrada nenhuma parte de uma coisa, e o primeiro ponto dentro do qual estão contidas todas as partes; [b] qualquer forma de grandeza ou de alguma coisa dotada de grandeza; [c] o fim (extremo) de cada coisa (sendo este fim aquele *para* o qual convergem o movimento e a ação, e não o fim *de* que procedem, embora por vezes sejam ambos – tanto o fim do qual procedem quanto aquele para o qual convergem, ou seja, a causa final); [d] a substância de cada coisa, já que este é o *limite* do nosso conhecimento dela e, sendo o limite de seu conhecimento, é também o seu limite. Assim, fica evidente que *limite* não apresenta apenas tantos sentidos quanto *princípio*, mas até mesmo mais sentidos, pois o princípio é um limite, mas nem todo limite é um princípio.

18

Aquilo em função de que[243] apresenta vários significados, a saber, [a] a forma ou substância de cada coisa, por exemplo, *aquilo em função de que* um indivíduo é bom é *o próprio bem*; [b] o substrato imediato no qual é naturalmente produzida uma coisa, por exemplo a cor é produzida na superfície das coisas. Assim, *aquilo em função de que*, no sentido principal, [a] é a *forma*, e no sentido secundário é, por assim dizer, a *matéria* de cada coisa e o substrato imediato. Em geral, *aquilo em função de que* será encontrado na mesma quantidade de sentidos de *causa*, porque dizemos indiscriminadamente "Em função do que ele veio?" ou "por que razão ele veio?" e "Em função do que ele inferiu, ou inferiu erroneamente?, ou "Qual a causa de sua inferência ou inferência errônea?". Adicionalmente, [c] *aquilo em função de que* é empregado com referência à posição, por exemplo "no que ele permanece" ou "no que ele caminha"; com efeito, todas essas frases indicam lugar ou posição.

---

242. ...πέρας... (*péras*).

243. ...τὸ καθ'ὅ... (*tò kath'ho*).

Portanto, *em função de si mesmo*[244] tem que apresentar vários significados. Denota [a] a essência de cada coisa, por exemplo, Cálias é *em função de si mesmo* Cálias e a essência de Cálias. [b] Tudo que está contido na definição, por exemplo Cálias é *em função de si mesmo* um animal, porque *animal* está presente na definição, já que Cálias é um animal específico. [c] Qualquer atributo recebido diretamente por uma coisa em si mesma ou em uma de suas partes, por exemplo a superfície é branca em função de si mesma,[245] e o homem vive *em função de si mesmo* porque a alma, na qual a vida está diretamente contida, é uma parte do homem.[246] [d] Aquilo que não tem outra causa. O homem tem muitas causas, a saber, animal, bípede etc.; contudo, o homem é, *em função de si mesmo*, homem. [e] Todos os atributos que pertençam a uma coisa exclusivamente e *enquanto* exclusivamente, com o que também aquilo que tem existência independente é *em função de si mesmo.*

19

Disposição[247] significa arranjo daquilo que possui partes, ou no que se refere ao espaço, à potência ou à forma. É necessário que seja uma certa posição, como [, a propósito,] é claramente indicado pela [própria] palavra *disposição.*[248]

20

Posse[249] significa [a] uma atividade do possuidor e a coisa possuída, como no caso de uma ação ou de um movimento; com efeito, quando uma coisa

244. ...καθ'αὑτό... (*kath'hautó*).

245. De acordo com a física aristotélica. Aristóteles certamente desconhecia a conexão necessária entre a luz e a formação das cores do ponto de vista da percepção visual.

246. Ver o tratado *Da alma*.

247. ...διάθεσις... (*diáthesis*).

248. Posição é θέσις (*thésis*).

249. ...ἕξις... (*héxis*). Termo a rigor intraduzível, abrangendo também os conceitos de *estado*, *disposição* e *hábito* (mais próximo do *habitus* latino).

faz e uma outra é feita há entre elas um fazer; assim também entre alguém que possui uma roupa e a roupa que é possuída há uma *posse*. Fica claro, então, que é impossível *possuir* uma posse nesse sentido, pois teríamos uma série infinita se nos fosse possível possuir a posse do que possuímos. [b] Disposição em virtude da qual a coisa que é disposta o é bem ou mal, e ou independentemente ou relativamente a alguma coisa mais – por exemplo, a saúde é uma posse, uma vez que é uma disposição desse tipo. Ademais, [c] falamos de uma posse se houver uma parte de tal disposição e, portanto, a excelência das partes é uma posse.

21

Paixão[250] significa [a] uma qualidade em função da qual se torna possível a alteração, por exemplo entre a brancura e a negrura, a doçura e o amargor, o peso e a leveza etc. [b] as *atualizações* dessa qualidade, ou seja, as alterações já convertidas em ato. [c] Particularmente, alterações e movimentos penosos e, mais particularmente, ferimentos que produzem sofrimento. [d] Experiências vantajosas e penosas extremas são chamadas de *paixões*.[251]

22

Dizemos *privação*[252] relativamente a uma coisa [a] se esta não possui um atributo que constitui uma posse natural, ainda que a própria coisa não a possuísse naturalmente, por exemplo, dizemos que uma planta é *privada* de olhos. [b] Se não possui um atributo que ela, ou seu gênero, naturalmente possuiria – por exemplo, um homem cego não é *privado de visão* no mesmo sentido em que o é uma toupeira; esta última é *privada* de visão por conta do seu próprio gênero, enquanto o primeiro o é por conta de si mesmo.[253] [c] Se uma coisa não possui um atributo que naturalmente possuiria, e quando

250. ...πάθος... (*páthos*).

251. Ross registra, diferentemente, os opostos da dicotomia prazer/dor: *Experiências prazerosas ou dolorosas extremas são chamadas de paixões.*

252. ...στερήσις... (*sterésis*).

253. Ou seja, todas as toupeiras são natural e genericamente cegas (a rigor, possuem visão muito precária), enquanto todos os seres humanos são natural e

naturalmente o possuísse – uma vez que a cegueira é uma privação, mas um indivíduo não é cego em toda e qualquer idade, mas somente quando lhe falta a visão na idade em que naturalmente a possuiria; de maneira análoga, se falta um atributo a uma coisa no veículo, órgão [do sentido], relação e maneira na qual naturalmente [a coisa] a possuiria.[254] [d] A remoção violenta de qualquer coisa recebe o nome de privação. [e] Há tantos sentidos de privação quanto há sentidos de negação mediante o prefixo negativo;[255] com efeito, chamamos alguma coisa de *des*igual porque não possui igualdade (embora naturalmente a possuísse); e *in*visível ou porque não possui, de modo algum, cor ou porque apenas possui uma cor desbotada; e *sem* pés[256] porque não possui absolutamente pés ou porque possui pés rudimentares; adicionalmente, um prefixo negativo pode significar *ter algo em baixo grau*, do que é exemplo *sem* sementes, ou seja, tê-lo muito rudimentarmente.[257] Além disso, pode significar tê-lo *não facilmente* ou *não bem*, por exemplo, incortável não significa somente o impossível de ser cortado, como também aquilo cujo corte não é fácil ou que não pode ser cortado bem. E, ainda, pode significar não ter absolutamente o atributo; de fato, não é o homem de um olho só que é chamado de cego, mas aquele a que falta visão em ambos os olhos. Daí, nem todo homem é bom ou mau, justo ou injusto, havendo também um estado intermediário.

23

Ter (possuir)[258] é empregado em vários sentidos. [a] Tratar de acordo com a própria natureza ou impulso, como quando dizemos que a febre *possui* um homem, e que tiranos *possuem* cidades, e que pessoas que usam roupas

---

genericamente dotados de visão: apenas este ou aquele indivíduo humano pode ser acidentalmente cego, isto é, privado de visão.

254. Embora o sujeito aqui pareça indefinido ou genérico (a coisa), é aconselhável entender esta oração em estreita conexão com a anterior, isto é, o *sujeito* é o *indivíduo*, pois é ele que pode ou não estar *privado* de visão.

255. Ou: *Há tantos tipos de privação quanto há palavras providas de prefixos negativos.*

256. ...ἄπουν... (a*poûn*). O negativo privativo em português, neste caso, não é por prefixo.

257. Isto é, não o fruto que não tem *nenhuma* semente, mas o que tem apenas *algumas*.

258. ...τὸ ἔχειν... (*tò ékhein*).

as *possuem*. [b] Referimo-nos como *tendo* a alguma coisa que está presente enquanto material receptivo – por exemplo, o bronze *possui* a forma da estátua, e o corpo *tem* a doença. [c] No sentido em que aquilo que contém *tem* o contido, uma vez que se diz que uma coisa *é tida* por aquilo em que está contida – por exemplo, dizemos que o recipiente *tem* o líquido, que a cidade *tem* homens e que o navio *tem* marujos, e também que o todo *tem* as partes. [d] A mesma palavra é aplicada ao que impede o movimento ou ação de alguma coisa em conformidade com seu próprio impulso, como as colunas *têm* os pesos a elas impostos, e como os poetas fazem Atlas *ter* o céu [sobre os ombros], visto que, se assim não fosse, o céu despencaria sobre a Terra – o que é também opinião de alguns entre os filósofos da natureza.[259] É neste sentido que dizemos que "aquilo que une as coisas" *tem* [possui] as coisas que une, visto que se assim não fosse elas se dispersariam, cada uma de acordo com seu próprio impulso.

Estar numa coisa apresenta sentidos similares e correspondentes a *ter*.

24

Provir de alguma coisa significa [a] provir de alguma coisa como matéria, e isso de duas maneiras: ou no que toca ao gênero primário ou no que toca à espécie extrema – por exemplo, num sentido tudo que é fundível provém da água, ao passo que no outro sentido a estátua provém do bronze; [b] provir de alguma coisa como o primeiro princípio motriz, por exemplo "do que provém a disputa?". "Do ultraje", porque é esta a origem da disputa; [c] provir da combinação de matéria e forma (como as partes provêm do todo, o verso provém da *Ilíada* e as pedras provêm da casa); com efeito, a forma é um fim e o que atingiu seu fim é alguma coisa completa; [d] como a forma que provém da parte de sua definição, por exemplo *homem* provém de bípede e *sílaba* provém de letra, pois este é um sentido diferente daquele em que a estátua provém do bronze, uma vez que a substância composta provém do material sensível, porém a forma também provém do material da forma.

Estes são, portanto, alguns dos significados de *de*.[260] Às vezes, contudo, um desses sentidos aplica-se apenas parcialmente, por exemplo o filho pro-

259. Por exemplo, Empédocles.

260. Isto é, de *provir de*.

vém do pai e da mãe, e as plantas da terra, porque provêm de alguma parte dessas coisas. [e] Significa *depois* no tempo, como quando dizemos que a noite provém do dia e a tempestade do bom tempo, porque um sucede ao outro. E nos expressamos assim com relação a algumas dessas coisas em vista de sua alternância entre si, como se pode julgar pelos exemplos que acabamos de dar, e de outras simplesmente em vista de sua sucessão no tempo – exemplo: "a viagem foi feita *do* equinócio", querendo dizer que foi feita depois dele, e "a Targélia *provém da* Dionísia", porque *depois da* Dionísia.

25

Parte[261] significa [a] aquilo em que uma quantidade pode ser, de alguma maneira, dividida; de fato, o que é tirado de uma quantidade *como* quantidade é sempre chamado de uma parte dessa quantidade, do que é exemplo chamarmos o 2, num certo sentido, de parte do 3. [b] Num outro sentido, a palavra é somente aplicada àquelas *partes* no sentido [a] que *medem* o todo, de sorte que num sentido chamamos 2 de parte de 3, enquanto num outro não o chamamos. Por outro lado, [c] as divisões nas quais a forma – independentemente da quantidade – é divisível são também chamadas de suas partes; consequentemente as espécies são chamadas de *partes* do gênero a que pertencem. [d] Aquilo em que o todo – ou a forma ou o que a contém – é dividido ou do que consiste; por exemplo, no tocante a uma esfera ou cubo de bronze, não é somente o bronze, ou seja, o material que contém a forma, que é uma parte, mas também o ângulo. [e] Os elementos presentes na definição das coisas também são chamados de partes do todo, razão pela qual o gênero é, inclusive, chamado de *parte* da espécie, ao passo que num outro sentido a espécie é parte do gênero.

26

Todo[262] significa [a] aquilo de que não está ausente nenhuma das partes das que se diz ser ele naturalmente o todo; [b] aquilo que de tal modo

---

261. ...μέρος... (*méros*).
262. ...ὅλον... (*hólon*).

contém as coisas que constituem seu conteúdo e que formam uma unidade – e isso de duas maneiras: quer (1) no sentido em que cada uma delas é uma unidade, quer (2) naquele em que a unidade é composta por elas. De fato, (1) o universal, ou termo de aplicação geral e tido como todo, é universal no sentido de incluir muitos particulares, uma vez que é predicado de cada um deles, e cada um e todos eles – do que são exemplos *homem, cavalo, deus* – são unos na medida em que são todos seres vivos. Quanto a (2), aquilo que é contínuo e limitado é um todo sempre que for uma unidade composta de múltiplas partes (especialmente se estas estiverem nele presentes apenas potencialmente, embora se este não for o caso, baste que estejam presentes em ato). E dessas próprias coisas, as que são assim por natureza são *todos* num grau mais elevado do que as que são artificialmente, tal como afirmamos do *um*, porque *totalidade* é um tipo de *união*.

Acresça-se que visto que quantidades possuem princípio, meio e fim, aquelas para as quais a posição não constitui nenhuma diferença são descritas por nós como *totais*, enquanto aquelas para as quais a posição constitui uma diferença são descritas por nós como *todos*, enquanto aquelas que admitem ambas as descrições são tanto *totais* quanto *todos*. Estas são as coisas cuja natureza se mantém idêntica após a transposição, o que não ocorre, entretanto, com sua forma; e destas são exemplos a cera e o manto, os quais são descritos simultaneamente como *todos* e *totais*, pois reúnem ambas as características. A água, contudo, e todos os líquidos, bem como o número, são descritos como totais; com efeito, não falamos de um *número todo* ou de uma *água toda* salvo figurativamente. As coisas em relação às quais se diz que são um *todo* se consideradas como unidade serão ditas um *todo* até quando consideradas como divididas, por exemplo, quando dizemos: o *todo* deste número é o *todo* destas unidades.

27

Não descrevemos qualquer quantidade casual como *mutilada*; ela necessariamente possui partes e é necessariamente um todo. O número dois não ficará mutilado se um dos seus uns for subtraído, porque a parte perdida, através da mutilação, nunca é igual ao restante – nem em geral é mutilado qualquer número porque a substância necessariamente persiste.

Ainda que mutilada, uma taça permanece necessariamente uma taça. Mas o número não é mais o mesmo. Além disso, nem mesmo todas as coisas que possuem partes dessemelhantes estão mutiladas; com efeito, um número possui, num certo sentido, tanto partes dessemelhantes quanto partes semelhantes, por exemplo dois e três. Porém, em termos gerais, no que respeita às coisas cuja posição não produz diferença – por exemplo a água ou o fogo – nenhum deles é mutilado. Para que fossem mutiladas, as coisas teriam que ser de tal modo que possuíssem sua posição de acordo com sua substância. Ademais, teriam que ser contínuas; de fato, uma escala musical é composta de partes dessemelhantes e possui posição, com o que, entretanto, não se torna mutilada. Além disso, mesmo coisas que são *todos* não são mutiladas por meio da remoção de qualquer de suas partes: as partes removidas não são necessariamente nem as que determinam a substância nem quaisquer partes casuais, independentemente de sua posição; por exemplo, uma taça não é mutilada se é feito um furo através dela, mas somente se o cabo ou uma parte saliente é quebrado. Tampouco um homem torna-se mutilado ao perder alguma carne ou o baço, mas somente se perder alguma extremidade [de seu corpo], e neste caso nem toda extremidade mas apenas a incapaz de desenvolver-se novamente ao ser completamente removida, do que se conclui que a calvície não é uma mutilação.

28

APLICA-SE A PALAVRA *gênero*[263] a alguma coisa [a] se há uma geração contínua de coisas detentoras da mesma forma, por exemplo: "enquanto o gênero humano durar" significa "enquanto a geração dos seres humanos tiver continuidade". [b] Chama-se de *gênero* aquilo de que as coisas extraem seu ser na qualidade de primeiro motor delas; assim alguns são chamados de helenos no tocante ao gênero (raça), enquanto outros são chamados de jônicos pelo fato de que uns têm Heleno e outros Jônio como seu primeiro ancestral. E a palavra é mais utilizada tomando como referência o ancestral gerador masculino do que o material, ainda que algumas pessoas façam

263. ...γένος... (*génos*). *Genos* também significa *raça*, tradução igualmente cabível neste contexto, com a ressalva de que a classificação *zoológica* de Aristóteles não corresponde exatamente à de Linneu.

derivar seu gênero (raça) também do feminino, por exemplo os descendentes de Pirra.[264] [c] Gênero no sentido em que o plano é o *gênero* das figuras planas e o sólido dos sólidos, porquanto cada uma das figuras ou é um plano particular ou um sólido particular, ou seja, aquilo que está subjacente às diferenças. [d] Nas fórmulas, no sentido em que o primeiro componente – o qual é enunciado como incluído na essência – é o *gênero*, enquanto se diz que as qualidades são suas diferenças.

[Recapitulando,] a palavra gênero é empregada em todos esses sentidos, a saber: [a] com referência à geração contínua da mesma forma; [b] com referência ao primeiro motor que é do mesmo tipo das coisas que move; [c] como matéria, uma vez que aquilo a que diz respeito a diferença ou a qualidade é o substrato, a que atribuímos o nome de matéria.

Classificam-se como *diferentes do ponto de vista do gênero* as coisas cujos substratos imediatos são diferentes e que são indecomponíveis (indissolúveis) quer uma na outra, quer ambas na mesma coisa; por exemplo, forma e matéria são diferentes do ponto de vista do gênero, bem como todas as coisas pertencentes a diferentes categorias do ser, já que algumas das coisas das quais se predica o ser denotam a essência, ao passo que outras denotam uma qualidade, e outras [ainda] as demais diversas categorias antes distinguidas, as quais também são indecomponíveis entre si ou em qualquer outra coisa.

29

Falso[265] significa [a] aquilo que é falso como uma *coisa*, e isso (1) porque não é ou não pode ser substancializado, por exemplo "que a diagonal de um quadrado é comensurável com o lado" ou "que estás sentado", uma vez que uma destas afirmações é sempre falsa, ao passo que a outra o é às vezes – sendo nesses sentidos que tais coisas são não existentes; [e porque] (2) há coisas que existem, mas cuja natureza é parecer que não são [o que são], ou ser como coisas irreais, do que são exemplos a aparência enganosa do

---

264. Na biologia aristotélica, dentro da dualidade matéria e forma, no que respeita à geração, o pai fornece o elemento *formal* da criança, enquanto a mãe fornece o *material*.

265. ...ψεῦδος... (*pseûdos*).

claro-escuro e os sonhos, pois embora sejam alguma coisa não são aquilo de que criam a impressão. Portanto, as coisas são chamadas de falsas nesses sentidos, a saber: ou porque elas próprias são irreais, ou porque a impressão gerada por elas é de alguma coisa irreal.

[b] Uma falsa enunciação é a enunciação *do que não é,* na medida em que a enunciação é falsa. Daí toda definição é falsa quando se referir a qualquer outra coisa distinta daquilo de que ela é verdadeira – por exemplo, a definição de um círculo é falsa se aplicada a um triângulo. Num certo sentido, há somente uma definição de cada coisa, ou seja, a de sua essência; num outro sentido, entretanto, há muitas [definições[266]], posto que a própria coisa e a própria coisa qualificada de alguma maneira (por exemplo, *Sócrates* e o *instruído Sócrates*) são, num certo sentido, o mesmo. Contudo, a definição falsa não é uma definição simples de qualquer coisa, mas qualificada. Por conseguinte, Antístenes[267] insistia tolamente que *nada podia ser descrito a não ser por sua própria definição*: um predicado para um sujeito, do que se concluía ser impossível a *contradição,*[268] e quase também a *falsidade.*[269] Mas é possível descrever todas as coisas não somente mediante sua própria definição, como também através da definição de alguma outra coisa mais. É possível fazê-lo de uma maneira completamente falsa e, não obstante, também [o fazer] verdadeiramente, por exemplo o oito pode ser descrito como [um número] duplo através do emprego da definição do dois.

Tais são, com referência a essas coisas, os sentidos de falso. Mas [c] um homem *falso* é quem pronta e deliberadamente faz tais enunciações, simplesmente por fazê-las e sem nenhuma outra razão específica; e quem imprime tais enunciações a outras pessoas, como dizemos que são falsas as coisas que produzem uma falsa impressão. Assim, a prova presente no *Hípias*[270] de que o mesmo homem é falso e verdadeiro é uma prova enga-

266. Λόγος (*lógos*) possui uma ampla carga semântica. Aqui talvez fosse aconselhável entender *logos* na acepção lata de enunciação, afirmação e não no sentido estrito de definição ou fórmula.

267. Filósofo da escola cínica, contemporâneo de Sócrates.

268. Ver *Tópicos*, especialmente 104b21; Platão, *Eutidemo*, 285e-286b.

269. Ver Platão, *Eutidemo*, 283e-284c, 286c,d.

270. Diálogo de Platão: *Hípias Menor*, 365-375. Em *Diálogos II*, Obras Completas de Platão, Clássicos Edipro.

nosa, pois supõe [por um lado] que o homem falso é aquele que é *capaz* de enganar – isto é, o homem que detém conhecimento e inteligência – [e por outro lado,] que o homem que é *voluntariamente* mau é melhor. Esta falsa suposição resulta da indução; com efeito, quando ele[271] declara que o homem que claudica voluntariamente é melhor do que aquele que o faz involuntariamente, quer dizer com *claudicar* simular o claudicar, pois se o homem fosse de fato voluntariamente coxo seria – é de se presumir – pior nesse caso tal como seria no caso do caráter.

30

Acidente[272] significa aquilo que se vincula a alguma coisa e pode ser verdadeiramente afirmado, mas isto nem necessária nem usualmente, como, por exemplo, quando estivesse alguém cavando um buraco para uma planta, encontrasse um tesouro. A descoberta do tesouro seria um acidente para aquele que estivesse cavando o buraco, visto que uma coisa não é uma consequência ou sequência necessária da outra e, tampouco, não se costuma encontrar um tesouro enquanto se planta. Por outro lado, um homem instruído poderia ser branco; contudo, considerando-se que isso não acontece necessária ou usualmente, o chamamos de acidente. Deste modo, uma vez que há atributos e sujeitos, e alguns entre os primeiros aplicam-se aos seus sujeitos apenas num lugar e tempo particulares, *qualquer atributo* que se aplicar a um sujeito, porém não em função de ser um particular sujeito, ou um tempo ou lugar particulares, será um acidente. Tampouco existe, para um acidente, uma causa definida, mas tão só uma causa fortuita, isto é, indefinida. Ir para Egina foi um acidente se alguém lá chegou sem tencionar ir para Egina, mas por ter sido desviado de seu caminho devido a uma tempestade ou ter sido capturado por piratas. O acidente ocorreu ou existe, mas não em virtude de si mesmo, mas devido a uma outra coisa: de fato foi a tempestade que ocasionou a sua ida a um lugar para o qual não velejava, quer dizer, Egina.

---

271. Platão.

272. συμβέβηκος... (*symbébekos*).

Há também um outro sentido para acidente, qual seja, aquilo que é inerente a cada coisa em função de si mesma, embora não esteja em sua substância, como, por exemplo, ter a soma de seus ângulos igual a dois ângulos retos é inerente ao triângulo. É possível que acidentes deste tipo [e neste sentido] sejam eternos, mas nenhum acidente do primeiro tipo [e no primeiro sentido] pode ser eterno. Em outra parte isso é explicado.[273]

273. Não é possível saber com precisão a qual tratado seu Aristóteles alude. Provavelmente aos *Analíticos Posteriores* (um dos tratados do *Órganon*).

LIVRO VI

1

1025b1 NOSSA INVESTIGAÇÃO é a dos princípios e causas das *coisas que são*, e evidentemente das coisas que são *enquanto são*. Com efeito, há uma causa da saúde e do bom estado físico; e as matemáticas têm princípios, elementos e causas, e em geral toda ciência *intelectual*[274] ou ciência que envolve o intelecto ocupa-se de causas e princípios, aproximativamente exatos ou indeterminados. Entretanto, todas essas ciências distinguem e isolam algum ser particular ou gênero e dele se ocupam como objeto de investigação, mas não do *ser* simplesmente (sem qualificação), o ser enquanto ser, como tampouco oferecem qualquer explicação da *essência* das coisas de que se ocupam; mas partindo dela, algumas dessas ciências, ao torná-la clara à percepção, enquanto outras, ao assumi-la como hipótese, demonstram – mais ou menos convincentemente – os atributos essenciais do gênero com o qual estão lidando. Evidencia-se com isso que não há demonstração da substância ou essência por meio dessa abordagem, mas sim alguma outra maneira de revelá-la. E, semelhantemente, essas ciências

---

274. ...διανοητική... (*dianoetiké*). Aristóteles classifica as ciências em três categorias, em função do objeto delas: as *intelectuais* (que podemos chamar igualmente de teóricas ou especulativas), como a física, a metafísica e as matemáticas; as *práticas*, como a ética e a política; e as *produtivas* (*poiéticas*), que incluem a ampla gama das artes, desde a poesia, a pintura e a escultura até a engenharia (como a construção de barcos) e a medicina.

omitem a questão de o gênero que investigam existir ou não existir, visto que demonstrar *o que ele é* e *que é* pertence à mesma linha de raciocínio.

E como a física,[275] semelhantemente a outras ciências, trata [restritamente] de um gênero do *ser* (ou seja, trata do tipo de substância que encerra em si mesma o princípio do movimento e do repouso), obviamente não é nem uma ciência prática nem uma ciência produtiva.[276] De fato, o princípio da produção está no produtor – a intelecção, a arte ou algum tipo de potência – enquanto o princípio da ação está no agente: a vontade, pois a coisa feita e a coisa que é objeto da vontade são a mesma. Portanto, se todo pensar é *ou* prático, *ou* produtivo *ou* teórico (especulativo), a física tem que ser teórica (especulativa), mas especulativa do tipo de *ser* que pode ser movido e unicamente do tipo de substância que, do ponto de vista de sua fórmula, é majoritariamente indissociável da matéria.

Contudo, não devemos deixar de observar *como* existem a essência e sua fórmula, já que se não o fizermos nossa investigação será ociosa.

Das coisas definidas, ou seja, das essências, algumas aplicam-se no sentido em que se aplica *chato,*[277] e algumas naquele em que se aplica *côncavo.* A diferença é que *chato* é uma combinação de forma com matéria (já que o chato é um *nariz* côncavo), ao passo que a concavidade é independente da matéria sensível. Ora, se todas as coisas naturais são análogas ao *chato* em sua natureza – por exemplo, o nariz, o olho, a face, a carne, o osso e, em geral, o animal; a folha, a raiz, a cortiça e, em geral, o vegetal – pois nenhum destes possui uma definição sem referência ao movimento, e a definição inclui invariavelmente a matéria, fica claro como deveríamos buscar e definir a essência no caso dos objetos naturais, e porque pertence ao domínio do físico estudar inclusive, em alguma medida, a alma, ou seja, o quanto dela não seja independente da matéria.

Fica claro, portanto, a julgar por essas considerações, que a física é uma ciência especulativa, também o sendo as matemáticas. Entretanto, não fica claro no momento se seus objetos não estão submetidos ao movimento e se são dissociáveis da matéria, embora esteja claro que alguns ramos das matemáticas estudam seus objetos *enquanto* não submetidos ao movimento e *enquanto* dissociáveis da matéria. Não há dúvida de que pertence à esfera

---

275. ...φισική ἐπιστήμη... (*phisiké epistéme*), literalmente ciência natural.

276. Ver nota 274.

277. ...σίμον... (*símon*): a analogia é feita mais especialmente com o nariz chato.

de uma ciência especulativa descobrir se uma coisa é eterna, não submetida ao movimento e dissociável da matéria, não sendo, todavia, a física essa ciência, pois a ciência da natureza se ocupa de coisas submetidas ao movimento; também essa ciência não é a matemática, mas uma ciência anterior tanto à física quanto às matemáticas. Com efeito, a física trata de coisas que existem dissociadamente da matéria, mas que estão submetidas ao movimento, ao passo que alguns ramos das matemáticas tratam de coisas que não estão submetidas ao movimento, mas presumivelmente não são dissociáveis da matéria, mas nela presentes. Contudo, a ciência primeira ocupa-se de coisas que são tanto dissociáveis da matéria quanto não submetidas ao movimento.

Ora, todas as causas são necessariamente eternas, mas essas o são especialmente, uma vez que são as causas do que é visível das coisas divinas. Consequentemente, deve haver três filosofias especulativas: *as matemáticas, a física* e a *teologia*, uma vez que é evidente que se *o divino*[278] está presente em todo lugar também está presente em coisas desse tipo. E a mais grandiosa ciência tem que se ocupar do gênero [de assunto] mais grandioso.

As ciências especulativas, portanto, devem ser preferidas em relação às demais ciências e a [teologia] preferida entre as outras ciências especulativas. Poder-se-ia, de fato, levantar a questão de se a *filosofia primeira*[279] é universal ou trata de algum gênero particular ou algum tipo particular de coisa, porque nem mesmo as ciências matemáticas são todas semelhantes nesse aspecto: enquanto a geometria e a astronomia ocupam-se de um certo tipo particular de coisa, a matemática universal se aplica igualmente a todos. Respondemos que, se não há uma substância além das que são naturalmente compostas, a física será a ciência primeira;[280] mas se há uma substância que não está sujeita ao movimento, a ciência que estuda essa substância será anterior à física e será a filosofia primeira, e, neste sentido, universal, porque é primeira. E caberá a essa ciência investigar o *ser enquanto ser* – tanto *o que é* quanto os atributos que lhe pertencem enquanto ser.

---

278. ...τὸ θεῖον... (*tò theîon*).

279. ...πρῶτη φιλοσοφία... (*prôte philosophía*).

280. ...πρῶτη ἐπιστήμη... (*prôte epistéme*).

2

Mas o termo simples (não qualificado) *ser* é empregado em vários sentidos, entre os quais vimos que um era *acidental*, e um outro *verdadeiro* (*não ser* sendo empregado como falso), e além desses há [também] as figuras de predicação, isto é, as categorias, por exemplo, o *o que,*[281] a qualidade, a quantidade, o lugar, o tempo e outros significados similares [que *ser* pode ter]; e além de todos esses, o que é em *potência* ou em *ato*. Assim, posto que o termo *ser* apresenta vários sentidos, é necessário principiar por dizer do *acidental* que não pode haver dele especulação. Isso é confirmado pelo fato de nenhuma ciência – prática, produtiva ou especulativa – ocupar-se dele; aquele que produz uma casa não produz todos os atributos que são acidentais à casa em sua construção, uma vez que estes são inumeráveis. A casa assim produzida pode ser agradável a uns, penosa a outros, útil para outros e talvez diferente [, para resumirmos,] de qualquer outra coisa existente; entretanto, *o ato de construir não produz nenhum desses resultados.*[282] Do mesmo modo, o geômetra não estuda os atributos acidentais de suas figuras, nem se um triângulo é diferente de um triângulo cuja soma dos ângulos é igual a dois ângulos retos, o que corresponde ao que deveríamos razoavelmente esperar, porque o *acidente*, por assim dizer, não passa de um nome. Assim, de um certo modo, Platão não estava errado ao declarar que a sofística se ocupa do que não existe,[283] já que os argumentos dos sofistas tratam, acima de tudo, do acidental – por exemplo, a questão de se *instruído* e *capaz de ler e escrever*[284] são idênticos ou diferentes, e se o *instruído Corisco* e *Corisco* são o mesmo, e se *tudo que é, mas nem sempre foi, veio a ser*, de maneira que se alguém que é instruído veio a ser alfabetizado, também, sendo alfabetizado, veio a ser instruído, e todos os demais argumentos desse tipo. Realmente, parece que o acidental é algo estreitamente aparentado ao *não ser*, o que fica evidente a julgar por argumentos como o seguinte: das coisas que *são* em outros sentidos, há geração e corrupção, mas das coisas que *são acidentalmente* não há. Apesar disso, é imperioso que, na

---

281. Ou seja, a categoria da substância.

282. Ross: *a ciência da construção não visa produzir nenhum desses atributos.*

283. Ver o diálogo *Sofista*, 254 a.

284. ...γραμματικόν... (*grammatikón*), alfabetizado.

medida do possível, indiquemos – no tocante ao acidental – qual é a sua natureza e de que causa provém, o que talvez esclareça porque não haja dele nenhuma ciência.

Ora, considerando-se que entre as coisas que são há algumas que são estáticas e necessariamente (não necessariamente no sentido de compulsoriamente, mas naquele da impossibilidade de ser de outra maneira), e algumas não são nem necessariamente nem sempre, mas [apenas] na maioria das vezes, este é o princípio e causa do acidental; com efeito, chamamos de acidental tudo o que não é nem sempre nem na maioria das vezes – por exemplo, se nos dias do Cão[285] temos tempestade e frio, nós o classificamos como acidente, mas não se temos abafamento e calor intenso, visto que este clima sempre ou usualmente ocorre nessa época, mas não o primeiro. Para um homem é acidental ser branco, posto que nem sempre nem usualmente assim é; entretanto, não é acidental ser ele um ser vivo. É por acidente que um construtor devolve a saúde a alguém, porque não é um construtor, mas um médico que naturalmente o faz; aconteceu *acidentalmente* de o construtor ser um médico. Um cozinheiro, visando produzir prazer, pode produzir algo salutar, mas não por conta de sua arte culinária. Consequentemente, dizemos que foi acidental, e embora ele o produza num certo sentido, não o é num sentido absoluto. De fato, certos resultados acidentais, por vezes, tendem a serem produzidos por potências outras, mas aos outros não corresponde nenhuma arte ou potência determinadas, uma vez que de *coisas que são* ou que *vêm a ser* por acidente, também a causa é acidental. Consequentemente, visto que nem tudo é ou vem a ser necessariamente e sempre, mas a maioria das coisas simplesmente acontece usualmente, é forçoso que o acidental exista – por exemplo, o homem branco não é sempre nem usualmente instruído, mas uma vez que isso acontece por vezes tem que ser tido como acidental. Se assim não fosse, tudo seria por necessidade. A conclusão é que a causa do acidente é a matéria, a qual admite a variação do usual. E é preciso que tomemos como nosso ponto de partida a questão seguinte: São todas as coisas *sempre* ou *usualmente*?, o que se revela certamente impossível. Ora, além dessas alternativas há algo mais, ou seja, o fortuito e acidental. Mas nos defrontamos então

285. ...κυνί... (*kyní*): a referência é ao período de 3 de julho a 11 de agosto, no qual a estrela Sirius nasce e se põe com o nosso sol.

com as questões: São as coisas existentes *usualmente*, mas nada existente *sempre*, ou há coisas que são *eternas*? Estas questões devem ser examinadas mais tarde,[286] porém está claro que não há nenhuma ciência do acidental, pois toda ciência é ou do que é sempre ou do que é usualmente. Afinal como poderia alguém aprendê-la ou ensiná-la a outra pessoa? O fato é determinado por ocorrer sempre ou usualmente; por exemplo, água com mel *usualmente* faz bem a um paciente com febre. Entretanto, a ciência não poderá estabelecer a exceção à regra, quer dizer, quando não faz bem – por exemplo na lua nova – porque aquilo que acontece na lua nova também acontece ou sempre ou usualmente. Mas o acidental contraria isso.

Explicamos, portanto, a natureza e causa do acidental e que não há nenhuma ciência que se ocupa dele.

3

É EVIDENTE que há princípios e causas que são passíveis de geração e de corrupção, independentemente dos efetivos processos de geração e corrupção, pois se assim não for todas as coisas serão por necessidade, uma vez que aquilo que está sendo gerado ou corrompido tem necessariamente uma causa que não é acidentalmente sua causa. *Isso* será ou não? Sim, se *aquilo* acontecer, caso contrário, não. E *aquilo* acontecerá se *alguma coisa mais* acontecer. Está claro que dessa maneira, como o tempo é continuamente subtraído de um período limitado, chegar-se-á ao presente. Em consonância com isso, fulano morrerá de doença ou mediante violência se ausentar-se; e ele fará determinada coisa se estiver sedento, e estará sedento se alguma coisa mais acontecer... e assim chegar-se-á ao que é agora presente ou a alguma coisa que já é passado. Por exemplo, ele se ausentará se estiver sedento; e ficará sedento se estiver comendo alguma coisa picante; e este é o caso ou não, de modo que ele necessariamente morrerá ou não morrerá. E analogamente, se alguém se projeta no passado, o princípio é idêntico, pois isso – quero dizer aquilo que já se passou – já está presente em alguma coisa. Toda coisa, portanto, que é para ser será necessariamente, por exemplo quem

286. Livro XII, Capítulos 6 a 8.

vive, necessariamente morre; com efeito, algum estágio do processo já foi atingido, por exemplo a presença de contrários no mesmo corpo. Mas se ele morre devido à doença ou violência, isso não está ainda determinado, mas está na dependência do acontecimento de alguma coisa mais. Fica claro, assim, que o processo remonta a algum ponto de partida, o qual, contudo, não remonta mais a alguma outra coisa. Esse, portanto, será o ponto de partida do fortuito, e nada mais é a causa de sua geração. Mas a qual tipo de ponto de partida e causa esse processo de remontar conduz, se a uma causa material, ou final, ou motriz, constitui uma questão para cuidadoso exame.

4

DEIXEMOS DE LADO O ACIDENTAL, pois determinamos suficientemente a sua natureza. Entretanto, *visto que* aquilo que *é* no sentido de ser verdadeiro, ou *não é* no sentido de ser falso, depende de combinação e de dissociação, e verdade e falsidade conjuntamente dizem respeito ao arranjo das partes de uma contradição (porquanto o verdadeiro apresenta afirmação quando o sujeito e o predicado são combinados, e negação quando são dissociados, ao passo que o falso apresenta o arranjo contrário) – é uma outra questão o como acontece de combinarmos ou dissociarmos no pensamento. Por "combinar ou dissociar no pensamento" entendo pensá-los não como uma sucessão, mas como uma unidade, pois *falsidade* e *verdade* não estão nas coisas – o bom, por exemplo, sendo verdadeiro e o mau, falso – mas no pensamento; e no tocante a conceitos simples e essências, não há verdade ou falsidade nem no pensamento. Quais os pontos que devemos investigar em relação ao *ser* e o *não ser* nesse sentido, é algo a ser examinado posteriormente. Mas uma vez que a combinação e a dissociação existem no pensamento e não nas coisas, e este sentido de *ser* difere dos sentidos próprios (porquanto o pensamento associa ou dissocia a essência,[287] a qualidade, a quantidade ou alguma outra categoria), podemos descartar o acidental e os sentidos verdadeiros de *ser*, pois a causa do primeiro é indeterminada, ao passo que a do segundo é uma afecção do pensamento; e ambas estão ligadas ao

287. Substância.

gênero remanescente de *ser* e não indicam nenhuma realidade objetiva. Deixemo-las, portanto, de lado e examinemos as causas e os princípios do próprio *ser enquanto ser*. {Ficou claro em nossa discussão dos múltiplos significados dos termos, que *ser* apresenta vários significados}[288].

288. { } Provável acréscimo (a rigor, reiterativo e redundante, embora não inconsistente). Está presente no texto de Bekker, mas entre colchetes. Ross age de maneira semelhante.

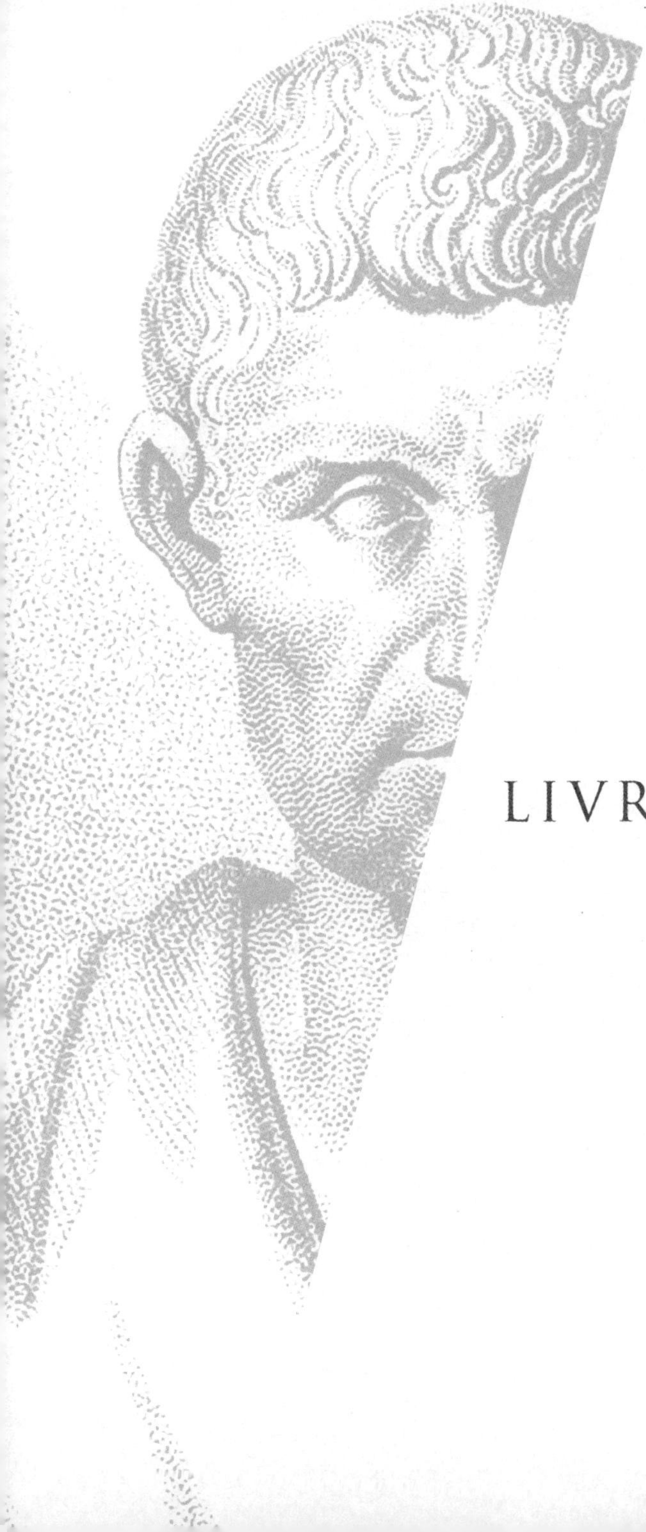

LIVRO VII

1

A PALAVRA *ser* apresenta vários sentidos que foram por nós classificados em nossa exposição dos diversos sentidos em que os termos são empregados.[289] Primeiramente denota o *o que*[290] de uma coisa, isto é, a individualidade;[291] e em seguida a qualidade, ou a quantidade ou qualquer outra das demais categorias. Ora, de todos esses sentidos contemplados por *ser*, o primordial é claramente o *o que*, o qual denota a substância; com efeito, quando descrevemos a qualidade de uma coisa particular, dizemos que é *boa*, ou *má*, e não de *três cúbitos* ou um *homem*; mas quando descrevemos *o que* ela é não dizemos que é *branca* ou *quente* ou de *três cúbitos*, mas que é um *homem* ou um *deus*; e diz-se que todas as demais coisas *são* porque são quantidades ou qualidades, ou paixões, ou qualquer outra categoria do *ser* no primeiro sentido [isto é, do *o que é*, da substância].

Consequentemente, poderíamos levantar a questão de se *caminhar*, *estar saudável* e *sentar* significam em cada caso alguma coisa que é, ou não; e analogamente, no que respeita a quaisquer outros termos desse tipo, pois nenhum deles, por natureza, possui uma existência independente ou pode ser dissociado de sua substância – pelo contrário, se é alguma coisa, é aquilo que caminha, está sentado ou está saudável. Ora, o que torna essas coisas mais verdadeiramente existentes é haver algo definido subjacente a elas, isto é, a

289. Livro V, Capítulo 7.

290. ...τί ἐστι... (*tí esti*).

291. Ou melhor, a *substância*.

substância ou o individual, o que já está implícito numa predicação desse tipo, uma vez que independentemente dela, não podemos falar do *bom* ou do *sentar*. Fica claro, portanto, que é em função da substância que cada uma dessas categorias existe.[292] Por conseguinte, a substância é necessariamente aquilo que *é* primariamente, não num sentido qualificado, mas simples e absolutamente.

Embora *primário* tenha vários sentidos, a substância é primária em todos eles, tanto na definição e conhecimento quanto no tempo; com efeito, nenhuma das demais categorias pode existir independentemente, exceto exclusivamente a substância. E também é primária na definição, porque a fórmula da substância tem que estar presente na fórmula de cada coisa. E pensamos conhecer cada coisa o mais plenamente quando sabemos *o que ela é*, por exemplo o que o homem é ou o que o fogo é, do que quando conhecemos sua qualidade, quantidade ou posição; mesmo porque conhecemos cada um destes aspectos também somente quando sabemos *o que é* a quantidade ou a qualidade.[293]

De fato, a questão que hoje, como no passado, é e foi sempre levantada – e também o será sempre – e que sempre nos deixou perplexos, a saber, *O que é o ser?*, é, em outras palavras, a questão *O que é a substância?*. Alguns dizem que é a unidade; outros que é mais do que a unidade; e alguns dizem que é finita, enquanto outros afirmam que é infinita. E também nós temos o interesse, fundamental e primordial, e praticamente único, de investigar a natureza do *ser* no sentido de substância.

2

Pensa-se que a substância está mais obviamente presente nos corpos. Consequentemente, chamamos os animais, as plantas e suas partes de substâncias, assim como os corpos naturais, tais como a água, o fogo, a terra e seus similares, além de todas as coisas que constituem partes destes últimos ou sejam deles compostas, quer de partes deles quer de sua totalidade – por exemplo, o céu e suas partes, os astros, a lua e o sol. É preciso que investiguemos se estas exclusivamente são substâncias, ou se há outras também, ou apenas algumas destas, ou algumas destas e algumas outras coisas mais são substâncias, ou nenhuma de todas estas mas somente certas outras coisas. Alguns afirmam que os limites do corpo, isto é, a superfície, a linha, o ponto e a unidade, são substâncias, e

292. Ou seja, todas as outras *nove* categorias são predicadas da *primeira* categoria, a substância, da qual todas elas dependem necessariamente.

293. O que é presumivelmente extensivo às demais categorias.

num sentido mais verdadeiro do que o corpo ou o sólido. Além disso, alguns pensam que nada mais há de substancial além das coisas sensíveis, enquanto outros sustentam a existência de substâncias eternas mais numerosas e mais reais do que as coisas sensíveis. Assim Platão postulou as Formas e os objetos das matemáticas como dois tipos de substâncias – e um terceiro, que é a substância dos corpos sensíveis. E Espeusipo supôs ainda mais tipos de substâncias, começando pelo *uno*, e postulando princípios para cada tipo, um para os números, um outro para as grandezas e, em seguida, um outro para a alma, com o que ele multiplica os tipos de substâncias. Há também os que julgam que as Formas e os números possuem a mesma natureza, e que outras coisas, quais sejam, linhas e planos, dependem deles, e assim até alcançar a substância do céu visível e as coisas sensíveis. É, portanto, imperioso que examinemos, relativamente a essas coisas, qual das opiniões expressas é correta e qual não é, e quais coisas são substâncias, e se há quaisquer substâncias além das sensíveis, ou não; e como existem as substâncias sensíveis, e se há qualquer substância independente (e se este for o caso, por que e como), ou nenhuma substância além das sensíveis.

Devemos principiar por um delineamento aproximativo do que é a substância.

3

A PALAVRA *substância*[294] é empregada, se não em mais do que isso, ao menos em quatro casos principais, pois se julga que tanto (1) a essência quanto (2) o universal e (3) o gênero são a substância do particular, e em quarto lugar (4) o substrato. O substrato é aquilo do que as demais coisas são predicadas, ao passo que ele mesmo não é predicado de qualquer coisa mais. Daí devemos começar por determinar sua natureza, pois se considera que o substrato primário de uma coisa é, no sentido mais verdadeiro, a sua substância.

Ora, num certo sentido entendemos que a *matéria* é a natureza do substrato, ao passo que num outro entendemos que é a *forma*, enquanto num terceiro, a combinação de ambas. Por matéria, quero dizer, por exemplo, o bronze; por forma, o delineamento em que o bronze é configurado, e por combinação de ambas entendo a coisa concreta, isto é, a estátua. Assim, se a forma é anterior à matéria e mais verdadeiramente existente, por força do mesmo argumento ela também será anterior à combinação.

294. ...οὐσία... (*ousía*).

Acabamos de esboçar a natureza da substância, indicando que é aquilo que não é predicado de um sujeito, mas aquilo de que as outras coisas são predicadas. Mas não podemos nos limitar a defini-la assim, uma vez que não basta. Não só a própria afirmação é obscura, como também converte a matéria em substância, já que se a matéria não for substância estará além de nosso poder dizer o que mais é. De fato, quando tudo o mais é removido, está claro que nada, exceto a matéria, permanece, posto que todas as demais coisas são paixões, produtos e potências dos corpos, além do que a extensão, a largura e a profundidade são quantidades e não substâncias. Com efeito, a quantidade não é substância – pelo contrário, a substância é aquilo a que tais paixões dizem primeiramente respeito. Mas, quando removemos a extensão, a largura e a profundidade, nada vemos remanescente, a menos que seja o que é por elas delimitado, de sorte que deste ponto de vista a matéria parece necessariamente ser a única substância. Refiro-me à matéria como aquilo que em si mesmo não é nem uma coisa particular, nem uma quantidade, nem algo designado por qualquer uma das categorias que determinam o *ser*. De fato, há alguma coisa da qual cada um destes é predicado, e cujo ser é distinto daquele de cada uma das categorias, porque todas as outras categorias são predicadas da substância, enquanto esta, porém, é predicada da matéria. Assim, o substrato final não é, em si mesmo, nem uma coisa particular, nem uma quantidade, nem qualquer outra coisa mais. Tampouco, realmente, é ele as negações destas, visto que as negações também tão só se aplicarão a ele acidentalmente.

Se acatarmos essa posição, conclui-se que a matéria é substância. Mas isso é impossível, pois é pacífico que a dissociabilidade e a individualidade pertencem particularmente à substância. Consequentemente, pareceria que a *forma* e a combinação de *forma* e *matéria* são mais verdadeiramente substância do que a matéria. A substância, portanto, que consiste de ambas – quero dizer de matéria e forma – pode ser posta de lado, uma vez que é posterior e óbvia. A matéria também é óbvia num certo sentido. É imperioso, portanto, que examinemos o terceiro tipo, visto ser este o que mais causa perplexidade.

Ora, concorda-se que algumas coisas sensíveis são substâncias, de modo
1029b1 que deveríamos iniciar nossa investigação por elas. É[295] conveniente avançar rumo ao que é mais inteligível; com efeito, o conhecimento é sempre

295. Bekker indica aqui como início do Capítulo 4. Não nos parece apropriado, pois romperia a continuidade expositiva e, consequentemente, a conexão das ideias. Aristóteles não está passando para outra ordem de considerações. Ficamos com Ross.

adquirido dessa maneira, isto é, avançando através do que é naturalmente menos inteligível para o que é mais. E tal como nas ações, cabe a nós partir do que é bom para cada um e tornar o que é bom em si mesmo bom para cada um,[296] cabe-nos partir do que é mais inteligível para si mesmo e tornar o que é inteligível por natureza inteligível para si mesmo. Ora, o que é inteligível e primário para cada um é frequentemente inteligível apenas numa modestíssima medida e contém muito escassa realidade. Entretanto, partindo daquilo que é sofrivelmente inteligível, porém inteligível para si mesmo, temos que tentar compreender o inteligível em si mesmo – avançando, como dissemos, por meio dessas mesmíssimas coisas que nos são compreensíveis.

4

UMA VEZ QUE distinguimos no início[297] o número de casos nos quais é definida a substância e visto que um desses julga-se ser a essência, é necessário que o investiguemos. Comecemos por tecer abstratamente alguns comentários sobre a essência.

A essência de cada coisa é aquilo que se diz ser em virtude de si mesma. Com efeito, *ser* tu não é *ser instruído*, pois não és instruído em função de ti próprio. Tua essência é, portanto, aquilo que se diz que és em virtude de ti próprio. Mas nem sequer tudo isso é a essência, pois esta não é aquilo que se diz ser *em função de si* no sentido em que se diz que a brancura pertence a uma superfície, porque *ser uma superfície* não é *ser branca*. Tampouco é a essência a combinação de ambas, ou seja, *ser uma superfície branca*. Por quê? Porque a própria palavra é repetida. Consequentemente a fórmula da essência de cada coisa é aquilo que define a palavra mas não a contém. Assim, se *ser uma superfície branca* é o mesmo que *ser uma superfície lisa*, branca e lisa são uma e a mesma coisa.

Mas como nas demais categorias também há compostos com substância (visto que há um substrato para cada categoria, por exemplo qualidade, quantidade, tempo, lugar e movimento), é preciso indagarmos se há uma fórmula da essência de cada uma delas, isto é, se esses compostos – por exemplo, homem branco – também possuem uma essência. Vamos supor que o composto seja denotado por *manto*. Qual é a essência de manto?

---

296. Ver *Ética a Nicômaco*, 1129b5, obra presente em Clássicos Edipro.
297. Ou seja, precisamente no início do Capítulo 3 deste Livro.

Mas pode-se considerar que isso também não é dito de alguma coisa em virtude de si mesma. Respondemos que há duas maneiras em que um predicado pode deixar de ser verdadeiro de um sujeito em virtude de si mesmo, um deles resultando de adição, enquanto o outro, não. *Um tipo de predicado* não é dito de uma coisa em virtude de si mesmo porque o termo que está sendo definido é adicionado a alguma outra coisa, por exemplo se definindo a essência do branco, alguém estivesse declarando a fórmula de *homem* branco; *um outro tipo* de predicado porque alguma coisa mais é adicionada a ele, por exemplo se *manto* significasse homem branco, e alguém tivesse que definir manto como branco; homem branco é realmente branco, mas sua essência não é ser branco. Mas ser um manto é absolutamente uma essência? Certamente não, uma vez que a essência é o que alguma coisa é individualmente. Mas quando um sujeito possui alguma coisa distinta de si mesmo dele predicada não é individual – por exemplo, *homem branco* não é individual, quer dizer, supondo que a individualidade pertença somente a substâncias. Consequentemente há essência somente das coisas cuja fórmula é uma definição. Mas temos uma definição não onde dispomos de uma palavra e uma fórmula de significado idêntico (pois neste caso todas as fórmulas seriam definições, uma vez que haveria algum nome para qualquer fórmula, de sorte que a própria *Ilíada* seria uma definição), mas onde há uma fórmula de alguma coisa primária, sendo as coisas primárias as que não envolvem a predicação de uma coisa de uma outra. Consequentemente, nada que não é uma espécie de um gênero terá uma essência – somente espécies a terão, pois nestas o predicado não é considerado como relacionado ao sujeito por participação ou paixão, nem como um acidente. Mas em relação a tudo o mais também, caso possua um nome, haverá uma fórmula de seu significado, ou seja, que esse predicado pertence a esse sujeito; ou, em lugar de uma simples fórmula, seremos capazes de fornecer uma mais precisa – mas não haverá nem definição nem essência.

Ou, talvez, *definição,* como o *o que,* tenha mais de um sentido; com efeito, o *o que*, num sentido, significa a substância e o individual, e num outro cada uma das categorias: quantidade, qualidade e assim por diante. Tal como *é* aplica-se a tudo, mas não do mesmo modo, e sim primeiramente a uma coisa e secundariamente a outras, *o que é* aplica-se num sentido simples (não qualificado) à substância, e a outras coisas num sentido qualificado. É verdade que poderíamos até mesmo indagar da qualidade *o que é*, de sorte que uma qualidade também é um *o que*, embora não simplesmente (não qualificadamente), mas exatamente como no caso do não ser, alguns dizem, através de um jogo de palavras, que o *não ser é* – não em um sentido absoluto (não qualificado), mas *é* não ser – e assim também sucedendo com a qualidade.

Ora, embora tenhamos também que considerar como devemos expressar a nós mesmos em cada caso particular, é ainda mais importante considerar o que são os fatos. E agora, como a linguagem que empregamos é clara, a essência também pertencerá primeira e simplesmente à substância e secundariamente também às outras categorias; tal como o *o que é* não é essência simplesmente, mas a essência de uma qualidade ou quantidade. Forçosamente é ou por equivocação (homonímia) que dizemos que essas coisas *são*, ou por soma e subtração de qualificações, como quando dizemos que *o incognoscível é conhecido*, uma vez que a verdade é que usamos as palavras nem equivocadamente (por homonímia) nem no mesmo sentido, mas exatamente como empregamos a palavra *médico*[298] numa *referência* a uma e mesma coisa, mas não *de* uma e mesma coisa, nem tampouco equivocadamente (por homonímia). A palavra *médico* é aplicada a um corpo, a uma função e a um instrumento nem equivocadamente nem em um sentido, mas em referência a uma coisa.

Entretanto, seja qual for a maneira em que se escolha falar dessas coisas, não tem nenhuma importância, exceto por um ponto evidente, a saber: que a definição primária e simples (não qualificada) e a essência pertencem às substâncias. É verdade que pertencem igualmente também a outras coisas, mas não *primariamente*. De fato, se o supursemos, não se concluirá necessariamente que há uma definição de qualquer coisa que significa o mesmo que qualquer fórmula; é necessário que signifique o mesmo que um tipo particular de fórmula, isto é, a fórmula de *uma* coisa particular, não por continuidade como a *Ilíada*, ou coisas que são arbitrariamente combinadas, mas em um dos principais sentidos de *uno*. E *uno* apresenta a mesma multiplicidade de sentidos que *ser*, que significa às vezes a coisa individual, às vezes a quantidade, às vezes a qualidade. Consequentemente, mesmo *homem branco* terá uma fórmula e definição, porém num sentido distinto da definição de *brancura* e *substância*.

5

E SURGE A QUESTÃO: se alguém nega que uma fórmula envolvendo uma adição é uma definição, como pode haver uma definição de termos que não são simples mas compostos? Com efeito, temos que explicá-los através de

---

298. O adjetivo *médico*, não o substantivo *médico*.

uma adição. Por exemplo, há *nariz* e *concavidade*, e *chatice nasal*, que é composta dos dois pela presença de um na outra. Não é por acidente que o nariz tem o atributo ou de *concavidade* ou de *chatice nasal*, mas em função de sua natureza; tampouco elas aplicam-se-lhe no sentido em que a brancura aplica-se a Cálias ou a um homem (porque Cálias é branco e é, por acidente, um homem), mas no sentido de que *macho* é um atributo de animal, e igualdade de quantidade, e todos os demais atributos dizemos serem aplicáveis por si, isto é, todas as coisas que envolvem a fórmula ou nome do sujeito do atributo particular, e não podem ser explicadas independentemente dele. Assim *branco* pode ser explicado independentemente de *homem*, mas não *fêmea* independentemente de *animal*. Deste modo, ou esses termos não têm essência ou definição, ou então eles a têm num sentido diferente, como dissemos antes.

Há, entretanto, uma outra dificuldade em relação a eles. Se nariz chato é o mesmo que nariz côncavo, chato[299] será o mesmo que côncavo. Mas se não, uma vez que é impossível falar de *chato* independentemente da coisa da qual, por si, é um atributo, já que chato significa *concavidade no nariz*, ou é impossível chamar o nariz de chato, ou teremos uma tautologia, ou seja, *nariz nariz côncavo* porque nariz chato será igual a *nariz nariz côncavo*. Portanto, é absurdo que termos como esses tenham uma essência; se a tivessem, haveria uma regressão infinita, pois para nariz chato ainda haverá um outro nariz...

Está claro, portanto, que somente a substância é definível. Se houvesse definições das outras categorias também, isso teria que envolver uma adição, como no caso do qualitativo; e do ímpar, pois este não pode ser definido independentemente do número; tampouco pode *fêmea* ser definido independentemente de *animal*. Quando digo *por adição* refiro-me à expressão na qual temos que dizer a mesma coisa duas vezes, como nesses exemplos. Ora, se isso for verdadeiro, não haverá tampouco definição de expressões compostas, por exemplo *número ímpar*. Não conseguimos compreendê-lo porque nossos termos não são empregados com precisão. Se, ao contrário, há definição também desses termos compostos, ou são definidos de uma maneira diferente, ou, como dissemos, *definição* e *essência* têm que ser usadas em mais de um sentido. Portanto, num sentido nada terá uma definição e nada terá uma essência, exceto substâncias, mas num outro sentido, outras coisas as terão. Está claro, então, que a definição é a fórmula da essência, e esta tem que pertencer às substâncias exclusiva *ou* principalmente, primária e simplesmente (num sentido não qualificado).

299. Referindo-se exclusivamente a nariz.

6

TEMOS QUE INDAGAR se a essência é idêntica à coisa particular, ou diferente, o que se revelará proveitoso à nossa investigação sobre a substância, já que se considera que uma coisa particular não é distinta de sua própria substância e se diz que a essência é a substância de cada coisa. Nas predicações acidentais, com efeito, a própria coisa pareceria ser diferente da essência – por exemplo, *homem branco* difere de *essência de homem branco*; se fossem idênticos, *essência do homem* e *essência do homem branco* seriam idênticas; pois, como dizem, *homem* e *homem branco* são o mesmo e, portanto, *essência do homem branco* e *essência do homem* são idênticas. Mas talvez não seja necessariamente verdadeiro que a essência de termos compostos acidentais seja a mesma de termos simples, porque os extremos do silogismo não são idênticos ao termo médio da mesma maneira. Talvez se pudesse pensar o seguinte, a saber, que os extremos acidentais são idênticos, por exemplo *essência do branco* e *essência do instruído*. Mas isso não é admitido.

Mas no caso dos termos *per se*,[300] é a coisa necessariamente idêntica à sua essência? Por exemplo, se há algumas substâncias que não têm outras substâncias nem entidades anteriores a elas – como alguns afirmam ser as Ideias?[301] Se a essência do bem difere da Ideia do bem, e a essência do animal, da Ideia do animal, e a essência do ser, da Ideia do ser haverá, em primeiro lugar, outras substâncias, entidades e Ideias além das afirmadas e, em segundo lugar, estas outras serão substâncias anteriores se a essência for substância. E se as substâncias posteriores forem mutuamente dissociadas, não haverá conhecimento das Ideias e as essências não existirão. (Por *dissociadas* entendo a Ideia de o bem não possuir a essência do bem, e esta última não possuir a propriedade de ser bem.) De fato, só há conhecimento de uma coisa quando conhecemos sua essência. E o mesmo aplica-se igualmente a outras essências, além de aplicar-se à essência do bem, de sorte que se a essência do bem não for bem tampouco será a essência do ser *ser*, nem a essência da unidade, *um*. Ou todas as essências igualmente existem, ou nenhuma delas, de maneira que, se a essência do ser não *é*, nenhuma das outras *é*. Ademais, aquilo que não possui a propriedade de ser bem não é bem. O bom, portanto, tem que ser uno com a essência do bem e o belo com a essência da beleza, e assim com todos os termos que não dependem de alguma coisa mais, mas são autossubsistentes e primários. Com

---

300. Ou melhor: *no caso das assim chamadas coisas que subsistem por si.*

301. Ideias ou Formas: clara alusão a Platão.

efeito, bastará se for assim, mesmo que não sejam Formas, ou talvez ainda mais se forem Formas. Ao mesmo tempo, também está claro que, se as Ideias são como alguns sustentam que são, o substrato não será substância, pois as Ideias têm que ser substâncias, mas não envolvendo um substrato, porque se realmente envolvessem um existiriam em função de sua participação nelas.

Que cada coisa individual tem unidade e identidade com sua essência, e não meramente por acidente, evidencia-se não apenas por força das considerações anteriores, como também porque ter conhecimento do individual é ter conhecimento de sua essência, de sorte que se exibirmos exemplos ficará patente que ambos esses conhecimentos são idênticos. Contudo, no que toca ao termo acidental, por exemplo *instruído* ou *branco*, uma vez que possui dois significados, não é verdadeiro afirmar que o próprio termo é idêntico à sua essência, pois tanto o termo acidental quanto aquilo de que ele é um acidente são *brancos*, de modo que num sentido a essência e o próprio termo são o mesmo, e num outro não são, porque a essência não é o mesmo que *o homem* ou que *o homem branco*, porém é o mesmo que a paixão.[302]

O absurdo da dissociação[303] ficará aparente também caso forneça-se um nome para cada essência, pois então haverá uma outra essência além da original, por exemplo, a essência de cavalo terá uma essência adicional. Ora, por que não deveriam algumas coisas ser identificadas com suas essências desde o início, se a essência é substância? De fato, não só é a coisa e sua essência uma só, mas também sua fórmula é a mesma, como, a propósito, fica evidente pelo que acabamos de dizer, pois não é por acidente que a essência do *uno* e *o uno* são *um*. Ademais, se forem diferentes, haverá uma série infinita, pois a essência do *uno* e *o uno* existirão ambos, de modo que, nesse caso também, o mesmo princípio aplicar-se-á. Está claro, então, que, no caso de termos primários e autossubsistentes, a coisa individual e sua essência são uma e a mesma coisa.

É óbvio que as objeções sofísticas a essa tese são solucionadas da mesma forma que a questão de ser Sócrates idêntico à essência de Sócrates, pois não há diferença quer no ponto de vista do qual a questão seria proposta, quer naquele do qual alguém poderia respondê-la com êxito.

Explicamos então em que sentido a essência é e em que sentido não é o mesmo que a coisa individual.

302. ...πάθει... (*páthei*), ou seja, o atributo branco.

303. Dissociação de uma coisa de sua essência.

7

DAS COISAS GERADAS, algumas são geradas naturalmente, outras artificialmente e outras espontaneamente. Entretanto, tudo que é gerado o é por alguma coisa, a partir de alguma coisa e se torna alguma coisa. Quando digo "se torna alguma coisa" entendo em qualquer uma das categorias; é possível que venha a ser quer uma coisa particular, quer de alguma quantidade ou qualidade, quer em algum lugar.

A geração natural é a geração de coisas que ocorre por meio da natureza. Aquilo de que são geradas é o que chamamos de matéria, e aquilo pelo que elas vêm a ser é alguma coisa que existe naturalmente, e a alguma coisa em que se tornam é um ser humano, ou uma planta ou algo mais deste jaez, a que damos o nome de substância no mais elevado grau. Todas as coisas geradas natural ou artificialmente contêm matéria, uma vez que é possível para cada uma delas tanto ser quanto não ser, e esta possibilidade é determinada pela matéria presente em cada coisa individual. E, em geral, tanto aquilo a partir de que quanto aquilo de acordo com que são geradas é natureza, pois a coisa gerada, por exemplo planta ou animal, possui uma natureza. E aquilo através do que são geradas é a chamada natureza "formal", *a qual apresenta a mesma forma da coisa gerada (embora esteja em algo mais), visto que o ser humano gera o ser humano.*[304]

Tal é a geração de coisas naturalmente geradas. Os outros tipos de geração[305] são chamados de produções.[306] Todas as produções procedem da arte, da potência ou do pensamento. Algumas delas são também geradas espontaneamente e por acaso, exatamente da mesma maneira como ocorre, às vezes, com as coisas naturalmente geradas, isto porque, por vezes, mesmo na esfera da natureza, as mesmas coisas são geradas tanto a partir da semente quanto na ausência dela.[307] Examinaremos casos deste tipo mais tarde.[308]

A geração artificial, ou seja, a partir da arte, é a geração das coisas cuja forma está contida na alma (por *forma* entendo a essência de cada coisa e sua substância primária); com efeito, até contrários têm, num certo sentido, a

---

304. Ou: *a qual é especificamente o mesmo que a natureza da coisa gerada (embora esteja num outro indivíduo), visto que o ser humano gera o ser humano.*

305. ...γενήσεις... (*genéseis*).

306. ...ποιήσεις... (*poiéseis*).

307. Ver *Da investigação sobre os animais*, 539a24 e 569a11.

308. Capítulo 9.

mesma forma. A substância da privação é a substância oposta, por exemplo a saúde é a substância da doença, na medida em que a doença é a ausência da saúde, ao passo que esta é a fórmula e conhecimento na alma. Ora, o sujeito saudável é produzido como resultado deste raciocínio: uma vez que *isso* é a saúde, se o sujeito pretende ser saudável, *isso* terá necessária e primeiramente que estar presente nele, por exemplo um estado homogêneo do corpo – se isso é para estar presente, tem que haver necessariamente calor; e o médico prossegue raciocinando até chegar ao que *ele próprio finalmente pode fazer*, e então o processo a partir deste ponto em diante, isto é, o processo rumo à saúde, é chamado de *produção.* Portanto, conclui-se, num certo sentido, que a saúde provém da saúde e uma casa de uma casa, aquilo que possui matéria daquilo que não a possui (pois a arte da medicina ou a da construção é a *forma* da saúde ou da casa). Entendo por essência a substância sem a matéria.

Nas gerações e movimentos, parte do processo é chamado de pensamento, parte de produção – aquilo que procede do ponto de partida e da forma é o pensamento e o que procede da conclusão do pensamento é a produção. Cada uma das demais etapas intermediárias é realizada do mesmo modo. Quero dizer, por exemplo, que se o sujeito é para ter saúde sua condição física terá que ser homogeneizada. E, então, o que envolve ser homogeneizado? Isso ou aquilo. E isso será atingido se ele for aquecido. E o que isso envolve? Algo mais. E este algo está presente potencialmente; e o que está presente em potência já se encontra em poder do médico.

A coisa que produz e a partir da qual se inicia o processo de recuperação da saúde é a forma na alma, se o processo for artificial; se este for espontâneo, o ponto de partida da produção para o produtor artificial será qualquer um, como no tratamento médico o ponto de partida é, talvez, o aquecimento do paciente, o que o médico produz mediante fricção. Aquecimento no corpo, então, é ou uma parte da saúde, ou é seguido (diretamente ou através de diversas etapas intermediárias) por algo similar que é uma parte da saúde e *isso*, quer dizer, aquilo que produz a parte, constitui a última etapa, como as pedras são uma parte da casa, e assim em todos os outros casos. Assim, como dizemos, a geração seria impossível se nada já houvesse antes. Fica claro, portanto, que alguma parte tem necessariamente que preexistir, porque a matéria é uma parte na medida em que preexiste no produto e converte-se em alguma coisa. *Mas então a matéria é parte da fórmula?*[309] Bem, definimos o que são

309. Ou: *Mas preexistem também alguns elementos na fórmula?*

anéis de bronze de ambas as maneiras; descrevemos a matéria como bronze e a forma como esta ou aquela figura, sendo a figura o gênero imediato em que é colocado o anel. O anel de bronze, então, possui sua matéria em sua fórmula.

E quanto àquilo a partir do que, como matéria, as coisas são geradas, algumas ao serem geradas não são chamadas *isso ou aquilo*, mas *feitas disso ou daquilo*; por exemplo, uma estátua não é chamada de *pedra*, mas *feita de pedra*. Entretanto, o homem que se torna saudável não é chamado segundo aquilo a partir do que se tornou saudável. A razão disso é que a geração procede da privação e do substrato a que damos o nome de matéria (por exemplo, tanto o *homem* quanto o *doente* torna-se saudável), embora seja dito com maior propriedade que proceda da privação, ou seja, alguém se torna saudável mais por ter estado doente do que por ser homem. Consequentemente, um indivíduo saudável não é chamado de doente, mas de homem, e de homem saudável. Mas onde a privação é obscura e destituída de nome – por exemplo, no bronze a privação de qualquer dada figura, ou nos tijolos e na madeira a privação da figura de uma casa – considera-se que a geração procede desses materiais, como no caso anterior, o indivíduo saudável é produzido a partir do doente. Consequentemente, tal como no caso anterior, como também uma coisa não é chamada a partir daquilo de que é gerada, não se diz aqui que a estátua é *madeira*, mas através de uma alteração verbal, que é *de madeira*, não *bronze* mas *de bronze*, não *pedra*, mas *de pedra*. E não se diz que a casa é *tijolos*, mas *feita de tijolos*. Com efeito, se examinarmos o assunto cuidadosamente, não deveríamos sequer dizer não qualificadamente que uma estátua é gerada a partir de madeira, ou uma casa a partir de tijolos, porque aquilo a partir do que uma coisa é gerada não é permanente, mas mutável. Eis porque discursamos deste modo.

8

ORA, COMO aquilo que é gerado o é *por* alguma coisa (pelo que entendo o ponto de partida do processo de geração), *a partir de* alguma coisa (pelo que não devemos entender a privação, mas a matéria, uma vez que já distinguimos seus significados) e *torna-se* alguma coisa (isto é, uma esfera, um anel ou seja lá mais o que possa ser), tal como o artífice não produz o substrato, isto é, o bronze, tampouco produz ele a esfera, a não ser incidentalmente, na medida em que a esfera de bronze é uma esfera, e ele confecciona a primeira. Com

efeito, confeccionar *isto*[310] é confeccionar *isto* a partir do substrato no sentido mais pleno. Quero dizer que tornar redondo o bronze não é confeccionar o redondo ou a esfera, mas alguma coisa mais, isto é, produzir essa forma num outro veículo. De fato, se confeccionamos a forma, o fazemos a partir
1033b1 de alguma outra coisa, como já supomos – por exemplo, confeccionamos uma esfera de bronze e isso no sentido de que a partir disso, que é bronze, confeccionamos esta outra coisa, que é a esfera. Se, então, confeccionamos a própria esfera, é claro que poderemos repeti-lo mediante o mesmo método, e os processos de geração prosseguirão *ad infinitum*.

É, portanto, evidente que a *forma*[311] (ou não importa o nome que se queira dar à *configuração*[312] da coisa sensível) não é gerada, a geração não lhe dizendo respeito – e tampouco a essência é gerada, uma vez que *isto* é aquilo que é introduzido em alguma coisa mais mediante a arte, a natureza ou a potência. Mas nós realmente causamos o ser de uma esfera de bronze na medida em que a produzimos a partir do bronze e de uma esfera; introduzimos a forma nessa matéria particular e o resultado é uma esfera de bronze. Mas se a essência de esfera em geral é gerada, alguma coisa é necessariamente gerada de alguma coisa, porque aquilo que é gerado terá sempre que ser divisível, e parcialmente uma coisa e parcialmente uma outra, com o que quero dizer *parcialmente matéria* e *parcialmente forma*. Se então uma esfera é a figura cuja circunferência é em todos os pontos equidistante do centro, parte disso será o meio em que aquilo que produzimos estará contido, e parte estará nesse meio; e o todo será a coisa gerada, como no caso da esfera de bronze. Evidencia-se, portanto, a partir do que dissemos, que a coisa – no sentido de forma ou substância – não é gerada, ao passo que o todo concreto, que é nomeado segundo ela, é gerado; e que em todas as coisas geradas a matéria está presente, e uma parte é matéria e a outra é forma.

Há, então, alguma esfera independentemente das esferas particulares, ou alguma casa independentemente dos tijolos? Decerto, nenhum *isso*[313] jamais teria sido gerado se assim fosse. Forma significa *de uma tal espécie* e não um *isso*, isto é, uma coisa individual definida. Contudo, produzimos ou geramos a partir de alguma coisa individual *de uma tal espécie*, e quando gerado é um indivíduo *de uma tal espécie*. E o indivíduo integral, Cálias ou Sócrates,

310. Ou seja, uma coisa individual, particular.

311. ...εἶδος... (*eîdos*).

312. ...μόρφην... (*mórphen*).

313. Ou seja, a coisa individual.

corresponde a *essa esfera de bronze*, mas *homem* e *animal* correspondem à esfera de bronze em geral.

É evidente, portanto, que a causa que consiste das Formas[314] (no sentido em que alguns a elas se referem supondo que há certas existências independentemente das existências individuais), no que tange ao menos à geração e corrupção, é inútil; e, tampouco, por esta razão, de qualquer modo, devem as Formas ser consideradas substâncias autossubsistentes. Efetivamente, em alguns casos até se evidencia que aquilo que gera é do mesmo tipo do que é gerado – não, entretanto, idêntico a ele, nem uno, numericamente falando, mas uno do ponto de vista da forma – por exemplo, na geração natural (o ser humano gera o ser humano), a menos que algo ocorra contrário à natureza, como quando um cavalo gera um mulo. E mesmo esses casos são semelhantes, uma vez que aquilo que seria comum ao cavalo e ao burro, o gênero imediatamente acima deles, carece de nome, embora fosse provavelmente ambos, já que o mulo é ambos.

A conclusão evidente é que é desnecessário estabelecer uma forma como um modelo (pois deveríamos ter procurado por Formas especialmente nesses casos, já que coisas vivas são, num sentido especial, substâncias); a coisa que gera basta para a produção e para ser a causa da forma na matéria. O todo completado, esta ou aquela forma introduzida nesta carne e nestes ossos, é Cálias ou Sócrates. E é *diferente* daquilo que o gerou, porque a matéria é diferente, mas é *idêntico* na forma, porque esta é indivisível.

9

PODER-SE-IA LEVANTAR a questão do porquê algumas coisas são geradas tanto artificial quanto espontaneamente, do que é exemplo a saúde, enquanto outras não o são, do que é exemplo uma casa. A razão disso é que em alguns casos a *matéria* (a qual constitui o ponto de partida do processo na produção e geração de coisas artificiais), na qual uma certa parte do resultado já existe, é tal que se capacita a iniciar seu próprio movimento, o mesmo não ocorrendo em outros casos; e cumpre acrescentar que no primeiro caso a matéria pode iniciar o movimento de um modo particular, enquanto em outros casos a matéria é incapaz de fazê-lo. De fato, muitas coisas são capazes de mover a si mesmas, mas não de um modo particular, do que é exemplo a dança. É então impossível

314. ...εἶδων... (*eîdon*) – a referência é ao conceito específico de Platão, e não propriamente à *forma* em oposição à matéria (ὕλη [*hýle*]).

para quaisquer coisas cuja matéria é deste tipo (pedras, por exemplo) serem movidas *desse modo particular* a não ser por uma outra coisa. Entretanto, de um outro modo são capazes de mover a si mesmas. O mesmo acontece com o fogo. Por essa razão, algumas coisas não podem existir independentemente do detentor da arte, enquanto outras podem; de fato, o movimento pode ser desencadeado por aquelas coisas que não detêm realmente a arte, mas que podem, elas mesmas, ser movidas quer por outras coisas não detentoras da arte, quer graças ao movimento da parte do produto que nelas preexiste.

Também fica claro, com base no que dissemos, que num certo sentido todas as coisas artificiais são geradas *ou* a partir de alguma coisa que ostenta o mesmo nome (como é o caso dos produtos naturais), *ou* a partir de uma parte de si mesmas e que ostenta o mesmo nome delas (por exemplo, uma casa a partir de uma casa, na medida em que é gerada pela mente, pois a arte da construção é a forma da casa), *ou* a partir de alguma coisa que contém alguma parte delas, se excluirmos as geradas acidentalmente. De fato, a causa direta e independente da produção constitui uma parte do produto. O calor presente no movimento produz calor no corpo, e ou isso é saúde, ou uma parte da saúde, ou é seguido por uma parte da saúde ou pela própria saúde. Esta é a razão de se dizer que o calor produz saúde, ou seja, o calor produz aquilo de que a saúde é uma concomitância e consequência. Portanto, como a substância é o ponto de partida de tudo nos silogismos (uma vez que os silogismos partem do *o que* de uma coisa), do mesmo modo também a geração procede da substância.

E o mesmo que ocorre com os produtos da arte, ocorre com as formações naturais, pois a semente as produz como o artista produz as obras de arte. A semente encerra a forma potencialmente, e aquilo de que provém a semente possui, num certo sentido, o mesmo nome do produto (somente num sentido pois não deveríamos esperar que todas devessem ter o mesmo nome no sentido em que o ser humano gera o ser humano,[315] já que a mulher[316] é também gerada pelo homem[317]), a menos que o produto seja uma anomalia, razão pela qual um mulo não é produzido por um mulo.

As coisas naturais que, como objetos artificiais, são produzidas espontaneamente são aquelas cuja matéria pode também desencadear por si mesma

315. ...ἄνθρωπος... (*ánthropos*).

316. ...γυνή... (*gyné*).

317. ...ἀνδρός... (*andrós*).

aquele movimento desencadeado pela semente. Aquelas cuja matéria não é capaz de fazê-lo não podem ser geradas a não ser por seus próprios genitores.

Não é somente com referência à substância que nosso argumento indica que a forma não é gerada; o mesmo argumento apresenta aplicação comum a todas as divisões primárias, isto é, quantidade, qualidade e as demais categorias. De fato, tal como a esfera de bronze é gerada, porém não a esfera nem o bronze, e como no caso do bronze, se é gerado, a forma e a matéria não são (porque estas têm necessariamente que preexistir), o mesmo ocorre com o *o que*, a qualidade, a quantidade e as demais categorias semelhantemente, pois não é a qualidade que é gerada, mas a madeira dessa qualidade; tampouco é a quantidade (ou tamanho) que é gerada (gerado), mas a madeira nessa quantidade ou o animal desse tamanho. Mas é possível apreender destes exemplos uma peculiaridade da substância, ou seja, que tem que preexistir uma outra substância em ato que a produza – por exemplo, um animal se um animal estiver sendo gerado; entretanto, uma qualidade ou uma quantidade não necessita preexistir de outro modo senão em potência.

10

UMA VEZ QUE uma definição é uma fórmula, e toda fórmula apresenta partes, e uma vez que a fórmula está relacionada à coisa do mesmo modo que a parte da fórmula está relacionada à parte da coisa, surge a questão: Tem a fórmula das partes que estar contida na fórmula do todo, ou não? Parece claro que assim é em alguns casos, mas não em outros. A fórmula do círculo não inclui a dos segmentos, ao passo que a fórmula da sílaba inclui a das letras. E, não obstante, o círculo é divisível em seus segmentos exatamente do mesmo modo que a sílaba o é em suas letras.

Além disso, se as partes são anteriores ao todo, e o ângulo agudo é parte do ângulo reto, e o dedo parte do animal, o ângulo agudo será anterior ao ângulo reto, e o dedo será anterior ao ser humano. Mas julga-se serem estes últimos os anteriores, porquanto na fórmula as partes são explicadas a partir deles, além do que os todos são anteriores também em função de sua capacidade de existir independentemente. Talvez devêssemos dizer que *parte* tem vários significados, um dos quais é "aquilo que mede com respeito à quantidade". Mas deixemos esta questão de lado e indaguemos acerca das partes das quais consiste a substância.

Se então a matéria, a forma e a combinação de ambas revelaram-se distintas, e se matéria, forma e sua combinação forem substância, haverá um sentido no qual mesmo a matéria poderá ser chamada de *parte* de uma coisa, e um outro no qual assim não é, mas em que as únicas partes são os elementos dos quais consiste a fórmula da forma – por exemplo, a carne não é uma parte da concavidade porque a carne é a matéria em que a concavidade está introduzida; é uma parte, porém, da chatice do nariz. E o bronze é parte da estátua como um todo concreto, mas não da estátua como forma. *Podemos nos referir à forma (ou à coisa detentora de uma forma) como uma coisa individual, mas nunca podemos nos* referir *ao que é material por si mesmo.*[318] Esta é a razão porque a fórmula do círculo não contém a dos segmentos, enquanto a fórmula da sílaba contém a das letras, posto que as letras são partes da fórmula da forma, e não matéria, mas os segmentos são partes – no sentido de matéria – em que a forma é introduzida; entretanto, aproximam-se mais da forma do que o faz o bronze quando a redondez é neste produzida. Mas há um sentido em que nem mesmo todas as letras estarão contidas na fórmula da sílaba – por exemplo, letras particulares sobre cera ou sons no ar, uma vez que estes também constituem parte da sílaba no sentido em que constituem sua matéria sensível. Pois mesmo se a linha for dividida e reduzida às suas metades, ou se o homem for decomposto em ossos, músculos e carne, não se concluirá que são compostos destes como partes de sua substância, mas como sua matéria; e são partes do todo concreto, mas não da forma, ou daquilo a que se refere a fórmula. Consequentemente, não se acham nas fórmulas. Em consonância com isso, em alguns casos a fórmula incluirá a fórmula de tais partes como nos casos anteriores, mas em outros casos não necessita forçosamente conter sua fórmula, a não ser que seja a fórmula do objeto concreto. É por esta razão que algumas coisas são compostas de partes à maneira de princípios nos quais poderiam ser decompostas, enquanto outras coisas não. Todas as coisas que são combinações concretas de forma e matéria (por exemplo, "o chato do nariz" ou o anel de bronze) podem ser decompostas em forma e matéria, e a matéria é uma parte delas; mas as que não são combinações concretas com a matéria, e carecem de matéria (cujas fórmulas referem-se exclusivamente à forma), não são decomponíveis, quer de modo algum, quer ao menos dessa maneira aqui definida. Conclui-se que esses componentes materiais são princípios e partes das coisas concretas, enquanto da forma não são nem partes nem princípios. É por força disso que a estátua de argila pode

318. Ou: *Seria necessário nos referirmos a cada coisa nomeando sua forma, e como detendo forma, mas jamais nomeando o seu aspecto material enquanto tal.*

ser decomposta em argila, a esfera decomposta em bronze e Cálias em carne e ossos, o mesmo se aplicando ao círculo, o qual é decomponível em segmentos, por ser alguma coisa que é combinada com matéria, uma vez que empregamos o mesmo nome tanto para o círculo absoluto quanto para o círculo particular, já que inexiste um nome especial para os círculos particulares.

A verdade foi por nós indicada. Contudo, recapitulemos e a indiquemos com maior clareza. Todos os constituintes que são partes da fórmula – e nos quais a fórmula é divisível – são anteriores aos seus todos, seja todos ou alguns deles. A fórmula do ângulo reto, porém, não é divisível na fórmula de um ângulo agudo, mas vice-versa, visto que ao definir o ângulo agudo recorremos ao ângulo reto porque "o ângulo agudo é menos do que um ângulo reto". O mesmo ocorre com o círculo e o semi-círculo, já que este é definido por meio do primeiro. E o dedo é definido por meio da totalidade do corpo, uma vez que um dedo é um tipo particular da parte de um ser humano. Conclui-se que essas partes, que são materiais e nas quais o todo é decomponível como na matéria, são posteriores ao todo. Mas aquelas que são as partes da fórmula, e da substância em conformidade com sua fórmula, são anteriores, ou todas ou algumas delas. E visto que a *alma*[319] dos animais (uma vez que esta é a substância do *ser animado*[320]) é sua substância de acordo com a fórmula, ou seja, a forma e a essência daquele tipo particular de corpo (no mínimo, cada parte, se for para defini-lo propriamente, não sem a referência às suas funções, o que não pode lhe dizer respeito independentemente da percepção), então as partes da alma são *anteriores*, quer todas elas quer algumas delas, ao *animal concreto*, ocorrendo algo análogo em outros casos individuais que envolvem todos concretos. Mas o corpo e suas partes são posteriores a essa substância e não é esta substância, mas o todo concreto que é decomposto nessas partes como na matéria. Assim, se num sentido essas partes são anteriores ao todo concreto, num outro não o são, uma vez que sua existência independente é impossível; de fato, um dedo em qualquer estado não pode ser uma parte de um ser vivo, porquanto um dedo morto é tão só homonimamente um dedo. Algumas partes são concomitantes ao todo, isto é, aquelas que são indispensáveis e nas quais a fórmula e a substância estão imediatamente presentes, do que são exemplos o coração e talvez o cérebro, uma vez que não importa qual deles detenha essa qualidade. Mas *ser humano* e *cavalo* e termos aplicados dessa maneira a

---

319. ...ψυχή... (*psykhé*).

320. ...ἐμψύχου... (*empsýkhou*).

indivíduos – mas universalmente – não são substância, mas um tipo de todo concreto, composto dessa fórmula particular e dessa matéria particular tomadas como universais. Sócrates, entretanto, individualmente já é composto de matéria extrema,[321] ocorrendo algo semelhante em todos os outros casos.

Uma parte, portanto, pode ser parte *da* forma (pelo que entendo a essência), ou *do* todo concreto composto de forma e matéria, ou *da* própria matéria. Contudo, somente as partes da forma são partes da fórmula, a qual diz respeito ao universal; com efeito, ser um círculo é o mesmo que *o círculo*, e ser uma alma é o mesmo que *a alma*. Quando, porém, estamos diante da coisa concreta, isto é, *este* círculo – o qual é um entre os círculos individuais – quer sensível ou inteligível (entendo por círculos inteligíveis os matemáticos, e por círculos sensíveis os anéis de bronze ou madeira), desses círculos individuais não há definição e apreendemo-los por meio da inteligência ou da percepção; e quando saem da esfera de nossa real apreensão, é dúbio se existem ou não, embora sejam sempre objetos de discurso e apreendidos de modo cognoscível pela fórmula universal. A matéria em si, todavia, é incognoscível. Há uma certa matéria que é sensível, ao passo que outra é inteligível. São exemplos de matéria sensível o bronze, a madeira e toda matéria submetida ao movimento, enquanto são exemplos de matéria inteligível aquilo que está presente nas coisas sensíveis não como sensível, que é o caso dos objetos das matemáticas.

Discutimos como estão associados o todo e a parte e o anterior e o posterior.

Entretanto, se indagados se o ângulo reto, o círculo e o animal são anteriores àquilo em que são decompostos e do que são compostos – isto é, das partes – será necessário respondermos à questão *dizendo que nenhum deles é anterior simplesmente.*[322] Pois se a alma é também o animal ou a coisa animada, ou se a alma do indivíduo é o próprio indivíduo, e *ser um círculo* é o círculo, e *ser um ângulo reto* e a essência do ângulo reto *é* o ângulo reto, então temos que admitir que o todo, num sentido, é posterior à parte num sentido, isto é, às partes contidas na fórmula e às partes de um ângulo reto particular (visto que tanto o canto reto material feito de bronze quanto a ângulo reto formado por linhas individuais são posteriores às suas partes), ao passo que o ângulo reto

321. ...ἐσχάτης ὕλης... (*eskhátes hýles*).

322. ...ἁπλῶς... (*haplôs*), quer dizer, *absolutamente*. O texto de W. D. Ross articula-se diferentemente: ... *dizendo que não é possível responder à questão simplesmente.*

imaterial é posterior às partes contidas na fórmula, mas anterior às contidas no caso individual. Não devemos oferecer uma resposta simples. E se a alma não é o animal, mas alguma coisa mais, é imperioso declararmos, mesmo nesse caso, que alguns *todos* são anteriores e alguns não, como foi indicado.

11

Uma questão vem à luz naturalmente, a saber, qual o tipo de partes que diz respeito à forma e qual o tipo que não diz respeito a ela, mas à coisa concreta. Se isso não fica claro, é impossível definir o particular, porque a definição refere-se ao universal e à forma. Portanto, se não houver clareza quanto a saber qual tipo de partes é material e qual não é, também não haverá tampouco clareza quanto à fórmula da coisa. No que tange a coisas que se constata ocorrerem em materiais especificamente diferentes, como um círculo pode existir em bronze, ou em pedra ou em madeira, parece evidente que essas coisas, o bronze e a pedra, não são em sentido algum parte da essência do círculo, porque este é dissociável e independente deles. No que toca a coisas que não são visivelmente separáveis, não há porque pensar que o mesmo não seja aplicável a elas – por exemplo, se todos os círculos (anéis) que já houvessem sido vistos fossem de bronze (pois não obstante isso, o bronze não seria parte da forma), embora seja difícil realizar essa separação no pensamento. Por exemplo, a forma do *ser humano* é sempre manifestada em carne, ossos e elementos deste tipo. São estes, portanto, também partes da forma e da fórmula ou não são? Não, são matéria. Mas, pelo fato de o ser humano não estar presente também em outras matérias, somos incapazes de realizar a separação. Ora, como isso parece possível, embora não seja evidente quando, alguns se mostram em dúvida mesmo no caso do círculo e do triângulo, julgando incorreto defini-los por linhas e espaço contínuo, mas considerando que todos estes são para o círculo ou o triângulo como a carne ou os ossos são para o ser humano, e o bronze ou a pedra é para a estátua. E reduzem tudo a números e declaram que a fórmula da *linha* é a fórmula do *dois*.[323] E entre os proponentes [da teoria] das Ideias,[324] alguns fazem do *dois* a linha Ideal, enquanto outros fazem dele a Forma da linha; de fato, declaram que em alguns casos a Forma e aquilo de que é a Forma – por exemplo o *dois* e a Forma de

323. Aristóteles alude aos pitagóricos.

324. Platão e os platônicos.

dois – são o mesmo. Entretanto, no caso da linha, declaram que não é mais assim. Conclui-se que há *uma* Forma de *muitas* coisas cuja forma é evidentemente diferente (uma conclusão que também os pitagóricos tiveram que encarar), e também que é possível constituir *uma* Forma[325] suprema de tudo, e não considerar o resto como Formas, com o que, entretanto, tudo seria uno.

Acabamos de indicar que a questão das definições encerra certa dificuldade e mostramos porque é assim. A conclusão é que reduzir todas as coisas às formas e descartar a matéria é ir longe demais, pois algumas coisas são presumivelmente uma forma particular numa matéria particular, ou coisas particulares num estado particular. E a comparação que o Sócrates mais jovem[326] costumava fazer quanto ao ser vivo não é boa, pois distancia as pessoas da verdade e as faz supor que é possível a um ser humano existir sem suas partes, como acontece com o círculo sem o bronze. Entretanto, os casos não são semelhantes, já que o ser vivo é sensível e não pode ser definido sem o movimento e, consequentemente, não a menos que suas partes estejam em alguma condição definida; com efeito, não é a mão em qualquer condição que constitui uma parte do ser humano, mas a mão somente quando é capaz de desempenhar sua função, de modo que encerra vida em si; se não está viva, não é uma parte.

E no tocante aos objetos das matemáticas, por que não são, as fórmulas das partes, partes das fórmulas do todo? Por exemplo, por que as fórmulas dos semicírculos não são partes da fórmula do círculo? Não se poderia responder: *porque não são sensíveis*, uma vez que elas não são. Mas provavelmente isso não faça diferença, já que haverá matéria mesmo de algumas coisas que não são sensíveis. Na verdade, haverá matéria em algum sentido em tudo que não seja essência ou forma consideradas independentemente, mas como uma coisa particular, de sorte que os semicírculos serão partes não do círculo universal, mas dos círculos particulares, como anteriormente afirmamos,[327] porquanto alguma matéria é sensível, enquanto alguma é inteligível. Evidencia-se também que a alma é a substância primária, que o corpo é matéria e que o *ser humano* ou o *animal* é a combinação de ambos tomados universalmente. E Sócrates ou Corisco apresenta duplo sentido, se também a alma de Sócrates pode ser chamada de Sócrates (já que por Sócrates alguns entendem a alma,

---

325. Acepção platônica, *Ideia – Forma,* sempre com inicial maiúscula.

326. Na verdade não é *Sócrates mais jovem*, mas um dos discípulos de Sócrates que figura como interlocutor no diálogo *Político* de Platão, e a quem se alude no *Sofista*, 218b.

327. Capítulo 10.

enquanto outros o indivíduo concreto); mas se Sócrates significa simplesmente *esta* alma e *este* corpo, o individual é análogo ao universal.

Terá que ser examinado mais tarde[328] se existe algum outro componente material dessas substâncias além de sua matéria e se devemos buscar alguma substância adicional nelas, tais como números ou algo deste tipo. É com isso em vista que estamos tentando determinar a natureza das substâncias sensíveis, já que num certo sentido a investigação das substâncias sensíveis diz respeito à física ou filosofia segunda;[329] de fato, é necessário ao físico não apenas conhecer a matéria, como também a substância compatível com a fórmula, sendo este segundo conhecimento ainda mais necessário do que o primeiro. E no que tange às definições, em que sentido os elementos na fórmula constituem partes da definição, e porque a definição é uma fórmula (pois claramente a coisa é una, mas em função do que é una, na medida em que apresenta partes?) deverá ser examinado mais tarde.[330]

Foi indicado, então, numa exposição geral abrangente de todos os casos, o que é a essência e de que modo ela é independente; e porque a fórmula da essência de algumas coisas contém as partes da coisa definida, ao passo que a fórmula de outras coisas não as contém; e mostramos que na fórmula da substância as partes materiais de uma coisa não podem estar presentes (visto que não são sequer partes da substância nesse sentido, mas da substância concreta, da qual há, num certo sentido, uma fórmula e, num outro, não há nenhuma fórmula; com efeito, não há fórmula dela envolvendo a matéria, uma vez que esta é indeterminada; há, contudo, uma fórmula em conformidade com a substância primária, por exemplo no que se refere ao ser humano, a fórmula da alma, já que a substância é a forma residente, da qual conjuntamente com a matéria a chamada substância concreta é composta – por exemplo, a concavidade é uma forma desse tipo, pois dela e do nariz surgem o nariz chato e a chatice do nariz; de fato, *nariz* estará presente duas vezes nessas expressões). Mas na substância concreta, por exemplo nariz chato ou Cálias, também a matéria estará presente.

1037b1 Afirmamos também que a essência e a coisa individual são, em alguns casos, o mesmo, como no caso das substâncias primárias, do que é exemplo a curvatura e a essência da curvatura, se esta for primária. Por substância primária entendo a substância que não implica a presença de alguma coisa em

---

328. Nos Livros XIII e XIV.

329. ...δεύτερας φιλοσοφίας... (*deúteras philosophías*).

330. Livro VIII, Capítulo 6.

alguma coisa mais, ou seja, num substrato que atua como matéria. Mas tais coisas materiais ou que são compostas de matéria não são o mesmo que sua essência, nem mesmo se forem acidentalmente unas, por exemplo Sócrates e instruído, uma vez que estes são o mesmo somente por acidente.

12

AGORA, PRINCIPIEMOS por nos ocupar da definição, numa medida em que dela não nos ocupamos nos Analíticos,[331] posto que o problema nestes apresentado[332] tem a sua utilidade para nossa discussão da substância. O problema que tenho em mente corresponde à seguinte questão: O que constitui a unidade daquilo de que dizemos que a fórmula é uma definição? Por exemplo, no caso de homem, *animal bípede*. Tomemos isso como a fórmula de homem. Por que, então, é isso uma unidade e não uma pluralidade, quer dizer, animal *e* bípede? Pois no caso de *homem* e *branco* temos uma pluralidade quando o segundo não se refere ao primeiro, ao passo que dispomos de uma unidade quando ele (o segundo) refere-se ao primeiro, e o sujeito *homem* tem um atributo, de sorte que se tornam uma unidade, e temos o *homem branco*. No caso que temos diante de nós, contudo, um termo não participa do outro; não se considera que o gênero participe de suas diferenças, já que então a mesma coisa estaria participando simultaneamente de contrários, uma vez que as diferenças que distinguem o gênero são contrárias. E mesmo que delas participasse, idêntico argumento seria aplicável, uma vez que as diferenças são muitas, por exemplo terrestre, bípede, não alado.[333] Por que são uma unidade e não uma pluralidade? Não é porque estão presentes em um gênero, pois se assim fosse todas as diferenças do gênero formariam uma unidade. Mas decerto todos os atributos na definição têm que formar uma unidade, porque a definição é um tipo de fórmula singular e uma fórmula da substância, de modo que é necessariamente uma fórmula de uma coisa particular, posto que a substância denota, como sustentamos, uma unidade e um *isso*.[334]

---

331. *Analíticos Posteriores*, quarto tratado do *Órganon* (obra presente nos Clássicos Edipro).

332. *Analíticos Posteriores*, 92a30.

333. Ou *sem plumagem*: ...ἄπτερον... (*ápteron*).

334. ...τόδε... (*tóde*), ou seja, o individual, uma coisa individual.

Nossa investigação das definições deve começar por aquelas provenientes das divisões. Não há nada mais na definição a não ser o gênero primário e as diferenças; os outros gêneros consistem do gênero primário somado às diferenças que são com ele tomadas – por exemplo, o gênero primário é *animal*, o seguinte abaixo dele *animal bípede*, e prosseguindo *animal bípede não alado*, e analogamente também se a expressão contiver ainda mais termos. Em geral, não tem importância se contém muitos ou poucos termos e, tampouco, portanto, se contém poucos ou simplesmente dois; de dois, um é diferença e o outro, gênero – por exemplo em animal bípede, *animal* é gênero e o outro termo é diferença. Se então, o gênero absolutamente não existe independentemente da espécie que ele, como gênero, inclui, ou se existe, mas tão só como matéria (porquanto a língua é gênero e matéria, mas suas diferenças produzem a espécie, isto é, as letras, a partir dele), fica evidente que a definição é a fórmula composta das diferenças.

Mas é igualmente necessário, na divisão, tomar a diferença da diferença. Por exemplo, *ter pés* é uma diferença de *animal*; na sequência, por seu turno, precisamos descobrir a diferença de *animal que tem pés* enquanto *tendo pés*. Em conformidade com isso, não deveríamos dizer – se quisermos nos expressar corretamente – que *daquilo que tem pés* uma parte é alada e a outra não alada. Se assim o dissermos, o será por incapacidade. [Deveríamos dizer somente que] uma parte tem pés fendidos e a outra não, porque estamos diante de diferenças de *pés*, visto que pés fendidos é um tipo de pés.[335] E, assim, inclinamo-nos a caminhar sempre progressivamente até chegarmos à espécie que não contém diferenças; neste ponto, haverá tantos tipos de pés quanto diferenças, e as espécies de animais dotados de pés serão numericamente iguais às diferenças. Então, se assim é, fica evidente que a última diferença será substância da coisa e sua definição, visto que não é necessário que expressemos as mesmas coisas mais de uma vez nas definições, devido ao supérfluo disso. Entretanto, isso realmente ocorre, pois quando dizemos *animal dotado de pés e bípede* simplesmente dissemos *animal dotado de pés dotado de dois pés*. E se o dividirmos de acordo com sua correta divisão, estaremos expressando a mesma coisa muitas vezes, tantas vezes quantas diferenças houver.

Se, assim, nos mantivermos tomando uma diferença de uma diferença, uma delas, isto é, a última, será a forma e a substância. Entretanto, se prosseguirmos de acordo com qualidades acidentais, por exemplo se dividirmos *aquilo que é dotado de pés* em branco e preto – haverá um número de diferen-

335. ...ποδότης... (*podótes*): não dispomos do substantivo na língua portuguesa.

ças igual ao número de divisões. Fica, portanto, evidente que a definição é a fórmula extraída das diferenças e – a nos expressarmos rigorosamente – da última delas. Isso ficará claro se alterarmos a ordem de tais definições, por exemplo a do homem, dizendo *animal que é bípede dotado de pés*, pois *dotado de pés* é supérfluo uma vez que já dissemos *bípede*. Entretanto, na substância não se cogita de ordem, pois como poderíamos pensar, em relação a ela, numa parte como posterior e a outra como anterior?

No que toca, portanto, às definições por divisão, que baste isso à guisa de exposição preliminar sobre sua natureza.

13

CONSIDERANDO-SE QUE o objeto de nossa investigação é a substância, voltemos a ela. Tal como o substrato[336] e a essência e a combinação deles são chamados de substância, o mesmo ocorre com o universal.[337] Dois destes já foram abordados por nós, ou seja, a essência e o substrato. Quanto ao substrato, dissemos que é *subjacente* em dois sentidos: ou sendo um *isso* (uma coisa individual), como o animal é *subjacente* aos seus atributos, ou como a matéria é *subjacente* à realidade. Também há quem pense[338] que o universal é, no sentido mais verdadeiro, uma causa e um princípio. Passemos, portanto, a discutir também esta questão, uma vez que parece impossível que qualquer termo universal possa nomear uma substância.

Primeiramente, a substância de um indivíduo é a substância que a ele é peculiar, não pertencendo a nada mais, ao passo que o universal é comum, já que por universal entendemos aquilo que por natureza diz respeito a muitas coisas. De qual individual, então, o universal será a substância? De todos ou de nenhum. Mas não é possível que seja a substância de todos, enquanto se é a substância de um, *os demais também serão este um,*[339] visto que coisas cuja substância é una possuem igualmente essência una e são elas próprias unas.

Por outro lado, substância significa aquilo que não é predicado de um sujeito, ao passo que o universal é sempre predicado de algum sujeito.

---

336. ...ὑποκείμενον... (*hypokeímenon*).

337. ...καθόλου... (*kathólou*).

338. Alusão aos platônicos.

339. Ou: *este um também será os demais.*

Mas talvez, embora o universal não possa ser substância no sentido em que o é a essência, possa estar presente na essência como *animal* pode estar presente em *homem* e *cavalo*. Com isso, claramente haveria em algum sentido uma fórmula do universal. Não fará diferença, inclusive, se não houver uma fórmula para tudo que está na substância, pois, não obstante isso, o universal será a substância de alguma coisa, por exemplo *homem* será a substância do *indivíduo humano* em que está presente. Assim, o mesmo aplicar-se-á novamente e, por exemplo, *animal* será a substância daquilo em que está presente como peculiar a ele.

Ademais, seria tanto impossível quanto absurdo que o isso (o individual), isto é, a substância, se composta de partes, não fosse composta de substâncias nem do individual, mas de uma qualidade, pois neste caso a não substância, ou qualidade, será anterior à substância ou ao individual, o que é impossível, uma vez que nem na fórmula, nem no tempo, nem na geração (vir a ser) podem as paixões da substância ser anteriores à substância, já que neste caso seriam dela dissociáveis.

Acresça-se que uma substância estará presente em Sócrates, que é uma substância, de maneira que será a substância de duas coisas. E em geral conclui-se que, se *homem* e todos os termos empregados deste modo são substância, nenhum dos elementos da fórmula é a substância de qualquer coisa e tampouco pode existir independentemente da espécie ou em qualquer outra coisa mais. Quero dizer, por exemplo, que nenhum animal nem qualquer outro elemento da fórmula pode existir independentemente da espécie particular.

Se olharmos a questão desse ponto de vista, é evidente que nenhum atributo universal é substância, e isso fica claro, também, pelo fato de que nenhum dos predicados comuns indica um *isso*, mas um *aquilo*. De outra maneira, entre outras consequências incômodas, teremos o terceiro homem.[340]

A conclusão é evidente também diante do seguinte, a saber, que a substância não pode consistir de substâncias nela presentes em ato (realmente), pois o que é *em ato* (realmente) *dois* jamais pode ser em ato (realmente) *um*, enquanto se for potencialmente *dois*, pode ser *um*, do que é exemplo o dobro, que consiste de duas metades, quer dizer, potencialmente, visto que a *atualização* dissocia as metades. Assim, se a substância é una, não é possível que consista de substâncias nela presentes mesmo nesse sentido, como o observa acertadamente Demócrito, quando declara que é impossível para dois provir

340. Ver nota 74.

de um, ou um de dois, uma vez que identifica as substâncias com as grandezas indivisíveis.[341] Está claro que o mesmo também se aplicará ao número (supondo que o número seja uma síntese de unidades, como alguns afirmam que é), pois ou dois é não um, ou não há *realmente* nele uma unidade.

A consequência desse ponto de vista envolve uma dificuldade, pois se nenhuma substância pode consistir de universais porque um universal indica um *aquilo* e não um *isso* (uma coisa individual), e se nenhuma substância pode ser composta de substâncias reais (em ato), toda substância será não composta, com o que não haverá fórmula de qualquer substância. Mas pensa-se unanimemente e foi anteriormente afirmado[342] que a substância é o único ou principal objeto de definição. A despeito disso, parece agora que nem mesmo a substância pode ser definida. Consequentemente não poderia haver definição de coisa alguma, ou pode haver num sentido, mas não num outro. O significado do que dizemos neste momento ficará mais claro com o que diremos na sequência.

14

À LUZ DESSAS MESMAS CONSIDERAÇÕES, fica claro também qual a consequência resultante para aqueles que sustentam que as Formas são substâncias e separáveis, e aqueles que, ao mesmo tempo, fazem a espécie consistir do gênero e das diferenças. Se há Formas, e se *animal* está presente no homem e no cavalo, é ou numericamente uno e o mesmo relativamente a eles, ou não. (Na fórmula são claramente unos, já que aquele que enuncia a fórmula revela a mesma fórmula em todos os casos.) Se, então, há em algum sentido, um *homem em si*, que é um isso (um indivíduo) e existe separadamente, então os constituintes, por exemplo *animal* e *bípede,* necessitam ter um significado individual e serem separáveis e substâncias. Consequentemente, teria que haver também um animal desse tipo.[343]

Então, se o *animal* que está no cavalo e no homem é um e o mesmo assim como tu és um e o mesmo contigo próprio, como o uno nas coisas que existem separadamente é um, como escapará esse animal de ser dividido mesmo a partir de si próprio?

341. Ou seja, os átomos (ἄτομα [*átoma*]).

342. Capítulo 5 deste Livro.

343. Ou seja, um animal em si.

Ademais, se houver uma participação [de animal] em *de dois pés* (bípede) e em de *muitos pés*, disso resultará uma impossibilidade, visto que atributos contrários se aplicarão a ele embora seja uno e individual. Mas se este não for o caso, em que sentido chama-se um animal de bípede ou terrestre? Talvez os termos estejam combinados e em contato, ou estejam mesclados. De um modo ou outro, todas essas expressões são absurdas.

Há, contudo, um animal diferente em cada espécie, de sorte a haver praticamente uma infinidade de coisas das quais animal é a substância, já que não é num sentido acidental que *homem* é derivado de *animal.* Mais uma vez o animal em si será uma pluralidade, na medida em que o *animal* em cada espécie será a substância desta espécie, visto que a espécie é designada segundo ele e não segundo qualquer outra coisa. De outra maneira, *homem* seria derivado dessa outra coisa, o que seria o *gênero* de *homem*. Além disso, todos os constituintes de *homem* serão Ideias. E, então, uma vez que nada pode ser a Ideia de uma coisa e a substância de uma outra (por ser isso impossível), cada um e todo *animal,* nas várias espécies, será o animal em si.

Ademais, do que derivarão essas Formas, e como podem derivar do animal em si? Ou como pode o *animal*, cuja própria essência é *animal*, existir separadamente do animal em si? Que se acresça que, no tocante às coisas sensíveis, tanto estas quanto outras consequências ainda mais disparatadas resultarão. Se essas consequências forem impossíveis, ficará claro que não há Formas de coisas sensíveis no sentido em que alguns sustentam que há.

15

COMO A SUBSTÂNCIA É DE DOIS TIPOS – a coisa concreta e a fórmula (quero dizer: um tipo de substância é a fórmula em combinação com a matéria, e o outro é a forma em seu sentido pleno), as substâncias no primeiro sentido admitem a corrupção se admitirem também a geração. Mas a fórmula não admite corrupção no sentido de que está sendo sempre corrompida, já que também não admite geração (uma vez que a essência da casa não é gerada, mas tão só a essência *desta* casa). As fórmulas são e não são, independentemente da geração e da corrupção, pois foi mostrado que ninguém as *gera ou cria.*[344] É por esta razão também que não há definição ou demonstração de coisas individuais sensíveis, porque contêm matéria cuja natureza é tal que

344. ...γεννᾷ οὐδὲ ποιεῖ. ... (*gennâi oudè poieî*).

pode tanto existir quanto não existir. Consequentemente, todos os exemplos individuais delas são perecíveis. E se, então, a demonstração e a definição de verdades necessárias requerem conhecimento científico e se, tal como o conhecimento não pode ser, às vezes conhecimento e às vezes ignorância (é a opinião que possui esta natureza), do mesmo modo também demonstração e a definição não são passíveis de variação (é a opinião que se ocupa com aquilo que pode ser de outra maneira do que é) – e então claramente não pode haver nem definição nem demonstração de substâncias sensíveis individuais, já que as coisas que perecem são obscuras às que possuem conhecimento delas ao serem removidas da esfera de sua percepção, e apesar de suas fórmulas serem preservadas na alma, não haverá mais definição ou demonstração delas. A conclusão é que em casos relativos à definição, quando procuramos definir qualquer indivíduo, não podemos deixar de compreender que nossa definição pode sempre ser subvertida, já que é impossível definir essas coisas.

Tampouco, realmente, pode qualquer Ideia ser definida, pois, como declaram, a Ideia é um indivíduo e, sendo separável, pode existir independentemente. E a fórmula tem que consistir de palavras, e o homem que está definindo não deve inventar uma palavra, pois esta não seria compreensível. Mas as palavras que são empregadas são comuns a todas as coisas que denotam, de modo que se aplicam necessariamente também a alguma coisa mais – por exemplo se coubesse a um homem definir-te, ele diria que és um animal que é magro ou branco ou possui algum outro atributo, que se aplicará também a alguma coisa mais. E se fosse dito que há razão para que todos os atributos separadamente não devessem se aplicar a muitas coisas e, não obstante, combinados aplicam-se exclusivamente a esta, deveríamos responder que também se aplicam a ambos os elementos – por exemplo, animal bípede aplica-se tanto a animal quanto a bípede (e no que tange aos elementos eternos, isso é, inclusive, necessariamente assim, já que são anteriores ao composto e partes dele. De fato, também são separáveis, se o termo *homem* for separável, pois ou nenhum pode ser separável, ou ambos são separáveis. Se nenhum, o gênero não existirá independentemente da espécie; mas se este não existir, também a diferença não existirá). Em segundo lugar, deveríamos responder que são anteriores no ser, e coisas que são anteriores a outras não são corrompidas quando as outras o são.

Ademais, se as Ideias são compostas de Ideias (na medida em que os elementos constituintes são mais simples do que os que eles constituem), ainda assim os elementos dos quais a Ideia é composta (por exemplo *animal* e *bípede*) terão que ser predicados de muitos particulares. Afinal, se assim não fosse, como poderiam ser conhecidos? Com efeito, haveria uma Ideia que não pode ser predicada de mais de uma coisa, o que, entretanto, não se julga possível: pensa-se que toda Ideia admita participação.

Assim, como dissemos, é difícil compreender a impossibilidade de definir indivíduos quando lidamos com coisas eternas, sobretudo aquelas que são únicas, do que são exemplos o sol ou a lua; de fato, as pessoas equivocam-se não só ao acrescentar, na definição, atributos sem os quais o sol prosseguiria existindo, por exemplo "aquilo que gira em torno da Terra"[345] ou "oculto pela noite" (pois supõem que se ele se imobiliza ou se torna visível não será mais o sol; mas é absurdo que assim seja já que o sol denota uma substância definida). Também mencionam atributos aplicáveis a alguma coisa mais, por exemplo se uma outra coisa com esses atributos vem a ser, evidentemente será um sol. A fórmula é, portanto, geral, mas se supunha ser o sol um indivíduo, como Cleonte ou Sócrates. Por que um dos adeptos das Ideias não elaborou uma definição delas? Se tivessem tentado fazê-lo, ficaria evidente que o que acabamos de dizer é verdadeiro.

16

OBVIAMENTE MESMO no que se refere àquelas coisas que se julgam ser substâncias, são, na maioria, potências: *tanto* as partes dos seres vivos (já que nenhuma delas possui uma substancial existência separada, e quando são separadas, embora ainda existam, existem como matéria), *quanto* a terra, o fogo e o ar – visto que nenhum destes é alguma coisa una, íntegra, não passando de mero agregado antes de serem digeridos e alguma coisa una ser deles gerada. Poderia supor-se muito plausivelmente que as partes dos seres vivos e as partes correspondentes de seu princípio vital[346] são tanto, ou melhor, existem tanto em ato quanto em potência, porque contêm princípios cinéticos oriundos de alguma coisa em suas articulações; e, consequentemente, alguns animais vivem até quando são divididos. Contudo, é só potencialmente que todas as partes existirão quando são unas e contínuas por natureza e não pela força ou concreção, já que isto é malformação.

345. Na concepção de Aristóteles, bem como dos sábios antigos em geral, o sistema era geocêntrico e não heliocêntrico. Ver os tratados *Do Céu* e *Do Universo*.

346. ...ψυχῆς... (*psykhês*).

E visto que *unidade* apresenta a mesma variedade de sentidos que *ser*, e a substância da unidade é una, e as coisas cuja substância é numericamente una são numericamente unas, é evidente que nem a unidade nem o ser podem ser a substância das coisas, tal como tampouco *ser um elemento* ou *princípio* pode ser a substância. Entretanto, indagamos qual é o princípio de modo a podermos nos referir a alguma coisa mais inteligível. Ora, ainda que os conceitos de ser e unidade estejam mais próximos da substância do que o princípio, o elemento e a causa, nem eles são a substância, uma vez que em geral nada que é comum é substância; com efeito, a substância não pertence a nada exceto a si mesma e àquilo que a contém e do que é a substância. Além disso, a *unidade* não pode existir em muitos lugares simultaneamente, mas aquilo que é comum está presente em muitas coisas simultaneamente. Daí evidencia-se que nenhum universal existe separadamente de seus particulares. Os adeptos das Formas estão parcialmente certos em sua explicação ao tornarem as Formas separadas, ou seja, se as Formas forem substâncias; mas estão também parcialmente errados, pelo fato de por Forma entenderem o *um em muitos*. A razão disso é serem incapazes de explicar quais são as substâncias imperecíveis deste tipo que existem além das substâncias particulares sensíveis. Tornam-nas, então, da mesma espécie das coisas perecíveis (uma vez que esta espécie nós conhecemos), isto é, produzem o homem Ideal e o cavalo Ideal, acrescentando a palavra *Ideal* aos nomes das coisas sensíveis. Entretanto, presumo que, mesmo se jamais tivéssemos visto os astros, a despeito disso haveria eternas substâncias além das que conhecemos, de sorte que, no presente caso, mesmo se formos incapazes de apreender o que são, ainda assim deverá haver substâncias eternas de algum tipo.

Temos por estabelecido, portanto, com clareza, tanto que nenhum termo universal é substância quanto que nenhuma substância é composta de substâncias.

17

QUANTO AO QUE e que tipo de coisa entendemos por substância, expliquemo-lo através de, por assim dizer, um novo ponto de partida. Quem sabe desse modo obteremos também algum esclarecimento a respeito daquela substância que existe independentemente de substâncias sensíveis. Posto que a substância é um princípio e uma causa, seria aconselhável prosseguir nossa investigação a partir deste ponto. O porquê é sempre buscado desta maneira: "por que uma coisa vincula-se a uma outra?". De fato, indagar por que o homem instruído é um homem instruído é ou indagar – como dissemos – por que o homem é instruído, ou é alguma coisa mais. Ora, perguntar por que uma coisa é ela mesma é certamente uma indagação destituída de sentido, pois o fato da existência da coisa é necessariamente evidente (por exemplo, que a lua é eclipsada), mas o fato de uma coisa ser ela mesma é a fórmula única e a causa única para todas essas questões do porque o homem é homem, ou o instruído é instruído, a menos que se dispusesse a dizer que cada coisa é inseparável de si mesma e que isso é o que *ser uno* realmente significa. Mas essa, além de ser uma resposta geral, é uma resposta sumária. Podemos, entretanto, perguntar por que um homem é um animal deste ou daquele tipo. Está claro, portanto, que não estamos indagando por que aquele que é um homem é um homem. Estamos indagando por que alguma coisa é predicável de alguma coisa; que este *ser predicável* tem que ser claro, pois se não o for a investigação será uma investigação que não leva a nada. Por exemplo, por que troveja? Por que é o som produzido nas nuvens? Assim, a investigação é acerca da predicação de uma coisa de uma outra coisa. E por que certas coisas, por exemplo tijolos e pedras, são uma casa? Está claro que estamos buscando a causa, ou seja, a nos expressarmos abstratamente, a essência, que é, no caso de algumas coisas, por exemplo a casa ou o leito, o fim, e em outros o primeiro motor, já que este é também uma causa. Mas enquanto a causa eficiente é buscada no que respeita à geração e corrupção, a causa final é buscada no que respeita também ao ser.

O que buscamos agora é muitíssimo obscuro quando um termo não é predicado de um outro, por exemplo quando indagamos o que o homem é – isto porque a expressão é uma expressão simples, não decomposta em sujeito e predicados. É necessário distinguirmos os elementos da questão antes de propô-la; se não o fizermos, teremos nas mãos uma questão que para nós não é claro se possui ou não significado. Ora, como precisamos conhecer a existência da coisa e esta tem que ser dada, fica certamente claro que a questão é "Por que a *matéria* é uma coisa individual?", por exemplo "Por que estes materiais são uma casa?". Porque a essência da casa está presente neles. E esta matéria, ou o corpo que contém esta forma particular, é homem. Assim, o que buscamos é a causa, isto é, a forma, em virtude da qual a matéria é uma coisa definida, sendo isso a substância da coisa.

Conclui-se, evidentemente, que no que tange a coisas simples, a investigação e o esclarecimento são impossíveis, embora possamos, em tais casos, proceder a um método diferente de investigação.

No que respeita ao que é composto de alguma coisa, de tal maneira que o todo é uma unidade, não como um agregado é uma unidade, mas como uma sílaba o é – a sílaba não é seus elementos e *ba* não e o mesmo que *b* e *a* –, e tampouco o é a carne, o fogo e a terra, porque após a dissolução os compostos, por exemplo a carne ou a sílaba, não existem mais; as letras, porém, existem, tais como o fogo e a terra. Portanto, a sílaba é alguma coisa particular, não meramente as letras, vogal e consonante, mas alguma coisa mais além disso. E a carne não é simplesmente fogo e terra, ou quente e frio, mas também alguma coisa mais além disso. E esta alguma coisa mais é necessariamente ou um elemento ou composta de elementos; se é um elemento, o mesmo argumento é mais uma vez aplicável, visto que a carne será composta *disso* e de fogo e terra, e novamente de um outro elemento, de modo a termos um processo *ad infinitum*; se é composta de elementos, está claro que não é composta de um (já que neste caso seria ela mesma este elemento), mas de muitos elementos, de sorte que empregaremos o mesmo argumento neste caso aplicável à carne e à sílaba. Pareceria, contudo, que essa *alguma coisa mais* é alguma coisa que não é um elemento, mas a causa *dessa* matéria ser carne e *daquela* matéria ser uma sílaba, e analogamente em outros casos. E esta é a substância de cada coisa, uma vez que é a causa primária da existência de cada coisa. E como embora algumas coisas não sejam substâncias, todas as substâncias são constituídas em conformidade com a natureza e pela natureza, pareceria que a substância é essa *natureza*, que não é um elemento, mas um princípio. Um elemento é aquilo que está presente como matéria numa coisa e no que ela está dividida, por exemplo *a* e *b* são os elementos da sílaba.

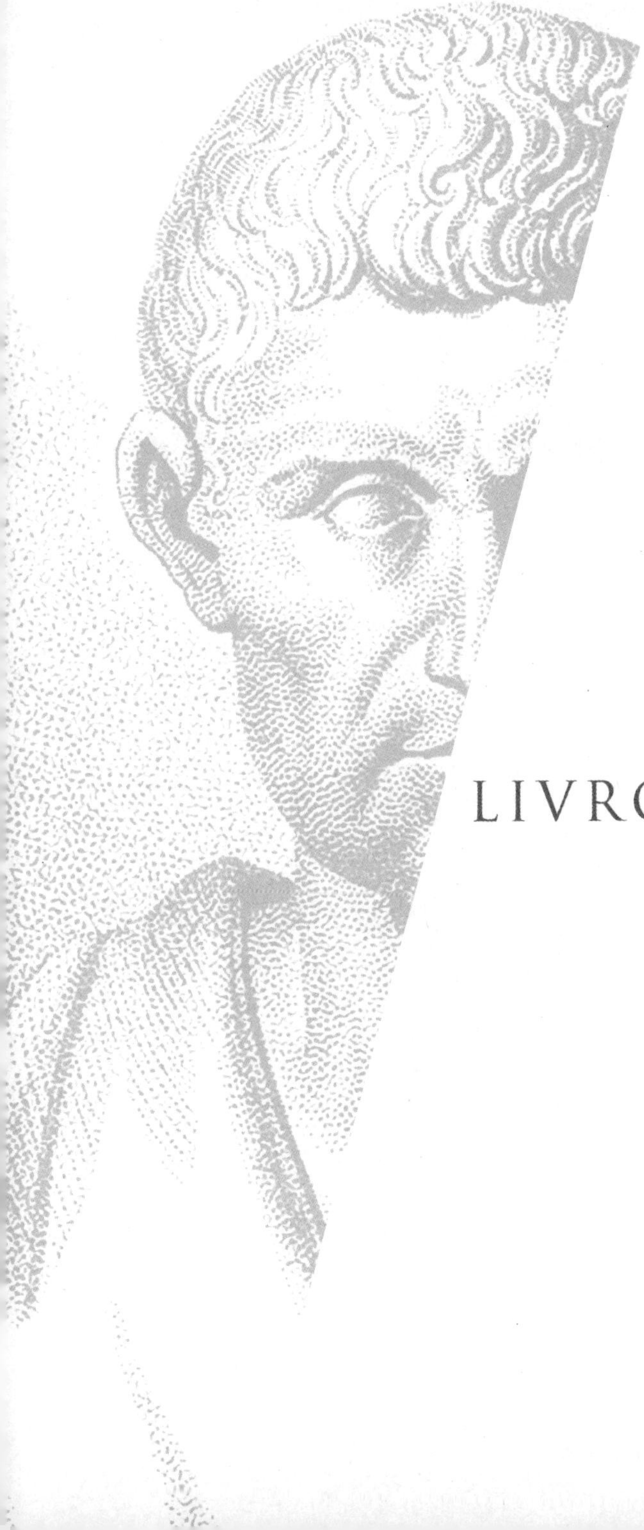

LIVRO VIII

1

1042a3 É NECESSÁRIO AGORA tirarmos nossas conclusões do que foi dito e, após resumir o resultado, darmos nossa investigação por encerrada. Dissemos que os objetos de nossa investigação são as causas, princípios e elementos das substâncias. Ora, há total consenso quanto a algumas substâncias, mas quanto a outras certos pensadores estabeleceram doutrinas particulares. As substâncias em relação às quais há consenso são as substâncias naturais, das quais são exemplos o fogo, a terra, a água, o ar e todos os outros corpos simples; em seguida, as plantas e suas partes, e os animais e as partes dos animais; e, finalmente, o céu e suas partes. Adicionalmente, certos pensadores incluem, por sua conta, como substâncias as Formas e os objetos das matemáticas.[347] E há argumentos que demonstram que existem ainda outras substâncias, quais sejam, a essência e o substrato. Ademais, observando sob um outro prisma, o gênero está mais próximo da substância do que a espécie, e o universal mais do que os particulares. Que se acresça que há uma estreita conexão entre o universal, o gênero e as Ideias, na medida em que se supõem que são substância com base em idênticos fundamentos. E como a essência é substância e a definição é a fórmula da essência, por conseguinte examinamos sistematicamente a definição e a predicação essencial. E como a definição é uma fórmula e a fórmula possui partes, fomos obrigados a investigar as partes e a descobrir quais coisas são partes da substância e quais não são, e se as partes da substância são também partes da definição. Posteriormente, [descobrimos então

347. Respectivamente, Platão e os platônicos, Pitágoras e os pitagóricos.

que] nem o universal nem o gênero são substância. Quanto às Ideias (Formas) e aos objetos das matemáticas (já que alguns sustentam que estes existem independentemente das coisas sensíveis) teremos que examiná-los mais tarde.[348]

Mas prossigamos agora tratando das substâncias que geralmente são aceitas como tais.

São as substâncias sensíveis e sabemos que todas as substâncias sensíveis contêm matéria. [Também devemos lembrar que] o substrato é substância, num sentido, matéria (por matéria entendo aquilo que é uma coisa individual não em ato, mas em potência), e num outro a fórmula e a forma específica (que é uma coisa individual teoricamente separável) e, em terceiro lugar, temos a combinação de ambos esses sentidos, que com exclusividade admite a geração e a corrupção e é separável num sentido simples (não qualificado), já que [quando nos referimos] a substâncias no sentido de fórmulas algumas são separáveis, enquanto algumas não são.

Que a matéria também é substância é evidente, porque em todos os processos opostos de mudança há alguma coisa subjacente a esses processos, por exemplo se a mudança é de lugar, aquilo que está agora num lugar e em seguida num outro; e se a mudança é de *magnitude*, aquilo que é agora de um certo tamanho e em seguida menor ou maior; e se a mudança é de *qualidade*, aquilo que é agora saudável e em seguida doente. Analogamente, se a mudança diz respeito ao *ser*, há alguma coisa que está agora em processo de geração e, em seguida, em processo de corrupção, e que é o substrato, agora como esta coisa individual e, em seguida, como destituída de sua individualidade. Neste último processo de mudança os demais estão envolvidos. Mas em um ou dois dos outros ele não está envolvido, pois não é necessário, se uma coisa contém matéria para mudança de lugar, que possua também matéria para geração e corrupção.[349] A diferença entre geração não qualificada (simples) e qualificada foi explicada na *Física*.[350]

2

COMO SUBSTÂNCIA no sentido de substrato e matéria é geralmente reconhecida, e esta é substância em potência, resta explicar o que é a substância em ato

348. É o que Aristóteles fará nos Livros XIII e XIV.

349. W. D. Ross encerra o Capítulo 1 aqui.

350. O tratado aristotélico anterior a este. A alusão é a 225a12-20. Ver também *Da geração e corrupção*, 317a17-31.

das coisas sensíveis. Ora, Demócrito supõe aparentemente três diferenças na substância pois declara que o corpo subjacente, a matéria, é um e o mesmo, mas difere na medida, isto é, na configuração, ou na inclinação, isto é, posição, ou no contato intermediário, isto é, ordem. Mas, evidentemente, há muitas diferenças, por exemplo algumas coisas são definidas pelo modo como seus materiais são combinados, como é o caso de coisas que são unidas mediante mistura, como leite e mel, ou mediante ligadura, como um feixe, ou mediante cola, como um livro; ou por meio de pregos como uma caixa, ou por meio de mais de um desses métodos. Outras coisas são definidas por sua posição, por exemplo a soleira e a padieira da porta (uma vez que estas diferem por estarem situadas de um modo particular); e outras em função do lugar (ou direção), por exemplo os ventos; outras em função do tempo, por exemplo o jantar e o desjejum; e outras pelos atributos característicos das coisas sensíveis, por exemplo a dureza e a maciez, a densidade e a rarefação, a secura e a umidade. Algumas são distinguidas por algumas dessas diferenças e outras pela totalidade delas. E, em geral, algumas pelo excesso, ao passo que outras pela deficiência.

Consequentemente, fica evidente que *é* possui o mesmo número de sentidos, pois uma coisa *é* uma soleira porque está situada de uma maneira particular e *ser uma soleira* significa estar situada dessa maneira particular. E *ser gelo* significa estar solidificado de uma tal maneira. Algumas coisas têm seu ser definido de todas essas maneiras: por serem parcialmente misturadas, parcialmente fundidas, parcialmente ligadas, parcialmente solidificadas e parcialmente submetidas a todos os demais distintos processos, como, por exemplo, uma mão ou um pé. É necessário, portanto, ter compreensão dos vários tipos de diferenças, uma vez que estas serão os princípios do ser das coisas, ou seja, as diferenças de grau, de densidade e rarefação, e de outras modificações desse naipe, pois todas são caracterizadas pelo excesso e a deficiência. E se qualquer coisa difere na configuração, na lisura ou na rugosidade, isso é determinado pelo reto e pelo curvo. E no que diz respeito a outras coisas, a mistura constituirá seu ser, e o estado oposto, o seu não ser.

Disso evidencia-se que se a substância é a causa da existência de cada coisa temos que investigar nessas *diferenças* a causa de ser de cada coisa. Nenhuma delas, nem a combinação de quaisquer duas entre elas, é a substância, mas, no entanto, cada uma delas contém alguma coisa análoga à substância. E tal como no que tange às substâncias aquilo que é predicado da matéria é a própria realidade, nas outras definições é o mais próximo da realidade – por exemplo, se tivermos que definir uma soleira, a chamaremos de "uma peça de madeira ou pedra posicionada de uma certa maneira", e definiremos uma casa como "tijolos e madeira dispostos de uma certa maneira"; ou, mais uma vez, em alguns casos teremos também a causa final. E se estivermos definindo gelo, diremos que se trata de "água congelada ou solidificada de uma certa maneira"; e uma harmonia é "uma certa combinação de alto e baixo..." e analogamente nos demais casos.

A julgar por isso, a realidade ou a fórmula é diferente quando a matéria é diferente, porquanto em alguns casos é uma combinação, em outros uma mistura, e em outros uma das modalidades que indicamos e descrevemos. Daí, ao definir a natureza de uma casa, os que a descrevem como pedras, tijolos e madeira descrevem a casa em potência, já que estas coisas são sua matéria; os que a descrevem como "recipiente para conter utensílios e corpos", ou alguma outra coisa, com idêntico objetivo, descrevem a casa em ato, ou seja, a sua realidade. Entretanto, os que combinam estas duas definições descrevem o terceiro tipo de substância, a que é composta de matéria e forma. Com efeito, pareceria que a fórmula que abrange as diferenças é a da forma e do ato, ao passo que a que abrange as partes constituintes é, ao contrário, a da matéria. O mesmo é verdadeiro quanto ao tipo de definições que Árquitas[351] costumava aceitar, visto que se tratam de definições da matéria e forma combinadas. Por exemplo, o que é *tempo calmo*?[352] Calma numa grande extensão do ar, uma vez que o ar é a matéria, e a calma é a *realidade (ato)*[353] e substância. O que é uma calmaria?[354] Equilíbrio do mar. O mar é o substrato material e o equilíbrio é a realidade (ato) ou forma.

Da exposição anterior depreende-se com clareza o que é a substância sensível, e em qual sentido ela existe: ou como matéria, ou como forma e realidade (ato), ou, em terceiro lugar, como a combinação de ambas.

3

NÃO DEVEMOS deixar de compreender que às vezes é duvidoso se um nome denota a substância composta, ou a realidade (ato) e a forma, por exemplo

351. Pensador pitagórico contemporâneo de Platão.

352. ...νενημία... (*nenemía*), especificamente ausência de vento.

353. ...ἐνέργεια... (*enérgeia*).

354. ...γαλήνη... (*galéne*), a tranquilidade no mar.

se *casa* denota a coisa composta, "uma cobertura feita de tijolos e pedras dispostos de uma certa maneira", e quanto à realidade (ato) e a forma, "uma cobertura"; e se *linha* significa "dualidade em extensão" ou "dualidade"; e se *animal* significa "uma alma num corpo" ou "uma alma", pois a alma é a substância e realidade (ato) de algum corpo. A palavra *animal* seria aplicável a ambos os casos, não como sendo definido por uma fórmula, mas como se relacionando a um conceito. Essas distinções têm importância de um outro ponto de vista, mas carecem de importância no que diz respeito à investigação da substância sensível, posto que a essência pertence à forma e à *atualização*. A alma e a essência da alma são idênticas, mas homem e essência do homem não são idênticos, a menos que se venha a chamar a alma também de homem. E assim, segundo uma interpretação, a coisa é idêntica à sua essência, ao passo que se interpretando de outro modo, não é.

Parece, então, ao investigarmos a matéria, que uma sílaba não é derivada dos elementos fonéticos mais a combinação, nem é uma casa tijolos mais combinação. E isso se impõe como verdadeiro pois a combinação ou mistura não deriva das coisas das quais é uma combinação ou mistura, nem – semelhantemente – o é qualquer outra das *diferenças*. Por exemplo, se a soleira é definida por sua posição, a posição não é derivada da soleira, mas sim o contrário. Tampouco, realmente, é o homem *animal* mais *bípede* – deve haver alguma coisa além destes, se são matéria –, alguma coisa que não é nem um elemento no todo nem produzida por um elemento, mas a substância. E aqueles que oferecem a definição apresentada anteriormente estão omitindo isso e descrevendo a matéria. Se então essa *alguma coisa mais* é a causa do ser de um homem, e esta é sua substância, eles não estarão estabelecendo sua própria substância.

Ora, a substância é necessariamente ou eterna ou perecível, sem jamais estar em processo de perecimento, e gerada sem jamais estar em processo de geração. Foi claramente demonstrado em outra parte que ninguém cria ou gera a forma; é o *isso* (a coisa individual) que é criado e o complexo da forma e da matéria que é gerado. Mas, se as substâncias das coisas perecíveis são dissociáveis ou não, não está ainda, de modo algum, claro. Está claro somente que isso é impossível em alguns casos, ou melhor, no caso de todas as coisas que não podem existir independentemente dos exemplos particulares, digamos a casa ou o utensílio. Provavelmente, então, nem essas próprias coisas, nem quaisquer outras mais que não tenham composição natural, são substâncias; de fato, sua natureza é a única substância que se pode supor no caso de coisas perecíveis. Daí *a dificuldade que deixou perplexos os adeptos de Antístenes*[355] e outros indivíduos semelhantemente deseducados tem uma certa aplicação. Refiro-me à dificuldade de ser impossível definir *o que* é uma coisa (pois a definição – dizem eles – é uma fórmula prolixa), mas *ser possível* realmente ensinar aos outros ao que uma coisa *assemelha-se.* Por exemplo, não podemos dizer o que é a prata, mas podemos dizer que se assemelha ao estanho. Consequentemente, pode haver definição e fórmula de um tipo de substância, isto é, a composta, quer seja ela sensível ou inteligível, mas não de seus constituintes primários, uma vez que a fórmula definidora denota alguma coisa predicada de alguma coisa, e isso tem que ser, em parte, da natureza da matéria e, em parte, da natureza da forma.

É também evidente que se os números são, em qualquer sentido, substâncias, eles o são neste sentido, e não, como alguns os descrevem, agregados de unidades; com efeito, a definição é um tipo de número na medida em que é divisível, e divisível em partes indivisíveis (pois as fórmulas não são infinitas), e esta é a natureza do número. E precisamente quando qualquer elemento que compõe o número é subtraído ou adicionado, não é mais o mesmo número, mas um número diferente, por menor que seja a subtração ou adição; assim nem a definição nem a essência continuarão existindo se alguma coisa for subtraída ou adicionada. E o número tem necessariamente que possuir algo em função de que é ele alguma coisa una, enquanto nossos opositores são incapazes de dizer se ele é uno (pois ou não é uma unidade mas um tipo de agregado, ou se é uma unidade, temos que explicar como provém uma unidade de uma pluralidade). E a definição é uma unidade, mas similarmente eles também são incapazes de explicar a definição. Isso é uma consequência natural, uma vez que a mesma razão aplica-se a ambos, e a substância é uma unidade no sentido que explicamos e não como declaram alguns pensadores, digamos por ser uma espécie de unidade ou ponto – não, cada substância é uma realidade completa e uma natureza definida. Ademais, tal como um número não admite variação de grau, o mesmo ocorre com a substância, no sentido da forma; se qualquer substância o admite, é a substância combinada à matéria.

Que isso baste a título de uma exposição detalhada da geração e corrupção das chamadas substâncias, sobre em qual sentido são possíveis, em qual sentido não são, bem como sobre a referência das coisas com o número.

---

355. Ou: ... *a dificuldade levantada pela escola de Antístenes...*

4

QUANTO À SUBSTÂNCIA MATERIAL, não devemos deixar de compreender que mesmo que todas as coisas derivassem da mesma causa primária, ou das mesmas coisas como causas primárias, quer dizer, mesmo se todas as coisas que são geradas tivessem a mesma matéria como seu primeiro princípio, ainda assim cada coisa teria alguma matéria que lhe é peculiar – por exemplo, o doce ou o viscoso é a matéria imediata do muco, e o amargo ou algo semelhante é a matéria imediata da bile, embora provavelmente o muco e a bile sejam derivados de uma matéria final idêntica. O resultado é haver mais de uma matéria da mesma coisa quando uma coisa é a matéria da outra. Por exemplo, o muco é derivado do *viscoso*, e do *doce* se o viscoso for derivado do doce; e da bile através da decomposição da bile na sua matéria final. Com efeito, uma coisa provém da outra em dois sentidos: ou porque será encontrada num estágio posterior de desenvolvimento, ou porque é produzida se a outra for decomposta em seus constituintes originais. E coisas distintas podem ser geradas pela causa motriz quando a matéria é uma e a mesma, por exemplo uma caixa e um leito a partir da madeira. Mas algumas coisas diferentes têm necessariamente que possuir matéria diferente, por exemplo uma serra não pode ser feita de madeira, nem está isso no poder da causa motriz, já que esta não pode fazer uma serra de lã ou de madeira. Se, então, é possível fazer a mesma coisa a partir de uma matéria diferente, fica claro que a arte, isto é, o princípio cinético, é o mesmo; com efeito, se tanto a matéria quanto o princípio cinético são diferentes, também o é o produto.

Deste modo, toda vez que indagamos qual é a causa, uma vez que há causas em vários sentidos, é necessário que indiquemos todas as causas possíveis. Por exemplo, qual é a causa material de um homem? O fluido menstrual. Qual é a causa motriz? O sêmen. Qual é a causa formal? Sua essência. Qual é a causa final? Seu fim. Mas talvez estas duas últimas sejam o mesmo. É imperioso, entretanto, que indiquemos as causas mais imediatas. Qual é a matéria? Não é o fogo ou a terra, mas a matéria característica ao ser humano.

Assim, no que se refere às substâncias naturais geráveis é necessário que prossigamos desta maneira, se quisermos prosseguir corretamente, isto é, se as causas são essas e nesse número, sendo necessário inclusive conhecê-las. Contudo, no que respeita às substâncias que, embora naturais, são eternas, o princípio é diferente, pois é presumível que algumas delas não possuam matéria, ou não possuam matéria desse tipo, mas somente uma matéria espacialmente móvel. Ademais, coisas que existem por natureza, mas que não são substâncias, não possuem matéria: seu substrato é sua substância. Por exemplo, qual é a causa de um eclipse? Qual é sua matéria? Não possui nenhuma. É a lua que sofre o eclipse. Qual é a causa motriz que extingue a luz? A Terra. Provavelmente não há causa final. A causa formal é a fórmula, o que é obscuro, a não ser que inclua a causa eficiente. Por exemplo, o que é um eclipse? Uma privação de luz – e se acrescentarmos "causada pela interferência da Terra", esta é a definição que inclui a causa eficiente. No caso do sono, não está claro o que é que é imediatamente afetado. Dirão que certamente o animal. Sim, mas com respeito ao que e ao que imediatamente? O coração ou alguma outra parte. Mas prossegue-se: pelo que é afetado? Qual é a paixão que afeta essa parte do animal e não todo o animal? Um tipo particular de imobilidade. Sim, mas à qual processo no sujeito imediato deve-se isso?

5

NEM TODOS OS CONTRÁRIOS podem ser gerados uns dos outros, na medida em que algumas coisas tanto são como não são, sem serem passíveis de geração e corrupção, por exemplo os pontos, se é que se pode dizer que efetivamente existem, e em geral as formas e configurações das coisas (porque o branco não vem a ser, mas é a madeira que vem a ser branca, na medida em que tudo que vem a ser provém de alguma coisa e se torna alguma coisa). O branco não é gerado do preto do mesmo modo que um homem branco é gerado de um homem negro. Tampouco nem tudo possui matéria, mas somente aquelas coisas que admitem geração e transformação entre si. Essas coisas que, sem jamais sofrerem um processo de mudança, tanto são como não são não possuem matéria.

A questão de como a matéria do individual está relacionada com os contrários apresenta uma dificuldade. Por exemplo, se o corpo é potencialmente saudável, e o contrário da saúde é a doença, é o corpo potencialmente tanto saudável quanto doente? E é a água potencialmente vinho e vinagre? É provável que num caso é a matéria em virtude de seu estado positivo e forma, e no outro caso em virtude da privação e degeneração, o que é contrário à sua natureza propriamente dita.

Há também uma dificuldade quanto ao por que o vinho não é a matéria do vinagre, nem potencialmente vinagre (ainda que o vinagre provenha dele), e por que o homem vivo não é potencialmente morto. A rigor, não são; sua degeneração é acidental e a matéria real do corpo vivo torna-se, por degeneração, a potencialidade e matéria do corpo morto, e a água a matéria do vinagre, pois um converte-se no outro tal como o dia torna-se noite. Todas as coisas que se transformam umas nas outras desse modo têm que ser reduzidas à sua matéria, por exemplo se de um cadáver é produzido um ser vivo, o cadáver é primeiramente reduzido à sua matéria, e somente então se converte num ser vivo; e o vinagre é primeiramente reduzido à água, para somente depois se tornar vinho.

6

NO TOCANTE À DIFICULDADE que indicamos com respeito às definições e números,[356] qual é a causa da unidade de cada um deles? Em todas as coisas que apresentam pluralidade de partes e que não são um mero amontoado, mas um todo de algum tipo distinto das partes, há uma causa da unidade; de fato, no que concerne às coisas materiais, o contato é a causa em alguns casos, ao passo que em outros é a viscosidade ou alguma qualidade semelhante. Mas uma definição é uma fórmula que é una não por via de associação, como a *Ilíada*, mas por se ocupar de um objeto único.

O que então torna o *homem* uno, e por que é ele uno e não múltiplo? Por exemplo *animal* e *bípede*, sobretudo considerando-se que, como alguns afirmam, há uma Ideia de animal e uma Ideia de bípede. Por que não são estas Ideias o homem Ideal, de maneira que os homens existissem por participação não em homem, nem em uma Ideia, mas em duas, *animal* e *bípede*? E em geral homem não seria uma, mas mais de uma coisa, *animal* e *bípede*. Evidentemente, se prosseguirmos nessa linha de raciocínio, como é costume quando se visa definir e explicar, será impossível dar solução e resposta à dificuldade. Mas se, como sustentamos, o homem é parte matéria e parte forma – a matéria sendo o homem em potência, e a forma o homem em ato – o ponto que estamos investigando não parecerá mais ser uma dificuldade. De fato, essa dificuldade é a mesma que surgiria se *bronze redondo* fosse a definição de manto,[357] pois este nome seria um signo da fórmula definidora, de sorte que a

356. Livro VII, Capítulo 12; Livro VIII, Capítulo 3.

357. ...ἱματίου... (*imatíou*), mas Aristóteles utiliza um substantivo aleatoriamente para ilustrar sua exposição, não se tratando, portanto, do conceito específico de *manto*.

questão converte-se em: qual é a causa da unificação de *redondo* e *bronze*? A dificuldade desvanece porque um é matéria e o outro, forma. O que é então que – independentemente da causa ativa – faz que aquilo que existe em potência exista em ato em coisas que admitem geração? Não há outra causa para que a esfera em potência seja uma esfera em ato, sendo essa a essência de uma e outra.

No que toca à matéria, há a que é inteligível e a que é sensível. E parte da fórmula é sempre matéria e parte ato (realidade). Por exemplo, o círculo é uma figura plana. Mas as coisas que não possuem matéria, quer inteligível ou sensível, são, cada uma, por sua natureza, essencialmente um tipo de unidade, tal como são essencialmente um tipo de ser: uma substância individual, uma qualidade ou uma quantidade. Consequentemente, nem *o existente* nem *o uno* estão presentes em suas definições. Ademais, sua essência é, por sua natureza, algo uno, tal como é algo existente. Conclui-se também que não há outra causa para a unidade de quaisquer dessas coisas, ou de sua existência, pois cada uma delas é una e existente, não porque esteja contida no gênero *ser* ou no gênero *unidade*, nem porque estes gêneros existam independentemente de seus particulares, mas por sua própria natureza.

É devido a essa dificuldade que alguns pensadores[358] falam de *participação* e suscitam a questão em torno da causa e significado da participação, enquanto outros falam de *comunhão*; Lícofron,[359] por exemplo, declara que o conhecimento é uma comunhão da alma com o *conhecer*; outros sustentam ser a vida uma combinação ou conexão da alma com o corpo. O mesmo argumento, contudo, é aplicável em todos os casos, pois *estar saudável* será a comunhão, ou conexão, ou combinação da alma com a saúde, e *ser um triângulo de bronze* uma combinação de bronze e triângulo, e *ser branco* uma combinação de superfície e brancura. A razão disso é que os indivíduos buscam uma fórmula unificadora e uma diferença entre o potencial e o real. Como dissemos, contudo, a matéria imediata e a configuração são uma única e mesma coisa, uma existindo em potência e a outra em ato. Assim, indagar pela causa de sua unidade é como indagar pela causa da unidade em geral; de fato, cada coisa individual é una, e num certo sentido o potencial e o real são um. Portanto, não há causa além daquilo – seja lá o que for – que desencadeia o movimento da potência para o ato.

E tais coisas que, de modo algum, possuem matéria são todas de maneira simples (não qualificada) essencialmente unidades.

---

358. Platão e os platônicos.

359. Sofista e discípulo de Górgias.

LIVRO IX

1

ACABAMOS DE NOS OCUPAR DO *ser* no seu sentido primário, daquilo com que todas as demais categorias relacionam-se, ou seja, da substância. Com efeito, é do conceito de substância que todos os demais modos de ser extraem seu significado: quantidade, qualidade e todos os outros. De fato, todos envolvem o conceito de substância, como indicamos no início de nossa discussão. E visto que os sentidos de *ser* são decomponíveis não apenas em substância, qualidade ou quantidade, como também de acordo com a potencialidade, a realização e a função, obtenhamos também um claro entendimento a respeito de potencialidade e realização,[360] e primeiramente de potencialidade no sentido que é o mais apropriado da palavra, embora não muito útil ao nosso presente propósito, uma vez que potência e ato[361] vão além da esfera dos termos que somente se referem ao movimento. Mas quando tivermos discutido esse sentido de potência, iremos, ao longo de nossas definições de ato, explicar os outros sentidos de potência.

Esclarecemos em outra parte[362] que potência e a palavra *pode* têm vários sentidos. Todos os sentidos que são simplesmente equívocos podem

---

360. ...δυνάμεως καὶ ἐντελεχείας... (*dynámeos kaì entelekheîas*).

361. ...δύναμις καὶ ἡ ἐνέργεια (*dýnamis kaì he enérgeia*): a tendência geral de Aristóteles na sequência da *Metafísica* a partir deste ponto, no esforço de conceituação desta dualidade importantíssima, é substituir *entelekheia* (realização/realidade consumada) por *energeia* (ato). De nossa parte, também – e até numa tentativa de padronização terminológica – passaremos a utilizar exclusivamente os termos *potência* e *ato*.

362. Livro V, Capítulo 12.

ser descartados; com efeito, alguns são empregados por analogia, como na geometria, e chamamos as coisas de *possíveis* ou *impossíveis* porque elas *são* ou *não são* de uma particular maneira. Mas todas as potências que se conformam ao mesmo tipo são princípios e extraem seu significado de um sentido primário de potência, que é a fonte de mudança em alguma outra coisa, ou na mesma coisa *enquanto* outra.

Um tipo de potência é a capacidade de sofrer ação, o princípio no próprio paciente que inicia nele uma mudança passiva pela ação de alguma outra coisa, ou de si mesmo *enquanto* outro. Um outro tipo é um estado positivo de impassividade com respeito à mudança para a deterioração ou destruição por uma outra coisa, ou por si mesmo *enquanto* alguma outra coisa, isto é, por um princípio de transformação. Em todas essas definições está contida a fórmula do sentido primário de potência. Ademais, todas essas potências são assim chamadas ou porque simplesmente atuam ou sofrem ação de uma maneira particular, ou porque atuam ou sofrem ação *bem*. Consequentemente em suas fórmulas também estão presentes, em certo grau, as fórmulas de potência nos sentidos previamente indicados.

Fica claro então que num sentido a potência para atuar e sofrer ação é una (pois uma coisa é *capaz* tanto porque ela própria possui a capacidade de sofrer ação quanto também porque alguma coisa mais possui a capacidade de sofrer a ação dela); e num outro sentido não é assim, *pois está parcialmente no paciente* (já que é porque ele possui um certo princípio, e porque mesmo a matéria é um tipo de princípio, que o paciente sofre a ação, isto é, uma coisa sofre a ação de outra, por exemplo uma coisa oleosa é inflamável, e a coisa que cede de um certo modo é quebrável, e analogamente em outros casos) *e parcialmente no agente*, isto é, o calor e a arte de construir: no primeiro naquilo que produz calor, e no segundo naquilo que constrói. A conclusão é que, na medida em que é uma unidade natural, nada sofre ação de si mesmo, pelo fato de ser uno e não duas coisas distintas.

Impotência e *impotente* são, nesse sentido, a privação contrária à potência, de sorte que toda potência apresenta uma impotência contrária para produzir o mesmo resultado e relativamente ao mesmo sujeito. *Privação* tem vários sentidos;[363] é aplicável a qualquer coisa que não possua um certo atributo; àquilo que naturalmente o possuiria, mas não o possui, ou em geral ou quando naturalmente o possuiria; e, ou de uma maneira particu-

363. Ver Livro V, Capítulo 22.

lar, por exemplo não o possui *completamente*, ou porque não o possui em qualquer grau. E em alguns casos, quando, por violência, um certo atributo falta a coisas que naturalmente o possuiriam, dizemos que estão *privadas*.

2

UMA VEZ QUE ALGUNS desses princípios são inerentes às coisas inanimadas, e outros são inerentes às coisas animadas, à alma e à parte racional da alma, é evidente que algumas dessas potências também serão irracionais, ao passo que outras serão racionais. Assim, todas as artes, isto é, as ciências produtivas, são potências, porquanto são princípios de transformação numa outra coisa, ou no próprio artista *enquanto* outro.

Toda potência racional admite igualmente resultados contrários. Potências irracionais, entretanto, admitem apenas um resultado. Por exemplo, o calor só é capaz de produzir calor, ao passo que a medicina é capaz de produzir doença e saúde. A razão disso é que a ciência é uma fórmula racional, e a mesma fórmula explica tanto a coisa quanto sua privação, ainda que não da mesma maneira; e num sentido aplica-se a ambas, enquanto num outro se aplica, de preferência, ao fato positivo. Portanto, essas ciências tratam necessariamente de contrários, essencialmente de um, e não essencialmente do outro; de fato, a fórmula racional também se aplica a um, mas aplica-se ao outro, num certo sentido, acidentalmente, uma vez que é por força de negação e eliminação que arroja luz no contrário; com efeito, o contrário é a privação primária, e isso é a eliminação daquilo em relação ao que é contrário. E visto que atributos contrários não podem ser introduzidos no mesmo sujeito, e a ciência é uma potência que depende da posse de uma fórmula racional, e a alma contém um princípio cinético, segue-se que enquanto o *salutar* é capaz somente de produzir saúde, o *aquecedor* somente calor e o *frigorífico* somente frio, o cientista *é capaz* de produzir ambos os resultados contrários. De fato, a fórmula racional inclui ambos, embora não de maneira idêntica; e é numa alma que possui um princípio cinético, de sorte que esta desencadeará ambos os processos com base no mesmo princípio, associando-os à mesma fórmula racional. Consequentemente, coisas que têm uma potência racional produzem resultados contrários àquelas cuja potência é irracional, pois os resultados das primeiras pertencem a um princípio: a fórmula racional. É também evidente que enquanto a capacidade de meramente produzir (ou sofrer) um dado efeito está implícita na capacidade de produzir *bem* esse efeito, nem sempre o contrário é válido, pois aquilo que produz *bem* um efeito necessariamente o produz, mas aquilo que simplesmente produz um dado efeito não o produz necessariamente *bem*.

3

HÁ OS QUE DIZEM, como por exemplo é sustentado pela escola de Megara, que uma coisa só possui potência quando atua, e que quando não está atuando carece de potência. A título de exemplo, dizem que um homem *que não está construindo* não é capaz de construir, mas unicamente o homem *que está construindo* e no momento em que está construindo, e analogamente nos outros casos. Não é difícil perceber as consequências absurdas desta teoria. É evidente que um homem não será um construtor a menos que construa, porque *ser um construtor* é *ser capaz de construir*, o mesmo aplicando-se às demais artes. Se, portanto, é impossível possuir essas artes sem aprendê-las em algum tempo e as ter compreendido, e impossível não possuí-las sem as ter perdido em algum tempo (por esquecimento, devido a alguma doença ou devido ao tempo; não, é claro, devido à destruição do objeto da arte, porque este existe sempre) quando o artista deixar de praticar sua arte ele não a possuirá, e se ele imediatamente recomeçar a construir, como terá readquirido a arte?

O mesmo aplica-se às coisas inanimadas. Nem o frio nem o quente, nem o doce, nem em geral qualquer coisa sensível existirá a menos que o estejamos percebendo (de maneira que os adeptos desta teoria estarão afirmando a teoria de Protágoras). De fato, ninguém terá a faculdade da percepção a não ser que esteja percebendo, quer dizer, realmente exercendo a faculdade. Se, então, cego é aquele que não tem visão, embora naturalmente a tivesse, as mesmas pessoas seriam cegas muitas vezes por dia quando naturalmente a tivessem e enquanto ainda existissem. O mesmo aconteceria com a surdez.

Além disso, se aquilo que é privado de sua potência é incapaz, aquilo que não está acontecendo será incapaz de acontecer, de modo que aquele que afirmar que aquilo que é incapaz de acontecer *é* ou *será* estará incorrendo em erro, pois isso é o que incapacidade significava. Consequentemente, essas teorias suprimem tanto o movimento quanto a geração, posto que aquilo que está de pé estará sempre de pé e o que está sentado estará sempre sentado, porque se está sentado não se levantará, uma vez que é impossível que qualquer coisa que seja incapaz de levantar se levante. E como não podemos sustentar isso, evidencia-se que potência e ato são diferentes. Entretanto, essas teorias tornam a potência e o ato idênticos, de sorte que não é pouco o que procuram eliminar.

Portanto, é possível que uma coisa possa ser capaz de *ser* e, ainda assim, *não ser*, e capaz de *não ser* e, ainda assim, *ser*. E analogamente nas outras categorias aquilo que é capaz de andar pode não andar, e aquilo que é capaz de não andar pode andar. Uma coisa é capaz de fazer algo se nada impossibilitar que tenha o ato daquilo de que se diz ter a potência. Quero dizer que, por exemplo, se uma coisa é capaz de sentar e não é impedida de sentar, nada impossibilita o seu sentar em ato; e analogamente, se é capaz de ser movida ou de mover, ou de ficar em pé ou fazer ficar de pé, ou ser, ou vir a ser, ou não ser ou não vir a ser.

A palavra *ato*, implicando em realização (realidade consumada), foi estendida dos movimentos, ao que diz respeito propriamente, para outras coisas; de fato, concorda-se que o ato é estritamente identificado com o movimento. O resultado é as pessoas não atribuírem movimento a coisas que *não possuem substância,*[364] embora a elas atribuam certas outras categorias. Por exemplo, dizem que coisas *não existentes*[365] são objetos do pensamento e do desejo, mas não que estão em movimento. A razão disso é que embora estas coisas não existam em ato existiriam em ato se fossem movidas; de fato, algumas coisas não existentes existem em potência, ainda que não existam, porque não existem como realidade consumada.

4

ORA, SE COMO DISSEMOS, é possível o que não envolve uma impossibilidade, é evidente que não pode ser verdadeiro dizer que *isso* é possível, mas não será, *posição que perde de vista totalmente os exemplos da impossibilidade.*[366] Suponhamos que alguém, quer dizer o tipo de pessoa que

---

364. ...μὴ οὖσιν... (*mè oûsin*).

365. ...μὴ ὄντα... (*mè ónta*).

366. O texto de Ross é mais transparente: *...posição que conduz à conclusão de que nada há incapaz de ser.*

não leva o impossível em conta, dissesse que é possível medir a diagonal de um quadrado, mas que não será medida porque uma coisa pode ser capaz de ser ou vir a ser e, não obstante, não ser no presente ou no futuro. Mas, das premissas, necessariamente se conclui que se realmente supomos aquilo que não é, mas é capaz de ser ou ter vindo a ser, nada haverá de impossível nisso. Mas o resultado será necessariamente algo impossível, uma vez que a medida da diagonal é impossível.

O falso evidentemente não é o mesmo que o impossível, já que embora seja falso que estejas agora de pé isso não é impossível. Ao mesmo tempo, também é evidente que, se B tem que ser se A é, então se é possível para A ser, é também necessariamente possível para B ser, pois mesmo se B não é necessariamente possível, nada há que o impeça de ser possível. Suponhamos, então, que A seja possível. Então quando A é possível, nada impossível se seguiria na suposição de que A é; e então B necessariamente é. Mas supomos que B é impossível e que o seja. Então se B é impossível, A é necessariamente também impossível. Contudo, por definição A era possível. E, portanto, também o é B. Se então A é possível, B também será possível, se estiverem de tal modo relacionados que se A é, B necessariamente é. Se, então, A e B são assim relacionados, B não é possível nessa condição e A e B não estarão relacionados como foi suposto. E se quando A é possível, B tem necessariamente que ser possível, então se A é, B também necessariamente é, uma vez que dizer que B é necessariamente possível se A é possível significa que, se A é no tempo e da maneira na qual se supôs que lhe era possível ser, então B necessariamente é nesse tempo e nessa maneira.

5

COMO TODAS AS POTÊNCIAS são ou *inatas*, como os sentidos, ou *adquiridas* pela prática, como a capacidade de tocar flauta, ou pelo aprendizado como nas artes, as que são adquiridas pela prática ou por uma fórmula racional têm que ser adquiridas por nós mediante prévio exercício. Entretanto, naquelas que não são dessa natureza e que envolvem passividade, isso não é necessário.

1048a1 *Uma vez que* qualquer coisa que seja possível é alguma coisa possível em algum tempo e de alguma maneira, e incluindo quaisquer outras qualificações necessariamente contidas na definição, e *uma vez que* algumas coisas podem estabelecer processos racionalmente e possuir potências racionais, enquanto outras são irracionais e possuem potências irracionais, e *uma vez que* a primeira destas classes só pode dizer respeito a um ser animado, ao passo que a segunda pode pertencer tanto a um ser animado quanto a um inanimado, conclui-se que no que toca às potências da segunda classe, quando o agente e o paciente ajustam-se de acordo com a potência em questão, o primeiro age e o segundo sofre a ação. Mas na primeira classe de potência isso não é necessário, pois, enquanto cada potência singular da segunda classe produz um único efeito, as da primeira classe produzem efeitos contrários, de modo que uma mesma potência produzirá ao mesmo tempo efeitos contrários. Mas isso é impossível. Portanto, deve haver algum outro fator decisivo, com o que quero dizer *desejo ou deliberação*.[367] Com efeito, seja qual for de duas coisas que um animal decididamente deseja, ele a fará quando se encontrar em circunstâncias apropriadas à potência em questão e se ajustar ao objeto passivo. Portanto, tudo que possui uma potência racional, quando deseja alguma coisa para a qual tem potência e nas circunstâncias em que a tem, necessita realizar tal coisa. E tem a potência em questão quando o objeto passivo está presente e se acha num certo estado. Se este não for o caso, não será capaz de agir. Acrescentar a qualificação *se nada externo o impedir* não é mais necessário, porque o agente tem a potência na medida em que esta é uma capacidade de agir, e isso não em todas as circunstâncias, mas em certas condições nas quais obstáculos externos estarão excluídos, pois são barrados por algumas das qualificações positivas na definição. Consequentemente, mesmo se tiver um desejo racional ou um apetite de realizar duas coisas ou coisas contrárias simultaneamente, não as realizará, pois não é nestas condições que se tem potência para elas, nem tampouco é uma potência para realizar ambas ao mesmo tempo, uma vez que somente realizará as coisas às quais se aplica a potência e sob as condições adequadas.

6

COMO NOS OCUPAMOS do tipo de potência relacionada ao movimento, passemos agora a abordar o ato, o que é e quais são suas qualidades; na ver-

367. ...ὄρεξιν ἢ προαίρεσιν... (*órexin è proaíresin*).

dade, à medida que prosseguirmos em nossa análise, ficará inclusive claro, no que respeita ao potencial, que não nos limitamos a atribuir o nome potência somente àquilo cuja natureza é mover ou ser movido por alguma coisa mais, quer não qualificadamente, quer de alguma maneira definida, como também empregamos a palavra em outros sentidos. E é por conta disso que no decorrer de nossa investigação chegamos também a discutir esses sentidos anteriores.

Ato significa a presença da coisa, não no sentido em que entendemos potência. Dizemos que uma coisa está presente potencialmente como Hermes[368] está presente na madeira ou a semilinha no todo, porque são dissociáveis, e até o homem que não está estudando chamamos de estudioso desde que seja capaz de estudar. Aquilo que está presente no sentido oposto a isso está presente em ato. O que queremos dizer pode ser claramente percebido nos casos particulares por meio da indução. Não há necessidade de buscar uma definição para todos os termos, bastando compreender a analogia – que a construção em ato é para aquilo que é capaz de construir o que aquilo que está desperto é para aquilo que está adormecido, e aquilo que está vendo para aquilo que tem os olhos cerrados, mas possui a faculdade da visão, e aquilo que se diferencia da matéria para a matéria; e o produto acabado para a matéria-prima. Que o ato seja definido por um membro desta antítese, e a potência pelo outro.

Não se diz de todas as coisas, porém, que *existem em ato* no mesmo sentido, mas somente por analogia – como A está em B ou para B, C está em D ou para D, pois a relação é ou a de movimento para potência, ou a da substância para alguma matéria particular.

Diz-se que infinito e vazio,[369] e outros conceitos desse tipo, existem em potência ou em ato num sentido distinto da maioria das coisas existentes, por exemplo aquilo que vê, ou anda, ou é visto. Nestes últimos casos, a predicação pode às vezes ser verdadeiramente feita sem qualificação, uma vez que *aquilo que é visto* assim é chamado às vezes porque é visto e às vezes porque é capaz de ser visto. Mas o infinito não existe em potência no sentido de que existirá sempre em ato separadamente. Só é separável

368. Ou melhor, a *estátua* de Hermes.

369. ...τὸ ἄπειρον καὶ τὸ κένον... (*tò ápeiron kaì tò kénon*). Ver *Física*, Livro III, Capítulos 4-8, e Livro IV, Capítulos 6-9.

[na esfera do] conhecimento. Devido ao fato de o processo de divisão ser incessante, esse ato existe potencialmente, mas não separadamente.

Uma vez que nenhuma ação que possua um limite é um fim, mas somente um meio para o fim, como, por exemplo, o processo de emagrecimento, e uma vez que as próprias partes do corpo, quando se emagrece, estão em movimento dessa maneira, isto é, sem ser aquilo visado pelo movimento, esse processo não é uma ação, ou ao menos não é uma ação completa, porquanto não é um fim. Uma ação é um processo que inclui o fim. Por exemplo, ao mesmo tempo estamos vendo e vimos, estamos entendendo e entendemos, estamos pensando e pensamos, mas não é verdadeiro que ao mesmo tempo estamos aprendendo e aprendemos, ou estamos sendo curados e fomos curados. Estamos vivendo bem e vivemos bem, estamos felizes e fomos felizes ao mesmo tempo. Se assim não fosse, o processo precisaria cessar em algum tempo, como o processo de emagrecimento. Mas não cessou no presente momento: estamos vivendo e vivemos.

No que toca a esses processos, classificamos uns como movimentos e outros como atos. Todo movimento é incompleto: os processos de emagrecimento, aprendizado, caminhar, construir são movimentos e, como tais, incompletos. De fato, não é verdade que ao mesmo tempo estamos caminhando e caminhamos, ou estamos construindo e construímos, ou estamos vindo a ser e vimos a ser; são coisas diferentes estar sendo movido e ter sido movido; e aquilo que está causando movimento difere daquilo que causou movimento. Mas vendo e viu, pensando e pensou é o mesmo concomitantemente. Entendo portanto por ato este último processo, ao passo que entendo por movimento o primeiro.[370]

Com base nessas considerações e outras similares pode-se ter como demonstrado o que é o ato e ao que se assemelha.

7

É NECESSÁRIO, contudo, distinguir quando uma coisa particular existe
1049a1 em potência e quando não, uma vez que ela não existe a qualquer tempo e em todo o tempo. Por exemplo, é a *terra* potencialmente um homem? Não, exceto quando já se tornou *sêmen*, e talvez nem mesmo nesta oca-

370. Ross encerra aqui o Capítulo 6.

são, tal como nem tudo pode ser curado pela medicina, ou até mesmo pelo acaso, havendo algum tipo definido de coisa que disso é capaz, sendo isso o que é saudável em potência.

A definição daquilo que, como um produto do pensamento, vem a existir em ato, a partir da potência existente, é que quando foi desejado, se não houve o impedimento de qualquer influência externa, instaura-se; e a condição no caso do paciente, isto é, na pessoa que está sendo curada, é que nela nada deve obstar o processo. Analogamente, uma casa existe em potência se nada na coisa que sofre a ação, isto é, na matéria, a impede de vir a ser uma casa, e se não há nada que tenha que ser acrescentado ou subtraído, ou alterado: isso é potencialmente uma casa. E analogamente em todos os demais casos nos quais o princípio gerador é externo. E em todos os casos em que o princípio gerador está contido na própria coisa, uma coisa é em potência uma outra quando – se nada externo o impede – tornar-se por si mesma a outra. Por exemplo, o sêmen não é ainda em potência um ser humano, pois necessita adicionalmente sofrer uma alteração em algum outro meio. Mas quando, devido ao seu próprio princípio gerador, chegou a reunir os atributos necessários, neste estado é então um ser humano em potência, ao passo que no estado anterior necessitava de um outro princípio; tal como a terra não é ainda potencialmente uma estátua, porque precisa sofrer uma mudança antes de tornar-se bronze.

Parece que o que estamos descrevendo não é uma coisa particular, mas um material definido – por exemplo, uma caixa não é madeira, mas material de madeira, e madeira não é terra, mas material terrestre. E a terra também constitui uma ilustração do nosso objeto se, semelhantemente, não for alguma outra coisa, mas um material definido – é sempre o derradeiro termo nesta série que é, no sentido mais pleno, potencialmente alguma coisa mais. Por exemplo, uma caixa não é terra, nem de terra, mas de madeira, pois é isso que é uma caixa em potência, e esta é a matéria da caixa, quer dizer, material de madeira em geral é a matéria da *caixa* em geral, enquanto a matéria de uma caixa particular é uma particular porção de madeira. A matéria primária seria alguma coisa primordial que não é mais chamada de material de alguma outra coisa. Por exemplo, se a terra for *constituída de ar* e o ar não é fogo, mas *constituído de fogo*, então o fogo será a matéria primária, não sendo uma coisa individual, pois se distingue o sujeito ou substrato por ser ou não ser um isso (uma coisa individual). O substrato dos atributos é um indivíduo como *homem*, isto é, corpo e alma, enquanto o atributo é *instruído* ou *branco*. O sujeito, quando a instrução é nele inculcada, não é chamado de *instrução*, mas de *instruído*, e o homem não é chamado de *brancura*, mas de *branco*, e não de *ambulação* ou de *movimento*, mas de caminhante ou móvel, tal como dissemos que as coisas são de um material definido. Assim, onde *sujeito* apresenta esse sentido, o substrato final é a substância, mas onde não apresenta esse sentido, e o predicado é uma forma ou uma individualidade, o substrato final é matéria ou substância material. É bastante correto que tanto a matéria quanto os atributos sejam descritos por um predicado derivativo, uma vez que são ambos indeterminados.

8

CONSIDERANDO QUE distinguimos os vários sentidos de anterioridade,[371] fica evidente que o ato é anterior à potência. Por potência, não entendo aqui aquilo que definimos como "um princípio de transformação que está numa coisa distinta da coisa transformada, ou na mesma coisa *enquanto* outra", mas em geral qualquer princípio de movimento ou de repouso, pois a natureza também se encontra no mesmo gênero da potência, porque é um princípio de movimento, embora não em alguma outra coisa, mas na própria coisa enquanto ela mesma. O ato é anterior a qualquer potência desse tipo, tanto na fórmula quanto na substância; no tempo, o ato é às vezes anterior à potência e às vezes não.

Que o ato é anterior do ponto de vista da fórmula é evidente pois o que é, no sentido primário, potencial é potencial porque lhe é possível converter-se em ato – por exemplo, entendo por *capaz de construir* aquilo que pode construir e como *capaz de ver* aquilo que pode ver, e por *visível* aquilo que pode ser visto. O mesmo princípio vale para todos os outros casos também, de modo que a fórmula e o conhecimento do *atual* necessariamente precedem o conhecimento do *potencial*.

No tempo é anterior neste sentido: o *atual* é anterior ao *potencial* em relação ao qual é formalmente idêntico, mas não ao potencial em relação ao qual é numericamente idêntico. O que quero dizer é o seguinte: que a matéria, a semente e aquilo capaz de ver, que são potencialmente um homem, um cereal e a visão, mas não em ato, são anteriores no tempo ao

371. Livro V, Capítulo 11.

indivíduo humano, a este cereal em particular e ao sujeito que vê que já existem em ato, mas são posteriores no tempo a outras coisas existentes em ato a partir das quais foram gerados. De fato, do potencial o *atual* é sempre gerado por alguma coisa existente em ato, por exemplo o homem pelo homem, o instruído pelo instruído: há sempre um primeiro motor e aquilo que desencadeia o movimento já existe em ato.

Afirmamos em nossa discussão da substância[372] que tudo que é gerado o é a partir de alguma coisa e por alguma coisa, e por alguma coisa formalmente idêntica a si mesma. Consequentemente, parece impossível que um homem possa ser um construtor se jamais construiu, ou um harpista se jamais tocou uma harpa, porque quem aprende a tocar a harpa aprende tocando-a, o que é análogo em todos os demais casos. Aqui reside a origem do argumento refutatório dos sofistas de que um homem que não conhece uma dada ciência estará fazendo aquilo que é o objeto dessa ciência porque o aprendiz desconhece a ciência. Mas uma vez que algo daquilo que está sendo gerado já está gerado, e algo daquilo que está sendo movido como um todo já está movido (demonstração presente em nossa discussão do movimento[373]), é presumível que também o aprendiz tenha que possuir algo da ciência. De qualquer modo, com base nesse argumento fica claro que o ato é anterior à potência também nesse sentido, ou seja, no que toca à geração e ao tempo.

Mas também é anterior no que respeita à substância, *primeiramente* porque as coisas que são posteriores do ponto de vista da geração são anteriores do ponto de vista da forma e da substância – por exemplo, o homem adulto é anterior ao menino e o ser humano ao sêmen, porque o primeiro já possui a forma, ao passo que o segundo não; e *em segundo lugar* porque tudo que é gerado move-se rumo a um princípio, isto é, o seu fim. De fato, o objeto de uma coisa é seu princípio, e o objeto da geração é o *fim*, que é o *ato*, sendo por causa deste que a potência é adquirida: os animais não veem para que lhes seja possível ter visão, mas têm visão para que lhes seja possível ver. De maneira semelhante, os homens possuem a arte da construção para que lhes seja possível construir, e *a faculdade da especulação*[374] para que lhes seja possível especular – não especulam para

372. Livro VII, Capítulos 7 e 8.

373. *Física*, Livro VI, Capítulo 6.

374. Ou melhor: *ciência especulativa*.

que lhes seja possível possuir a faculdade da especulação, salvo aqueles que estão aprendendo pela prática, os quais não especulam propriamente, mas apenas num sentido limitado, ou em torno de um assunto em relação ao qual não alimentam nenhum desejo de especular.

Ademais, a matéria existe em potência porque lhe é possível atingir a forma; mas quando a matéria existe em ato ela está em sua forma. O mesmo vale para todos os outros casos, inclusive aqueles nos quais o fim é o movimento. Daí, tal como os mestres julgam que atingiram seu fim quando apresentam seus discípulos em ação, assim é com a natureza, pois se assim não for nos defrontaremos novamente com o Hermes de Pauson;[375] será impossível afirmar se o conhecimento está no discípulo ou fora dele, como no caso dessa obra de arte. A ação é o fim, e o ato é a ação. Daí a palavra *ato* derivar de *ação*[376] e tender a ter o significado de realidade consumada.[377]

Ora, enquanto em alguns casos a coisa final é a utilização da faculdade, por exemplo no caso da visão *ver* é a coisa final, e a faculdade da visão nada produz além disso, em outros casos alguma coisa mais é produzida, como a arte da construção produz não só o ato de construir como também a casa. Entretanto, no primeiro caso a utilização da faculdade é o fim, enquanto no segundo é mais verdadeiramente o fim do que o é a potência. Com efeito, o ato de construir reside na coisa construída, ou seja, ele vem a ser e existe simultaneamente com a casa.

Assim, em todos os casos em que o resultado é algo distinto do exercício da faculdade, o ato reside na coisa produzida, por exemplo o ato de construir na coisa construída, o ato de tecer na coisa tecida, e assim por diante. E em geral o movimento reside na coisa movida. Mas onde inexiste qualquer outro resultado além do ato este reside no sujeito, por exemplo o ver no vidente, a especulação no especulador e a vida na alma; e, consequentemente, também a felicidade, uma vez que esta é um tipo particular de vida. Ressalta, portanto, que a substância ou a forma é ato. Torna-se evidente, por força desse argumento, que o ato, do ponto de vista da subs-

375. Diz-se que Pauson criou uma bela e curiosa obra de arte (pintura ou escultura) que retratava um cavalo a galope; acontece que, invertendo o quadro ou escultura, o cavalo aparecia *rolando sobre seu dorso*.

376. Ἐνέργεια (*enérgeia*) deriva de ἔργον (*érgon*).

377. ...ἐντελαχεῖαν... (*entelakheîan*).

tância, é anterior à potência e, como dissemos, um ato sempre precede um outro no tempo, remontando ao ato do primeiro motor.

Mas o ato é anterior também em um sentido mais profundo, a saber, porque aquilo que é eterno é anterior do ponto de vista da substância àquilo que é perecível, e nenhuma coisa eterna existe em potência. O argumento é como se segue. Toda potência é, ao mesmo tempo, uma potência para o oposto; com efeito, enquanto aquilo que não é capaz de estar presente num sujeito não pode estar presente, é possível que tudo que é capaz de ser deixe de converter-se em ato. Portanto, aquilo que é capaz de ser pode tanto ser como não ser. A mesma coisa, então, é capaz tanto de ser quanto de não ser. Mas aquilo que é capaz de não ser possivelmente não seja, e aquilo que possivelmente não seja é perecível, ou simplesmente (não qualificadamente) ou no sentido particular no qual se diz que possivelmente não seja, isto é, com respeito ou ao lugar, ou à quantidade ou à qualidade; *não qualificadamente* significa no tocante à substância. Daí nada que seja não qualificadamente imperecível é não qualificadamente potencial (ainda que não haja razão porque não devesse ser potencial em algum aspecto particular, por exemplo envolvendo a qualidade ou o lugar); a conclusão é que todas as coisas imperecíveis existem em ato. Nem pode qualquer coisa que é, necessariamente, ser potencial. E, não obstante, estas coisas são primárias, porque se não existissem nada existiria. Nem o movimento eterno – se houver – existe potencialmente, e se houver um motor eterno, não está potencialmente em movimento (exceto com respeito a algum ponto de partida ou destinação), e não há razão porque a matéria de uma tal coisa não existisse. Consequentemente, o sol, os astros e todo o céu visível são sempre ativos, não havendo qualquer temor de que em algum tempo venham a imobilizar-se, um temor alimentado pelos filósofos da natureza. Nem cansam-se os corpos celestes de sua atividade, pois o movimento não vale para eles, como vale para as coisas perecíveis,[378] a potência para os opostos, o que torna laboriosa a continuidade do movimento; de fato, é o que resulta quando a substância é matéria e potência, não ato.

Coisas imperecíveis, nesse aspecto, são imitadas por coisas que estão sempre sofrendo transformações, tais como a terra e o fogo, uma vez que estes também são sempre ativos, porque possuem movimento indepen-

378. Para Aristóteles, os corpos celestes são eternos e imperecíveis, isto é, não têm começo nem fim e não estão na esfera da geração e corrupção.

dente e em si próprios. Outras potências, conforme as distinções já feitas, admitem todas o resultado oposto, visto que aquilo que é capaz de causar movimento, de uma certa maneira, pode também causá-lo não desta maneira, isto é, se atuar de acordo com uma fórmula racional. Mas as mesmas potências não racionais só podem produzir resultados opostos mediante sua presença ou ausência.

Então se há entidades ou substâncias como os dialéticos dizem ser as Ideias, é necessário haver alguma coisa que possua muito mais ciência do que a ciência absoluta, e muito mais mobilidade do que o movimento em si, porque serão, num sentido mais verdadeiro, atos, enquanto a ciência e o movimento serão suas potências.

Assim, fica evidente que o ato é anterior tanto à potência quanto a todo princípio de mudança.

9

Que um bom ato é tanto melhor quanto mais valioso do que uma boa potência revelar-se-á patente com base nos argumentos que se seguem. Tudo ao que nos referimos como capaz é igualmente capaz de resultados opostos. Por exemplo, aquilo que classificamos como capaz de ser saudável é igualmente capaz de ser doente, e possui ambas as potências concomitantemente, posto que a mesma potência admite a saúde e a doença, ou o repouso e o movimento, ou a construção e a demolição, ou o ser construído e o ser demolido. Assim, a capacidade para dois contrários pode pertencer a uma coisa simultaneamente, mas os contrários não podem lhe dizer respeito simultaneamente, isto é, os atos – por exemplo saúde e doença não podem dizer respeito a uma coisa simultaneamente, de sorte que uma delas tem que ser a boa. Mas a potência pode, igualmente, ser ambos os contrários ou nem um nem outro, o que resulta em ser o ato melhor.

Entretanto, no caso dos males, o fim ou ato é necessariamente pior do que a potência, pois aquilo que é capaz o é igualmente de ambos os contrários.

A clara conclusão é que o mal não existe independentemente das coisas, uma vez que o mal é, por natureza, posterior à potência.[379] Tampouco

---

379. Há aqui, como em tantas outras questões, flagrante contraste entre Aristóteles e Platão. Ver a concepção que faz Platão do mal (a *Ideia* de mal) em *A República*, 476a.

há nas coisas originais e eternas qualquer mal, qualquer erro, ou qualquer coisa que haja sido corrompida, já que a corrupção é um mal.

As construções geométricas também são descobertas através da *atualização* (conversão em ato), uma vez que é mediante a divisão que as descobrimos. Se a divisão [das figuras geométricas dadas] já houvesse sido realizada, as construções seriam óbvias; mas tal como é, as divisões apresentam-se apenas potencialmente. Por que a soma dos ângulos internos de um triângulo é igual a dois ângulos retos? Porque os ângulos em um ponto são iguais a dois ângulos retos. Se a linha paralela ao lado já houvesse sido traçada, a resposta saltaria aos olhos à mera visão da figura. Por que o ângulo de um semicírculo é sempre um ângulo reto? Se três linhas fossem iguais – duas formando a base e a perpendicular a partir do centro – a resposta seria evidente a alguém que conhecesse a primeira proposição. Assim, está claro que as construções em potência são descobertas mediante *atualização* (conversão em ato). A razão disso é *a atualização ser um ato do pensar*.[380]

Conclui-se que a potência provém do ato e, portanto, é através do ato de construção que adquirimos conhecimento, ainda que o ato singular seja posterior do ponto de vista da geração.

10

Os termos o *ser* e o *não ser*[381] são empregados não somente com referência às categorias, à potência ou ao ato das categorias, ou aos opostos da potência e do ato, mas também, no sentido mais estrito, para indicar verdade e falsidade. Nos objetos, a condição disso é serem combinados ou separados, de maneira que aquele que é separado é separado, e aquele que é combinado é combinado, sendo que quem assim pensa está certo, enquanto aquele cujo pensamento é contrário à condição real dos objetos incorre em erro. Então, quando existe ou não existe o que classificamos como verdade e falsidade? É preciso examinarmos o que entendemos por esses termos.

Não é porque estamos certos em pensar que *és branco* que *és branco* – é porque *és branco* que estamos certos em dizê-lo. Ora, se algumas coisas

380. Ou W. D. Ross: ...*o pensar ser o ato do pensamento*...

381. ...τὸ ὄν... (*tò ón*), ...τὸ μὴ ὄν... (*tò mé ón*).

estão sempre combinadas e não podem ser separadas, e outras estão sempre separadas e não podem ser combinadas, e outras ainda admitem ambos os estados contrários, então *ser* é estar combinado, isto é, uma unidade, e *não ser* é não estar combinado, isto é, uma pluralidade. Portanto, no tocante à classe de coisas que admitem ambos os estados contrários, a mesma opinião ou a mesma afirmação vem a ser falsa e verdadeira, sendo possível numa ocasião estar certo e na outra, errado. Mas no que diz respeito a coisas que não podem ser de outra maneira, a mesma opinião não é *às vezes* verdadeira e *às vezes* falsa, mas as mesmas opiniões são sempre verdadeiras ou sempre falsas.

Mas no que tange às coisas não compostas, o que é *ser* ou *não ser* e verdade ou falsidade? Tal coisa não é composta, no sentido de ser quando está combinada e não ser quando está separada, como a proposição de que "a madeira é branca", ou de que "a diagonal é incomensurável"; tampouco a verdade e a falsidade aplicar-se-ão da mesma maneira a esses casos como se aplicam aos anteriores. Na realidade, tal como a verdade não é a mesma nesses casos, também não o é o ser. Verdade e falsidade são como se segue: contato[382] e asserção são verdade (asserção[383] não sendo idêntico à afirmação[384]) e ignorância é não contato. Digo *ignorância* porque é impossível ser ludibriado quanto ao que uma coisa é, a não ser acidentalmente. E o mesmo é aplicável a substâncias não compostas, pois é impossível ser ludibriado a respeito delas. E todas elas existem em ato, não em potência, pois se assim não fosse estariam submetidas à geração e à corrupção. Mas tal como é, o próprio *ser* não é gerado (nem está submetido à corrupção); se fosse, seria gerado (viria a ser) a partir de alguma coisa. Com respeito, portanto, a todas as coisas que são essências e em ato, não há a questão de ser enganado, mas tão só de pensá-las ou não pensá-las. A investigação sobre *o que* são assume o perfil de investigar se são desta ou daquela natureza ou não.

Quanto ao *ser* no sentido de *verdade* e o *não ser* no sentido de *falsidade*, uma unidade é verdadeira se os termos[385] estiverem combinados, sendo falsa se não estiverem combinados. Além disso, se a unidade existe, existe numa maneira particular, e se não existe nesta maneira, não existe

382. ...θίγειν... (*thígein*): entenda-se a apreensão apurada e direta, sem intermediários.

383. ...φάσις... (*phásis*).

384. ...κατάφασις... (*katáphasis*).

385. Isto é, o sujeito e o predicado.

de modo algum. A verdade significa o pensar esses objetos, não havendo falsidade ou engano, mas apenas ignorância – não, contudo, ignorância como o é a cegueira, pois esta é aparentada a uma total falta da faculdade do pensar. E é evidente que, com respeito também às coisas imutáveis, se alguém supõe a existência das coisas imutáveis, não há engano quanto ao tempo. Por exemplo, na suposição de que o triângulo é imutável, não supomos que ele *às vezes* contém dois ângulos retos e, às vezes, não, o que implicaria que ele muda. Mas podemos supor que uma coisa possui uma certa propriedade, enquanto uma outra não a possui, por exemplo que nenhum número par é primo, ou que alguns são primos e outros não são. Entretanto, quando se trata de um número simples não podemos estar enganados mesmo dessa maneira, porque não podemos mais supor que um caso seja de uma tal natureza, e um outro não, mas estejamos certos ou errados, *o fato permanece o mesmo.*[386]

386. W. D. Ross: ...*o fato permanece eterno.*

LIVRO X

1

Em nossa distinção dos diversos significados das palavras,[387] já foi indicado que *um* (a unidade) apresenta vários significados. Mas embora apresente muitos significados, as coisas que são chamadas de *unas* primária e essencialmente e não acidentalmente podem ser resumidas em quatro classes: [1] aquilo que é contínuo, simplesmente (não qualificado), ou particularmente aquilo que é contínuo devido ao desenvolvimento natural e não devido ao contato ou à ligação; entre estas coisas, são mais estritamente unas e com anterioridade aquelas cujo movimento é mais simples e indivisível; [2] aquilo que é um todo e possui uma determinada configuração ou forma é uno num grau ainda superior, e sobretudo se o é por natureza e não por força (como coisas unidas por meio de cola, pregos ou amarração), mas que contém em si mesmo a causa de sua continuidade. Uma coisa é deste tipo se seu movimento é uno e indivisível no que concerne ao espaço e o tempo, de modo que claramente, se uma coisa tem como seu princípio cinético o tipo primário de movimento (isto é, o movimento local) e o primeiro deste tipo (isto é, o movimento circular), é em sentido primário uma magnitude espacial.

Algumas coisas, assim, são *unas* nesse sentido, *enquanto* contínuas ou totais. As outras coisas que são unas são aquelas cuja fórmula é una. Estas são as coisas cujo conceito é uno, isto é, cujo conceito é indivisível quando o objeto é indivisível, [3] na forma ou [4] no número. Ora, no número o individual é indivisível, e na forma o que é indivisível é na inteligibilidade e

---

387. Livro V, Capítulo 6.

no conhecimento, de modo que aquilo que faz que as substâncias sejam unas tem que ser uno no sentido primário.

Tais são, portanto, numericamente os significados de um (unidade): o naturalmente contínuo, o total, o individual e o universal. Todos são unos porque indivisíveis, alguns do ponto de vista do movimento, outros do prisma do conceito ou da fórmula.

Mas é necessário que reconheçamos que as questões *Que tipo de coisas são chamadas de unas?* e *O que é ser uno e qual é a sua fórmula?* não devem ser tomadas como idênticas. *Um* possui esses diversos significados, e cada coisa a que cada um desses significados se aplica será una. Mas *ser um* significará às vezes ser uma dessas coisas, e às vezes alguma coisa mais, que é ainda mais próximo da palavra *um*, enquanto essas outras coisas estão mais próximas de sua denotação. Isso se aplica igualmente a *elemento* e *causa*, supondo que alguém tivesse que explicá-los tanto por meio da exibição de exemplos concretos quanto fornecendo uma definição da palavra. Há um sentido no qual *fogo* é um elemento (e sem dúvida o "indeterminado" ou alguma coisa mais semelhante seja, por sua própria natureza, o elemento) e há um sentido no qual não é, posto que *ser fogo* e *ser um elemento* não é idêntico. Mas, embora como uma coisa concreta e particular dotada de uma natureza própria, o fogo seja um elemento, o nome *elemento* significa que ele possui este atributo, a saber, que alguma coisa é feita dele como primeiro constituinte. O mesmo aplica-se à *causa* ou a *um* e a todos os demais termos desse jaez.

Consequentemente, *ser um* significa *ser indivisível* (sendo essencialmente uma coisa individual, distinta e capaz de existir separadamente no lugar, na forma ou no pensamento), ou significa *ser total e indivisível*, mas sobretudo *ser a primeira medida de cada espécie*, e acima de tudo da quantidade, pois é a partir desta que foi estendido às demais categorias. Medida é aquilo por meio do que se conhece a quantidade, e a quantidade *enquanto* quantidade é conhecida ou através da unidade ou através do número, ao passo que todo número é conhecido através da unidade. Portanto, toda quantidade *como* quantidade é conhecida através da unidade, e aquilo pelo que as quantidades são primariamente conhecidas é a unidade absoluta. A conclusão é que a unidade é o ponto de partida do número *enquanto* número. Consequentemente, também em outros casos *medida* significa aquilo por meio do que cada coisa é primariamente conhecida, e a medida de cada coisa é uma unidade: em extensão, largura, profundidade, peso e velocidade. (Os termos *peso e velocidade*[388] são comuns a ambos os contrários, uma vez que cada um

388. ...βάρος καὶ τάχος... (*báros kaì tákhos*).

deles tem duplo significado, por exemplo *peso* aplica-se ao que tem a mais ínfima gravidade, bem como ao que tem um excesso de gravidade, e *velocidade* ao que apresenta a mais ínfima quantidade de movimento, bem como ao que apresenta um excesso de movimento: de fato, mesmo o lento apresenta alguma velocidade, ao passo que mesmo o leve apresenta algum peso.)

Em todos esses casos, portanto, a medida e ponto de partida são alguma unidade indivisível (visto que até no caso das linhas tratamos a "linha de um pé" como indivisível). Com efeito, em toda parte necessitamos de uma unidade indivisível como nossa medida, ou seja, aquilo que é simples em qualidade ou em quantidade. Onde se afigura impossível subtrair ou somar, a medida é exata. Daí ser a mais exata a medida do número, pois neste caso postulamos a unidade como indivisível de todas as maneiras. E em todos os outros casos acatamos este exemplo, pois com o estádio ou o talento, ou em geral com a medida maior, uma adição ou subtração seria menos evidente do que com uma medida menor. Conclui-se que a primeira coisa da qual, em conformidade com nossa percepção, não é possível subtrair nada é usada por todos os homens como sua medida de líquidos e sólidos, de peso e de grandeza. E os homens consideram que só conhecem a quantidade quando a conhecem em termos dessa medida. E conhecem o movimento também através do movimento simples e do mais célere, pois este requer o mínimo de tempo. Consequentemente, em astronomia uma unidade desse tipo é o ponto de partida e a medida, pois se supõe que o movimento dos céus é uniforme e o mais célere, julgando os outros por ele. Na música, a medida é o quarto de intervalo, porque é o menor intervalo, enquanto na língua é a letra. Todos estes são exemplos de unidades nesse sentido, não no sentido de que a unidade seja algo comum a todos eles, mas no sentido que descrevemos. A medida nem sempre é numericamente una, mas às vezes plural – por exemplo, há dois quartos de intervalo, distinguidos não por nossa audição, mas determinados por seus índices; e os sons articulados pelos quais medimos a linguagem são mais de um. Além disso, a diagonal de um quadrado[389] é medida por duas quantidades, assim o sendo todas as grandezas deste tipo. A conclusão é que a unidade é a medida de todas as coisas porque passamos a conhecer os componentes da substância, dividindo-a no tocante a sua quantidade ou forma. A unidade é, portanto, indivisível porque o que é primário em cada classe de coisas é indivisível. Mas nem toda unidade é indivisível no mesmo sentido, do que são exemplos o pé e a unidade aritmética, considerando-se que está última é absolutamente indivisível, enquanto

389. W. D. Ross acrescenta: *...e seu lado...*

o primeiro deve ser classificado como indivisível do prisma de nossa percepção, como já indicamos, pois se presume que tudo que é contínuo é divisível.

A medida tem sempre afinidade com a coisa medida. A medida da grandeza é grandeza e, particularmente, a medida de extensão é uma extensão, a da largura, uma largura, a dos sons, um som, a do peso, um peso, a das unidades, uma unidade. Este é, com efeito, o ponto de vista que devemos adotar, e não que a medida dos números é um número, o que, realmente, seria necessariamente verdadeiro se a analogia fosse aplicável, mas a suposição não é análoga – é como se supuséssemos que a medida das unidades é *unidades*, e não *uma unidade*, já que o número é uma pluralidade de unidades.

Também nos referimos ao conhecimento ou à percepção sensorial como medida das coisas por força da mesma razão, ou seja, porque através deles passamos a conhecer alguma coisa – isso embora realmente eles próprios é que são medidos, de preferência a medirem outras coisas. Mas nossa experiência é como se uma outra pessoa nos medisse e nos cientificamos de nossa altura observando até que ponto ela aplicou sua régua de cúbitos em nós. Protágoras diz que "O homem é a medida de todas as coisas", entendendo, por assim dizer, tanto o homem que conhece quanto o homem que percebe, e estes porque possuem respectivamente conhecimento e percepção, o que temos na conta de medidas dos objetos. Assim, ainda que pareça estar ele dizendo algo notável, na verdade não está dizendo nada.

Fica evidente, então, que a unidade no seu sentido mais estrito – uma vez que elaboremos nossa definição conforme o significado da palavra – é uma medida, principalmente de quantidade, e secundariamente de qualidade. Algumas coisas serão unas se indivisíveis em quantidade, e outras se forem indivisíveis em qualidade e, portanto, o uno é indivisível, ou não qualificadamente ou *enquanto* uno.

2

É PRECISO QUE INVESTIGUEMOS, no que toca à substância e à natureza da unidade, em que sentido esta existe. Trata-se da mesma questão abordada em nossa discussão das dificuldades,[390] quando indagamos o que é a unidade e qual a concepção que devemos ter dela: se a própria unidade é um tipo de substância, como sustentaram primeiramente os pitagóricos e,

390. Livro III, Capítulo 4.

posteriormente, Platão, ou se, ao contrário, alguma natureza lhe é subjacente e deve ser explicada mais inteligivelmente, e mais à maneira dos filósofos da natureza (físicos), já que entre estes um sustenta *que a unidade é o amor*, outro que é o *ar*, e outro que é o *indefinido*.

Ora, se não é possível que nenhum universal seja uma substância, como estabelecemos em nossa discussão da substância e do ser,[391] e o próprio ser não pode ser uma substância no sentido de uma coisa existente *ao lado*[392] da multiplicidade (uma vez que é comum à multiplicidade), porém somente como um predicado, então fica claro que tampouco é possível que a unidade seja uma substância, porque o ser e a unidade são os mais universais de todos os predicados. Portanto, por um lado gêneros não são certas entidades e substâncias separadas de outras coisas; por outro lado, não é possível que a unidade seja um gênero por força das mesmas razões que impossibilitam que o ser e a substância o sejam.

Ademais, isso, ou seja, a natureza da unidade, vale para todas as categorias. Ser e unidade possuem o mesmo número de significados, de sorte que como no âmbito das qualidades a unidade é algo definido, isto é, alguma entidade definida, e analogamente na esfera das quantidades, está claro que necessitamos indagar em geral o que é a unidade, o mesmo valendo para o ser, não bastando dizermos que sua natureza é simplesmente unidade ou ser. Mas no domínio das cores, a unidade é uma cor, por exemplo *branco*, observando-se que todas as outras cores derivam aparentemente do branco e do preto, este sendo uma privação do branco, como a escuridão é uma privação de luz. Assim, se todas as coisas existentes fossem cores, todas as coisas existentes seriam um número. Mas um número do quê? Decerto um número de cores. E a unidade seria alguma cor particular, por exemplo branco. De maneira semelhante, se todas as coisas existentes fossem melodias,[393] haveria um número de quartos de intervalos, mas sua substância não seria um número, e a unidade seria algo cuja substância não é unidade, mas um quarto de intervalo; semelhantemente, no caso dos sons, as coisas existentes seriam um número de letras e a unidade seria uma vogal; e se as coisas existentes fossem figuras retilíneas, seriam um número de figuras, e a unidade seria um triângulo. Este mesmo princípio é válido e aplicável para todos os demais gêneros.

391. Livro VII, Capítulo 13.

392. *Ao lado, mas separadamente.*

393. ...μέλη... (*méle*).

Portanto, se na paixão (passividade), na qualidade, na quantidade e no movimento há um número e uma unidade, e se o número é de coisas particulares e a unidade é uma unidade particular, e sua substância não é unidade, então o mesmo tem que ser aplicável no tocante às substâncias, já que o mesmo vale em todos os casos.

É evidente, então, que em todo gênero o uno é uma coisa definida, em nenhum caso sua natureza limitando-se a ser unidade. Mas tal como na esfera das cores o *uno ele mesmo* que necessitamos buscar é uma cor, também no âmbito da substância, o *uno ele mesmo* é uma substância. E que num certo sentido o significado de unidade é idêntico ao do ser fica claro, *de uma parte* porque possui um significado correspondente a cada uma das categorias, não estando contida em nenhuma delas – por exemplo, não está contida nem na substância nem na qualidade, embora esteja vinculada a estas tal como o ser está; *de outra parte* porque em *um homem* não há nenhuma predicação *adicional* a *homem*, tal como o ser não existe separadamente de alguma substância, qualidade ou quantidade; *e de outra parte ainda*, porque *ser um* é *ser uma coisa particular.*

3

O UNO E O MÚLTIPLO OPÕEM-SE de muitas maneiras. A unidade e a pluralidade opõem-se na medida em que a primeira é indivisível e a segunda é divisível. De fato, o que é dividido ou divisível é chamado de pluralidade, ao passo que o que é indivisível ou não dividido é chamado de uno. Então, considerando-se que a oposição é de quatro tipos e que se emprega um dos presentes pares de opostos num sentido privativo, eles têm que ser contrários – nem contraditórios nem correlativos. A unidade é descrita e explicitada em função de seu contrário, ou seja, o indivisível pelo divisível, porque a pluralidade (o divisível) é de mais fácil percepção do que o indivisível. A consequência é que, do ponto de vista da fórmula, a pluralidade é anterior ao indivisível devido às nossas faculdades de percepção.

Pertencem à unidade, como indicamos graficamente em nossa distinção dos contrários, a identidade, a semelhança e a igualdade, ao passo que pertencem à pluralidade a alteridade, a dessemelhança e a desigualdade.

O mesmo (a identidade) tem vários significados. Às vezes, falamos de identidade com respeito ao número; por outro lado, classificamos uma coisa como idêntica se é una tanto na fórmula quanto no número, por exemplo és uno contigo mesmo tanto na forma quanto na matéria; por outro lado ainda, se a fórmula da substância primária é una, por exemplo linhas retas iguais são as mesmas (idênticas), bem como quadriláteros iguais providos de ângulos iguais, havendo uma plêiade de exemplos, embora nestes igualdade signifique unidade.

As coisas são semelhantes [1] quando não sendo absolutamente idênticas, ou indistinguíveis quanto à sua substância concreta, são idênticas no que respeita à forma, por exemplo o quadrado maior é semelhante ao quadrado menor, ao passo que linhas retas desiguais são semelhantes, ou seja, são semelhantes, mas não absolutamente idênticas; [2] quando, tendo a mesma forma e sendo capazes de diferença em grau, não apresentam esta diferença, ou seja, a de grau; [3] quando as coisas possuem um atributo que é idêntico e uno quanto à forma, por exemplo a brancura, em diferentes graus, dizemos que elas são semelhantes porque sua forma é una; [4] quando os aspectos em que as coisas são idênticas são em maior número do que os aspectos nos quais diferem, quer em geral, quer no que tange às suas qualidades mais destacadas – por exemplo, o estanho é semelhante à prata por ser branco, enquanto o ouro é semelhante ao fogo, por ser amarelo ou da cor das chamas.

Assim, é evidente que *outro* e *dessemelhante* também apresentam múltiplos significados. [1] Num sentido, *outro* é utilizado no sentido oposto a *idêntico*; por conseguinte, toda coisa relativamente a toda outra coisa é ou *idêntica* ou *outra*. [2] Num outro sentido as coisas são *outras* a menos que tanto sua matéria quanto sua fórmula sejam unas – neste sentido és *outro* ao lado de teu vizinho. [3] O terceiro sentido é o que encontramos nas matemáticas. Portanto, toda coisa em relação a qualquer outra coisa é entendida ou como outra ou como idêntica, *quer dizer*, no caso de coisas das quais são predicados a unidade e o ser, já que *outro* não é o *contraditório* de *idêntico*, de sorte que não é predicado de coisas não existentes, as quais são chamadas de *não idênticas*. É predicado de todas as coisas que existem, pois se uma coisa é tanto existente quanto una naturalmente é una ou não una.

Outro (alteridade) e *idêntico* (identidade), portanto, assim se opõem. Mas *diferença* não é o mesmo que *alteridade*. Com efeito, aquilo que é *outro* relativamente a alguma coisa mais não necessita ser outro num aspecto particular, uma vez que tudo que é existente é *ou* outro *ou* idêntico. Mas aquilo que é diferente de alguma coisa mais o é em algum aspecto particular, de modo que aquilo em que [as duas coisas] diferem tem que ser algo idêntico, ou seja, gênero ou espécie idênticos, pois tudo que é diferente difere ou em gênero ou em espécie: *em gênero* se as coisas não têm sua matéria em comum e não são geradas entre si (isto é, se pertencem a diferentes categorias); *em espécie*, se pertencem ao mesmo gênero (entendendo-se por gênero o que é predicado de ambas as diferentes coisas igualmente relativamente à substância delas).

Os contrários são *diferentes* e a contrariedade é um tipo de diferença. O nosso acerto quanto a esta proposição é evidenciado pela indução; com efeito, os contrários são obviamente todos diferentes, uma vez que não são pura e simplesmente *outros*, alguns sendo *outros* em gênero, enquanto alguns acham-se na mesma linha de predicação, de modo que pertencem ao mesmo gênero, e são idênticos quanto ao gênero. Distinguimos em outra parte[394] quais tipos de coisas são idênticas (as mesmas) ou *outras* do ponto de vista do gênero.

4

COMO AS COISAS que diferem podem diferir entre si num maior ou menor grau, há uma certa *diferença máxima*, a qual denomino *contrariedade*. Que a contrariedade é a máxima diferença é evidenciado pela indução. De fato, enquanto as coisas que diferem em gênero carecem de um meio para o trânsito mútuo, são muito mais remotas entre si e incomparáveis, no que diz respeito às coisas que diferem em espécie, os contrários são os extremos a partir dos quais ocorre a geração, a maior distância sendo a intermediária entre os extremos e, portanto, também entre os contrários. Mas em todo gênero a coisa maior é completa. Com efeito, o maior é aquilo que não pode ser excedido e o completo aquilo além do que nada pode ser encontrado que lhe seja próprio. A diferença completa implica um fim, tal como todas as outras coisas são chamadas de completas, porque implicam um fim. E nada há além do fim, pois em tudo o fim é o derradeiro e forma o limite. Assim, não há nada além do fim, e ao que é completo nada falta.

Com base nesse argumento, fica claro que a contrariedade é a diferença máxima. E como nos referimos a contrários em vários sentidos, o sentido de completitude variará conforme o sentido de contrariedade aplicado aos contrários.

Assim sendo, evidencia-se que não é possível que uma coisa tenha mais de um contrário (uma vez que não é possível haver nada mais extremo do que o extremo, nem é possível haver mais do que dois extremos de um intervalo),

394. Livro V, Capítulo 28.

o que em geral é evidente, já que a contrariedade é diferença, e esta (e, por conseguinte, a diferença completa) é entre duas coisas.

As outras definições de contrários são também necessariamente válidas, pois em cada caso a diferença completa é a diferença máxima. Não podemos encontrar nada além dela, quer difiram as coisas em gênero ou em espécie; foi demonstrado que não há nenhuma diferença entre qualquer coisa e as coisas externas a seu gênero, e entre estas coisas a diferença completa é a maior. Por outro lado, as coisas no mesmo gênero que diferem maximamente são contrários, pois a diferença completa é a maior diferença entre elas. E as coisas presentes no mesmo material receptivo que são maximamente diferentes são contrários, visto que a matéria é idêntica para os contrários. As coisas mais diferentes de que nos ocupamos com a mesma faculdade são contrários, pois uma ciência ocupa-se de uma classe de coisas nas quais a diferença completa é a maior.

A contrariedade primária é a existente entre o estado positivo e a privação, embora nem toda privação (já que esta apresenta vários sentidos), mas qualquer privação que seja completa. E os demais contrários devem ser considerados como tais com referência à contrariedade primária – alguns porque a possuem, outros porque a produzem ou tendem a produzi-la e outros porque são aquisições ou perdas dessa contrariedade ou de outros contrários.

Ora, se os tipos de oposição são a contradição, a privação, a contrariedade e a relação, e destes o primeiro é a contradição, e se um intermediário é impossível na contradição, mas possível entre contrários, a conclusão é que contradição não é o mesmo que contrariedade; por outro lado, a privação é uma espécie de contradição, uma vez que é aquilo totalmente incapaz de possuir algum atributo, ou aquilo que naturalmente possuiria um atributo, mas não possui, que sofre a privação, ou simplesmente (não qualificadamente) ou de algum modo específico. Já dispomos aqui de vários significados que distinguimos em outra parte. Assim, a privação é uma espécie de contradição ou incapacidade determinada ou associada ao material receptivo. Esta é a razão porque, embora não haja intermediário na contradição, há um intermediário em algumas privações. Com efeito, tudo é ou igual ou não igual, mas *nem tudo* é ou igual ou desigual; quando o é, só o é no caso de um material que admite igualdade. Se, então, mudanças que ocorrem com a matéria partem dos contrários e procedem ou da forma e da posse da forma, ou de alguma privação da forma ou configuração, fica claro que toda contrariedade necessariamente é privação, ainda que presumivelmente nem toda privação seja uma contrariedade. A razão disso é que aquilo que sofre privação pode sofrê-la em diversos sentidos; de fato, são somente os extremos dos quais as mudanças procedem que são contrários.

Isso pode ser demonstrado também pela indução. Toda contrariedade implica a privação como um dos contrários que lhe diz respeito, mas nem sempre do mesmo modo, a saber, a desigualdade implica a privação da igualdade, a dessemelhança implica a privação da semelhança, enquanto o vício implica a privação da virtude. E as diferenças são como indicamos. Num caso queremos dizer simplesmente que a coisa sofre privação; noutro, que ela a sofre num certo tempo ou numa certa parte – digamos numa certa idade, ou na parte principal – ou inteiramente. Eis a razão porque em alguns casos há algo intermediário (há homens que não são nem bons nem maus), enquanto em outros casos não há (um número é necessariamente ímpar ou par). Acrescentemos que alguns contrários têm um sujeito definido, enquanto outros não. Com isso evidencia-se que um dos contrários é sempre privativo. Mas basta que isso seja verdadeiro quanto aos contrários primários ou genéricos, por exemplo a unidade e pluralidade, uma vez que os outros podem ser reduzidos a eles.

5

UMA VEZ QUE UMA coisa possui um contrário, seria cabível perguntar em que sentido a unidade opõe-se à pluralidade, e o igual ao grande e ao pequeno; com efeito, empregamos sempre a palavra *se* numa antítese, por exemplo *se* é branco ou preto, ou *se* é branco ou não (embora não perguntemos *se* é um homem ou branco, a não ser que estejamos fazendo uma suposição, digamos *se* foi Cleonte que chegou ou Sócrates). Mas isso não é necessário em quaisquer classes de coisas, sendo uma extensão do caso dos opostos, pois são somente os opostos que não podem ser concomitantemente verdadeiros. E supomos esta incompatibilidade aqui perguntando: *qual dos dois chegou*?, pois se ambas as alternativas fossem possíveis a questão teria sido absurda. Mas mesmo assim a questão enquadra-se numa antítese, ou seja, a do *um* ou do *múltiplo*, e nossa pergunta é *se* ambos chegaram ou apenas um. Se então a questão *se* diz respeito sempre a opostos e estamos facultados a perguntar *se* é maior ou menor, ou igual, qual é a natureza da antítese entre *igual* e *maior ou menor*? O igual não é contrário nem a um isoladamente, nem a ambos, pois não é mais contrário ao maior do que ao menor; o igual é contrário ao desigual, e assim será contrário a mais de uma coisa;

se o desigual significa alguma coisa idêntica tanto maior quanto menor simultaneamente, igual necessariamente continuará sendo oposto a ambos. Esta dificuldade dá respaldo à teoria de que o *desigual* é uma dualidade. O resultado, todavia, é que uma coisa é contrária a duas, o que é impossível.

Que se acresça que é evidente que *igual* é intermediário entre *grande* e *pequeno*. Contudo, não é evidente que qualquer contrariedade seja intermediária, e tampouco pode ser por definição, uma vez que não poderia ser uma contrariedade perfeita se fosse o intermediário entre duas coisas; pelo contrário, possui sempre alguma coisa intermediária entre ela mesma e o outro extremo.

Resta, então, que o *igual* seja oposto ou como negação ou como privação. Ora, não pode ser assim oposto a um dos dois termos porque não é mais oposto ao grande do que ao pequeno. Consequentemente, é uma negação privativa de ambos, e por isso dizemos *se* com referência a ambos e não *a um dos dois* – por exemplo, *se é maior ou igual* ou *se é igual ou menor*. Sempre há três alternativas. Contudo, não se trata de uma privação necessária pois nem tudo que não é maior ou menor é igual, mas unicamente as coisas que possuem uma natureza que determina que tenham tais atributos.

O igual, portanto, é aquilo que não é nem grande nem pequeno, mas que naturalmente se prestaria a ser ou grande ou pequeno; e opõe-se a ambos como privação negativa, sendo, por via de consequência, intermediário entre eles. E aquilo que não é nem bom nem mau opõe-se a ambos, embora não possua um nome (pois cada um deles apresenta vários significados e não há nenhum material que seja receptivo a ambos). Aquilo que não é nem branco nem preto tem maior direito a possuir um nome, ainda que nem isso possua um nome particular. Entretanto, as cores das quais essa negação é privativamente predicada são, de certo modo, limitadas, na medida em que são necessariamente cinza, amarelo ou alguma cor semelhante a estas.

Conclui-se que é uma crítica equivocada a daqueles que pensam que todas essas expressões são usadas analogamente, de modo que aquilo que não é nem um calçado nem uma mão seria intermediário entre *calçado* e *mão*, uma vez que aquilo que não é nem bom nem mau é intermediário entre o bom e o mau, como se necessariamente houvesse um intermediário em todos os casos, o que não ocorre necessariamente, pois num caso há uma negação conjunta dos opostos onde existem um intermediário e um intervalo natural, ao passo que no outro caso não se trata de nenhuma questão de diferença, visto que a negação conjunta aplica-se a coisas que pertencem a gêneros diferentes, de sorte que o substrato não é uno.

6

QUESTÃO SEMELHANTE pode ser levantada quanto ao *uno* e o *múltiplo*. Com efeito, se *múltiplo* é absolutamente oposto a *uno*, resultam certas impossibilidades. [Em primeiro lugar,] o *uno* será *poucos* pois o múltiplo também se opõe a poucos; o dois será muitos (multiplicidade), uma vez que o duplo é múltiplo e o duplo é oriundo do dois. Assim, o uno será poucos, pois afinal em qual relação pode o dois ser muitos (múltiplo) se não na relação com o um (uno), que seria, portanto, necessariamente poucos, uma vez que é impossível haver algo que seja menos? Se *muito* e *pouco* são na pluralidade o que *longo* e *curto* são na extensão, e se seja o que for *muito* é também *múltiplo*, e múltiplo é muito (a não ser que realmente haja uma diferença no caso de um contínuo flexível[395]), *poucos* será uma pluralidade. E se o uno é poucos, também será uma pluralidade, o que necessariamente se conclui se o dois for muitos (múltiplo). Entretanto, presume-se que embora *muitos* (múltiplo), num certo sentido, significa *muito*, há uma distinção entre eles, do que é exemplo a água, já que dizemos *muita* água, mas não *múltipla* água. Todavia, o termo *muitos* (*múltiplo*) é aplicável a todas as coisas divisíveis: num sentido se há uma pluralidade que implica excesso ou absoluta ou relativamente (sendo que, por outro lado, analogamente *poucos* é uma pluralidade implicando falta), e num outro sentido diz respeito ao número, sentido exclusivo em que se opõe ao uno, pois dizemos *um ou muitos* tal como nos dispuséssemos a dizer *uno e unos*, ou *coisa branca* e *coisas brancas*, ou nos dispuséssemos a comparar as coisas medidas com a medida. Deste modo discursa-se também sobre os múltiplos; com efeito, todo número é múltiplo porque consiste de *uns* e porque todo número é mensurável pelo um (uno), e inclusive como sendo o oposto de *uno*, e não de *poucos*. Neste sentido até o dois é muitos (múltiplo), embora como uma pluralidade envolvendo excesso ou relativa ou absolutamente não seja muitos (múltiplo), mas a *primeira* pluralidade. Entretanto, *dois* é absolutamente *poucos* porque é a primeira pluralidade envolvendo deficiência (tendo com isso Anaxágoras não incorrido em acerto ao encerrar o assunto dizendo que "todas as coisas eram unidas, infinitas tanto na profusão quanto na pequenez"; *deveria ter ele substituído na pequenez por na pouquice [escassez]* já que não é

395. A alusão de Aristóteles é, presumivelmente, ao que é fluido e, portanto, indescritível do prisma da multiplicidade.

possível que as coisas sejam infinitas na escassez), uma vez que a pouquice
(escassez) não é constituída pelo *um*, como julgam alguns, mas pelo *dois*.

No âmbito dos números, o um opõe-se ao múltiplo (muitos) como a
medida ao mensurável, ou seja, como termos relativos que não são relativos
35 por sua própria natureza. Distinguimos em outra oportunidade[396] que as
coisas são chamadas de *relativas* em dois sentidos, a saber, ou como sendo
contrários, ou como o conhecimento está relacionado ao cognoscível, um
1057a1 termo sendo chamado de relativo porque um outro termo é relativo a ele.

Não há o que impeça o um de ser mais pouco do que alguma coisa, por
exemplo o dois, pois se é *mais pouco* não é, portanto, *poucos*. A pluralidade
é, por assim dizer, um gênero do número uma vez que o número é uma
pluralidade mensurável pelo um. Além disso, num certo sentido o *um* e
o *número* se opõem, não entretanto como sendo contrários, mas como
5 afirmamos que são alguns termos relativos; de fato, eles se opõem do ponto
de vista que a medida opõe-se ao mensurável. Eis a razão porque nem tudo
que é uno é um número, por exemplo uma coisa que é indivisível. Mas
ainda que se diga que a relação entre o conhecimento e o cognoscível seja
semelhante a essa, acaba não sendo semelhante, pois se poderia considerar
que o conhecimento é uma medida e que o cognoscível é aquilo que é por
10 ele mensurável. Entretanto, sucede que enquanto todo conhecimento é
cognoscível, nem sempre o cognoscível é conhecimento, porque de uma
certa maneira o conhecimento é medido pelo cognoscível.

A pluralidade não é contrária nem aos *poucos* (cujo contrário real é o
muitos, como uma pluralidade em excesso a uma pluralidade excedida) nem
15 ao *uno* em todos os sentidos. Mas há aqui contrariedade num sentido (como
foi afirmado) pelo fato de uma ser divisível e o outro indivisível, além de
haver contrariedade por haver relatividade (tal como o conhecimento é re-
lativo ao cognoscível) se a pluralidade for um número e o um for a medida.

7

VISTO QUE PODE HAVER, e em alguns casos há um intermediário entre con-
trários, forçosamente o intermediário é composto de contrários, pois todos
20 os intermediários pertencem ao mesmo gênero das coisas às quais servem de

396. Livro V, Capítulo 15.

intermediários. Por intermediários entendemos as coisas nas quais aquilo que muda tem que mudar primeiramente. Por exemplo, se mudarmos da mais alta corda [do instrumento] para a mais baixa através das gradações mínimas, teremos que atingir primeiramente as notas intermediárias; no que diz respeito às cores, se mudarmos do branco para o preto, atingiremos o vermelho e o cinza antes de alcançarmos a cor preta. Algo análogo ocorre em outros casos. Entretanto, a mudança de um gênero para outro (digamos da cor para a figura) não é possível, a não ser acidentalmente. Conclui-se que os intermediários têm que pertencer ao mesmo gênero, além de pertencer ao mesmo gênero das coisas às quais servem de intermediários.

Todos os intermediários, porém, estão entre certos opostos, pois somente entre estes é possível ocorrer a mudança em virtude de sua própria natureza. Consequentemente, não pode haver intermediários entre coisas não opostas, pois neste caso haveria mudança também entre coisas que não são opostas. A contradição não apresenta termo intermediário no que tange a coisas que são opostos, já que o significado da contradição é uma antítese em que um de seus termos necessariamente aplica-se a qualquer coisa dada, e que não contém nenhum termo intermediário. Dos tipos remanescentes de opostos, alguns são relativos, outros privativos e outros, contrários. Os opostos relativos que não são contrários não admitem intermediários porque não estão no mesmo gênero. Afinal, qual intermediário poderia haver entre o conhecimento e o cognoscível? Entretanto, há um intermediário entre o grande e o pequeno.

Ora, como os intermediários encontram-se no mesmo gênero, como foi mostrado, e estão entre contrários, é forçoso que sejam compostos desses contrários, uma vez que os contrários necessariamente pertencem ou não pertencem a um gênero. E se existe um gênero, de tal modo que seja algo anterior aos contrários, então as diferenças constitutivas da espécie contrária (uma vez que as espécies consistem de gênero e diferenças) serão contrários num sentido anterior. Por exemplo, se branco e preto são contrários – o branco sendo uma cor penetrante enquanto o preto é uma cor compressiva – estas diferenças (penetrante e compressivo) são anteriores, sendo, portanto, mutuamente opostas num sentido anterior. Mas é a espécie que apresenta diferenças contrárias que é mais verdadeiramente contrária, ao passo que a outra, ou seja, os intermediários, tem que ser composta de seu gênero e de suas diferenças. Por exemplo, todas as cores que são intermediárias entre o branco e o preto devem ser descritas por seu gênero (isto é, cor) e com base em certas diferenças. Mas estas diferenças não serão os contrários primários, pois se assim fosse tudo seria branco ou preto. A conclusão é que serão diferentes dos contrários primários e serão intermediárias entre eles, além do que as diferenças primárias serão o *penetrante* e o *compressivo*. Assim, o que temos a investigar em primeiro lugar são os contrários que não estão contidos num gênero e descobrir do que são compostos os seus intermediários, pois coisas que pertencem ao mesmo gênero são necessariamente ou compostas de diferenças que não estão presentes no gênero, ou são não compostas. Contrários não são compostos uns pelos outros, sendo, portanto, primeiros princípios; quanto aos intermediários, ou são *todos* não compostos, ou *nenhum* deles. Agora se observe que a partir dos contrários alguma coisa é gerada de um tal modo que a mudança a atingirá antes de atingir os próprios contrários (pois deve haver necessariamente alguma coisa que seja inferior em grau a um contrário e superior ao outro). Consequentemente, isso também será intermediário entre os contrários. Daí todos os outros intermediários têm que ser compostos, pois aquilo que é superior em grau a um contrário e inferior ao outro é, em algum sentido, um composto dos contrários em relação aos quais se diz dele ser superior em grau a um e inferior ao outro. E uma vez que nada mais há de homogêneo que seja anterior aos contrários, todos os intermediários têm que ser compostos de contrários. E, portanto, todos os termos inferiores, tanto contrários quanto intermediários, têm que ser compostos dos contrários primários – com o que se evidencia que os intermediários pertencem todos ao mesmo gênero, acham-se entre contrários e são todos compostos de contrários.

8

AQUILO QUE É *outro quanto à espécie* comparativamente a alguma coisa mais é *outro* com respeito a alguma coisa, sendo que esta alguma coisa tem que se aplicar a ambos. Por exemplo, se um animal é outro quanto à espécie comparativamente a alguma coisa mais, ambos são necessariamente animais. Por conseguinte, coisas que são *outras quanto à espécie* têm que pertencer ao mesmo gênero. O que entendo por *gênero* é aquilo em virtude do que duas coisas são chamadas de uma coisa idêntica, e o que não é acidentalmente diferenciado, seja considerado como matéria, seja de outra maneira. Não basta a qualidade comum pertencer necessariamente a ambas – por exemplo, que sejam ambas animais – como é necessário que a própria animalidade de cada uma seja diferente, por exemplo, num caso tem que ser equinidade, ao passo que no outro, humanidade. Daí a qualidade comum tem que ser para uma *outra quanto à espécie* comparativamente àquilo que é para a outra. Precisam ser, portanto, por força de sua própria natureza, uma *este* tipo de animal, enquanto a outra, *aquele*, por exemplo uma um cavalo e a outra, um homem. Consequentemente, essa diferença tem que ser *alteridade de gênero* (digo *alteridade de gênero* porque por *diferença de gênero* entendo uma *alteridade* que faz do próprio gênero *outro*). Isso, então, será uma forma de contrariedade e evidencia-se por meio da indução. Com efeito, toda diferenciação é realizada por opostos, e mostramos[397] que contrários pertencem ao mesmo gênero, porque a contrariedade revelou-se como sendo completa diferença. Diferença, porém, na espécie é sempre diferença de alguma coisa com respeito a alguma coisa, de modo que isso é idêntico para ambas, sendo o gênero delas. (Concluindo-se também que todos os contrários que diferem na espécie, mas não no gênero, encontram-se na mesma categoria e são *outros na comparação recíproca* no mais alto grau, uma vez que sua diferença é completa e não é possível que venham a ser simultaneamente.) Conclui-se que a diferença é um tipo de contrariedade.

O significado, então, de ser *outro quanto à espécie* é: estar no mesmo gênero e implicar contrariedade enquanto é indivisível (ao passo que ser *idêntico quanto à espécie* aplica-se a todas as coisas que não implicam contrariedade, enquanto são indivisíveis). É de se observar, com efeito, que é no processo de diferenciação e nos termos intermediários que surge a contrariedade antes de alcançarmos os indivisíveis. Assim, evidencia-se relativamente ao que recebe a designação de gênero que nenhuma das espécies que pertence ao gênero é *idêntica* a ele ou *outra* em relação a ele quanto à espécie (e isso acertadamente uma vez que a matéria é revelada pela negação, sendo o gênero a matéria daquilo de que é predicada como gênero, não no sentido em que nos referimos ao gênero ou clã dos heraclídeos,[398] mas como discorremos sobre um gênero na natureza), nem tampouco em relação a coisas que não estão no mesmo gênero. Do último diferirá em gênero, mas quanto à espécie diferirá de coisas que se encontram no mesmo gênero. Com efeito, a diferença de coisas que diferem na espécie é necessariamente uma contrariedade, o que diz respeito unicamente a coisas que se encontram no mesmo gênero.

397. No Capítulo 4 deste Livro.

398. ...Ἡρακλεῖδων... (*Herakleîdon*), literalmente os descendentes (filhos) de Héracles. Quanto ao termo *genos*, ver Livro V, início do Capítulo 28.

9

SERIA CABÍVEL QUE fosse suscitada a questão de por que a mulher não difere, quanto à espécie, do homem, a julgarmos que a fêmea é contrária ao macho, e a diferença é contrariedade; e por que um animal do sexo feminino e um do masculino não são *outros quanto à espécie,* ainda que esta diferença diga respeito ao animal por sua própria natureza, e não como o que ocorre com brancura ou negrura. Macho e fêmea dizem-lhe respeito *enquanto* animal. Esta questão é quase idêntica à de por quê um tipo de contrariedade (digamos, *com pés* e *com asas*) torna as coisas *outras quanto à espécie* enquanto um outro (digamos, *brancura* e *negrura*) não torna. A resposta pode ser que num caso os atributos são peculiares ao gênero, ao passo que noutro o são menos. E como um elemento é 1058b1 fórmula e o outro, matéria, contrariedades na fórmula produzem diferença na espécie, mas contrariedades no todo concreto não a produzem. Daí a brancura ou negrura de um homem não produz diferença, nem tampouco há qualquer diferença específica entre um homem branco e um homem negro, nem sequer se uma palavra for atribuída a cada um deles. Com efeito, consideramos agora o homem como matéria, e a matéria não produz diferença, e por esta razão, inclusive, indivíduos humanos não são espécies de *homem*, embora a carne e os ossos que constituem este e aquele homem sejam diferentes. O todo concreto é *outro*, mas não *outro quanto à espécie* porque não há contrariedade na fórmula e esta é a última espécie indivisível. Cálias, contudo, é definição somada à matéria. E, então, assim também o é homem branco, porque é o indivíduo Cálias que é branco. Daí, *homem* é branco apenas acidentalmente. E um anel de bronze e um de madeira não diferem quanto à espécie, enquanto um triângulo de bronze e um anel de madeira diferem quanto à espécie não por causa de sua matéria, mas porque há contrariedade em suas fórmulas.

Mas a matéria, quando é *outra* de uma maneira particular, não torna as coisas *outras quanto à espécie*? Provavelmente haja um sentido no que ela realiza. Se assim não fosse, por que é este particular cavalo *outro quanto à espécie* comparativamente a este particular homem, embora as definições envolvam matéria? Decerto porque há contrariedade na definição, pois isso também ocorre em homem branco e cavalo negro; e é uma contrariedade na espécie, mas não porque um é branco e o outro negro, porque mesmo que houvessem sido brancos ainda seriam *outros quanto à espécie.*

Macho e *fêmea* são atributos peculiares ao animal, mas não por conta de sua substância. São materiais ou físicos. Consequentemente, é possível que o mesmo sêmen, como resultado de alguma modificação, torne-se fêmea ou macho.

Damos como indicado o significado de *ser outro quanto à espécie* e porque algumas coisas diferem quanto à espécie e outras não.

10

COMO ALGUNS CONTRÁRIOS SÃO *outros quanto à forma* e o perecível e o imperecível são contrários (já que a privação é uma incapacidade definida), o perecível tem que ser *outro quanto ao tipo* comparativamente ao imperecível. Mas até agora discorremos apenas sobre os termos universais, de modo que pareceria desnecessário que *qualquer coisa* perecível e imperecível fosse *outra quanto à forma*, tal como ocorre com branco e negro. Com efeito, a mesma coisa pode ser ambos ao mesmo tempo, se for uma universal (por exemplo, *homem* pode ser tanto branco quanto negro); e ainda pode ser ambos se for um particular, pois o mesmo indivíduo pode ser branco e negro, ainda que não seja ao mesmo tempo. E, no entanto, branco é contrário a negro. Mas embora alguns contrários (tanto os que mencionamos há pouco quanto muitos outros) podem dizer respeito a algumas coisas acidentalmente, outros não podem. E isso é aplicável ao *perecível* e ao *imperecível*. Nada é acidentalmente perecível, pois aquilo que é acidental pode não ser aplicável. Mas a perecibilidade é um atributo que se aplica necessariamente quando é aplicável. Se assim não fosse, uma e mesma coisa será tanto imperecível quanto perecível se for possível que a perecibilidade não se lhe aplique. Daí a perecibilidade tem que ser ou a substância ou estar na substância de toda coisa perecível. O mesmo argumento aplica-se também ao imperecível, pois tanto a perecibilidade quanto a imperecibilidade são atributos necessariamente aplicáveis. Portanto, as características com respeito às quais, e a título de direta consequência das quais, uma coisa é perecível e uma outra imperecível se opõem, de sorte que têm que ser *outras quanto ao tipo*. Assim, fica evidente que não pode haver Formas, como alguns pensadores sustentam, pois neste caso haveria tanto um *homem* perecível quanto um imperecível. Todavia, afirma-se que as Formas são idênticas, quanto à espécie, aos indivíduos e que não se limitam a compartilhar com estes um predicado comum. Mas coisas que são *outras quanto ao gênero* diferem mais amplamente do que coisas que são *outras quanto à espécie*.

LIVRO XI

1

Que a *sabedoria*[399] é uma ciência dos primeiros princípios patenteia-se com base em nossas observações introdutórias,[400] nas quais levantamos objeções a afirmações de outros pensadores acerca dos primeiros princípios. Seria cabível, entretanto, indagar se deveríamos considerar a *sabedoria* uma ciência ou mais do que uma. Se uma, seria possível objetar que os objetos de uma ciência são sempre contrários... mas os primeiros princípios não são contrários. E se não é uma, que tipos de ciências deveremos supor que sejam?

Por outro lado, pertence à esfera de uma única ciência ou de mais de uma o estudo dos princípios da demonstração? Se é o domínio de uma ciência apenas, por que desta e não de qualquer outra? E se de mais de uma, de que tipo deveremos supor que sejam?

Ademais, deveremos supor que a *sabedoria* ocupa-se de todas as substâncias ou não? Se não se ocupa de todas, será difícil atinar com qual tipo ocupa-se, ao passo que se houver uma ciência de todas elas não fica claro como a mesma ciência é capaz de ocupar-se com mais de um assunto.

Além disso, diz respeito essa ciência somente às substâncias, ou também diz respeito aos atributos? Com efeito, se for uma demonstração dos atributos, não concerne às substâncias, e se houver uma ciência distinta de cada [, ou seja, uma das substâncias e outra dos atributos], qual será cada uma dessas ciências e qual delas é a *sabedoria*? *Enquanto* demonstrativa, a ciência

399. Ou seja, a filosofia primeira, a metafísica.

400. Livro I, Capítulos 3 a 10.

dos atributos parece ser a *sabedoria*. Mas se pensarmos no que concerne ao primário, será a ciência das substâncias que reivindicará o título.

Tampouco deveremos supor que a ciência que estamos buscando diz respeito às causas descritas na *Física*,[401] pois não tem como objeto a causa final, a qual é o *bem*, e este pertence à esfera da ação e a coisas que estão em movimento, sendo o que primeiramente produz o movimento (visto ser esta a natureza do *fim*); entretanto, na esfera das coisas imutáveis (não submetidas ao movimento) não há *primeiro motor*. E, em geral, é difícil determinar se a ciência que estamos agora buscando trata de substâncias sensíveis ou não de substâncias sensíveis, mas de um outro tipo de substâncias. Se tratar de um outro tipo, será necessariamente ou das Formas ou dos objetos das matemáticas. Ora, é evidente que as Formas não existem. (E mesmo que as postulássemos, seria difícil responder à questão porque a mesma regra não se aplica às outras coisas das quais haveria Formas como se aplica aos objetos das matemáticas. Quero dizer que postulam os objetos das matemáticas como intermediários entre as Formas e as coisas sensíveis como uma terceira classe além das Formas e das coisas de nosso mundo; mas não há terceiro homem ou terceiro cavalo além do Ideal e dos particulares. Se, por outro lado, não é como entendem, quais são os objetos que supomos ser do interesse do matemático? Certamente não as coisas do nosso mundo, já que nenhuma destas pertence ao tipo investigado pelas ciências matemáticas.) De fato, a ciência que agora buscamos tampouco se ocupa dos objetos das matemáticas, uma vez que nenhum deles pode existir separadamente. E, entretanto, também não se ocupa das substâncias sensíveis, uma vez que estas são perecíveis.

Em geral, poder-se-ia indagar a que ciência cabe discutir os problemas referentes à matéria dos objetos matemáticos. Não pertencem ao domínio da física, porque toda a tarefa do físico diz respeito a coisas que encerram em si mesmas um princípio do movimento e do repouso. Tampouco é da competência da ciência da demonstração e do conhecimento científico, uma vez que este é precisamente o objeto por ela investigado. Continua, portanto, a ser a filosofia que anteriormente nós mesmos estabelecemos a que trata desses assuntos.

Seria cabível examinar a questão de se deveríamos conceber a ciência que agora buscamos como se ocupando dos princípios que alguns chamam de elementos. Mas todos supõem que estes estão presentes nas coisas compostas, e pareceria, pelo contrário, que a ciência que é objeto de nossa busca teria que

401. Ver *Física*, Livro II, Capítulo 3.

dizer respeito aos universais, visto que toda fórmula e toda ciência são dos universais e não *da espécie final,*[402] de modo que neste caso teria que se ocupar dos gêneros primários. Ora, estes seriam o *ser* e a *unidade*, já que sendo primários por natureza se coadunariam (supondo que algo se coadunasse) melhor com a hipótese de abarcarem todas as coisas existentes e aproximarem-se o mais possível da natureza de primeiros princípios; com efeito, se perecem tudo o mais é destruído em função de seu perecimento, uma vez que tudo *é* (existe) e é uno. Mas se considerarmos que o *ser* e a *unidade* são gêneros, é necessário que sejam gêneros predicáveis de suas diferenças – e nenhum gênero é predicável de nenhuma de suas diferenças – desse prisma pareceria que não deveriam ser considerados nem gêneros nem princípios. Ademais, na medida em que o mais simples está mais próximo de ser um princípio do que o menos simples, e as subdivisões finais do gênero são mais simples do que os gêneros (por serem indivisíveis), e os gêneros são divididos num grande número de distintas espécies, pareceria mais provável que as espécies fossem princípios do que os gêneros. Por outro lado, na medida em que as espécies são atingidas pela destruição de seus gêneros, parece mais provável que os gêneros sejam princípios, simplesmente
1060a1 porque aquilo que acarreta a destruição de alguma coisa mais é um princípio. Este e outros pontos semelhantes são os que nos conduzem a dificuldades.

2

E QUE SE INDAGUE ADICIONALMENTE: devemos supor a existência de algo mais além das coisas particulares ou são estas os objetos da ciência que buscamos? É verdade, contudo, que elas são em número infinito, de modo que, por via de consequência, as coisas que existem independentemente das coisas particulares são gêneros ou espécies... Ora, nem gêneros nem espécies são [com certeza] objetos da ciência que buscamos. E já explicamos por que é isso impossível. Em geral, é realmente espinhosa a questão de se devemos supor que há alguma substância que exista independentemente das substâncias sensíveis (quer dizer, as substâncias deste mundo), ou que estas últimas constituam a realidade e que delas se ocupe a *sabedoria*. Parece que estamos em busca de algum outro tipo de substância, sendo este o nosso problema, a saber, verificar se há alguma coisa que tenha

402. Ross: *...dos particulares...*

existência própria e independente, distinta e não pertencente a qualquer coisa sensível. Isso, todavia, levaria a outra questão: se há um outro tipo de substância além das substâncias sensíveis, à qual tipo de coisas sensíveis corresponderia? Por que deveríamos supor que corresponderia a homens ou cavalos e não a outros animais, ou mesmo a coisas inanimadas em geral? E, no entanto, fabricar um conjunto de substâncias eternas em número igual às substâncias sensíveis e perecíveis pareceria ir além dos limites da plausibilidade. Entretanto, se o princípio que é objeto de nossa presente busca não existe separadamente dos corpos, o que podemos supor que seja ele se não matéria? Sim, mas a matéria não existe em ato, mas somente em potência. Pareceria, ao contrário, que um princípio mais apropriado seria a forma ou configuração. Mas esta é perecível. Assim, somos levados a concluir que, no geral, não há uma substância eterna que exista por si e independentemente. Mas isso soa absurdo[403] já que parece natural haver uma substância e princípio desse tipo, sendo objeto de investigação de quase todos os pensadores mais esclarecidos como alguma coisa existente. Afinal, como é possível haver ordem no universo sem que haja algo eterno, independente e permanente?

Acresça-se que se houver uma substância ou princípio da natureza que estamos presentemente procurando, e se for uno para todas as coisas – isto é, o mesmo tanto para as coisas eternas quanto para as perecíveis –, nos defrontaremos com outra questão embaraçosa, a saber: por qual razão, sendo o princípio idêntico, algumas das coisas submetidas a esse princípio são eternas, enquanto outras não são. De fato, isso é paradoxal. Mas se houver um princípio das coisas perecíveis e um outro das eternas, estaremos numa dificuldade análoga se o princípio das coisas perecíveis for também eterno, pois se for eterno por que não são as coisas a ele submetidas eternas? E na hipótese de supormos esse próprio princípio como perecível, terá que haver um outro por trás dele, o qual, por sua vez, terá que ser precedido por outro, com o que teremos um processo *ad infinitum*.

Por outro lado, se postularmos os princípios tidos como os mais imutáveis, nomeadamente o *ser* e a *unidade*, a menos que cada um deles signifique uma coisa particular e uma substância, como podem ser distintos e independentes? Ora, os princípios eternos e primários que buscamos são

403. ...ἄτοπον... (*átopon*), literalmente *deslocado*. Ross prefere *paradoxal*, ou seja, uma opinião extraordinária, que escapa ao que goza de aceitação geral.

[precisamente] dessa natureza; se, entretanto, cada um deles significar uma coisa particular e uma substância, então todas as coisas existentes são substâncias, uma vez que o ser é predicado de todas as coisas, e a unidade de algumas coisas. Mas estamos cientes que afirmar que todas as coisas são substância é falso; ademais, como admitir a verdade da teoria dos que sustentam que o primeiro princípio é a unidade e esta é substância, e que é geradora do número como produto primário a partir da unidade e da matéria, e declaram que o número é substância? Como concebermos o dois e todos os demais números assim compostos de unidades como um? Para este ponto, eles não dão nenhuma explicação, e tampouco é fácil dar uma.

Mas se postularmos linhas ou as coisas delas provenientes (refiro-me às *superfícies no sentido primário*) como princípios, estas ao menos não são substâncias existentes separadamente, mas seções e divisões – as primeiras de superfícies e as segundas de sólidos (ao passo que os pontos são seções e divisões de linhas); e, adicionalmente, são limites dessas mesmas coisas. Todas essas coisas são partes integrais de alguma coisa mais e nem sequer uma delas existe separadamente. Além disso, como supormos que há uma substância da unidade ou um ponto? Com efeito, no caso de toda substância, ocorre um processo de geração,[404] ao passo que no caso do ponto não ocorre por ser o ponto uma divisão.

Surge uma outra dificuldade pelo fato de que, se toda ciência tem como objeto os universais enquanto tais, a substância é um *isso* (um particular) e algo separável e não um universal, de sorte que se houver uma ciência que se ocupa dos primeiros princípios, como supor que a substância seja um primeiro princípio?

Por outro lado, há alguma coisa além do todo concreto (refiro-me à matéria e à forma em combinação) ou não há? Se não há, todas as coisas que estão na matéria são perecíveis. Mas se há, tem que ser a forma ou configuração. É difícil determinar em quais situações isso é possível e em quais não é. A razão disso é porque em alguns casos, por exemplo o de uma casa, a forma, evidentemente, não existe dissociadamente.

Outra questão: os primeiros princípios são formal ou numericamente idênticos? Se forem numericamente unos, todas as coisas serão idênticas.

---

404. Ou seja, a substância vem a ser, passa a existir, processo que não ocorre com os objetos da geometria.

3

Uma vez que a ciência do filósofo diz respeito ao *ser enquanto ser* universalmente, e não a alguma parte dele, e uma vez que a palavra *ser* apresenta vários significados e não é utilizada num único sentido, conclui-se que se for apenas equívoca e não possuir significação comum não poderá enquadrar-se numa única ciência (pois não há uma só classe no que tange a essas coisas); mas se possuir uma significação comum terá necessariamente que se enquadrar numa única ciência.

Parece que a palavra é empregada do modo que mencionamos, como *médico* e *saudável*, já que empregamos cada uma destas palavras com diversos sentidos, sendo que cada uma é empregada dessa maneira porque uma refere-se à ciência da medicina e a outra à saúde, ao passo que outras palavras referem-se a outras coisas. Entretanto, cada uma refere-se sempre ao mesmo conceito. Um tratado de medicina[405] e um bisturi são ambos chamados de *médicos,* porque o primeiro procede da ciência médica, ao passo que o segundo é a ela útil. O mesmo aplica-se a *saudável*: uma coisa é chamada de saudável porque é indicativa de saúde, enquanto uma outra o é porque produz saúde. O mesmo ocorre e é válido nos demais casos. E é deste mesmo modo que se diz *ser* todas as coisas existentes. Diz-se que cada coisa *é* porque é uma modificação, ou um estado permanente ou transitório, ou um movimento, ou qualquer outra paixão, do *ser enquanto ser*. E como é possível referir tudo que *é* a algum conceito comum, também é possível referir cada uma das contrariedades às diferenças primárias e contrariedades do *ser,* quer as diferenças primárias do *ser* sejam pluralidade e unidade ou semelhança e dessemelhança, ou quaisquer outras diferenças, assunto que podemos considerar como já discutido. Não faz diferença se aquilo que *é* refere-se ao *ser* ou à *unidade*, pois mesmo que não sejam idênticos, mas diferentes, são, em todo caso, convertíveis, visto que aquilo que é uno também num certo sentido *é*, e aquilo que *é* é uno. Posto que a investigação dos contrários pertence a uma e mesma ciência e cada contrário o é

405. ...λόγος ... (*lógos*) é uma palavra de grande multiplicidade de sentidos. W. D. Ross, traduzindo seu próprio texto, prefere *prescription* (receita médica), enquanto Hugh Tredennick, traduzindo o texto de Bekker, opta por *diagnosis* (diagnóstico). Optei por um conceito menos restrito em português, mas todos estamos relativamente certos, pois Aristóteles limita-se a indicar aqui indiscriminadamente qualquer coisa detentora de expressão verbal e nada realmente específico.

por força da privação (embora, na verdade, se pudesse imaginar em qual sentido podem ser chamados de contrários por força da privação quando admitem um intermediário, do que é exemplo *injusto* e *justo*), em todos tais casos devemos entender a privação como não sendo da definição total, mas da espécie extrema. Por exemplo, se o homem justo é "alguém que acata as leis em função de alguma disposição de vontade", o homem injusto não precisará ter a totalidade da definição negada a seu respeito, mas será "alguém que em algum aspecto é deficiente quanto ao acato às leis", e é neste aspecto que a privação de justiça será aplicável a ele (o mesmo sendo válido em todos os outros casos). E tal como o matemático executa um exame de abstrações (pois em suas investigações ele começa por abstrair tudo que é sensível, como o peso e a leveza, a dureza e seu contrário, e também o calor e o frio e todas as demais contrariedades sensíveis, poupando apenas o quantitativo e o contínuo, às vezes em uma dimensão, às vezes em duas e, às vezes, em três dimensões [e suas paixões[406] enquanto quantitativas e contínuas], e não as investiga relativamente a qualquer outra coisa, e em alguns casos investiga as posições relativas das coisas e suas propriedades, ao passo que em outros sua comensurabilidade ou incomensurabilidade, e em outros suas proporções, embora afirmemos que haja uma e a mesma ciência no que tange a essas coisas, ou seja, a geometria), o mesmo ocorre no tocante ao *ser*. Com efeito, a investigação de seus atributos na medida em que é o *ser*, e de suas contrariedades *enquanto ser*, é tarefa de nenhuma outra ciência, exceto da filosofia; à física caberia a investigação das coisas não como *ser*, mas como participantes do movimento, enquanto a dialética e a sofística ocupam-se dos atributos das coisas existentes, mas não das coisas como *ser*, nem tampouco tratam elas do próprio *ser* na medida em que é *ser*.

Portanto, permanece que o filósofo é quem estuda as coisas descritas por nós na medida em que são *ser*. E uma vez que tudo que *é*, embora o termo tenha vários significados, se diz que é em virtude de algum conceito comum, o mesmo se aplicando aos contrários (visto que podem ser referidos às contrariedades e diferenças primárias do *ser*), e uma vez que coisas desse tipo podem enquadrar-se em uma ciência, a dificuldade que indicamos no início pode ser considerada como superada. Refiro-me ao problema de como é possível haver uma ciência de diversas coisas cujo gênero é diferente.

---

406 ...πάθη... (*páthe*), mas entenda-se preferivelmente *atributos*.

4

VISTO QUE ATÉ OS MATEMÁTICOS utilizam os axiomas comuns somente numa aplicação particular, será tarefa da filosofia primeira investigar os princípios desses axiomas também. Constitui um axioma comum a todas as quantidades os restos serem iguais quando iguais são tomados de iguais. As matemáticas, contudo, isolam uma parte particular do objeto que lhes é próprio e o estudam separadamente, por exemplo, linhas, ângulos ou números, ou algum outro tipo de quantidade[407] – mas não *enquanto ser* – somente na medida em que cada um deles seja contínuo em uma, duas ou três dimensões. Mas a filosofia não investiga coisas particulares do ponto de vista dos atributos definidos de cada uma delas, investigando sim *aquilo que é* na medida em que cada coisa particular *é*. O mesmo aplica-se à física e às matemáticas, posto que a física estuda os atributos e primeiros princípios das coisas *enquanto* em movimento, e não *enquanto ser*. A ciência primeira, todavia, como o afirmamos, ocupa-se dessas coisas somente na medida em que os sujeitos que lhes servem de base existam, e não em função de qualquer outra coisa. A conclusão é que deveríamos encarar tanto a física quanto as matemáticas como subdivisões da sabedoria.

5

HÁ UM PRINCÍPIO NAS COISAS que existem acerca do qual não podemos nos enganar, mas sobre o qual, ao contrário, é necessário que compreendamos sempre a verdade, a saber, que a mesma coisa *não pode, num único e mesmo tempo, ser e não ser,* nem *admitir qualquer outro par semelhante de opostos*. Embora não haja para esses axiomas uma demonstração absoluta, há uma demonstração *ad hominem*; com efeito, não há princípio mais convincente do que o próprio axioma no qual basear um argumento, ao passo que é necessário haver tal princípio se for para haver demonstração absoluta. Contudo, aquele que deseja convencer um opositor que emite afirmações opostas de que está equivocado terá que obter dele uma admissão que será idêntica à proposição de que a mesma coisa não pode, a um único e mesmo tempo, ser e não ser, mas que não parecerá ser idêntica. Este é o único método demonstrativo possível de ser usado contra alguém que sustenta que

407. ...πόσων... (*póson*).

afirmações opostas podem ser verdadeiramente feitas acerca do mesmo assunto. Ora, os que desejam empreender uma discussão precisam, numa certa medida, compreender-se mutuamente, sem o que como é possível encetarem uma discussão? Portanto, cada um dos termos por eles empregados tem que ser inteligível e detentor de significado, ou seja, significar *alguma* coisa, e não *muitas* coisas. Mas se significar mais de uma coisa é imperioso que se esclareça à qual delas o termo se aplica. Ora, aquele que diz que *isso* é e não é nega o que afirma e, portanto, nega que a palavra significa o que realmente significa. Mas com isso incorre no impossível. Portanto, se *isso é* significa algo definido, a afirmação oposta acerca do mesmo sujeito não pode ser verdadeira.

Acresça-se que se a palavra significa algo definido e isso pode ser verdadeiramente afirmado, necessariamente é isso. Mas aquilo que *é* necessariamente jamais pode *não ser*. A conclusão é que não é possível que afirmações contrárias referentes ao mesmo sujeito sejam verdadeiras.

Ademais, se a afirmação não for mais verdadeira que a negação, não será mais verdadeiro dizer *A é homem* do que dizer *A* é *não homem*. Seria também admitido, porém, que é mais ou, ao menos, não menos verdadeiro dizer que um homem não é um cavalo do que dizer que não é um homem. E, portanto, visto que foi suposto que afirmações opostas são igualmente verdadeiras, será verdadeiro dizer que o mesmo indivíduo é também um cavalo. Conclui-se que o mesmo indivíduo é um homem e um cavalo, ou qualquer outro animal.

Assim, embora não haja demonstração absoluta (não qualificada) desses axiomas, há uma demonstração *ad hominem* onde o opositor de alguém faz essas suposições. Talvez o próprio Heráclito, se fosse ele interrogado dessa maneira, se visse forçado a reconhecer que afirmações opostas jamais podem ser verdadeiras se referentes aos mesmos sujeitos. Mas do modo que é, ele adotou essa teoria sem compreender o que sua doutrina envolvia. No geral, se o que ele diz é verdadeiro, nem sequer esta própria afirmação, ou seja, *que a mesma coisa pode num único e mesmo tempo ser e não ser*, será verdadeira; porque tal como ao serem dissociadas a afirmação não é mais verdadeira do que a negação, do mesmo modo se o enunciado complexo for tomado como uma afirmação simples, a negação será tão verdadeira quanto o enunciado integral considerado como uma afirmação. E, ademais, se nada puder ser verdadeiramente afirmado, então esse próprio enunciado, qual seja, de que *não há nenhuma afirmação verdadeira*, será falso. Mas se houver uma afirmação verdadeira, os argumentos dos que suscitam objeções desse tipo e que destroem cabalmente o discurso racional podem ser considerados como refutados.

6

A OPINIÃO DE PROTÁGORAS é muito semelhante às opiniões que acabamos de indicar, pois ele declarou que o ser humano é a medida de todas as coisas, pelo que quis dizer simplesmente que as impressões de cada indivíduo são positivamente verdadeiras. Mas se assim é, conclui-se que a mesma coisa *é* e *não é*, e é má e boa, e que todas as demais implicações dos enunciados opostos são verdadeiras, porque com frequência uma coisa particular parece bela para alguns e feia para outros, e a medida é o que parece a cada indivíduo. Haverá uma solução para esta dificuldade se examinarmos a origem da opinião. É provável que tenha se originado, em alguns casos, da doutrina dos filósofos da natureza, ao passo que em outros casos do fato de que nem todos formam a mesma opinião acerca das mesmas coisas, a alguns uma dada coisa parecendo doce, enquanto a outros parece o contrário. Com efeito, *que nada provém do que não é, mas que tudo provém do que é* é uma doutrina compartilhada por quase todos os filósofos da natureza. Como, portanto, uma coisa que era antes completamente branca não se torna branca e em nenhum aspecto não branca, aquilo que se torna branco provém necessariamente do que era não branco. Por conseguinte, segundo esta teoria haveria geração a partir do que não é, a menos que a mesma coisa fosse originalmente branca *e* não branca. Contudo, não é difícil superar essa dificuldade. Explicamos na *Física*[408] em que sentido as coisas geradas são geradas do que *não é*, e em que sentido o são do que *é*.

Mas é tolo dar igual importância às opiniões e impressões de partidos em conflito, pois evidentemente um lado ou outro está necessariamente equivocado. Isso se evidencia no que ocorre na esfera da sensação, pois a mesma coisa nunca parece a algumas pessoas doce e a outras o contrário, a não ser que um dos grupos de pessoas esteja com o órgão do sentido responsável pela distinção de tais sabores ferido ou lesado. Sendo este o caso, um dos grupos deveria ser tomado como a "medida", enquanto o outro não ser tomado como tal. E sustento o mesmo no que toca ao bom e ao mau, ao belo e ao feio e todas as outras qualidades semelhantes. Sustentar essa opinião é exatamente o mesmo que sustentar que o que aparece às pessoas quando pressionam o dedo abaixo do olho, fazendo uma coisa parecer duas (ao invés de uma), tem que ser duas, porque assim parece, e, posteriormente, uma, já

408. Livro I, Capítulos 7 a 9.

que sem a interferência em nossa visão aquilo que é um *parece* um. E geralmente é absurdo formar nossa opinião da verdade, a partir das aparências das coisas, neste nosso mundo, que estão sujeitas à mudança e jamais permanecem no mesmo estado; de fato, nosso esforço na busca da verdade deve ter como referência as coisas que permanecem sempre no mesmo estado e que não experimentam nenhuma mudança, tipo de coisas a que pertencem os corpos celestes, pois estes não parecem ser agora de uma natureza e, depois, de uma outra, sendo, ao contrário, manifestamente sempre os mesmos e não participando de nenhuma mudança.

Por outro lado, se há movimento, há alguma coisa que é movida; e tudo é movido a partir de alguma coisa e para alguma coisa. Conclui-se que aquilo que é movido tem, primeiramente, que estar naquilo a partir do que é para ser movido e, então, não estar nele; e tem que ser movido para o outro e passar a estar nele, e que os enunciados contraditórios não podem ser verdadeiros, como afirmam os nossos opositores. E se as coisas de nosso mundo fluem e movem-se continuamente no que tange à quantidade, e o supomos embora não seja verdadeiro, por que não deveriam ser constantes no que tange à qualidade? Com efeito, a asserção de enunciados contraditórios a respeito da mesma coisa parece ter nascido em grande parte da crença de que a quantidade dos corpos não é constante, de sorte que a mesma coisa tanto tem como não tem quatro cúbitos de extensão. Mas a substância depende da qualidade, e esta é de uma natureza determinada, enquanto a quantidade é de uma natureza indeterminada.

Ademais, quando o médico ordena que adotem um certo alimento, por que o adotam? Afinal na sua opinião[409] não é mais verdadeiro que uma coisa seja pão do que não o seja, não fazendo, portanto, diferença alguma se o comeram ou não. Mas de fato adotam um particular alimento como se soubessem a verdade sobre ele e como se o que foi receitado fosse pão. Entretanto, não é o que deveriam fazer se não houvesse uma natureza fixa e permanente nas coisas sensíveis e estivesse tudo sempre em contínuo movimento e fluxo.

Por outro lado, se estamos sempre mudando e nunca permanecemos os mesmos, é de se surpreender que para nós, como para os enfermos, as
1063b1 coisas nunca parecem as mesmas? Para os enfermos, considerando-se que não se acham na mesma condição física em que se achavam quando com saúde, as qualidades sensíveis não parecem ser as mesmas, embora isso não

409. Isto é, na opinião dos que sustentam que uma coisa é e não é, pois as coisas estão em contínuo fluxo e movimento (doutrina de Heráclito e seus seguidores).

signifique que as próprias coisas sensíveis participem de qualquer mudança, mas que provocam diferentes, e não idênticas, sensações nos enfermos. Não há dúvida de que o mesmo deve revelar-se verdadeiro se a mudança a que nos referimos ocorre em nós. Se, contudo, em lugar de mudarmos, permanecemos sempre os mesmos, tem que haver alguma coisa permanente.

No que toca aos que levantam tais dificuldades em termos dialéticos,[410] não é fácil descobrir uma solução que os convença a não ser que postulem alguma hipótese para a qual não exijam mais uma explicação racional, já que toda argumentação e demonstração só são possíveis deste modo. Se não postularem nenhuma hipótese, arruinarão a discussão e a argumentação em geral. Assim, não há como discutir com pessoas desse tipo. Entretanto, no tocante aos que estão perplexos diante das dificuldades tradicionais, é fácil confrontá-los e dissipar as causas de sua perplexidade. Isso se evidencia com o que já foi dito.

A julgarmos por essas considerações, fica óbvio que não é possível que enunciados contraditórios[411] sejam verdadeiros relativamente a mesma coisa, ao mesmo tempo; tampouco é possível com enunciados contrários,[412] uma vez que toda contrariedade implica privação. Isso fica visível se reduzirmos as fórmulas dos contrários aos seus primeiros princípios.

Analogamente, nenhum termo intermediário pode ser predicado de uma única e mesma coisa da qual um dos contrários é predicado. Se o sujeito é branco estaremos errados em dizer que ele não é nem branco nem preto, pois se concluiria que é e não é branco, porque o primeiro dos dois termos no enunciado conjunto será verdadeiro do sujeito, e este é o contraditório de branco.

Assim não é possível estarmos certos se acolhermos as opiniões de Heráclito ou de Anaxágoras. Se fosse possível, seria de se concluir que contrários são predicáveis do mesmo sujeito; com efeito, quando ele[413] diz que em tudo há uma parte de tudo, quer dizer que nada é doce mais do que é amargo e, semelhantemente, no que diz respeito a qualquer outro par de contrários, uma vez que, em tudo, tudo está presente não apenas em potência, como também em ato e dissociadamente.

---

410. W. D. Ross: *No que toca àqueles para quem tais dificuldades são sugeridas pela razão...*

411. ...ἀντικειμένας φάσεις... (*antikeîmenas pháseis*): enunciados que estabelecem uma antítese.

412. ...ἐναντία... (*enantía*).

413. Isto é, Anaxágoras.

Analogamente, não podem todos os enunciados serem falsos, nem todos verdadeiros. Entre muitas outras dificuldades passíveis de serem suscitadas por conta dessa posição, há a objeção de que se *todos* os enunciados fossem falsos, nem sequer *esta* proposição[414] seria verdadeira, ao passo que se todos os enunciados fossem verdadeiros *não seria falso dizer que são todos falsos.*

7

TODA CIÊNCIA BUSCA certos princípios e causas relativamente a toda coisa cognoscível que está ao seu alcance; por exemplo, é o que ocorre com as ciências da medicina e da ginástica, o mesmo ocorrendo com cada uma das demais ciências produtivas e matemáticas. Cada uma delas delimita para si alguma classe de coisas, ocupando-se dos objetos desta classe como com algo existente e real, mas não como ser. A ciência que se ocupa disso é uma outra ciência distinta dessas. Cada uma das ciências mencionadas atinge de alguma maneira a essência numa classe particular de coisas e, em seguida, procura demonstrar o resto[415] com maior ou menor exatidão. Algumas alcançam a essência através da percepção sensorial, outras através da hipótese. Consequentemente, fica óbvio que a partir de tal processo indutivo não há demonstração da substância, ou seja, da essência.

Ora, uma vez que há uma ciência da natureza, é claro que tem que ser diferente tanto das ciências práticas quanto das produtivas.[416] Na ciência produtiva, a fonte do movimento está no produtor e não na coisa produzida, e é uma arte ou algum tipo de potência. Analogamente, numa ciência prática, o movimento não está na coisa que sofre a ação, mas no agente. Entretanto, a ciência do filósofo natural[417] ocupa-se de coisas que contêm em si mesmas uma fonte de movimento. Conclui-se disso com clareza que a ciência da natureza necessariamente não é nem prática nem produtiva, mas especulativa, uma vez que teria que se enquadrar em uma dessas classes. E visto que toda ciência necessita ter algum conhecimento da essência e precisa utilizá-lo como um ponto de partida, não podemos deixar de observar como o filósofo natural

414. Ou seja, a de que *Todos os enunciados são falsos.*

415. Ross: *...as outras verdades...*

416. A física, tal como a filosofia primeira (metafísica), é uma ciência teórica (especulativa).

417. Isto é, a física.

deve definir as coisas e como ele deve considerar a fórmula da essência, se de maneira aparentada ao termo "chato"[418] ou a "côncavo". Pois entre estas, a fórmula de "chato" é expressa em conjunção com a matéria do objeto, ao passo que a de "côncavo" é expressa à parte da matéria, já que a "chatice nasal" só é encontrada no nariz, que está, portanto, incluído na fórmula, pois o "chato" é um nariz côncavo. Evidencia-se, assim, que a fórmula de *carne* e *olho* e das outras partes do corpo tem sempre que ser expressa em conjunção com sua matéria.

Visto que há uma ciência independente do *ser* como *ser,* é necessário que investiguemos se esta deve ser considerada idêntica à ciência natural ou, ao contrário, um ramo distinto de conhecimento. A física ocupa-se de coisas que encerram uma fonte[419] de movimento em si mesmas; as matemáticas são especulativas, sendo ciências que se ocupam de coisas permanentes,[420] mas não com coisas que são capazes de existir separadamente. Há, portanto, uma ciência distinta de ambas,[421] a qual se ocupa daquilo que existe separadamente e é *imóvel,*[422] isto é, se efetivamente houver uma substância deste tipo, quero dizer: que tenha existência independente e seja imóvel, como nos empenharemos em demonstrar que há. E se houver uma coisa desse jaez no mundo, aqui certamente deve estar *o divino,*[423] e este tem que ser o princípio primeiro e o mais fundamental. Fica evidente, portanto, que há três tipos de ciência especulativa: a física, as matemáticas e a teologia. A melhor das classes de ciências é a especulativa, e, entre as próprias ciências especulativas, a melhor é a que nomeamos por último, porque ela trata do *mais importante aspecto da realidade.* Cada ciência é avaliada como melhor ou pior em função do objeto próprio de seu estudo.

Caberia levantar a questão de se a ciência do *ser enquanto ser* deveria ser considerada universal ou não. Cada uma das ciências matemáticas[424] trata de alguma determinada classe de coisas, mas a matemática universal aplica-se

---

418. Referência específica ao nariz.

419. ...ἀρχήν... (*arkhén*), a mesma acepção de *princípio*.

420. Isto é, coisas que estão em repouso, não submetidas ao movimento.

421. Quer dizer, da física e das matemáticas.

422. ...ἀκινήτον... (*akíneton*). O leitor deve ter em mente que o conceito grego κίνησις (*kínesis*) é muito mais amplo do que nosso conceito de movimento, incluindo, entre outros, o nosso conceito de mudança.

423. ...τὸ θεῖον... (*tò theîon*): Aristóteles finalmente toca no cerne da teologia ou metafísica, antevendo a análise da natureza do *primeiro motor imóvel* (Deus) que fará no Livro XII, Capítulo 7.

424. A aritmética, a geometria, a astronomia e a harmonia (música).

igualmente a todas. Se, então, as substâncias naturais são as primeiras coisas existentes, a física é a primeira das ciências; porém, se houver alguma outra natureza e substância de existência independente e que seja imóvel, então a ciência que dela trata será necessariamente distinta da física e anterior a esta, e [também] universal devido a sua anterioridade.

8

Como a palavra *ser* no seu sentido simples (não qualificado) é empregada com vários significados, dos quais um é o *ser* acidental, devemos começar por examinar o *ser* nesse sentido. Está claro que nenhuma das ciências tradicionais ocupa-se do acidental. A ciência da construção não se atém ao que acontecerá aos ocupantes da casa, por exemplo se experimentarão desprazer ou o contrário nela vivendo; tampouco se atêm a isso a tecelagem, a confecção de calçados ou a culinária. Cada uma dessas ciências considera somente o que lhe é próprio, isto é, um fim particular. Quanto à questão de se o instruído é também o alfabetizado, ou o jogo de palavras de que "o homem que é instruído quando se tornou alfabetizado será ambos ao mesmo tempo, embora não tenha sido antes, e que o que é, não tendo sempre sido, tem que ter estado vindo a ser e, portanto, ele tem que ter se tornado ao mesmo tempo instruído e alfabetizado" – nenhuma das ciências reconhecidas considera isso, exceto a sofística, pois somente esta se ocupa do acidental, daí não estando Platão muito equivocado ao dizer que o sofista gasta seu tempo no estudo do não ser. Mas que não é sequer possível haver uma ciência do acidental se evidenciará se tentarmos verificar o que é realmente o acidental.

Dizemos que todas as coisas *ou* são sempre e por necessidade (*necessidade* não no sentido de coação, mas naquele a que recorremos na demonstração lógica), *ou* usualmente, *ou* nem usualmente nem sempre e por necessidade, mas fortuitamente; por exemplo, pode ocorrer uma geada nos *dias do cão,*[425] embora isso não ocorra nem sempre e por necessidade nem usualmente, mas possa ocorrer às vezes. O acidental, portanto, é aquilo que ocorre, mas nem sempre nem por necessidade, nem usualmente.

Temos, assim, como indicado o que é o acidental. E é óbvio porque não é possível haver ciência de uma tal coisa, na medida em que toda ciência

425. Isto é, no solstício do verão, no meio do verão.

tem como seu objeto o que é sempre ou usualmente, e o acidental não se enquadra em nenhuma destas classes.

Está claro que não pode haver causas e princípios do acidental como há daquilo que é *per se*. Se assim fosse, tudo seria necessariamente. Com efeito, se A é quando B é, e B é quando C é, e C não é fortuitamente mas necessariamente, então aquilo de que C era a causa também será necessariamente, e assim por diante até o último *causatum*, como se o designa. (Mas isso foi suposto como sendo acidental.) Consequentemente, todas as coisas serão por necessidade e o acaso, isto é, a possibilidade de uma coisa acontecer ou não, estará inteiramente banido do domínio dos eventos. Mesmo se supuséssemos que já não existisse a causa, estando esta ainda por vir a ser, o resultado seria o mesmo, pois tudo virá a ser necessariamente. O eclipse amanhã ocorrerá se ocorrer A, e A ocorrerá se B ocorrer, e B se C ocorrer – e, deste modo, se nos mantivermos subtraindo tempo do tempo finito entre agora e amanhã, alcançaremos em algum ponto a presente condição existente. Portanto, desde que isso exista, tudo que se suceda a isso acontecerá necessariamente, de sorte que tudo ocorre necessariamente.

Quanto ao *o que é* no sentido do *o que é verdadeiro* ou *o que é acidental*, o primeiro depende de uma combinação no pensamento e é uma paixão do pensamento (por conseguinte, não procuramos pelos princípios do *ser* nesse sentido, mas somente por aqueles do ser objetivo e dissociável); o segundo não é necessário, mas indeterminado (quero dizer, o acidental). E de tal coisa, as causas são indefinidas, não sendo possível reduzi-las a um sistema.

O *em razão de que*[426] é encontrado em eventos que ocorrem no curso da natureza, ou como resultado do pensamento. É acaso quando um desses eventos ocorre acidentalmente; com efeito, como é possível que uma coisa exista, é possível que esta seja uma causa, seja por sua própria natureza, seja por acidente. O acaso é uma causa acidental de eventos teleológicos normalmente deliberados. Por conseguinte, o acaso e o pensamento dizem respeito a uma esfera idêntica de ação, uma vez que não há propósito sem pensamento. As causas capazes de produzir resultados fortuitos são indeterminadas. Portanto, o acaso (o fortuito) é inescrutável pelo cálculo humano, sendo uma causa apenas acidentalmente. Entretanto, no sentido mais estrito, é uma causa de nada. Trata-se de boa ou má sorte quando o resultado é bom ou mau, e de prosperidade ou desastre quando o resultado é em larga escala.

---

426. τὸ δὲ ἕνεκα... (*tò dè héneka*): o fim, a finalidade, o que tem caráter teleológico.

Uma vez que nada acidental é anterior ao que é por si mesmo, tampouco são anteriores causas acidentais. Portanto, se o acaso ou a espontaneidade é uma causa dos céus, o intelecto e a natureza são causas anteriores.[427]

9[428]

É POSSÍVEL QUE uma coisa exista apenas em ato *ou* potência, ou em ato *e* potência; é possível que seja uma substância ou uma quantidade, ou ainda uma das demais categorias. Não há movimento independentemente das coisas, uma vez que a mudança é sempre de acordo com as categorias do ser. E nada há que seja comum a estas que não esteja presente em alguma categoria. Mas cada categoria tem pertinência com todos os seus membros de dois modos – por exemplo a *issidade,*[429] pois esta, às vezes, é a forma da coisa e, às vezes, sua privação; e no que toca à qualidade, há branco e preto; e quanto à quantidade, completo e incompleto; e quanto ao movimento no espaço, há o para cima e o para baixo, ou leve e pesado, *de modo que há tantos tipos de movimento e mudança quanto de ser.*[430]

Ora, visto que todo tipo de coisa está dividido em potencial e real, chamo de movimento a atualização do potencial enquanto tal. Que esta afirmação é verdadeira ficará claro na sequência. Quando o *construível,* no sentido em que assim o chamamos, existe em ato, está sendo construído, sendo este o processo do construir. O mesmo é verdadeiro relativamente aos processos do aprender, do curar,[431] do caminhar, do saltar, do envelhecer, do amadurecer. O movimento ocorre quando existe a completa realidade, e isso nem mais cedo nem mais tarde. Esta realidade completa (consumada), então, daquilo que existe potencialmente, quando é completamente real e em ato, não *enquanto* ela mesma, mas *enquanto* móvel, é movimento. Por

---

427. Este argumento é apresentado de maneira mais completa e precisa na *Física*, Livro II, Capítulo 6.

428. O conteúdo da abordagem sobre movimento deste Capítulo é comum a partes do Livro III (Capítulos 1 a 3) da *Física*.

429. ...τόδε... (*tóde*).

430. Esta sentença em itálico é dúbia e mesmo incoerente no contexto do pensamento aristotélico. Aconselhamos desconsiderá-la.

431. Bekker registra neste ponto entre colchetes καὶ κύλισις (*kaì kýlisis*): e rolar. O texto de Ross o inclui normalmente.

enquanto entendo o seguinte: o bronze é potencialmente uma estátua, mas, não obstante isso, a completa realidade do bronze *enquanto* bronze não é movimento. Ser bronze não é idêntico a ser uma particular potencialidade. Se fosse absolutamente idêntico em sua definição, a completa realidade do bronze seria um tipo de movimento. Mas não é idêntico. (Isso se evidencia no caso dos contrários, pois a potência da saúde e a potência da doença não são idênticas, já que se fossem também a saúde e a doença seriam idênticas, isso embora o substrato que se torna saudável ou doente, quer seja a umidade ou o sangue, seja um e o mesmo.) E posto que não é idêntico, tal como *cor* e *visível* não são idênticos, é a completa realidade do potencial enquanto tal que é movimento. É evidente que é isso e que o movimento ocorre quando existe a própria realidade completa, nem mais cedo nem mais tarde. De fato, é possível que tudo seja às vezes em ato, e às vezes não. Por exemplo, o construível enquanto construível. E a atualização do construível enquanto construível é o construir. A atualização é uma destas duas coisas: o construir ou uma casa. Mas quando a casa existe, não será mais construível; o construível é aquilo que está sendo construído. Consequentemente, a atualização (conversão em ato) tem que ser o construir, e este é um tipo de movimento. O mesmo argumento é aplicável aos demais tipos de movimento.

Fica patente que essa explicação é correta, a julgar pelo que outras autoridades dizem acerca do movimento e pelo fato de que não é fácil defini-lo de outra maneira. Para começar, não se pode colocá-lo em outra classe, o que é evidenciado pelo fato de que algumas pessoas[432] o identificam com a alteridade, a desigualdade e o não ser, nenhum dos quais é necessariamente movido e, ademais, a mudança não é mais interior ou exterior a esses do que interior ou exterior aos seus opostos. A razão de as pessoas colocarem o movimento nessa classe é ser ele considerado indeterminado e os princípios em uma das colunas dos contrários são indeterminados por serem privativos, já que nenhum deles é ou um *isso,*[433] uma qualidade ou qualquer uma das outras categorias. A razão de considerar o movimento indeterminado é a impossibilidade de associá-lo quer à potência, quer ao ato das coisas; de fato, nem aquilo que é em potência nem aquilo que é em ato em uma certa quantidade é necessariamente movido. E considera-se o movimento como

432. Isto é, os pitagóricos e os platônicos.

433. Ou seja, uma coisa particular e determinada, uma substância.

sendo um tipo de atualização (conversão em ato), mas incompleta. A razão disso é que a potência, da qual é ele a atualização, é incompleta.

Assim, é difícil ter compreensão do que é o movimento, já que somos obrigados a associá-lo à privação, à potência ou ao ato absoluto, e aparentemente nenhum destes é possível. O saldo que resta é a explicação que demos, ou seja, que ele é atualidade (ato) e atualidade tal como descrevemos, que é difícil de visualizar, mas capaz de existir.

É evidente que o movimento está presente no móvel, pois é a completa realização do móvel por aquilo que é capaz de produzir movimento. E a atualização daquilo que é capaz de produzir movimento é idêntica à atualização do móvel, pois tem que ser a completa realização de ambos. Uma coisa é capaz de movimento porque tem a potência, mas move-se somente porque é ativa, sendo sobre o móvel que é capaz de atuar. Assim, a *atualidade* de ambos igualmente é una, tal como há o mesmo intervalo do um ao dois como do dois ao um, e a subida e a descida são unas, ainda que seus seres não sejam unos. Ocorre algo semelhante com o motor e a coisa movida.

10[434]

O INFINITO É OU [1] aquilo que não pode ser transposto porque não é de sua natureza ser transposto (tal como a voz é, por natureza, invisível); ou [2] aquilo que admite uma transposição *incompleta*;[435] ou [3] admite a transposição escassamente; ou [4] aquilo que, embora naturalmente admitisse a transposição ou o limite, não é transposto nem limitado. Que se acresça que é possível que uma coisa seja infinita no que toca à adição, subtração, ou ambas.

Por outro lado, é impossível que o infinito seja algo separado, independente *e ainda assim imperceptível.*[436] Pois se não é nem grandeza nem pluralidade, mas a própria infinidade que é sua substância, e não meramente um acidente, tem que ser indivisível, já que o que é divisível é ou grandeza ou pluralidade. Mas se é indivisível, não pode ser infinito, exceto da mesma maneira que a voz é invisível. Mas não é isso que as pessoas entendem por

---

434. O conteúdo deste Capítulo é comum a partes dos Capítulos 4, 5 e 7 do Livro III da *Física*.

435. ...ἀτελευτήτον... (*ateleutéton*), que também significa *sem fim, sem termo.*

436. O texto em itálico é omitido por Ross.

infinito. E não é infinito neste sentido que estamos investigando, mas infinito no sentido do intransponível.

Ademais, como pode existir o infinito independentemente, a não ser que o número e a grandeza, dos quais o infinito é um atributo, também existam independentemente? E adicionalmente, se o infinito é acidental, não pode, *enquanto* infinito, ser um elemento das coisas, tal como o invisível não é um elemento da linguagem, embora a voz seja invisível. Fica claro também que o infinito não pode existir em ato; se pudesse, qualquer parte dele, que pudéssemos tomar, seria infinita; de fato, infinidade e infinito são o mesmo se o infinito é substância e não é predicado de um sujeito. Portanto, ou é indivisível, ou – se for divisível – as partes em que é divisível são infinitas. Mas a mesma coisa não pode ser muitos infinitos, pois tal como uma parte do ar é ar, uma parte do infinito será infinito, a julgarmos que o infinito é uma substância e um princípio. Por conseguinte, não é passível de separação e é indivisível. Mas isso é impossível para o infinito em ato, porque tem que ser alguma quantidade. E então a conclusão é que a infinitude pertence a um sujeito acidentalmente. Mas se assim é, como dissemos, não pode ser um princípio, mas aquilo de que é um acidente – o ar ou o número par.

Essa investigação é geral, mas o que se segue demonstrará que o infinito não existe nas coisas sensíveis. Se a definição de um corpo é "aquilo que é limitado por superfícies", então nenhum corpo, quer sensível ou inteligível, pode ser infinito. Tampouco pode haver qualquer número independente e infinito, uma vez que o número ou aquilo que envolve o número é contável. Isso é claramente mostrado pelo argumento seguinte retirado da ciência da natureza: o infinito não pode ser nem composto nem simples. [1] Não pode ser um corpo composto se os elementos forem numericamente limitados; de fato, os contrários têm que ser iguais e nenhum deles infinito, pois, se a potência de um dos dois elementos corpóreos for de alguma maneira inferior, o elemento finito será destruído pelo infinito. Por outro lado, que cada um fosse infinito é impossível, visto que o corpo é aquilo que tem extensão em todas as direções, ao passo que o infinito é o ilimitadamente extenso, de sorte que se o infinito for corpóreo será infinito em todas as direções. Tampouco [2] pode o infinito ser qualquer corpo simples, nem – como alguns o sustentam – alguma coisa separada dos elementos e do que eles supõem que os elementos são gerados (pois não há tal corpo separado dos elementos; tudo pode ser decomposto naquilo de que consiste, mas não vemos tais coisas decompostas, exceto os corpos simples), seja o fogo, seja qualquer outro elemento. Independentemente da questão de como qualquer um deles pudesse ser infinito, o Todo,[437] mesmo que seja finito, não pode ser ou tornar-se qualquer um dos elementos, como afirma Heráclito que todas as coisas às vezes tornam-se fogo. O mesmo argumento é válido para o uno que os físicos postulam além dos elementos, pois toda mudança procede do contrário, por exemplo do quente para o frio.

Por outro lado, um corpo sensível está em alguma região, e a região do todo e da parte (por exemplo, da Terra) é a mesma. Consequentemente, se o corpo infinito for homogêneo, será imóvel ou estará sempre em movimento. Mas isso é impossível, pois por que deveria haver repouso ou movimento abaixo de preferência a haver acima ou em qualquer outra região? Por exemplo, se houvesse um torrão de terra, em que região se moveria ou estaria em repouso? A região própria ao corpo que é homogênea com o torrão de terra é infinita. Então o torrão ocupará o todo dessa região? E como é possível isso? E quanto ao seu repouso ou seu movimento? Ou estará em repouso em todo lugar – caso em que não pode se mover – ou se moverá em todo lugar – caso em que não pode estar em repouso. E se o todo não é igual em todas as partes, as regiões próprias às suas partes também são desiguais; que se acresça que o corpo do todo não é uno, salvo por conta de contato, e que as partes serão ou finitas ou infinitas do ponto de vista da espécie. Não é possível que sejam finitas, pois neste caso as de uma espécie infinita e as de uma outra não seriam (na hipótese do todo ser infinito) – por exemplo, fogo ou água seria infinito. Uma tal condição, porém, implicaria a dissolução dos contrários. Mas, se as partes são infinitas e simples, as regiões que lhes são próprias são infinitas e os elementos serão infinitos. Ora, uma vez que isso é impossível, as regiões são finitas, e o todo tem que ser finito.

No geral, não pode haver um corpo infinito e um lugar próprio a todos os corpos se todo corpo sensível tiver peso ou leveza, pois neste caso terá que se mover ou centrípeta ou ascendentemente, e o infinito – seja o todo ou a metade – não pode fazer nem uma coisa nem outra, pois como poderá dividi-lo? Como pode o infinito ser parte ascendente e parte descendente, ou parte para a extremidade e parte para o centro? Além disso, todo corpo sensível está em algum lugar, havendo deste seis tipos,[438] mas estes não podem existir num corpo infinito. Em geral, se um lugar infinito é impossível,

437. Ou seja, o universo.

438. Segundo a *Física* (205b31): acima e abaixo, frente e atrás, direita e esquerda.

também o é um corpo infinito, porque aquilo que está num lugar está em algum lugar, significando ou acima ou abaixo, ou um dos outros tipos de lugar, constituindo cada um destes um limite.

O infinito não é o mesmo no sentido de ser uma natureza se se aplicar à grandeza, ao movimento ou ao tempo. O sentido posterior é derivado do anterior – por exemplo, o movimento é classificado como infinito em virtude da grandeza envolvida quando uma coisa é movida, mudada ou aumentada, e o tempo é assim classificado por conta do movimento.

11

AQUILO QUE MUDA, muda acidentalmente – como quando se diz que o *instruído* caminha – ou entende-se que muda em geral, porque alguma coisa nele muda, como no caso de coisas que mudam em suas partes. O corpo torna-se saudável porque o olho torna-se saudável. Mas há alguma coisa que é movida diretamente por sua própria natureza, a saber, o essencialmente móvel. O mesmo aplica-se ao motor, pois este produz movimento, às vezes, acidentalmente, às vezes, parcialmente e, às vezes, por sua própria conta. Há alguma coisa que move diretamente e alguma coisa que é movida; e também um tempo no qual, a partir do qual e para o qual a coisa é movida. Mas as formas, as modificações e o lugar nos quais as coisas móveis são movidas são imóveis, do que são exemplos o conhecimento e o calor. Não é o calor que é movimento, mas o processo de aquecer.

A mudança não acidental não é observada em todas as coisas, mas somente entre contrários, intermediários e contraditórios. Mediante a indução podemos nos convencer disso.

Aquilo que muda o faz ou do sujeito para o sujeito, ou do não sujeito para o não sujeito, ou do sujeito para o não sujeito, ou do não sujeito para o sujeito. Por sujeito entendo o que é expresso por um termo afirmativo. Assim, há necessariamente três mudanças, pois aquela do não sujeito para o não sujeito não é mudança, visto que os termos não são nem contrários nem contraditórios, já que não acarretam oposição alguma. A mudança do não sujeito para o sujeito contraditório é geração: mudança absoluta, geração absoluta e mudança parcial, geração parcial, ao passo que a mudança do sujeito para o não sujeito é destruição (corrupção): mudança absoluta, destruição absoluta e mudança parcial, destruição parcial. Ora, se *o que não é* tem vários significados, e nem aquilo que envolve uma combinação ou dissociação de termos, nem aquilo que se relaciona à potência se opõe ao *ser* não qualificado (decerto o *não branco* ou o *não bom* são capazes de ser movidos acidentalmente, pois o não branco poderia ser um homem, mas aquilo que não é, de modo algum, um isso não pode, de maneira alguma, ser movido), então *o que não é* não pode ser movido. Se assim é, a geração não pode ser movimento, já que é *o que não é* que é gerado. De fato, mesmo que a geração fosse no mais alto grau acidental, apesar disso ainda seria verdadeiro declarar que o não ser é predicável daquilo que é gerado absolutamente. E este argumento vale também para o repouso. Assim, não só resultam tais embaraços, como também o de que tudo que é movido está num lugar, ao passo que *o que não é* não está num lugar, pois neste caso *estaria* em alguma parte. Tampouco é movimento a destruição, pois o contrário de movimento é movimento ou repouso, enquanto o contrário de destruição é geração. E visto que todo movimento é uma mudança, e os três tipos de mudança são os que descrevemos anteriormente, e destes os que se relacionam à geração e à destruição não são movimentos, sendo estes as mudanças entre contraditórios, somente a mudança de sujeito para sujeito pode ser movimento. E os sujeitos ou são contrários ou intermediários (pois termos privativos também podem ser considerados como contrários) e são expressos por um termo positivo, por exemplo *nu*, *desdentado* ou *preto*.

12

SE AS CATEGORIAS são classificadas como substância, qualidade, lugar, ação ou paixão, relação e quantidade,[439] deve haver três tipos de movimento com respeito à qualidade, quantidade e lugar. Não há nenhum movimento com respeito à substância, porque esta não tem contrário; nem com respeito à relação, uma vez que é possível que, se uma de duas coisas muda, a outra deixa de ser verdadeira, embora de modo algum mude, de sorte que o movimento dessas coisas relacionadas é acidental; tampouco há movimento do agente ou do paciente, ou do motor e do movido, porque

---

439. Ver *Categorias* (no *Órganon*), Capítulo IV. Na verdade, são *dez* categorias. Aristóteles desconsidera três aqui: o tempo (χρόνος [*khrónos*]), *a* posição (κεῖσθαι [*keîsthai*]) e o estado (ἔχειν [*ékhein*]). O *Órganon* é um dos Clássicos Edipro.

não há movimento do movimento, nem geração da geração, nem em geral há mudança da mudança. A possibilidade de haver movimento do movimento verifica-se de duas maneiras. [1] O movimento poderia ser o sujeito movido, por exemplo um homem é movido porque muda de branco para preto; desta maneira o movimento poderia ser aquecido ou arrefecido, poderia alterar seu lugar, ou aumentar. Isso, entretanto, é impossível, porque a mudança não é um sujeito. Ou [2] algum outro sujeito poderia mudar a partir da mudança para alguma outra espécie de mudança, por exemplo quando alguém muda da doença para a saúde. Isso, todavia, também é impossível, salvo acidentalmente. Todo movimento é uma mudança de uma coisa para alguma outra coisa, o mesmo valendo para a geração e a destruição, com a ressalva de que estas últimas são mudanças para opostos em um sentido, ao passo que o primeiro caso – isto é, o movimento – é uma mudança para opostos num outro sentido. Consequentemente, uma coisa muda ao mesmo tempo da saúde para a doença, e, a partir desta própria mudança, para uma outra. Está claro que se adoeceu já estará mudada (pois não pode permanecer em repouso) para aquela outra mudança, seja qual possa ser. Acrescente-se que, num caso determinado, uma mudança casual será necessariamente de alguma coisa para alguma coisa. E, portanto, será a mudança oposta, ou seja, a de tornar-se saudável. Mas isso ocorre acidentalmente, tal como há mudança do lembrar para o esquecer somente porque aquilo a que o processo refere-se está mudando, ora rumo ao conhecimento, ora rumo à ignorância.

Ademais, a sequência será *ad infinitum* se houver mudança da mudança e geração da geração, porque se a segunda de duas gerações é gerada da primeira deve haver necessariamente geração da primeira. Por exemplo, se o *simples vir a ser*[440] foi uma vez vir a ser, aquilo que vem a ser alguma coisa foi também uma vez vir a ser. Portanto, aquilo que vem a ser simplesmente (não qualificadamente) ainda não existia, mas já havia alguma coisa vindo a ser *vindo a ser alguma coisa*. Mas isso também estava numa ocasião vindo a ser e, portanto, não estava nessa ocasião vindo a ser alguma coisa. Entretanto, numa sequência *ad infinitum* não há primeiro termo, de modo que nesta sequência o primeiro termo não pode existir, e tampouco qualquer termo que o suceda. A conclusão é que nada pode ser gerado, movido ou mudado.

---

440. Isto é, o vir a ser absoluto, sem qualquer qualificação.

Além disso, a mesma coisa que comporta movimento também comporta movimento contrário e repouso, ao passo que aquilo que comporta geração também comporta corrupção. Assim, aquilo que vem a ser, quando veio a ser *vindo a ser,* encontra-se num processo de perecimento; de fato, não perece na própria ocasião em que está vindo a ser *vindo a ser*, nem depois, uma vez que aquilo que está perecendo necessariamente existe.

Ademais, é necessário haver alguma matéria que sirva de substrato ao que é gerado (vem a ser) ou ao que muda. E qual será ela? O que é isso que se torna movimento ou geração do mesmo modo que corpo ou alma sofre mudança? E, ainda, qual é a meta do movimento? Afinal, o que estamos examinando tem que ser um movimento ou geração de A a partir de B para C. Como pode, então, ser satisfeita esta condição? Não pode haver aprendizado do aprendizado, do que se conclui que não pode haver geração da geração.

Uma vez que não há movimento nem da substância, nem da relação, nem da ação e da paixão, sustenta-se que há movimento no que toca à qualidade, à quantidade e ao lugar, já que cada um destes comporta contrariedade. Por *qualidade* entendo não o que está na substância (pois, de fato, até a diferença é uma qualidade), mas a qualidade passiva em função da qual se diz que uma coisa sofre ação ou não é suscetível de sofrer ação. O imóvel é ou aquilo inteiramente incapaz de ser movido, ou aquilo que é movido com dificuldade no decorrer de um período prolongado de tempo, ou que se desencadeia lentamente, ou aquilo que seria naturalmente movido, mas não pode ser movido na ocasião, do lugar e do modo nos quais seria naturalmente movido. Exclusivamente esse, entre os imóveis, reconheço como estando em repouso, isto porque o repouso é contrário ao movimento, de sorte que tem que ser necessariamente uma privação daquilo que comporta movimento.

Coisas que estão primariamente num mesmo lugar, estão *juntas*, ao passo que coisas que estão em diferentes lugares estão *separadas*. Diz-se de coisas cujas extremidades estão juntas que estão *em contato*. *Intermediário* é aquilo em que a coisa que muda, se muda continuamente conforme sua natureza, naturalmente chega antes de chegar ao extremo no qual está se mudando. *Contrário do ponto de vista do lugar* é aquilo que está a uma máxima distância numa linha reta. *Sucessivo* é o que sucede o começo (sendo a ordem determinada pela posição, a forma, ou de alguma outra maneira), e nada possui da mesma classe entre si mesmo e aquilo que ele sucede, por exemplo, linhas sucedem uma linha, unidades uma unidade, ou uma casa uma outra casa (embora não haja nada que impeça uma coisa de uma outra classe de ser intermediária). De fato, o sucessivo sucede alguma coisa e é algo posterior. O um (1) não é sucessivo do dois (2), tampouco é o primeiro dia do mês sucessivo ao segundo. *Contíguo* é o que é sucessivo e em contato. Uma vez que toda mudança ocorre entre opostos, os quais são contrários ou contraditórios, e sendo que estes últimos não têm termo médio, fica claro que o intermediário diz respeito ao âmbito dos contrários. O *contínuo* é uma espécie do contíguo. Chamo duas coisas de *contínuas* quando seus respectivos limites, através dos quais são mantidas juntas e em contato, tornam-se unos e idênticos; consequentemente, fica claro que o contínuo pertence à esfera das coisas cuja natureza é se tornarem unas *por contiguidade*.[441]

Está claro que [entre esses conceitos] *sucessivo* é o primário, já que prescinde do contato, embora este implique a sucessão. E se há continuidade, há contato, ao passo que se há contato não há necessariamente continuidade. E onde não há contato, não há fusão. Consequentemente, um ponto não é o mesmo que uma unidade, uma vez que os pontos admitem contato, ao passo que as unidades não, mas somente sucessão; ademais, entre pontos há algo intermediário, enquanto nada há de intermediário entre unidades.

441. Ou: ...por contato...

LIVRO XII

1

NOSSA INVESTIGAÇÃO concerne à substância, já que os princípios e causas que buscamos são os das substâncias. De fato, se se trata de considerar o universo como um todo, sua primeira parte é a substância. E se é para considerá-lo como coeso por força da sucessão, também deste ponto de vista a substância é primeira, seguida da qualidade e, a seguir, da quantidade. A propósito, estas últimas não chegam sequer a existir em sentido absoluto, não passando de qualidades e movimentos [do ser[442]]. Se assim não fosse, não branco e não reto também existiriam. De qualquer modo, dizemos que também eles *são*, por exemplo "é não branco". Além disso, nenhuma das outras categorias existe separadamente [da substância]. Mesmo os antigos efetivamente o confirmam, pois foi da substância que buscaram os princípios, elementos e causas. Os pensadores atuais tendem a classificar os universais como substância, porque os gêneros são universais, e eles sustentam que estes são mais verdadeiramente princípios e substâncias, por conta do caráter abstrato de sua investigação.[443] Entretanto, os antigos identificaram a substância com coisas particulares, como o fogo e a terra, e não com o que é comum aos dois, isto é, o corpo.

Há três tipos de substância: uma é a *sensível* (podendo ser eterna ou perecível, sendo esta última, por reconhecimento universal, constituída, à guisa de exemplo, por plantas e animais); deste tipo de substância deve-

---

442. E, especificamente, da substância.

443. Alusão crítica aos platônicos.

mos captar os elementos, quer sejam unos ou múltiplos. Um outro tipo de substância é imutável, tipo que certos pensadores afirmam existir separada-
35 mente, alguns o dividindo em duas classes, outros combinando as Formas e os objetos das matemáticas numa classe única, enquanto outros, ainda, reconhecem apenas os objetos das matemáticas como dessa natureza.[444]

Os dois primeiros tipos de substância estão na esfera de estudo da fí-
1069b1 sica, visto envolverem o movimento. O terceiro tipo, entretanto, pertence a alguma outra ciência, na medida em que não há um princípio comum a todos os três tipos.

A substância sensível é suscetível de mudança. Ora, se a mudança pro-
5 cede de opostos[445] ou intermediários, embora não de todos os opostos (pois a voz é não branco), mas somente dos contrários, então é necessário haver alguma coisa subjacente que se transforma na oposição, uma vez que os próprios contrários não se transformam.

2

Ademais, enquanto o contrário não persiste, alguma coisa persiste, o que nos leva a concluir que além dos contrários há uma terceira coisa, a matéria. Ora, se a mudança é de quatro tipos, que dizem respeito à
10 substância, ou à qualidade, ou à quantidade, ou ao lugar, e se a mudança do isso[446] é geração ou destruição no sentido simples (não qualificado), e a mudança de quantidade é aumento ou diminuição, e a mudança de paixão é alteração, e a mudança de lugar é locomoção, então as transformações (mudanças) têm que ser, em cada caso, para o estado contrário correspondente. Tem que ser a matéria, portanto, a qual admite ambos os contrários, que muda. E como aquilo que é o é de duas maneiras,
15 tudo muda daquilo que é potencialmente para aquilo que é em ato, por exemplo, do potencialmente branco para o branco em ato. O mesmo vale para o aumento e a diminuição. Consequentemente, não só pode haver
20 geração acidentalmente a partir daquilo que não é, como também tudo é gerado a partir daquilo que é, mas que é potencialmente e não é em

444. Aristóteles alude presumivelmente às doutrinas de Platão, Xenócrates e Espeusipo.

445. Ou seja, *antitéticos*.

446. Isto é, da substância.

ato. E este é o uno de Anaxágoras, pois a sua [afirmação] Todas as coisas estavam unidas, bem como a mistura de Empédocles e Anaximandro, e a doutrina de Demócrito seriam melhor expressas como Todas as coisas estavam juntas potencialmente, mas não em ato. Por conseguinte, esses pensadores devem ter tido alguma concepção da matéria.

Todas as coisas que mudam têm matéria, mas coisas diferentes têm matérias diferentes. E das coisas eternas, as que não são geráveis, mas são móveis no espaço, têm matéria – embora não seja matéria para geração, mas para movimentação de um lugar para outro.

Caberia indagar a partir de que tipo de não ser ocorre geração, já que se diz que *as coisas não são* de três maneiras.[447] Se uma coisa existe potencialmente, não obstante não será através de uma potência para qualquer coisa fortuita, pois coisas diferentes provêm de coisas diferentes. Tampouco é satisfatório declarar que *Todas as coisas estavam juntas,* porque as coisas diferem em sua matéria, já que se assim não fosse por que se converteram numa infinidade de coisas e não em uma coisa só? O pensamento é uno, de sorte que se a matéria também é una somente viria a ser em ato aquilo cuja matéria existia em potência. As causas e princípios, portanto, são três, dois sendo o par de contrários – do qual um é a fórmula ou forma e o outro a privação – e o terceiro é a matéria.

3

DEVEMOS, NA SEQUÊNCIA, observar que nem a matéria nem a forma (digo no sentido imediato) são geradas. Tudo que muda é alguma coisa que é mudada por alguma coisa em alguma coisa. Aquilo pelo que é mudada é o motor imediato, aquilo que é mudado é a matéria e aquilo em que é mudada é a forma. Este processo seria *ad infinitum* se não somente a esfera de bronze viesse a existir, como também a esfera e o bronze. Por conseguinte, deve haver necessariamente algum ponto de parada.

Devemos observar, a seguir, que toda substância é gerada (vem a ser) a partir de alguma coisa que lhe é sinônima (coisas naturais e outras coisas são substâncias). As coisas são geradas (vêm a ser) pela arte, pela natureza,

---

447. Que seriam: *como* negação de uma das categorias, *como* falsidade e *como* potência não atualizada completamente.

pelo acaso ou espontaneamente. A arte é um princípio gerador numa outra coisa;[448] a natureza é um princípio gerador no próprio sujeito (pois o ser humano gera o ser humano). As outras causas são privações dessas duas.

Há três tipos de substâncias: [1] a matéria, a qual é um *isso* (uma coisa existente particular e individual) por ser percebida (pois tudo que é caracterizado pelo contato e não pela fusão é matéria e substrato, *por exemplo o fogo, a carne e a cabeça são todos matéria, sendo que a última é a matéria de uma substância no sentido mais estrito*[449]); [2] a natureza (um *isso*, individualidade existente), isto é, um tipo de estado positivo que é a meta do movimento; e [3] a particular combinação dessas duas, por exemplo, Sócrates ou Cálias. Em alguns casos, o *isso* (a individualidade) não existe separadamente da substância composta (por exemplo, a forma de uma casa não existe separadamente, salvo como arte da construção, nem tampouco são essas formas suscetíveis de geração e destruição; há um sentido diferente em que casa, saúde e todo produto artificial, considerados em abstrato, existem e não existem). Mas se assim é, só se verifica no caso dos objetos naturais. Assim, Platão não estava muito equivocado ao dizer que há tantas Formas quanto tipos de coisas naturais, isto é, se é que realmente há Formas distintas das coisas.

Causas motrizes são causas no sentido de coisas preexistentes aos efeitos, mas as causas no sentido de fórmulas coexistem com seus efeitos. Pois é quando o homem torna-se saudável que existe a saúde, e a configuração da esfera de bronze passa a existir ao mesmo tempo que a esfera de bronze. Uma outra questão é se qualquer forma também subsiste depois, sendo que em alguns casos nada há que o impeça, podendo, por exemplo, ser a alma dessa natureza (não toda ela, mas sua parte intelectiva, pois provavelmente não é possível que toda ela subsista).[450] Portanto, fica claro que não há necessidade, ao menos nesse terreno, para que existam as Ideias; de fato, o ser humano gera o ser humano, o indivíduo gerando o indivíduo. O mesmo vale para as artes, pois a arte da medicina é a fórmula da saúde.

---

448. Sendo a arte o domínio da ciência produtiva (*poiética*), a coisa por ela gerada (a saúde, o navio, o poema, o quadro, a estátua etc.) é distinta dela e de sua ação: é um produto.

449. Todo o texto em *itálico* é omitido aqui por Ross, embora surja na sequência deste assunto.

450. A alma (ψυχή [*psykhé*]) é, para Aristóteles, distinta do corpo, mas também complexa e heterogênea, tendo mais de uma faculdade, mais de uma parte e múltiplas funções. Ver o tratado *Da alma*.

4

Num certo sentido, as causas e princípios são diferentes para coisas diferentes, mas num outro sentido – se nos expressarmos de maneira geral e analógica – são os mesmos para todas. Seria cabível perguntar se os princípios e elementos das substâncias e das relações são idênticos ou diferentes, e indagar o mesmo quanto a cada uma das demais categorias. Entretanto, é absurdo que fossem idênticos para todas, pois neste caso relações e substâncias teriam os mesmos elementos. Que seria, então, esse elemento comum? Com efeito, nada há de comum e, não obstante, distinto da substância e das outras categorias predicáveis; mas o elemento é anterior àquilo de que é um elemento. Que se acresça que a substância não é um elemento de relações, tampouco é qualquer destas um elemento da substância. Além disso, como podem todas as categorias possuir os mesmos elementos? Com efeito, nenhum dos elementos pode ser idêntico àquilo que é composto dos elementos, por exemplo, nem B nem A podem ser idênticos a BA (nem, efetivamente, pode qualquer dos inteligíveis,[451] digamos a unidade ou o ser, ser um elemento, uma vez que este se aplica em todos os casos, até às coisas compostas). Consequentemente nenhum elemento pode ser substância ou relação. Mas tem que ser uma ou outra. E, portanto, as categorias não têm todas os mesmos elementos.

A verdade é que, como dissemos, num sentido, todas as coisas têm os mesmos elementos e num outro não têm. Por exemplo, os elementos dos corpos sensíveis são, digamos, como *forma*, o quente, e num outro sentido o frio, que é a correspondente privação; como *matéria*, aquilo que diretamente e que por sua própria natureza é potencialmente quente ou frio. E não somente são estes substâncias, como também o são os compostos dos quais são princípios e qualquer unidade que seja gerada a partir do quente e do frio, do que são exemplos a carne ou o osso, uma vez que é necessário que o produto do quente e do frio seja deles distinto. Essas coisas, então, possuem os mesmos elementos e princípios, ainda que coisas especificamente diferentes possuam elementos especificamente diferentes. Não estamos, contudo, facultados a afirmar que todas as coisas possuem os mesmos elementos nesse sentido, mas unicamente por analogia

451. ...νοήτων... (*noéton*). A *unidade* e o *ser* são os atributos mais universais e opõem-se aos particulares, os quais são sensíveis.

– digamos que se poderia declarar que há três princípios, nomeadamente, a forma, a privação e a matéria. Mas cada uma destas (destes três princípios) difere quanto a cada classe de coisas, por exemplo no caso da cor são branco, preto e superfície; ou, por outro lado, há luz, escuridão e ar, dos quais são compostos o dia e a noite. E visto que não somente coisas que são inerentes a um objeto constituem suas causas, mas também certas coisas externas, por exemplo a causa motriz, fica claro que *princípio* e *elemento* não são idênticos. Mas ambos são causas. Os princípios estão divididos nesses dois tipos e aquilo que atua como motor de uma coisa ou a conduz ao repouso é um tipo de princípio e substância.

Resulta que, por via analógica, há três elementos e quatro causas ou princípios, mas diferem em diferentes casos, e a causa motriz imediata difere em diferentes casos. No que toca à saúde, à doença e ao corpo, a causa motriz é a arte da medicina; no que diz respeito à forma da casa, a esta desordem em particular, estes tijolos, a causa motriz é a arte da construção. E considerando-se que no âmbito das coisas naturais, a causa motriz do ser humano é o ser humano, ao passo que no domínio dos objetos do pensamento a causa motriz é a forma ou seu contrário, num sentido há três causas e num outro, quatro. De fato, num sentido a arte da medicina é saúde, e a arte da construção é a forma de uma casa, e o ser humano gera o ser humano. Mas além destas há aquela que como primeira de todas as coisas move todas as coisas.

5

Como algumas coisas são capazes de existir separadamente e outras não, são as primeiras que são substâncias. E, logo, todas as coisas possuem as mesmas causas, porque sem substância é impossível haver paixões e movimentos. Na sequência, veremos que essas causas são provavelmente a alma e o corpo, ou o intelecto, o apetite e o corpo. Por outro lado, há um outro sentido no qual por analogia os princípios são idênticos, ou seja, ato e potência. Estes, porém, diferem para diferentes coisas e a elas se aplicam de diferentes maneiras. De fato, há casos em que a mesma coisa existe num momento em ato e, num outro, em potência: é o caso do vinho, da carne ou do ser humano (ato e potência enquadram-se também nas causas já descritas; com efeito, a forma existe em ato se for separável, o mesmo ocorrendo com o composto de forma e matéria, e com a privação, digamos a escuridão ou a doença; mas a matéria existe em potência, pois é ela que tem a potência de tornar-se ambas); mas a distinção em função do ato e da potência aplica-se num sentido diferente a casos nos quais a matéria da causa e efeito não é idêntica, em alguns dos quais a forma não é a mesma, mas diferente. Por exemplo, a causa de um homem é [1] seus elementos: fogo e terra como matéria, e a forma particular; [2] alguma causa externa formal, por exemplo seu pai; e além destas [3] o sol e a eclíptica, que não são nem matéria, nem forma, nem privação, nem da mesma espécie do homem, mas produtores de movimento.

Ademais, é preciso que observemos que algumas causas podem ser expressas universalmente, enquanto outras não. Os princípios imediatos de todas as coisas são o indivíduo imediato em ato e um outro indivíduo que existe em potência. Portanto, os princípios imediatos não são universais. De fato, é o particular que constitui o princípio dos particulares. *Homem* em geral é o princípio de homem em geral, mas não existe esta pessoa como *homem*, ao passo que Peleu é o princípio de Aquiles e teu pai de ti, e este B particular deste BA particular. Mas B em geral é o princípio de BA considerado absolutamente. Acrescente-se que mesmo que as causas das substâncias fossem universais, a despeito disso, como foi dito, coisas diferentes, ou seja, coisas que não pertencem ao mesmo gênero (como cores, sons, substâncias e quantidades), possuem diferentes causas e elementos, salvo num sentido analógico; e as causas das coisas que pertencem a mesma espécie são distintas, não no âmbito da espécie, mas porque as causas dos indivíduos são distintas: tua matéria e forma, bem como tua causa motriz sendo diferentes das minhas, ainda que em sua fórmula universal sejam as mesmas.

Quanto a quais são os princípios ou elementos das substâncias, relações e qualidades, se são os mesmos ou diferentes, é evidente que, quando as palavras *princípio* e *elemento* são usadas com diversos significados, os princípios e elementos de tudo são idênticos; entretanto, quando os significados são distinguidos, não são idênticos mas diferentes, a não ser que num sentido especial as causas de todos sejam as mesmas ou análogas, porque [1] tudo tem matéria, forma, privação e uma causa motriz; [2] as causas das substâncias podem ser tidas como as causas de todas as coisas, uma vez que se as substâncias são destruídas tudo é destruído, e [3] porque, além disso, aquilo que é primeiro na realidade completa é a causa de todas as coisas. Num outro sentido, contudo, causas imediatas são diferentes. Há tantas causas imediatas quanto contrários que não são predicados nem como gêneros, nem com uma variedade de significados. Acresça-se a isso que as causas materiais particulares são diferentes.

Assim, estabelecemos o que são os princípios das coisas sensíveis, quantos são, em que sentido são idênticos e em que sentido são diferentes.

6

Considerando que vimos que há três tipos de substâncias, duas delas sendo naturais e uma imutável, no que diz respeito a esta última cabe-nos agora demonstrar que deve haver necessariamente alguma substância que é eterna e imutável. As substâncias constituem a realidade primeira e, se são todas perecíveis, tudo é perecível. Mas quanto ao movimento, este não pode ser gerado ou destruído, já que sempre existiu.[452] Tampouco é possível que o tempo seja suscetível de geração e corrupção, já que não seria possível haver anterioridade e posterioridade sem o tempo. Assim, como o tempo é contínuo, também o é o movimento, uma vez que o tempo é ou idêntico ao movimento ou um atributo dele.[453] O problema é que não há movimento contínuo exceto o espacial, e deste somente o circular é contínuo.[454]

Mas mesmo na suposição de haver algo capaz de mover as coisas e atuar sobre elas, embora não o faça realmente, não haverá necessariamente movimento, porque é possível que aquilo que possui uma potência não a *atualize*. Assim, nada ganharemos em postular substâncias eternas, como o fazem os adeptos das Formas, a não ser que nelas haja algum princípio capaz de produzir mudança.[455] Todavia, mesmo isso não basta, como não bastaria se houvesse uma outra substância além das Formas, pois a menos que seja em *ato* não haverá movimento. E, a propósito, ainda não

---

452. Ver *Física*, Livro VIII, Capítulos 1 a 3.

453. Cf. Livro XI, Capítulo 12.

454. Ver *Física*, Livro VIII, Capítulos 8 e 9.

455. Dada a intercambialidade conceitual de movimento e mudança no pensamento aristotélico, e nossa dificuldade nas línguas modernas de traduzir fielmente os termos gregos, convém o leitor entender aqui *movimento*.

bastará que seja em ato se sua substância for potência, pois neste caso não haverá movimento *eterno*, uma vez que é possível que aquilo que existe potencialmente *não exista*. A conclusão é que deve haver necessariamente um princípio cuja própria substância seja ato. Que se diga, ademais, que tais substâncias[456] têm que ser *imateriais*, devido à necessidade de serem eternas, se é que alguma coisa é. Portanto devem necessariamente ser ato.

Há, contudo, uma dificuldade na medida em que parece que tudo que funciona em ato tem uma potência, ao passo que nem tudo que tem uma potência atualiza-se, o que nos faz concluir que a potência é anterior. No entanto, se for assim, nada existirá, pois será possível que tudo tenha a potência de existir, mas sem ser ainda existente. E mesmo se aceitássemos as afirmações dos mitólogos[457] que deram origem a tudo a partir da Noite,[458] ou a doutrina dos físicos, segundo a qual *todas as coisas estavam juntas*, não nos livraremos dessa impossibilidade, pois como é possível haver movimento se não há causa em ato? A *matéria*[459] não moverá a si mesma, sendo necessário que a arte da carpintaria *atue* sobre ela; tampouco moverão a si mesmos o mênstruo ou a terra, sendo necessário que as sementes atuem sobre a terra e que o sêmen atue sobre o mênstruo.[460] Daí alguns, por exemplo Leucipo e Platão, postulam um ato eterno, pois afirmam que há sempre movimento. Mas não dizem por que há movimento e o que ele é, nem se [o mundo] move-se desta ou daquela maneira, qual é a causa. Ora, nada é movido fortuitamente, sendo necessário estar presente em todos os casos uma causa; de fato, de um modo as coisas são movidas pela natureza, de um outro pela força, a inteligência ou algum outro agente. E, ademais, qual tipo de movimento é o primário? Afinal

---

456. O plural *substâncias* presumivelmente insinua estar Aristóteles pensando não somente no *primeiro motor*, como também nos motores responsáveis pelo movimento das esferas celestiais. A sequência da *Metafísica*, que girará sobretudo em torno deste tema fundamental, lançará luz sobre este ponto.

457. ...θεολόγοι... (*theológoi*). Mas Aristóteles refere-se a autores (especialmente o poeta Hesíodo) que escreveram sobre a origem (geração) dos deuses (*teogonia*) e a geração do universo (*cosmogonia*).

458. ...νύκτος... (*nýktos*), personificação divina da noite. Ver Hesíodo, *Teogonia*, 116 e seguintes, *Os trabalhos e os dias*, 17.

459. Neste caso, a madeira.

460. Aristóteles desconhecia o exato mecanismo da reprodução animal, envolvendo o espermatozoide e o óvulo.

este é um ponto de suma importância. Mais uma vez Platão, ao menos, não é capaz sequer de explicar o que é aquilo que ele às vezes supõe ser o princípio do movimento – aquilo que move a si mesmo, já que de acordo com ele a alma é posterior ao movimento e simultânea *aos céus.*[461]

Ora, supor que a potência é anterior ao ato é correto num certo sentido e incorreto num outro. Explicamos a distinção. Mas que o ato é anterior é corroborado por Anaxágoras (visto que o intelecto é ato) e por Empédocles na sua doutrina do Amor e Conflito, bem como por aqueles que sustentam a eternidade do movimento, do que é exemplo Leucipo.

Por conseguinte, o Caos[462] ou a Noite não existiu durante um tempo ilimitado, mas as mesmas coisas sempre existiram, ou atravessando um ciclo ou em conformidade com algum outro princípio, isto é, se o ato for anterior à potência. Ora, se há um ciclo regular, deve haver necessariamente alguma coisa que permanece sempre ativa de uma mesma maneira. Entretanto, se é para haver geração e corrupção, é necessário haver alguma coisa mais que seja sempre ativa de duas maneiras diferentes. Esta *alguma coisa mais* tem, então, que ser ativa de uma maneira em virtude de si mesma, e de uma outra em virtude de alguma coisa mais, ou seja, ou de algum terceiro agente ou do primeiro. Mas tem, necessariamente, que ser em virtude do primeiro, já que este é, por seu turno, a causa tanto do terceiro quanto do segundo. Assim, é preferível que seja o primeiro, porque ele foi a causa do movimento regular perpétuo, sendo que alguma coisa mais é a causa da variedade, e evidentemente ambos conjuntamente constituem a causa da variedade perpétua. Este é, em consonância com o exposto, o caráter realmente exibido pelos movimentos. Que necessidade há, portanto, de buscar outros princípios?

7

Como é essa uma explicação possível desse assunto, e na hipótese de não ser verdadeira, nos veremos obrigados a considerar tudo originado da Noite e de *todas as coisas juntas* e do não ser, essas dificuldades podem ser consideradas como superadas.

---

461. Ou melhor, ao universo. Ver Platão, *Timeu*, 30-34.

462. ...χάος... (*kháos*), personificação divina (na teogonia e cosmogonia) do "abismo profundo, nebuloso e desordenado" anterior ao universo ordenado (κόσμος [*kósmos*]).

Há, então, alguma coisa que é eternamente movida graças a um movimento incessante, o qual é movimento circular, o que se evidencia não só na teoria, como também no fato. A conclusão é que o *primeiro céu*[463] deve necessariamente ser eterno. Então, terá que haver alguma coisa que o move. E visto que aquilo que é movido e move, enquanto move é um intermediário, há alguma coisa que move sem ser movida,[464] alguma coisa eterna que é tanto substância quanto ato.

Mas vejamos como se move. O objeto do desejo e o objeto do pensamento movem-se sem serem movidos. Os objetos primários do desejo e do pensamento são idênticos. De fato, o bem aparente[465] é o objeto do apetite, enquanto o objeto primário do desígnio racional é o bem real. O desejo é o produto da opinião e não esta o produto do desejo, já que o pensar é o ponto de partida. Acontece que o pensamento é movido pelo objeto do pensamento, e uma das colunas dos contrários constitui em si mesma o objeto do pensamento. Nesta coluna, a substância ocupa o primeiro lugar, e da substância aquilo que é simples e existe em ato. (O uno e o simples não são idênticos pois uno denota uma medida, ao passo que simples significa que o próprio sujeito encontra-se num certo estado.) Mas o *bom* e aquilo que é em si mesmo desejável encontram-se também na mesma coluna. E o que é o primeiro numa classe sempre é o melhor ou análogo ao melhor.

Que a causa final seja aplicável às coisas imóveis é demonstrado pela distinção de seus significados. De fato, a causa final é tanto *aquilo **a favor** do que quanto aquilo **para** o que*; no segundo sentido ela se aplica às coisas imóveis, mas no primeiro, não. E produz movimento como o que é amado, ao passo que todas as outras coisas produzem movimento por estarem elas próprias em movimento. Ora, se uma coisa é movida, pode ser diferente daquilo que é. Portanto, se o *ato dos céus*[466] é o movimento primordial, então na medida em que os céus estão em movimento, nesse aspecto, ao menos, são capazes de ser diferentes, quer dizer, no que diz respeito ao lugar, ainda que não com respeito à substância. Mas uma vez que há alguma coisa que move enquanto não é ela mesma movida, existindo em ato, esta não pode

---

463. Ver o tratado *Do céu*.

464. Um motor não movido.

465. ...φαινόμενον καλόν... (*phainómenon kalón*), aquilo que *se mostra* como bom, como belo.

466. Isto é, a translação.

ser diferentemente do que é em nenhum aspecto. De fato, o primeiro tipo de mudança é o movimento no espaço e o primeiro tipo de movimento no espaço é o circular.[467] E isso é produzido pelo primeiro motor. Este, então, existe necessariamente e, porquanto é necessário, é bom, e neste sentido um primeiro princípio. De fato, o necessário tem todos os seguintes significados: [1] aquilo que é por coação por ser contrário ao impulso, [2] aquilo sem o que a excelência é impossível e [3] aquilo que não pode ser de outra maneira, sendo absolutamente necessário.

Tal é, portanto, o primeiro princípio do qual dependem *os céus e o mundo da natureza*.[468] E seu curso da vida é o mais excelente que podemos fruir por curto período de tempo, pois está necessariamente sempre nesse estado (que para nós é impossível), uma vez que seu ato é também prazer.[469] (E por isso, o despertar, a sensação e o pensar são sumamente agradáveis, as esperanças e lembranças também o sendo em função deles.) Ora, o pensar em si mesmo ocupa-se com aquilo que é em si mesmo o melhor, e o pensar no mais elevado sentido com aquilo que é no mais elevado sentido o melhor. E o pensamento pensa a si mesmo através da participação no objeto do pensamento. De fato, torna-se um objeto do pensamento graças ao ato de apreensão e pensar, de sorte que pensamento e objeto do pensamento são idênticos, porque aquilo que é receptivo do objeto do pensamento, isto é, a substância, é pensado. E ele funciona em ato ao possuir esse objeto. Consequentemente, é o ato e não a potência o elemento divino que parece que o pensamento encerra, e o ato da especulação é o mais prazeroso e melhor. Se, então, Deus[470] está sempre naquele bom estado no qual às vezes estamos,

---

467. Ver a *Física*, Livro VIII, respectivamente Capítulos 7 e 9.

468. ...οὐρανὸς καὶ ἡ φύσις... (*ouranòs kaì he phýsis*). Aristóteles distingue o mundo da natureza (*fysis*) e suas coisas (por assim dizer, *o que está sobre e sob a Terra*) dos céus (*uranos*), ou seja, das esferas celestes e seus seres. Ver os tratados *Física*, *Do céu*, *Do universo* e *Da geração e corrupção*.

469. A relação entre o prazer e a atividade (o ato) é tratada por Aristóteles em *Ética a Nicômaco*, Livro X, Capítulo 4. Esta obra figura nos Clássicos Edipro.

470. ...θεός... (*theós*): o leitor deve entender a concepção da Divindade em Aristóteles nos estritos limites estabelecidos por ele mesmo aqui na *Metafísica*, isto é, Deus é caracterizado explícita e fundamentalmente como sendo o primeiro princípio, o primeiro motor e o pensamento que pensa a si mesmo, além de ter dimensão ontológica e biológica, isto é, Deus é Ser e é vivo. Trata-se de uma concepção filosófica e teológica sobre a qual a patrística e, sobretudo, a escolástica (esta marcantemente através do tomismo) debruçaram-se

isso suscita nosso maravilhamento, e se num melhor ainda, experimentamos um maravilhamento ainda maior. E Deus está num estado melhor. Ademais, a vida também pertence a Deus, já que o ato do pensamento é vida, e Deus é esse ato. E o ato essencial de Deus é a vida maximamente boa e eterna. Afirmamos, portanto, que Deus é um ser vivo, eterno, maximamente bom, e portanto a vida e uma contínua existência eterna dizem respeito a Deus, pois isso é o que Deus é.

Os que supõem, como o fazem os pitagóricos e Espeusipo, que o mais belo e o mais excelente não existem no começo, porque na medida em que os primeiros princípios das plantas e dos animais são causas é nos produtos destes que são encontradas a beleza e a perfeição, enganam-se em suas opiniões. Com efeito, a semente provém de indivíduos anteriores que são perfeitos, e o que é primordial não é a semente, mas o indivíduo perfeito. Por exemplo, é cabível dizer que o homem é anterior ao sêmen, não aquele produzido a partir do sêmen, mas um outro homem do qual provém o sêmen.

Evidencia-se, assim, por força da explicação dada acima que há uma substância que é eterna, imóvel e independente das coisas sensíveis, tendo sido também mostrado que essa substância não pode apresentar qualquer magnitude, mas que é sem partes e indivisível, pois produz movimento num tempo infinito, e nada finito possui uma potência infinita. E, portanto, considerando-se que toda magnitude é finita ou infinita, não é possível que tal substância tenha magnitude finita bem como infinita, porque simplesmente não existe, de modo algum, magnitude infinita. Evidencia-se também que essa substância é imperturbável e inalterável, uma vez que todos os demais tipos de movimento são posteriores ao movimento no espaço. Fica, assim, bem visível porque essa substância tem esses atributos.

8

É NECESSÁRIO NÃO IGNORARMOS a questão de se devemos supor uma substância desse tipo ou mais de uma, e se este último caso, quantas.

---

intensa e largamente por séculos; entretanto, não se trata precisamente de uma concepção religiosa, ou seja, é dúbio, impróprio e simplista identificar pura e simplesmente o Deus de Aristóteles com a concepção judaico-cristã da Divindade, à parte do nosso mais profundo respeito pela opção religiosa de cada um e, principalmente, pela genuína religiosidade.

Devemos também examinar as declarações de outros pensadores e demonstrar que, no tocante ao número das substâncias, em nada contribuíram que possa ser expresso com clareza. A teoria das Ideias não contém qualquer tratamento peculiar do problema; de fato, os adeptos dessa teoria classificam as Ideias como números e referem-se a estes num momento como se fossem ilimitados, noutro momento como se estivessem limitados pelo número 10. Mas quanto ao por que deve haver tantos números não se dispõe de qualquer explicação apresentada com precisão demonstrativa. De nossa parte, cabe-nos discutir a questão com base nas suposições e distinções que já fizemos.

O primeiro princípio e ser primordial é imóvel tanto essencial quanto acidentalmente, mas produz a forma primária de movimento, a qual é singular e eterna. Ora, *como* aquilo que é movido é necessariamente movido por alguma coisa, e o primeiro motor tem que ser, em si, imóvel, e o movimento eterno tem que ser produzido por alguma coisa eterna, e um único movimento por uma única coisa; e *como* podemos perceber que além do simples movimento espacial do universo (que supomos ser produzido pela substância imóvel primária) há outros movimentos espaciais, isto é, o dos planetas, que são eternos (porque um corpo que se move num círculo é eterno e jamais está em repouso, o que foi demonstrado na *Física*), *então* cada um desses movimentos no espaço tem também que ser produzido por uma substância que seja em si mesma imóvel e eterna. Com efeito, a natureza dos corpos celestes é eterna, constituindo um tipo de substância; e o motor é eterno e anterior ao movido, além do que aquilo que é anterior a uma substância tem que ser uma substância. Evidencia-se, portanto, que deve haver necessariamente *um igual número de substâncias*[471] de natureza eterna, imóveis em si mesmas e destituídas de magnitude, isso por força da razão já indicada.

O que fica, portanto, patente é que os motores são substâncias e um deles é primeiro, um outro o segundo, e assim sucessivamente na mesma ordem dos movimentos espaciais dos corpos celestes. Quanto ao número desses movimentos, esbarramos agora numa questão que deve ser investigada com o auxílio daquele ramo das matemáticas que é o mais aparentado à filosofia, ou seja, a astronomia, isso porque esta tem como seu

471. Ou seja, um número de substâncias igual ao número de movimentos dos corpos celestes.

objeto uma substância que embora seja sensível também é eterna, ao passo que as outras matemáticas, por exemplo a aritmética e a geometria, não se ocupam de nenhuma substância. Que há mais movimentos espaciais do que corpos que se movem no espaço fica óbvio, mesmo para aqueles que têm apenas uma moderada compreensão do assunto, já que cada um dos astros não fixos tem mais de um movimento espacial. No que toca a quantos realmente são esses movimentos espaciais, nos disporemos agora a dar alguma ideia do assunto, mencionando a opinião de alguns matemáticos. O objetivo disso é nosso pensamento poder contar com algum número definido que possa ser compreendido. Mas quanto ao resto, teremos em parte que empreender nossa própria investigação, e em parte aprender de outros investigadores, e na hipótese de as conclusões dos que se dedicaram a essas questões se chocarem com o que já estabelecemos teremos que avaliar ambas as opiniões e acatar a que revelar mais precisão.[472]

Eudoxo[473] afirmou que o movimento do sol e da lua envolve, num caso ou outro, três esferas, a primeira (a mais externa) destas sendo a das estrelas fixas, a segunda executando um movimento giratório no círculo que divide o zodíaco em duas partes e a terceira girando dentro de um círculo que está inclinado obliquamente sobre o zodíaco. Mas o círculo no qual a lua se move está inclinado num ângulo maior do que aquele em que o sol se move. E Eudoxo afirmou que o movimento dos planetas, em cada caso, envolvia quatro esferas, e que destas a primeira e a segunda são idênticas às duas primeiras mencionadas (pois a esfera das estrelas fixas é a que move todas as outras esferas, e a esfera seguinte, a qual tem seu movimento no círculo que divide o zodíaco em duas partes iguais, é comum a todos os planetas); a terceira esfera de todos os planetas tem seus polos no círculo que divide o zodíaco em duas partes iguais, enquanto a quarta esfera move-se no círculo inclinado para o equador da terceira. Quanto à terceira esfera, embora os demais planetas disponham de seus próprios polos, Vênus e Mercúrio possuem os mesmos polos.

472. Toda a exposição de astronomia que se segue se tornará mais compreensível para o leitor se este empreender primeiramente a leitura e estudo atentos dos tratados *Do universo*, *Física* e *Do céu*.

473. Eudoxo de Cnido, que viveu aproximadamente entre 408 e 355 a.C., foi, além de discípulo de Platão, um ilustre matemático (quer dizer, um grande *astrônomo*).

Calipo[474] supôs o mesmo arranjo das esferas de Eudoxo, quer dizer, do ponto de vista da ordem de seus intervalos. Mas, quanto ao número delas, embora tenha atribuído a Júpiter e Saturno o mesmo número de esferas que Eudoxo, pensou que deviam ser adicionadas mais duas esferas para o sol e a lua – se quiséssemos dar uma explicação ao fenômeno – e uma para cada um dos demais planetas.[475]

Mas, se a combinação de todas as esferas tem que dar conta dos fenômenos, tem que haver para cada um dos outros planetas outras esferas, uma a menos das já mencionadas, que contrariem estas e devolvam à mesma posição a primeira esfera do astro que, em cada caso particular, está situado abaixo do astro em pauta. Somente desta maneira pode a combinação das forças produzir o movimento dos planetas. Assim, como as forças responsáveis pelo movimento dos próprios planetas são oito para Júpiter e Saturno, e vinte e cinco para os demais, e considerando-se que destas as únicas que não necessitam ser contrariadas são as que produzem o movimento do planeta situado mais abaixo,[476] as esferas contrárias para os dois primeiros planetas serão seis, e as dos quatro restantes serão dezesseis. O número total das esferas, incluindo tanto as responsáveis pelo movimento dos planetas quanto as que os contrariam, será cinquenta e cinco. Se não computarmos, em relação à lua e ao sol, os movimentos adicionais indicados por nós, teremos um total de *quarenta e sete*[477] esferas.

Tomemos, portanto, este como sendo o número das esferas, o que nos autoriza a *supor de modo plausível* que há justamente este tanto de substâncias e princípios imóveis, deixando uma afirmação necessariamente lógica a respeito reservada a pensadores mais competentes.

---

474. Calipo de Cízico, contemporâneo de Aristóteles.

475. Que são para Aristóteles (como em geral para a astronomia antiga) sete e não nove. Mas como o sistema astronômico aristotélico é geocêntrico e ele considera o sol e a lua como astros não fixos e errantes, não computa a Terra como planeta, incluindo sim o sol e a lua como planetas. Netuno, Urano e Plutão não eram conhecidos por Aristóteles. Para a completa e clara compreensão disso, o leitor deve consultar *Do universo*, sobretudo 392a24 a 31, tratado que, a despeito de ser espúrio, é elucidativo.

476. A lua.

477. O texto de Ross também registra ἕπτα (*hépta*), sete, mas ele optou, em sua tradução, por corrigir o número para *quarenta e nove*, o que corresponderia a ler ἕννεα (*énnea*), nove, no texto, o que afinal é correto do ponto de vista do cálculo.

Se não for possível haver um movimento espacial que não conduza ao movimento de um astro e se, além disso, todo ser e toda substância, que seja insuscetível de mudança e tenha em si mesma alcançado o bem supremo, for considerada como um fim, então não poderá haver outro ser além dos que indicamos, e o número das substâncias tem que ser como dissemos. De fato, se houver outras substâncias, têm necessariamente que mover alguma coisa, uma vez que seriam a finalidade do movimento no espaço. Mas não pode haver outros movimentos espaciais além dos já mencionados, o que constitui uma razoável inferência de um exame geral do movimento espacial. De fato, se tudo que move existe em função do que é movido, e todo movimento em função de alguma coisa que é movida, nenhum movimento pode existir em função de si mesmo ou de um outro movimento, tendo todos os movimentos que existirem em função dos astros. Se, com efeito, supormos que um movimento é em função de outro, este segundo também terá que ser em função de alguma coisa mais e, a julgar que é impossível que a série seja *ad infinitum*, o fim de todo movimento tem que ser necessariamente um dos corpos divinos que se movem através dos céus.[478]

É evidente que há apenas um céu, pois no caso de uma pluralidade de céus (como há uma de homens) os princípios motrizes – dos quais cada céu teria um – seriam unos do ponto de vista da forma, mas numericamente muitos. Entretanto, todas as coisas numericamente múltiplas possuem matéria (pois uma e mesma definição aplica-se a muitos indivíduos, por exemplo a definição de homem, mas Sócrates é singular), mas a essência primária não possui matéria, porque é realização completa. Portanto, o primeiro motor,[479] o qual é imóvel, é uno tanto do ponto de vista da fórmula quanto do número. E, portanto, assim é também o que está eterna e continuamente em movimento. Conclui-se, assim, que há apenas um céu.

Nossos ancestrais, nas eras mais remotas, legaram a nós, seus pósteros, uma tradição sob a forma de um mito, a de que essas substâncias[480] são deuses e que o divino envolve toda a natureza. O resto desta tradição foi incorporado mais tarde sob forma mitológica com o propósito de influenciar o vulgo e a título de um expediente constitucional e utilitaris-

478. Aristóteles, como Platão (embora não precisamente no mesmo sentido), identifica os astros com os deuses.

479. ...πρῶτον κινοῦν... (*prôton kinoûn*).

480. Ou seja, os corpos celestes.

ta.[481] Dizem que esses deuses apresentam forma humana ou *semelhante a certos outros animais*[482] e emitem outras afirmações em consonância com isso e similares ao que mencionamos. Ora, se separarmos essas afirmações e nos limitarmos a aceitar somente as primeiras, ou seja, as que supunham ser deuses as substâncias primárias, deveremos julgar tais afirmações como inspiradas, e refletir que enquanto toda arte e filosofia hajam sido provavelmente, de modo reiterado, desenvolvidas ao máximo para novamente perecerem, essas suas opiniões têm sido preservadas como uma relíquia até agora. Somente nessa medida, portanto, são inteligíveis a nós as opiniões de nossos ancestrais e dos nossos predecessores.

9

O ASSUNTO RELATIVO À INTELIGÊNCIA [divina] envolve certas dificuldades. Considera-se a inteligência como o mais divino dos fenômenos, mas a questão de qual deva ser sua natureza para merecer esse caráter implica certas dificuldades. De fato, se a inteligência nada pensa, qual o seu mérito? Estaria num estado semelhante ao do homem adormecido. Se pensa, mas alguma outra coisa determina o seu pensar, então – como aquilo que é sua substância não é o ato do pensar, mas uma potência – não é possível que seja ela a mais excelente substância, pois extrai sua excelência do ato do pensar. Ademais, seja sua substância a faculdade do pensamento ou o ato do pensar, o que pensa? É necessário que pense a si mesma ou outra coisa; se outra coisa, então tem que pensar a mesma coisa sempre, ou coisas diferentes em ocasiões diferentes. E então fará alguma diferença, ou não, se pensa o que é bom ou pensa o casual? Decerto seria absurdo para ela pensar certas coisas. Fica claro, portanto, que pensa aquilo que é o mais divino e precioso e não muda, pois a mudança seria para o pior, e qualquer coisa deste jaez implicaria imediatamente algum tipo de movimento. Portanto, se a inteligência não é o ato do pensar mas uma potência, seria cabível [1] supormos que a continuidade do seu pensar lhe é laboriosa e [2] claramente

481. Pode-se ler aqui uma crítica de Aristóteles à religião oficial grega baseada nos mitos e aos seus sacerdotes.

482. É provável que Aristóteles *aqui* tenha em mente a religião egípcia e outras, pois o zoomorfismo, embora presente na mitologia grega (representando divindades inferiores), é raro se não ausente na religião grega.

teria que haver alguma coisa mais que é mais estimável do que a inteligência, ou seja, o objeto do pensamento, pois tanto o pensamento quanto o ato do pensar pertencerão inclusive ao pensador dos piores pensamentos. Portanto, se isso é para ser evitado (como é o caso, porquanto é melhor não ver certas coisas do que vê-las), o pensar não pode ser a melhor das coisas. A conclusão é que a inteligência pensa a si mesma, se é isto o melhor – e o seu pensar é um pensar do pensar.

A despeito disso, parece que o conhecimento, a percepção, a opinião e o entendimento são sempre de alguma coisa mais e tão só incidentalmente de si mesmos. Que se acrescente que se *pensar* não é idêntico a *ser pensado*, por conta do que a excelência vincula-se ao pensamento? De fato, ser um ato do pensar e ser um objeto do pensamento não é o mesmo. A resposta é que em alguns casos o conhecimento é o objeto. Nas ciências produtivas, se abstrairmos a matéria, a substância, isto é, a essência é o objeto; nas ciências especulativas, a fórmula ou o ato do pensar é o objeto. Portanto, como o pensamento e o ato do pensamento não diferem no que se refere a coisas que não contêm matéria, serão idênticos, e o ato do pensar será uno com o objeto do pensamento.

Resta ainda a questão de o objeto do pensamento ser composto, pois se for o pensamento mudaria ao passar de uma parte do todo para outra. A resposta à questão é que tudo que não contém matéria é indivisível. Tal como a inteligência humana, ou melhor, a inteligência de seres compostos, é num determinado período de tempo (posto que não possui o bem num dado momento particular, mas no decorrer de um certo período integral atinge o bem mais elevado, o qual é distinto de si), assim é o pensamento absoluto de si, por toda a eternidade.

10

CABE-NOS, OUTROSSIM, examinar em que sentido a natureza do universo encerra o bem ou o supremo bem, se como algo separado e independente ou se como o arranjo ordenado de suas partes. É provável que seja em ambos os sentidos, como ocorre com um exército, pois a eficiência deste consiste em parte na ordem e, em parte, no general, embora dependa, sobretudo, deste último, já que ele, por sua vez, não depende da ordem, mas esta dele. Todas as coisas, incluindo peixes, aves e plantas, são ordenadas em conjunto

de algum modo, mas não do mesmo modo; o sistema, ademais, não é tal que não permita a relação entre uma coisa e outra, havendo uma definida conexão. Todas as coisas são ordenadas conjuntamente visando a um fim. Mas a organização é semelhante a de uma casa, na qual os indivíduos livres
20 · dispõem de mínima liberdade para agir aleatoriamente (de maneira casual e como bem queiram) e têm todas ou a maioria de suas ações antecipadamente ordenadas para eles, ao passo que os escravos e os animais têm pouca responsabilidade do ponto de vista da comunidade doméstica, agindo no geral ao acaso. De fato, a natureza de cada classe obedece a um princípio tal como descrevemos. Entendo, por exemplo, que tudo necessariamente, no mínimo, decompõe-se em seus elementos, havendo analogamente outros aspectos nos quais tudo contribui para o bem do todo.

25 · Não devemos deixar de observar quantas impossibilidades e despropósitos estão envolvidos em outras teorias, que opiniões são sustentadas pelos pensadores mais perspicazes e quais opiniões acarretam o menor número de dificuldades. A totalidade dos pensadores julga que todas as coisas provêm de contrários. Mas incorrem em erro tanto em afirmar que são *todas*
30 · *as coisas* quanto em afirmar que provêm de contrários, mesmo porque não explicam como provêm dos contrários as coisas em que os contrários realmente estão presentes; efetivamente, não é possível que os contrários sofram ação uns dos outros. Contudo, no que nos diz respeito, esse problema é satisfatoriamente resolvido pelo fato de haver um terceiro fator. Outros pensadores convertem em matéria um dos dois contrários, o que, por exemplo, é realizado pelos que transformam o desigual em matéria para o igual, ou o múltiplo em matéria para o uno. Mas isso é refutado do mesmo modo, pois a matéria que é una em dois contrários é contrária a nada. Além disso,
35 · segundo sua opinião, tudo à exceção da própria Unidade partilhará do mal, pois o mal é ele próprio um dos elementos. A outra escola sequer considera o bem e o mal como princípios e, não obstante, o bem é, no sentido mais verdadeiro, um princípio em todas as coisas. A primeira dessas escolas que mencionamos está certa ao sustentar que o bem é um princípio, mas não
1075b1 · explicam como é um princípio, a saber, se como fim, causa motriz ou forma.

A teoria de Empédocles é também despropositada, porque ele identifica o bem com o amor. Este é um princípio tanto como motor (já que combina coisas) quanto como matéria (já que é parte da combinação).
5 · Ora, mesmo que acontecesse de a mesma coisa ser um princípio tanto como matéria quanto como um motor, ainda assim a essência dos dois

princípios não seria idêntica. Em que sentido, portanto, o *amor* é um princípio? É, ademais, absurdo que a *luta* seja imperecível, já que a luta para ele é a própria essência do mal.

Anaxágoras faz do bem um princípio motriz; de fato, a inteligência move as coisas, mas as move com algum fim e, portanto, é necessário que haja algum outro bem, a não ser que seja como dizemos, pois em nossa opinião a arte da medicina é, num certo sentido, saúde. É igualmente absurdo não prover um contrário para o bem, isto é, para a inteligência. Mas todos os que reconhecem os contrários deixam de fazer uso deles, a menos que sistematizemos suas teorias. E nenhum deles explica porque algumas coisas são perecíveis, enquanto outras são imperecíveis, já que concebem todas as coisas existentes originando-se dos mesmos primeiros princípios. Alguns concebem as coisas existentes originando-se do não ser, enquanto outros, a fim de evitar esta necessidade, fundem todas as coisas na unidade. Por outro lado, ninguém esclarece porque tem que haver sempre geração e qual é a causa da geração.

Além disso, os que postulam dois princípios são forçados a admitir um princípio superior adicional, o que ocorre com os adeptos das Formas, pois o que levou ou leva particulares a participar das Formas? E no que toca a todas as demais doutrinas – exceto a nossa – resulta necessariamente alguma coisa contrária à sabedoria ou saber mais elevado. De fato, não há contrário do que é primário, porquanto todos os contrários envolvem matéria e o que possui matéria existe em potência. E a ignorância, a qual é contrária à sabedoria, tenderia para o contrário do objeto da sabedoria; entretanto, o que é primário não possui contrário.

Além disso, na hipótese de nada haver além das coisas sensíveis, não haverá primeiro princípio algum, nenhuma ordem, nenhuma geração e nenhum movimento celestial, todos os princípios sendo baseados uns nos outros, como nas explicações dos mitólogos e físicos. E na hipótese da existência das Formas e dos números, serão causas de nada, ou, se não de nada, ao menos não do movimento.

Por outro lado, como pode a extensão, isto é, um contínuo, ser produzida do não extenso? O número não pode, seja como uma causa motriz, seja como uma causa formal, produzir um contínuo. Adicionalmente, nenhum contrário pode ser essencialmente produtivo e cinético, pois neste caso seria possível para ele não existir e, além disso, o ato da produção seria, em quaisquer casos, posterior à potência. Consequentemente, o mundo não seria eterno. Entretanto, há objetos reais que são eternos. Diante deste impasse, uma dessas premissas tem que ser rejeitada. Indicamos como isso pode ser feito.

Que se acresça que ninguém procura explicar devido ao que os números, ou a alma e o corpo, ou, em geral, a forma e o objeto são unos. Nem tampouco seria possível que o explicasse, a menos que afirmasse, como afirmamos, que é a causa motriz[483] que os torna unos. Quanto aos que sustentam que o número matemático constitui a realidade primária, que sucessivamente gera uma substância após outra, atribuindo distin-
1076a1 tos princípios a cada uma, subtraem a coesão da substância do universo (já que uma substância de modo algum afeta uma outra através de sua existência ou não existência) e nos oferecem uma multiplicidade de princípios. O mundo, porém, não deve ser malgovernado.

O governo de muitos não é bom; que um seja o governante.[484]

483. Mais precisamente o *primeiro motor eterno em ato.*

484. Extraído de Homero, *Ilíada*, Canto II, 204.

LIVRO XIII

1

NA *Física*, ao tratar da matéria e mais tarde da substância como ato, explicamos o que é a substância das coisas sensíveis. Agora, uma vez que estamos investigando se há ou não alguma substância imutável e eterna além das substâncias sensíveis, e se há o que é, devemos começar pelo exame do que pensam os outros a respeito, de modo que se erraram em qualquer aspecto não corramos o risco de cometer os mesmos erros; e se houver alguma opinião que seja comum a eles e a nós, não experimentaremos nenhum aborrecimento por causa disso. Devemos nos sentir satisfeitos se estabelecemos alguns pontos melhor do que aqueles que nos antecederam, e outros não pior do que eles.

Há duas opiniões acerca desse assunto. Alguns dizem que os objetos das matemáticas, a saber, números, linhas etc., são substâncias. Ora, como alguns os reconhecem como duas classes (as Ideias e os números matemáticos) e outros encaram ambos como detentores de uma natureza, ainda outros afirmam que somente as substâncias matemáticas são substâncias, é preciso que primeiramente examinemos os objetos das matemáticas, sem a estes atribuir qualquer outra característica – por exemplo, indagando se são Ideias ou não, ou se são ou não princípios e substâncias das coisas existentes, mas meramente indagando se como objetos matemáticos existem ou não e, se este for o caso, em que sentido. Em seguida, deveremos efetuar um exame à parte das próprias Ideias, de maneira simples e como o exige a abordagem sistemática, já que a maioria dos argumentos já foi tornada bastante conhecida através das críticas de outros pensadores. E a maior parte de nossa discussão deve ater-se diretamente a essa segunda questão, ou seja, se as substâncias e os princípios das coisas existentes são números e Ideias, pois depois de nos termos ocupado das Ideias resta esta terceira questão.

Ora, se os objetos das matemáticas existem, devem ou existir nas coisas sensíveis, como alguns opinam, ou separados delas (havendo, inclusive, alguns que são desta opinião); ou se não existem de nenhuma destas maneiras, não existem de modo algum ou existem de uma outra maneira. Assim, o que temos a discutir aqui não é propriamente sua existência, mas *como* existem.

2

QUE É IMPOSSÍVEL OS OBJETOS das matemáticas existirem nas coisas sensíveis e que, ademais, a doutrina que o sustenta é fantasiosa já foi indicado em nossa discussão das dificuldades, e as razões para isso são que dois sólidos não podem ocupar o mesmo espaço e que com base no mesmo argumento todas as demais potências e características existiriam nas coisas sensíveis, e nenhuma delas existiria separadamente. Isso já fora estabelecido, mas deve-se acrescentar que, com base nesse argumento, é claramente impossível a divisão de qualquer corpo. De fato, teria que ser dividido numa superfície e esta numa linha, e a linha num ponto e, assim, se o ponto é indivisível, também o é a linha e assim por diante. O que importa, afinal, se coisas desse tipo são objetos sensíveis, ou embora não sejam os próprios objetos ainda assim estão neles presentes? O resultado será o mesmo, pois ou têm que ser divididas quando os objetos sensíveis são divididos, ou então nem sequer os objetos sensíveis são divisíveis.

Tampouco podem coisas desse tipo existir separadamente, pois, se além dos sólidos sensíveis deve haver outros sólidos deles separados e anteriores a eles, está claro que além das superfícies sensíveis deve haver outras superfícies independentes, o mesmo valendo para os pontos e as linhas, visto que o mesmo argumento é aplicável. E na hipótese de existirem, mais uma vez além das superfícies, linhas e pontos do sólido matemático, terá que haver outros separados; de fato, o não composto é anterior ao composto, e se anterior aos corpos sensíveis, haverá outros corpos não sensíveis e, então, por força do mesmo argumento, as superfícies que existem independentemente devem necessariamente ser anteriores às presentes nos sólidos imóveis. Consequentemente, haverá superfícies e linhas distintas daquelas que coexistem com os sólidos de existência independente, uma vez que estes últimos coexistem com os sólidos matemáticos, mas as primeiras são anteriores aos sólidos matemáticos. Mais uma vez, nestas superfícies haverá linhas, e por força do mesmo argumento deverá haver outras linhas anteriores a estas; e anteriormente aos pontos que se encontram nas linhas anteriores tem que haver outros pontos, ainda que não haja outros pontos anteriores a esses. E com isso a acumulação torna-se absurda, porque, enquanto obtemos uma única classe de sólidos além dos sólidos sensíveis, obtemos três classes de superfícies além das superfícies sensíveis: as que existem separadamente das superfícies sensíveis, as que existem nos sólidos matemáticos e as que existem independentemente destes últimos nos sólidos matemáticos, isto sem contar quatro classes de linhas e cinco classes de pontos. E, afinal, com qual destas classes se ocuparão as ciências matemáticas? Não certamente com as superfícies, linhas e pontos do sólido imóvel, porque o conhecimento diz respeito sempre ao que é anterior. E o mesmo argumento aplica-se aos números, porque haverá outras unidades além de cada classe de pontos e além de cada classe de coisas existentes, a começar pelas sensíveis e, em seguida, as inteligíveis. O resultado será estarmos diante de um número infinito de tipos de números matemáticos.

1077a1 Temos, ademais, os problemas enumerados em nossa discussão das dificuldades.[485] Como resolvê-los? De fato, os objetos da astronomia serão, semelhantemente, distintos das coisas sensíveis, e o mesmo acontecerá com os objetos da geometria. Mas como pode um céu e suas partes (ou qualquer outra coisa que apresente movimento) existir separadamente do céu sensível? De modo semelhante, os objetos da óptica e da harmonia serão distintos na medida em que haverá som e visão independentemente dos objetos sensíveis e particulares. Consequentemente, está claro que os outros sentidos e objetos dos sentidos existirão separadamente, pois por que seria de um modo com uns e diferente com outros? E visto que os sentidos existirão separadamente, os animais também existirão separadamente.

Por outro lado, há certos teoremas matemáticos de caráter universal que não se restringem a essas substâncias. E aqui, então, teremos ainda um outro tipo de substância intermediária e distinta das Ideias e dos intermediários, que não é nem o número, nem os pontos, nem a magnitude espacial, nem o tempo. E se isso é impossível, fica claro que é também impossível que as substâncias supracitadas existam separadamente de objetos sensíveis.

485. Livro III, Capítulo 2.

E, em geral, resultam conclusões que são contrárias tanto à verdade quanto às opiniões habitualmente aceitas se postularmos assim os objetos das matemáticas como coisas que existem separadamente. De fato, se existissem assim, seriam necessariamente anteriores às magnitudes espaciais perceptíveis, ao passo que na verdade tenham que ser posteriores a elas, isso porque a magnitude espacial incompleta é, do ponto de vista da geração anterior, mas posterior do ponto de vista da substância, como é o inanimado em relação ao animado.

Ademais, com base no que seria possível considerarmos as grandezas matemáticas como uma unidade? Pode-se razoavelmente supor que as coisas deste mundo sejam unas em função da alma ou parte da alma, ou de uma outra influência. Na ausência de uma influência tal, são uma pluralidade e são fragmentadas. Mas no caso dos objetos das matemáticas, que são divisíveis e quantitativos, qual é a causa de sua unidade e coesão?

Cabe acrescer que os modos nos quais os objetos das matemáticas são gerados mostram que estamos corretos: de fato, a primeira dimensão gerada é o comprimento, em seguida a largura e finalmente a profundidade, sendo o processo completo. Assim, se o que é posterior do ponto de vista da geração é anterior do ponto de vista da substância, o corpo será anterior à superfície e à linha, além do que, nesse sentido, o corpo é verdadeiramente mais completo e mais íntegro, porque pode tornar-se animado, ao passo que como poderia uma linha ou uma superfície ser animada? A suposição ultrapassa nossos poderes de percepção.

Ademais, o corpo é um tipo de substância, uma vez que já possui, num certo sentido, completitude. Mas em que sentido as linhas são substâncias? Decerto nem como sendo um tipo de forma ou configuração, como talvez o seja a alma, nem como sendo matéria, como o corpo; com efeito, não parece que coisa alguma possa ser composta de linhas, de superfícies ou de pontos, embora, se fossem um tipo de substância material, ficaria patente que as coisas poderiam ser compostas assim.

Que se conceda que são anteriores do ponto de vista da fórmula. Entretanto nem tudo que é anterior do ponto de vista da fórmula é também anterior do ponto de vista da substância. São anteriores do ponto de vista da substância as coisas que, quando separadas de outras coisas, *apresentam uma capacidade superior de existência;*[486] são anteriores do ponto de vista da

486. Ross: ...*apresentam continuidade de existência.*

fórmula as coisas de cujas fórmulas as fórmulas de outras coisas são compostas. E essas propriedades não são indissociáveis. De fato, se atributos como *movente* ou *branco* não existem independentemente de suas substâncias, do ponto de vista da fórmula, *branco* será anterior a *homem branco*, mas não do ponto de vista da substância. Com efeito, não pode existir separado, mas sempre conjuntamente com o todo concreto – pelo que entendo o *homem branco*. Assim ressalta óbvio que nem é o resultado da abstração, anterior, nem o resultado da adição de um determinante, posterior – a expressão *homem branco* é o produto da adição de um determinante a *branco*.

Assim, demonstramos suficientemente que [1] os objetos das matemáticas não são mais substanciais do que os objetos corpóreos, que [2] não são anteriores, do ponto de vista do ser, às coisas sensíveis, mas apenas do ponto de vista da fórmula, e que [3] não podem, de modo algum, ter existência independente. E como vimos que não podem existir em coisas sensíveis, conclui-se que ou não existem de modo algum ou existem somente de uma certa maneira e, portanto, não absolutamente, mesmo porque *existir* (*ser*) tem muitos sentidos.

3

As proposições universais das matemáticas não dizem respeito a objetos que existem separadamente, à parte de grandezas e de números; concernem a grandezas e números, mas não no sentido de possuírem grandeza ou serem divisíveis. Está claro que é possível da mesma maneira proposições e demonstrações lógicas serem aplicáveis a grandezas sensíveis, não *enquanto* sensíveis, mas *enquanto* tendo certas características. Pois *tal como* é possível haver muitas proposições sobre coisas simplesmente *enquanto* móveis, sem qualquer referência à natureza essencial de cada uma ou aos seus atributos e não se conclui necessariamente disso quer que haja alguma coisa móvel que existe separadamente das coisas sensíveis, quer que haja uma distinta natureza móvel nas coisas sensíveis, *do mesmo modo* haverá proposições e ciências aplicáveis às coisas móveis não *enquanto* móveis, mas tão só *enquanto* corpóreas; e também *enquanto* superfícies apenas e *enquanto* linhas apenas, e *enquanto* divisíveis e *enquanto* indivisíveis, mas detendo posição, e *enquanto* indivisíveis apenas.

Portanto, como é verdadeiro declarar, a título geral, não só que coisas separáveis como inseparáveis existem – por exemplo, que coisas móveis existem – também é verdadeiro declarar, a título geral, que os objetos matemáticos existem, e sob a forma que os matemáticos os descrevem. E *tal como* é verdadeiro dizer, a título geral, das outras ciências que tratam de um assunto particular – e não daquilo que é acidental a ele (por exemplo, não de *branco* se o *saudável* é branco, e a ciência tem o saudável como seu assunto), mas daquilo que é o assunto da ciência particular (do saudável se tratar de coisas enquanto *saudáveis*, e do homem se *enquanto* homem), *o mesmo* vale para a geometria. Se as coisas de que trata são acidentalmente sensíveis, embora não as trate *enquanto* sensíveis, não se conclui que as ciências matemáticas tratam de coisas sensíveis, nem, por outro lado, que tratam de outras coisas que existam independentemente das coisas sensíveis.

Muitos atributos são propriedades essenciais das coisas na medida em que possuem uma característica particular – por exemplo, há atributos peculiares a um animal *enquanto* fêmea ou *enquanto* macho, a despeito de não haver fêmea ou macho abstraído dos animais. Consequentemente, há também atributos peculiares a coisas meramente *enquanto* linhas ou superfícies. E na medida em que as coisas que estamos examinando são anteriores do ponto de vista da fórmula e mais simples, comportam maior exatidão, já que a simplicidade implica exatidão. Por conseguinte, encontramos maior exatidão onde não há grandeza, e a maior das exatidões onde não há movimento ou – na presença do movimento – onde este é primário, pois o movimento primário é o tipo mais simples. E o tipo mais simples de movimento primário é o movimento uniforme.

O mesmo princípio é aplicável à harmonia e à óptica, porque nenhuma dessas ciências estuda seu objeto *enquanto* visão ou *enquanto* som, mas *enquanto* linhas e números; mas estes últimos são atributos peculiares à primeira. O mesmo é também válido para a mecânica.

Dessa maneira, se consideramos objetos independentemente de seus atributos e investigamos qualquer aspecto deles sob esse prisma, não seremos responsáveis por nenhum erro em razão disso mais do que quando desenhamos um diagrama sobre o chão e dizemos que uma linha tem um pé de comprimento, quando não tem, isto porque o erro não está nas premissas. A melhor maneira que conduzir uma investigação em todos os casos é tomar o que não existe separado e considerá-lo separadamente, que é exatamente o que faz o aritmético ou o geômetra. De fato, o homem *enquanto* homem é uma coisa indivisível. E o aritmético supõe o homem como sendo uma coisa indivisível e, então, examina se há qualquer atributo do homem *enquanto* indivisível. E o geômetra não considera o homem nem *enquanto* homem nem *enquanto* indivisível, mas *enquanto* algo sólido. Com efeito, fica claro que os atributos que teriam pertencido ao homem, mesmo que o homem fosse de algum modo não indivisível, podem pertencer ao homem independentemente de sua humanidade ou indivisibilidade. Daí, por esta razão, os geômetras estão certos no que sustentam e tratam do que realmente existe, quer dizer, os objetos da geometria realmente existem, considerando-se que as coisas podem existir de duas maneiras: ou na completa realidade ou como matéria.

E como o bom é distinto do belo (pois é sempre nas ações que o bom está presente, ao passo que o belo está presente também nas coisas imóveis), incorrem em erro os que afirmam que as ciências matemáticas nada nos informam sobre o belo e o bom; de fato, descrevem e manifestam essas qualidades no mais elevado grau, e não se deve concluir que, por manifestarem os efeitos e princípios do belo e do bom sem nomeá-los, não tratam
1078b1 dessas qualidades. As principais espécies de beleza são a ordem, a simetria e a definição,[487] as quais são especialmente manifestadas pelas ciências matemáticas. E visto que é evidente que essas (quero dizer, por exemplo, a ordem e a defi-nição) são causas de muitas coisas, fica claro que essas ciências devem, numa certa medida, ocupar-se desse tipo de causa, precisamente quando o belo é essa causa. Mas trataremos deste assunto mais extensivamente em outra parte.

4

QUANTO AOS OBJETOS das matemáticas, então, a explicação que acabamos de expor pode ser considerada como suficiente para mostrar que existem, em que sentido existem, em que sentido são anteriores e em qual não são. Mas no que respeita às Ideias, devemos começar por examinar a própria teoria da Ideia, sem associá-la de modo algum à natureza dos números, mas abordá-la como foi originalmente proposta pelos primeiros defensores das Ideias.

Aqueles que sustentaram a teoria das Formas a ela foram conduzidos por estarem convencidos da verdade da doutrina de Heráclito, segundo a

---

487. Não no sentido discursivo e teórico de fórmula, mas naquele empírico de nitidez dos traços, percebida especialmente pelo sentido da visão, como, por exemplo, quando nos referimos à *definição* da imagem da televisão.

qual todas as coisas sensíveis estão sempre num fluxo constante, de sorte que a possibilidade de haver algum conhecimento ou pensamento de qualquer coisa, ou seja, de haver um objeto do conhecimento ou do pensamento, repousa exclusivamente sobre a existência de outras coisas, independentes das sensíveis, que sejam permanentes. De fato, não pode haver conhecimento do que está em fluxo. Sócrates dedicou sua atenção às virtudes morais, tendo sido o primeiro a buscar uma definição geral delas (pois entre os filósofos da natureza, somente Demócrito tocou nesse assunto, e superficialmente, tendo definido, de certo modo, *o quente* e *o frio*, enquanto os pitagóricos, antes disso, haviam elaborado as definições de algumas poucas coisas, cujas fórmulas associavam aos números, digamos o que é a *oportunidade*, a *justiça* ou o *casamento*). Mas era natural que Sócrates indagasse a essência das coisas, pois tentava deduzir logicamente e o ponto de partida de toda dedução lógica é a essência. Naquela época não havia ainda uma tal proficiência na dialética que permitisse aos homens estudar os contrários independentemente da essência, e indagar se a mesma ciência ocupa-se dos contrários. Duas descobertas podem, com justiça, ser atribuídas a Sócrates: o raciocínio indutivo e a definição universal. Ambos estão associados ao ponto de partida da ciência.

Mas enquanto Sócrates não conferia existência independente nem aos universais nem às definições, seus sucessores o fizeram, tendo dado o nome de Ideias a esses universais e definições das coisas existentes.

Para eles, seguia-se, portanto, por força praticamente do mesmo argumento, que há Ideias de todos os termos que são universalmente predicados. O resultado foi muito semelhante à situação de alguém que quisesse contar certas coisas, mas sendo estas em pequeno número julgou não ser capaz de contá-las, aumentando então sua quantidade, com o que as contou. De fato, não chega a ser exagero dizer que há mais Formas do que *coisas sensíveis particulares,*[488] ainda que tenha sido na investigação das causas das coisas sensíveis que procederam destas para as Formas, já que correspondendo a cada *coisa*[489] há uma Forma sinônima existente apartada das substâncias, e no que tange ao não substancial[490] há um caráter comum

488. Mais precisamente: *conjuntos de coisas sensíveis particulares.*

489. Mais exatamente: *conjunto de substâncias.*

490. A rigor, nas outras categorias além da substância.

predominando sobre a multiplicidade dos indivíduos, tanto no domínio sensível do cotidiano quanto no domínio do eterno.

Por outro lado, nenhuma das maneiras pelas quais se prova que as Formas existem é convincente; de fato, de algumas delas não resulta nenhuma conclusão necessária, enquanto de outras conclui-se que há Formas até de coisas das quais sustentam que não há Formas. Com efeito, de acordo com os argumentos provenientes das ciências, haverá Formas de todas as coisas que são objetos de ciências. E de acordo com o argumento de que há um atributo comum a uma multiplicidade de coisas, haverá Formas também das negações, enquanto, conforme o argumento de que *temos alguma concepção daquilo que pereceu*, haverá Formas das coisas perecíveis, uma vez que temos delas imagens mentais. Ademais, entre os argumentos mais precisos, alguns elaboram Ideias de relações, cujo gênero independente os defensores das Ideias não admitem, além do que outros indicam a dificuldade do *terceiro homem.* E, no geral, os argumentos a favor das Formas destroem coisas que são mais importantes para os adeptos das Formas do que a existência das Ideias, já que insinuam que não é a díade que é primária, mas o número, e que o relativo é anterior ao número e, assim, anterior ao absoluto. E, adicionalmente, há todos os demais pontos com base nos quais certas pessoas, ao acatarem as opiniões adotadas em torno das Formas, entraram em conflito com os princípios da teoria.

Além disso, de acordo com a hipótese na qual se apoia a crença nas Ideias, haverá Formas não só das substâncias, como também de muitas outras coisas, pois se trata de um conceito único que abrange não só as substâncias, mas inclusive as coisas não substanciais, podendo haver ciências não só das substâncias, como também de outras coisas, havendo adicionalmente mil outras consequências similares. Entretanto, conclui-se necessariamente das posições geralmente sustentadas acerca das Formas que, se estas podem ser partilhadas, há necessariamente apenas Ideias de substâncias, pois as Formas não são acidentalmente partilháveis. As coisas só podem participar de uma Forma na medida em que esta última não seja predicada de um sujeito. O que quero dizer é que, por exemplo, se uma coisa participa da duplicidade absoluta, participa também de alguma coisa eterna, *mas somente acidentalmente,* porque ser eterno é um acidente da *duplicidade*. A conclusão é que as Formas serão substância. Contudo, os mesmos termos indicam substância tanto neste mundo (o sensível) quanto no mundo Ideal, pois se assim não fosse o que significaria dizer que alguma coisa existe além dos particulares, ou seja, a unidade dominando e compreendendo a multiplicidade? Se a *forma*[491] das Ideias e das coisas que nelas participam for idêntica, terão alguma coisa em comum, pois por que deveria o *dois* ser um e o mesmo em todos *os dois* perecíveis, ou *nos dois* que são muitos, mas eternos, e não algo idêntico *no dois ele mesmo,* bem como *no dois individual*? Mas se não possuem a mesma *forma*, serão simplesmente homônimos, e seria como se alguém chamasse tanto Cálias quanto um pedaço de madeira de *homem*, sem observar qualquer coisa de comum entre eles.

Mas se nos dispormos a supor que em outros aspectos as definições comuns são aplicáveis às Formas, por exemplo que *figura plana* e as outras partes da definição são aplicáveis ao círculo Ideal, com a única ressalva de que precisamos também indicar do que a Forma é uma Forma, teremos que nos perguntar se não estamos diante de uma afirmação completamente destituída de significado. Afinal, a que parte da definição deve ser feita a adição? Ao *centro*, ao *plano* ou a todas as partes da definição? Realmente, todos os elementos na substância de uma Ideia são Ideias, por exemplo *animal* e *bípede*; ademais, é evidente que *ser uma Ideia*, tal como plano (superfície), tem que ser uma determinada característica que como gênero pertença a todas suas espécies.

5

Acima de tudo, seria cabível indagar no que afinal contribuem as Ideias relativamente às coisas sensíveis, quer as eternas quer as sujeitas à geração e à corrupção, já que nelas não constituem a causa de qualquer movimento ou mudança. Que se acresça que não concorrem para o conhecimento de outras coisas (de fato, não são sequer a substância destas coisas particulares, pois se caso o fossem estariam nelas), nem para a sua existência (já que não estão presentes nas coisas que delas participam – se estivessem, talvez pudessem parecer ser causas, no sentido em que a admissão de branco torna uma coisa branca). Mas este argumento, expresso pela primeira vez por Anaxágoras e, posteriormente, por Eudoxo em sua discussão sobre as dificuldades, e ainda por outros, é de pronta contestação devido à facilidade de contrapor a essa opinião muitas objeções insuperáveis.

---

491. *Forma* na acepção aristotélica em contraposição à *matéria*, e não na acepção platônica de Ideia, que grafamos com inicial maiúscula.

Que se acrescente que outras coisas não podem originar-se das Formas de nenhuma das maneiras geralmente sugeridas. Afirmar que as Formas são modelos dos quais as outras coisas participam são palavras vazias e metáforas poéticas,[492] pois o que é isso que molda as coisas com base no modelo das Ideias? Além disso, qualquer coisa pode tanto *ser* quanto *vir a ser* sem ser copiada de alguma outra coisa. Assim, alguém pode tornar-se semelhante a Sócrates, quer Sócrates exista ou não, e mesmo que Sócrates fosse eterno, está claro que a situação seria a mesma. E haverá muitos modelos (e, portanto, Formas) da mesma coisa – por exemplo, *animal* e *bípede* serão modelos de *homem*, além da própria Ideia de homem. Ademais, as Formas serão modelos não apenas das coisas sensíveis como também das coisas em si – por exemplo, o gênero será o modelo de sua espécie – a conclusão é que a mesma coisa será modelo e cópia. Além disso, afigurar-se-ia impossível que a substância e aquilo de que é substância existissem separadamente. Neste caso, como podem as Ideias – se são as substâncias das coisas – existirem separadas destas?

No *Fédon* é feita a seguinte afirmação: As Formas são causas do ser e do vir a ser. Entretanto, mesmo supondo a existência das Formas, ainda assim não há geração (vir a ser) salvo se houver alguma coisa para transmitir o movimento. E muitas outras coisas são geradas (por exemplo, a casa e o anel) das quais dizem os adeptos da Ideias não existir Formas. Assim, é manifestamente possível que as coisas de que dizem haver Ideias possam também existir e ser geradas (vir a ser) através do mesmo tipo de causas responsáveis pela produção das coisas que acabamos de mencionar e não em função das Formas. Efetivamente, no tocante às Ideias, podemos reunir contra elas muitas outras objeções similares às que aqui apresentamos, não só da maneira que fizemos, como também por meio de argumentos mais abstratos e exatos.

6

TENDO TRATADO DOS PROBLEMAS referentes às Ideias, seria bom investigarmos novamente os *problemas* ligados aos números *resultantes* da

492. Crítica claramente dirigida a Platão. Logo na sequência Aristóteles aludirá ao *Fédon*. Em *Diálogos III*, Obras Completas de Platão, Clássicos Edipro.

teoria segundo a qual os números são substâncias independentes e causas primárias das coisas existentes.[493] Ora, se o número é uma coisa real e sua substância não é nada mais além dele próprio – como sustentam alguns – então *ou* [1] deve haver necessariamente alguma parte do número que seja primária e alguma outra que a sucede e assim por diante, cada parte sendo especificamente distinta (o que se aplica diretamente às unidades, e qualquer unidade dada é não combinável a qualquer outra unidade dada); *ou* [2] as unidades são todas imediatamente sucessivas, quaisquer delas podendo ser combinadas a quaisquer outras unidades, como se afirma do número matemático, pois neste nenhuma unidade difere, de modo algum, de uma outra; *ou* [3] algumas unidades devem necessariamente ser combináveis, enquanto outras não – por exemplo, o dois é o primeiro a seguir o um, depois vem o três e sucessivamente os outros números; e as unidades em cada número são combináveis, por exemplo as unidades no primeiro dois são combináveis entre si, e as do primeiro três entre si, e assim por diante no que toca aos demais números; entretanto, as unidades no dois Ideal[494] não são combináveis àquelas no três Ideal, e analogamente no que tange aos demais números sucessivos. Consequentemente, enquanto o número matemático é contado da maneira seguinte: depois do um, o dois (que consiste de um outro um adicionado ao primeiro), o três (que consiste de um outro um adicionado aos dois primeiros uns) e os demais números do mesmo modo, o número Ideal é contado assim: depois do um, um dois distinto não incorporando o um original, e um três não incorporando o dois, e o restante dos números analogamente; *ou* ainda [4] um tipo de número deve ser necessariamente, como descrevemos inicialmente, um outro, como sustentam os matemáticos, sendo que aquele que descrevemos por último é necessariamente um terceiro tipo.

Por outro lado, esses números têm que existir ou separadamente das coisas ou não separadamente delas, mas nas coisas sensíveis (embora não da maneira que examinamos primeiramente, mas no sentido de que as coisas sensíveis são compostas de números que estão nelas presentes) – ou alguns deles e não outros, ou todos. Estas são, necessariamente, as únicas maneiras pelas quais os números podem existir. Ora, entre os que

493. Ou seja, a teoria pitagórica.

494. Isto é, no dois *ele mesmo.*

sustentam que a unidade é a origem, substância e elemento de todas as coisas e que o número é derivado dela e algo mais, quase todos descreveram o número de uma dessas maneiras (com a ressalva de que ninguém sustentou que todas as unidades são não combináveis) – o que é suficientemente natural porque não pode haver outra maneira além das que mencionamos. Alguns opinam que ambos os tipos de números existem, o que envolve anterioridade e posterioridade, sendo um deles idêntico às Ideias, e o número matemático sendo distinto das Ideias e das coisas sensíveis; deve-se acrescentar a isso que ambos esses tipos são dissociáveis das coisas sensíveis. Outros sustentam que somente o número matemático existe, como a primeira das realidades e separada das coisas sensíveis.

Também os pitagóricos admitem o número matemático, mas com a diferença que afirmam não ser ele dissociado, já que as substâncias sensíveis são compostas dele. Para os pitagóricos todo o universo é constituído por números, mas não de números que consistem de unidades abstratas; eles supõem que as unidades possuam magnitude espacial. Mas quanto a como a primeira unidade se formou, de modo a possuir magnitude, parecem incapazes de explicá-lo.

Um outro pensador afirma que somente existe o número primordial ou Ideal, enquanto alguns outros sustentam ser ele idêntico ao número matemático.

O mesmo é válido para linhas, superfícies e sólidos. Alguns distinguem os objetos matemáticos dos objetos [, a saber, linhas, superfícies e sólidos] Ideais, e, entre os que abordam o assunto de um modo diferente, alguns se referem aos objetos matemáticos *matematicamente*, isto é, são os que não veem nas Ideias números e, tampouco, defendem a existência das Ideias; outros, ao contrário, referem-se aos objetos matemáticos *não matematicamente*, porquanto negam que toda magnitude espacial seja divisível em magnitudes, ou que quaisquer duas unidades dadas constituam o dois. Mas todos que sustentam que a unidade (o 1) é um elemento e princípio das coisas existentes consideram os números como consistentes de unidades abstratas, à exceção dos pitagóricos, além de considerarem que o número possui magnitude espacial, como previamente expressamos.

Da exposição que acabamos de fazer fica claro de quantas maneiras é possível nos referirmos aos números e que todas as maneiras foram descritas. Todas essas maneiras esbarram na impossibilidade, mas não há dúvida de que algumas nela esbarram mais do que outras.

7

Cabe-nos, em primeiro lugar, indagar se as unidades são combináveis ou não combináveis, e se não combináveis, em qual das duas maneiras que distinguimos; com efeito, é possível *ou* que qualquer unidade seja não combinável com qualquer outra, *ou* que as unidades no dois Ideal sejam não combináveis àquelas no três Ideal, e assim que as unidades em cada número Ideal sejam não combináveis àquelas nos outros números Ideais. Mas se todas as unidades são combináveis e não diferem quanto ao seu tipo, teremos unicamente um tipo de número, ou seja, o matemático, e as Ideias não poderão ser os números assim produzidos, pois como poderíamos considerar a Ideia de *homem* ou *animal* ou qualquer outra Forma como um número? Há uma Ideia de cada tipo de coisa, por exemplo *uma* de humanidade e *uma* outra de animalidade, mas os números que são semelhantes e não diferem quanto ao tipo são numa multiplicidade infinita, de sorte que este *três* não é mais a Ideia de *homem* do que o é qualquer outro três. Mas se as Ideias não são números não podem, de modo algum, existir, pois de quais princípios poderiam provir? O número provém da unidade (do 1) e da díade indeterminada, e pensa-se que os princípios e os elementos dizem respeito ao número, ao passo que as Ideias não podem ser classificadas, seja como anteriores, seja como posteriores aos números.

Mas se as unidades são não combináveis no sentido de que qualquer unidade é não combinável com qualquer outra, o número composto resultante não pode ser *nem* matemático, uma vez que o número matemático consiste de unidades não diferenciadas e as verdades demonstradas no tocante a isso ajustam-se a esse caráter, *nem* Ideal. De fato, desta perspectiva, o dois não será o primeiro número gerado a partir da unidade (do um) e da díade indeterminada, e ser seguido diretamente pelos números sucessivos, como dizem *eles*[495] 2, 3, 4, porque as unidades no primeiro dois são geradas ao mesmo tempo – como sustentou o autor original da teoria[496] – de desiguais (*vindo a ser* quando esses são igualados, ou de alguma outra maneira); acresça-se que, se considerarmos uma unidade como anterior à outra, também será anterior ao dois que delas é composto, porque toda vez

---

495. Ross: *...dizemos nós...*

496. Quer dizer, Platão.

que algo é anterior e algo é posterior o seu composto será anterior a este último e posterior ao primeiro.

Ademais, *se* o um (1) Ideal é o primeiro e, em seguida, vem o um (1) particular, que é primeiro relativamente aos outros *uns,* mas segundo relativamente ao um (1) Ideal, e um terceiro 1 que se segue ao segundo, mas que é terceiro relativamente ao primeiro 1, *conclui*-se que as unidades serão anteriores aos números conforme os quais são designadas – por exemplo, haverá uma terceira unidade no dois antes de existir o três, e uma quarta e quinta no três antes que existam o quatro e o cinco. Entretanto, a julgar pelos princípios sustentados por esses pensadores, pareceria ser essa perspectiva e posição bastante razoáveis, embora efetivamente seja insustentável, isto porque, supondo que haja uma primeira unidade, isto é, um primeiro *um* (1), seria razoável que as unidades fossem anteriores e posteriores, o mesmo ocorrendo com *os dois,* se houver um primeiro dois. De fato, é plausível e realmente necessário que depois do primeiro haja um segundo, e havendo um segundo, um terceiro, e assim com o resto da sucessão. Contudo, estas duas afirmações, a saber, que há depois do um (1) uma primeira e segunda unidades e que há um primeiro dois, são incompatíveis. Entretanto, eles admitem uma primeira unidade, isto é, um primeiro um (1), mas não uma segunda e terceira – e um primeiro dois (2), mas não um segundo e terceiro.

Evidencia-se também que, se todas as unidades são não combináveis, não pode haver um dois e três Ideais, o mesmo valendo para os demais números, pois se as unidades são indistinguíveis, ou se cada uma é diferente quanto ao tipo de qualquer outra, os números terão que ser gerados por adição – por exemplo, o dois adicionando um a um outro um, e o três adicionando um outro um ao dois, o mesmo ocorrendo com o quatro e assim sucessivamente. Sendo assim, os números não podem ser gerados, como esses pensadores procuram gerá-los, a partir da unidade e da díade porque o dois torna-se uma parte do três, este do quatro, e o mesmo valendo para os números seguintes. Mas segundo eles o quatro era gerado do primeiro dois e da díade indeterminada, consistindo assim de dois 2 à parte do dois Ideal. Se assim não for, o quatro consistirá do dois Ideal e um outro dois a ele adicionado, e o dois Ideal consistirá do um Ideal e um outro um; se assim for, não será possível que o outro elemento seja a díade indeterminada, porque produz uma unidade e não um dois definido.

Por outro lado, como pode haver outros três e dois além dos números Ideais três e dois e de que maneira poderiam ser compostos de unidades anteriores e posteriores? Todas estas teorias são despropositadas e fictícias, não havendo a possibilidade de haver um dois primário e, em seguida, um três Ideal. E, no entanto, teria que haver na hipótese de considerarmos a unidade (o 1) e a díade indeterminada como elementos. Mas diante de resultados impossíveis é igualmente impossível que os princípios sejam esses.

Se, então, qualquer unidade é diferenciada, do ponto de vista do tipo, de qualquer outra, surgirão necessariamente esses resultados e outros semelhantes. Se, por outro lado, mesmo que as unidades nos diferentes números sejam diferentes, e exclusivamente as que se encontram no mesmo número sejam reciprocamente indistinguíveis, as dificuldades acarretadas não serão menores. Por exemplo, no número Ideal dez (10) há dez unidades, o dez sendo composto tanto dessas dez unidades quanto de dois cincos. Mas como o dez Ideal não é um número aleatório, nem composto de cincos aleatórios, nem tampouco, por conta disso, de unidades aleatórias; as unidades desse número dez têm que ser diferentes, porque se não fossem os cincos dos quais é composto o dez não seriam diferentes. Mas como, a rigor, são diferentes, também as unidades terão que ser diferentes. Ora, se estas são diferentes, haverá ou não haverá outros cincos nesse dez e não apenas esses dois cincos? Se não houver, incorre-se num absurdo, enquanto se houver, que tipo de dez será delas composto? Afinal, não há outro dez no dez além do próprio dez.

Ademais, é também necessário que o quatro não seja composto de dois aleatórios, pois a díade indeterminada, conforme o que dizem, acolhendo a díade determinada, produziu duas díades, pois possuía a capacidade de duplicar o acolhido.

Além disso, como é possível que o dois seja uma coisa determinada, existente independentemente das duas unidades, e o três independentemente das três unidades? *Ou* através de mútua participação, como *homem branco* existe independentemente de branco e de homem porque participa de ambos estes conceitos, *ou* quando um é uma diferença do outro, como *homem* existe independentemente de animal e de bípede.

É de acrescer-se que algumas coisas são unas mediante contato, outras mediante mescla e outras mediante posição. Todavia, nenhuma destas alternativas é possivelmente aplicável às unidades das quais consistem o dois e o três. Tal como *dois* homens não constituem nenhuma coisa que seja distinta de ambos, o mesmo ocorre necessariamente com as unidades.

O fato de as unidades serem indivisíveis não fará qualquer diferença, porque pontos também são indivisíveis e, no entanto, um par de pontos não é algo distinto dos dois pontos singulares.

Não podemos, ademais, deixar de compreender que nessa teoria conclui-se que há dois anteriores e posteriores, o mesmo valendo para os demais números. Suponhamos que *os dois* no *quatro* são simultâneos: ainda assim são anteriores àqueles no *oito*, e tal como o dois [determinado] gerou os dois no quatro, eles geraram os quatros no oito. Consequentemente, se o dois original é uma Ideia, esses dois também serão Ideias. O mesmo argumento é aplicável às unidades, já que as unidades no dois original produzem as quatro unidades no quatro, de sorte que todas as unidades tornam-se Ideias, e uma Ideia será composta de Ideias. A outra clara conclusão é que também essas coisas, das quais estas são Ideias, serão compostas – por exemplo, seria cabível dizer que animais são compostos de animais se houver Ideias de animais.

Em geral, diferenciar as unidades de qualquer maneira é despropositado e fictício, entendendo eu por *fictício*[497] aquilo que é *aduzido de modo forçado para apoiar uma hipótese.* Com efeito, podemos perceber que uma unidade não difere de outra nem em quantidade, nem em qualidade, ao passo que um número tem que ser igual ou desigual, o que se aplica a todos os números, mas sobretudo aos números que consistem de unidades abstratas. Assim, se um número não é nem mais nem menos, é igual, e supomos, no âmbito do número, que coisas iguais e que não apresentam absolutamente nenhuma diferença são idênticas. Se assim não fosse, mesmo os dois no dez Ideal seriam diferentes, embora sejam iguais; de fato, se qualquer pessoa sustentar que não são diferentes, que razão poderá alegar a favor disso?

Ademais, se toda unidade mais uma outra unidade produzem dois (2), uma unidade oriunda do dois Ideal mais uma oriunda do três Ideal produzirão dois, um dois composto de unidades diferentes. E será este anterior ou posterior ao três? Pareceria, preferivelmente, que deva ser anterior, porque uma das unidades é simultânea ao três, e a outra ao dois. Supomos que em geral um (1) e um (1), sejam as coisas iguais ou desiguais, produzem dois (2), por exemplo o bom e o mau, ou o homem e o cavalo. Entretanto, os defensores dessa teoria declaram que nem mesmo duas unidades produzem o dois (2).

497. ...πλασματῶδες... (*plasmatôdes*).

Se o número do três Ideal não é superior ao número do dois Ideal, é de surpreender-se; e se é superior, então fica claro que há um número nele igual do dois, de sorte que este número não é diferente do dois Ideal. Isso, contudo, é impossível na hipótese de haver um primeiro e segundo número. Tampouco serão as Ideias números. De fato, neste aspecto em particular, estão certos os que afirmam que as unidades têm necessariamente que ser diferentes na hipótese de haver Ideias, como já foi indicado. Certamente, a Forma é única, mas, se as unidades não são diferentes, os dois e os três não serão diferentes. Daí eles teriam que dizer que quando contamos 1... 2 não adicionamos ao número já existente, pois se o fizéssemos [em primeiro lugar] o número não seria gerado da díade indeterminada e [em segundo lugar] um número não pode ser uma Ideia, porque uma Ideia preexistirá numa outra, e todas as Formas serão partes de uma Forma. Diante disso, se no âmbito exclusivo de sua hipótese, estão certos, estão absolutamente errados devido ao grande poder destrutivo de sua opinião, porquanto eles próprios admitirão que esse ponto envolve uma dificuldade, a saber, se quando contamos e dizemos 1... 2... 3, contamos por adição ou enumerando porções distintas. Mas, na verdade, fazemos ambas as coisas e, portanto, é ridículo referir esse ponto a uma diferença tão grande de substância.

8

Deveríamos começar por definir o que é a diferença de um número e também de uma unidade, se é que esta possui uma diferença. As unidades deveriam diferir ou em quantidade ou em qualidade, embora claramente nenhuma dessas alternativas pareça possível. Mas o número *enquanto* número difere em quantidade, e se as unidades também diferem em quantidade, o número diferiria do número, ainda que igual do ponto de vista do número de unidades. E que se acrescente a indagação: são as primeiras unidades maiores ou menores, e as unidades posteriores aumentam ou diminuem? Todas estas sugestões são irracionais. Tampouco podem as unidades diferir em qualidade uma vez que nenhum atributo pode a elas se aplicar; com efeito, esses pensadores sustentam que mesmo no que tange aos números a qualidade é um atributo aplicável depois da quantidade. Ademais, as unidades não podem extrair a qualidade do um (1) ou da díade, porque a unidade carece de qualidade e a díade produz quantidade devido à sua natureza capaz de tornar as coisas múltiplas. Se, então, as unidades diferem de alguma outra maneira, eles deveriam, com toda a certeza, estabelecer isso no começo e explicar, se possível – no que toca à diferença da unidade – o porquê da necessidade de sua existência. Se este não é o caso, qual o significado que atribuem a essa suposta diferença?

Fica claro, portanto, na hipótese de as Ideias serem números, que nem todas as unidades podem ser combináveis, e tampouco podem todas ser não combináveis num sentido ou outro. Também não é correta a teoria que certos pensadores sustentam com relação aos números. São eles os que não creem nas Ideias, quer como absolutas quer como sendo identificadas com certos números, mas que creem, em contrapartida, que os objetos das matemáticas existem e que os números, entre as coisas existentes, são os primeiros, sendo a própria unidade, isto é, o um Ideal, o seu princípio. É, todavia, absurdo que se, como dizem, há um 1 que é o primeiro dos *uns*, não haja um 2 que seja o primeiro dos *dois*, nem um 3 que o seja dos *três*, já que o mesmo princípio aplica-se a todos os casos. Ora, se esta é a verdade relativamente ao número, e se postulamos somente o número matemático como existente, o um (1) não é um princípio, já que o um (1) que detém esta natureza deve necessariamente diferir das outras unidades, e, se assim é, deve haver necessariamente algum dois que seja o primeiro entre os dois (2), o mesmo sendo válido para os números sucessivos. Se o um (1), entretanto, for um princípio, então a verdade no que concerne aos números deve, ao contrário, ser como Platão costumava dizer, e é forçoso haver um primeiro dois e um primeiro três, não sendo possível que os números sejam combináveis entre si. Mas, mais uma vez, se o aceitarmos, nos veremos ante muitas impossibilidades, como já foi indicado. Entretanto, a verdade teria que estar numa posição ou na outra, de sorte que se nenhuma das duas opiniões é correta concluir-se-ia que não é possível que o número tenha uma existência abstrata independente.

Com base nessas considerações, fica também claro que a terceira alternativa – aquela segundo a qual o número Ideal e o número matemático são idênticos – é a pior, na medida em que é necessário que dois erros sejam combinados para produzir uma teoria. [1] O número matemático não pode ser dessa natureza, mas o propositor dessa opinião tem que ser nela prolixo, tecendo suposições peculiares; [2] sua teoria tem que admitir todas as dificuldades que precisam enfrentar aqueles *que discorrem sobre o número Ideal.*[498]

---

498. Ou, mais precisamente, *que se referem aos números como Formas.*

A doutrina pitagórica, por um lado, acarreta menos dificuldades do que a doutrina que descrevemos anteriormente, mas por outro lado gera embaraços que lhe são peculiares. Por não considerar o número como capaz de existência independente, livra-se de muitas consequências desfavoráveis conducentes ao terreno do impossível; mas conceber os corpos como compostos de números e estes números como matemáticos é tocar o impossível; com efeito, não é correto falar de *grandezas indivisíveis*, e mesmo supondo que esse ponto de vista fosse perfeitamente correto, ainda assim unidades, de uma maneira ou outra, não possuem grandeza. E como pode uma grandeza ser composta de partes indivisíveis? Que se acresça que o número aritmético consiste de unidades abstratas. Mas os pitagóricos identificam o número com as coisas existentes. Ao menos aplicam proposições matemáticas aos corpos, como se consistissem desses números.

Assim, se o número, na hipótese de ser uma realidade autossubsistente, deve ser concebido de uma das maneiras descritas anteriormente, e se, não obstante, não pode ser assim concebido, isto é, de nenhuma dessas maneiras, a clara conclusão é que o número não possui essa natureza que para ele conceberam os que o tornaram independente.

Ademais, cada unidade origina-se do grande e do pequeno ao serem estes equalizados, ou origina-se uma do pequeno enquanto uma outra se origina do grande? Se a resposta favorecer esta última alternativa, cada coisa não é composta de todos os elementos, nem são as unidades destituídas de diferenças, já que uma contém o grande e a outra o pequeno, o qual é naturalmente contrário ao grande. Além disso, o que dizer das unidades no *três* Ideal? Com efeito, há uma unidade ímpar. É provável, porém, que seja por essa razão que atribuem o lugar mediano ao *um* Ideal nos números ímpares. Se, por outro lado, cada uma das unidades origina-se tanto do grande quanto do pequeno, ao serem equalizados, como pode o *dois* Ideal ser uma coisa singular composta do grande e do pequeno? Como diferirá de uma de suas unidades? Ademais, a unidade é anterior ao dois, porque se a unidade desaparece também desaparece o dois. A conclusão é que a unidade tem que ser a Ideia de uma Ideia, uma vez que é anterior a uma Ideia, além de ter necessariamente que vir a ser antes dela. E, neste caso, vir a ser a partir do quê? Não da díade indeterminada, já que, como vimos, a função desta é produzir dualidade.

O número, acresça-se, é necessariamente infinito ou finito, pois esses
1084a1 pensadores concebem o número como capaz de existir independentemente,

de sorte que não é possível que nenhuma dessas alternativas seja verdadeira. É evidente que não pode ser infinito, porque o número infinito não é nem ímpar nem par, e os números são sempre gerados ou do número ímpar ou do par. Mediante um processo, quando o um (1) é adicionado a um número par, obtém-se um número ímpar; mediante outro, quando o 1 é multiplicado por 2, obtêm-se potências crescentes do dois; e mediante um terceiro processo, quando potências do dois são multiplicadas por números ímpares, obtêm-se os números pares restantes.

Além disso, se toda Ideia é uma Ideia de alguma coisa, e os números são Ideias, o número infinito também será uma Ideia de alguma coisa sensível ou de alguma outra coisa. Isso, entretanto, é impossível tanto porque não é razoável quanto em vista da própria hipótese deles, a julgar pela maneira como consideram as Ideias.

Se, por outro lado, o número é finito, qual é o seu limite? Em resposta a isso devemos não apenas afirmar o fato, mas indicar a razão. Ora, se o número atinge apenas o dez, como alguns sustentam, em primeiro lugar as Formas não tardariam a faltar. Por exemplo, se o três é a Ideia de *homem*, qual número será a Ideia de *cavalo*? Cada número até dez é uma Ideia. Assim, a Ideia de *cavalo* tem necessariamente que ser um dos números dessa série, porquanto são eles substâncias ou Ideias. Mas subsiste o fato de que faltarão, porque as diferentes espécies de animais os superarão em número. Ao mesmo tempo, fica claro que se dessa maneira o três Ideal é a Ideia de *homem* também o serão os outros três (pois aqueles que estão no mesmo número são similares), de modo que haverá um número infinito de homens; e se cada três é uma Ideia, cada homem será uma Ideia de homem; ou, se não for o caso, ainda assim continuarão sendo homens. E se o número menor for parte do maior (sendo o número de tal tipo que as unidades no mesmo número são combináveis), então o quatro Ideal será uma Ideia de alguma coisa – por exemplo, de *cavalo* ou de *branco*, e *homem* será parte de *cavalo*, se *homem* for dois. É também absurdo que haja uma Ideia do dez (10) e não do onze (11), nem dos números subsequentes.

Ademais, há algumas coisas que *são* e *vêm a ser* das quais não há Formas. E por que, afinal, não há Formas também delas? A conclusão é que as Formas não são as causas das coisas.

Ademais, é absurdo que o número da série até dez seja mais realmente existente – e uma Forma – do que o próprio dez, considerando-se que o primeiro não é gerado como uma unidade (1) enquanto o segundo é. Entretanto, eles procuram provar que a série até dez constitui um número completo; ao menos eles geram os derivativos, por exemplo o vazio, a proporção, o ímpar etc. de dentro da década. Alguns, como o movimento, o repouso, o bem e o mal, são atribuídos por eles aos primeiros princípios – o resto aos números. Esta é a razão por que identificam o ímpar com a unidade (o 1), pois se a imparidade dependesse do três, como poderia o cinco ser ímpar?

Sustentam também que as magnitudes espaciais e similares possuem
1084b1 um certo limite, por exemplo, a primeira linha indivisível, em seguida o dois, e assim por diante até o dez.

Ademais, se o número pode existir independentemente, é cabível indagar se a unidade (o 1) é anterior, o três ou o dois. Ora, se consideramos o número como composto, o 1 é anterior; entretanto, se consideramos o universal ou *forma* como anterior, o número é anterior, porque cada unidade é uma parte material do número, enquanto o número é a *forma* das unidades. E num certo sentido o ângulo reto é anterior ao ângulo agudo, uma vez ser ele definido e estar envolvido na definição do ângulo agudo, havendo um outro sentido no qual o ângulo agudo é anterior, porque é parte do outro, isto é, o ângulo reto está dividido em ângulos agudos. Assim concebidos como matéria, o ângulo agudo, o elemento e a unidade são anteriores; mas com respeito à forma e à substância no sentido da fórmula, o ângulo reto e o todo composto de matéria e forma são anteriores. Com efeito, o todo concreto está mais próximo da *forma* ou sujeito da definição, embora do ponto de vista da geração seja posterior.

Em qual sentido, então, a unidade (o 1) é um primeiro princípio? No sentido de não ser divisível – é o que declaram. Mas o universal e a parte ou elemento também não são divisíveis. Isso é afirmativo, mas são anteriores num sentido diferente, o primeiro na fórmula e o segundo no tempo. Em qual sentido, então, o um (1) é um primeiro princípio? Afinal, como já dissemos, tanto o ângulo reto parece ser anterior ao agudo quanto este último anterior ao primeiro, e cada um deles é uno. Em consonância com isso, os platônicos fazem do um (1) um primeiro princípio em ambos os sentidos. Isso, contudo, é impossível, pois num sentido é o um (1) *enquanto forma* ou substância, e no outro o um (1) *enquanto* parte ou matéria que é primária. Há um sentido em que tanto o número quanto a unidade são unos: eles o são verdadeiramente em potência (ao menos se o número for uma unidade [1] e não como um agregado, ou seja, se diferentes números consistem de diferentes unidades, como dizem eles), mas não na completa realidade. A causa do erro em que caíram foi que executavam sua investigação de dois pontos de vista, a saber, o dos matemáticos e o da definição geral, *simultaneamente*. Assim, como consequência do primeiro desses pontos de vista, conceberam o um (1), ou primeiro princípio, como um ponto, já que a unidade é um ponto destituído de posição, o que os levou também, tal como alguns outros, a representar as coisas existentes como compostas das menores partículas. Com isso, a unidade é transformada na matéria dos números e, concomitantemente, anterior ao número dois, mas também posterior ao dois concebido como um todo, unidade ou *forma*. Por outro lado, em meio à sua busca pelo universal, foram levados a abordar a unidade (o 1) predicada de um dado número como uma parte também no sentido formal. Entretanto, essas duas características não podem pertencer à mesma coisa concomitantemente.

E se o um Ideal (a unidade *ela mesma*) deve ser necessariamente destituído de posição (pois difere somente por ser um princípio) e o dois é divisível enquanto a unidade não é, a unidade será mais proximamente aparentada ao um Ideal (a unidade *ela mesma*); e se assim for, o um Ideal (a unidade *ela mesma*) também será mais proximamente aparentado à unidade do que ao dois. Consequentemente, cada uma das unidades no dois serão anteriores ao dois. Mas isto é negado por eles, que, ao menos, estabelecem que o dois é gerado primeiramente. Ademais, se o dois ele mesmo e o três ele mesmo são cada um uma unidade, os dois juntos formam dois. Ora, do que provém este dois?

9

COMO O CONTATO INEXISTE no que diz respeito aos números, havendo apenas unidades entre as quais nada existe, por exemplo aquelas no dois ou no três sendo sucessivas, seria de se indagar se são sucessivas ao um Ideal ou não, e se dos números que o sucedem, o dois ou uma ou outra das unidades no dois é anterior.

Encontramos dificuldades semelhantes no caso dos gêneros posteriores ao número: a linha, a superfície e o sólido. Alguns os derivam das espécies do grande e do pequeno – por exemplo, linhas a partir do longo e do curto, superfícies a partir do largo e do estreito, e sólidos a partir do profundo e do raso. Estas são espécies do grande e do pequeno. Quanto ao primeiro princípio geométrico que corresponde ao um (1) aritmético, distintos pensadores propõem distintas opiniões, nas quais também podemos perceber, com bastante probabilidade, inúmeras impossibilidades, ficções e contradições. De fato, percebemos que as formas geométricas não têm conexão entre si, a não ser que seus princípios sejam também de tal modo associados que o *largo e estreito* seja também *longo e curto*, e se assim for, a superfície será uma linha e o sólido uma superfície. Ademais, como explicar ângulos, figuras etc.? E a mesma consequência ocorre tal como no caso do número, já que esses conceitos são atributos da grandeza, mas a grandeza não é gerada a partir deles mais do que uma linha é gerada a partir do *reto e curvo*, ou os sólidos a partir do *liso e áspero*.

É comum a todas essas teorias o mesmo problema que se apresenta no que respeita às espécies de um gênero quando postulamos universais, por exemplo se é o animal Ideal que está presente no animal particular, ou algum outro *animal* distinto do animal Ideal. Esta questão não representará qualquer dificuldade se o universal não for separável; mas se, como os que propõem essas posições dizem, o um (1) e os números têm existência independente, não será fácil superar a dificuldade (se é que deveríamos aplicar a frase *não será fácil* ao que é impossível). De fato, quando apreendemos a unidade no dois, ou no número em geral, apreendemos uma Ideia ou alguma coisa mais?

Esses pensadores, então, geram grandezas geométricas a partir desse princípio material, ao passo que outros as geram a partir do ponto (consideram o ponto não como uma unidade [1], mas como semelhante ao 1) e de um outro princípio material que não é a pluralidade, mas algo similar a esta; ainda assim, no caso desses princípios, vemo-nos diante das mesmas dificuldades, pois, se a matéria é una, a linha, a superfície e o sólido serão idênticos, já que o produto dos mesmos elementos tem necessariamente que ser uno e o mesmo. Se, por outro lado, há mais do que um tipo de matéria – uma da linha, uma outra da superfície e uma outra do sólido – ou os tipos estão mutuamente associados ou não estão. Consequentemente, também neste caso teremos o mesmo resultado, pois ou a superfície não conterá uma linha, ou será uma linha.

Devemos acrescentar que nenhuma tentativa é feita no sentido de explicar como o número pode ser gerado da unidade (1) e pluralidade; ao menos, ao abordarem o tema, surgem as mesmas objeções que são dirigidas aos que constroem o número a partir do um e da díade indeterminada. Uma escola gera o número não de uma particular pluralidade, mas daquela que é universalmente predicada, a outra de uma pluralidade particular que é, entretanto, a primeira, uma vez que afirmam que a díade é a primeira pluralidade. Assim não há, a rigor, diferença entre essas duas opiniões; surgirão as mesmas dificuldades relativas à mistura, posição, fusão, geração e os demais modos semelhantes de combinação.

E poderíamos decerto indagar: se cada unidade é una, do que é composta? De fato, está claro que cada unidade não é o *um* (1) absoluto. Tem que ser gerada a partir do *um* (1) absoluto e da pluralidade, ou de uma parte da pluralidade. Ora, é impossível afirmarmos que a unidade é uma pluralidade, porque a unidade é indivisível. Mas a opinião de que provém de uma parte da pluralidade envolve muitas dificuldades adicionais, porque cada parte teria que ser indivisível; se assim não fosse, seria uma pluralidade e a unidade seria divisível, e o um (1) e a pluralidade não seriam seus elementos, porque cada unidade não seria gerada a partir da pluralidade e do um (1). O defensor dessa teoria limita-se a introduzir um outro número, já que sua pluralidade de indivisíveis é um número.

Ademais, cabe-nos indagar ao defensor dessa teoria se o número é infinito ou finito. Com efeito, havia, como parece, primeiramente uma pluralidade finita da qual, em combinação com o um (1), foram geradas as unidades finitas; que se acresça que pluralidade absoluta é diferente de pluralidade finita. Qual é então o tipo de pluralidade que, combinada com o um (1), é um elemento do número?

Uma questão semelhante poderia ser por nós suscitada relativamente ao *ponto*, isto é, o elemento a partir do qual eles criaram grandezas espaciais. Certamente não se trata de um e único ponto. No mínimo nos é facultado perguntar *do que* deriva cada um dos outros pontos. Decerto não é de algum intervalo e do ponto Ideal. Ademais, as partes do intervalo não podem ser indivisíveis mais do que as partes da pluralidade da qual são compostas as unidades, isto porque, ainda que o número seja composto de partes indivisíveis, as grandezas espaciais não são.

Todas estas, somadas a outras considerações semelhantes, deixam patente que o número e as grandezas espaciais não podem existir separadamente. Ademais, o fato de os principais pensadores discordarem quanto ao número indica que é a má representação dos próprios fatos a responsável por essa confusão em suas opiniões. Aqueles que admitem apenas os objetos das matemáticas como existentes além das coisas sensíveis abandonaram o número Ideal e postularam o número matemático, porque se deram conta das dificuldades e da artificialidade da teoria das Formas. Outros, no desejo de manter tanto Formas quanto números, mas não vendo *como* – na hipótese de postulá-los como primeiros princípios – o número matemático poderia existir além do número Ideal, identificaram o Ideal com o número matemático, mas apenas verbalmente, uma vez que realmente o número matemático é eliminado, porque as hipóteses levantadas por eles são peculiares a eles e não matemáticas. E o primeiro a supor a existência das Ideias,[499] e que estas são números e que os objetos das matemáticas existem, naturalmente os separou. Assim tem-se a impressão que todos estão certos em algum aspecto, mas não completamente certos; a propósito, eles próprios de certo modo o admitem por não concordarem entre si, mas pelo contrário contradizerem-se. A razão disso está no fato de suas hipóteses e seus primeiros princípios estarem errados, sendo difícil formular uma teoria correta a partir de premissas falsas. Como diz Epicarmo, "mal é expressa e o erro já se manifesta".

Executamos um exame e uma análise suficientemente extensos das questões ligadas aos números; com efeito, embora alguém que já esteja convencido possa ainda ser mais convencido graças a um tratamento mais completo [do assunto], aquele que não esteja convencido não será, devido a esse tratamento mais completo, colocado mais próximo do convencimento. No que toca aos primeiros princípios, causas e elementos, as opiniões expressas pelos que abordam somente a substância sensível foram ou descritas na *Física*,[500] ou não interessam à nossa presente investigação. Entretanto, as opiniões dos que asseveram haver outras substâncias além das sensíveis exigem exame na imediata sequência das que acabamos de expor e discutir.

Como, portanto, alguns sustentam que as Ideias e os números são tais substâncias e que seus elementos são os elementos e princípios da realidade, necessitamos investigar o que sustentam e em que sentido o fazem.

Os que postulam apenas números – e neste caso números matemáticos – podem ser considerados mais tarde.[501] Mas quanto aos que se referem às Ideias, podemos ao mesmo tempo examinar seu modo de pensar e as dificuldades em que incorrem. De fato, tratam as Ideias simultaneamente como substâncias universais e substâncias separáveis e particulares. A impossibilidade disso já foi mostrada em vista das dificuldades acarretadas.[502] A razão de os que consideram as substâncias como universais combinarem

499. Isto é, Platão.

500. Livro I, Capítulos 4 a 6.

501. Livro XIV, Capítulo 2.

502. Livro III, Capítulo 6.

esses dois pareceres foi não identificarem as substâncias com as coisas sensíveis. Consideraram que os particulares no mundo sensível encontram-se em fluxo e que nenhum deles persiste, mas que o universal existe além deles e é algo que se distingue deles. Essa teoria, como dissemos numa passagem anterior, foi instaurada por Sócrates como produto de suas definições. Mas Sócrates não separou os universais dos particulares, no que atuou com acerto. A propósito, isso é evidenciado pelos fatos; com efeito, sem o universal é impossível adquirirmos conhecimento, sendo a separação do universal a causa das dificuldades encontradas na teoria das Formas. Outros, considerando necessário – na pretensão de haver quaisquer substâncias além das sensíveis e transitórias – que as substâncias fossem separáveis e não dispondo de outras substâncias, conferiram existência independente às substâncias universalmente predicadas. Disso resultou que universais e particulares passam a ser coisas quase idênticas. Isso, por si só, constituiria uma dificuldade na perspectiva que acabamos de expor.

10

Mencionemos nesta oportunidade um ponto que representa um certo embaraço tanto para os que defendem a teoria das Formas quanto para os que não a defendem. Já foi indicado no início entre os problemas. Se não supormos estarem as substâncias separadas, isto é, do modo que se diz estarem separadas as coisas particulares, suprimiremos a substância no sentido no qual desejamos preservá-la. Mas se supormos o caráter separável das substâncias, como consideraremos seus elementos e princípios? Se são particulares e não universais, haverá tantas coisas reais quanto elementos e estes não serão cognoscíveis. De fato, suponhamos que as sílabas da palavra são substâncias e que suas letras são os elementos das substâncias. Então terá que haver apenas um *ba* e apenas um de cada uma das demais sílabas, isto é, se não são universais e idênticos na sua forma, embora cada um seja numericamente uno, um *isso* (uma coisa individual) e não seja um membro de uma classe que ostenta um nome comum (além do que eles sustentam que cada *coisa* Ideal é única). Ora, se isso vale para as sílabas, também vale para suas letras. Consequentemente não haverá mais do que um *a*, nem tampouco mais do que uma de quaisquer das outras letras com base no mesmo argumento por força do qual no caso da sílaba não pode haver mais do que um exemplo da mesma sílaba. Mas se é assim, não haverá outras coisas além das letras, mas exclusivamente as letras.

E mais uma vez tampouco os elementos serão cognoscíveis, visto que não serão universais, e o conhecimento é do universal. Isso pode ser constatado por referência às demonstrações e definições; com efeito, não há conclusão lógica de que um dado triângulo tenha seus ângulos iguais a dois ângulos retos, a não ser que todo triângulo tenha seus ângulos iguais a dois ângulos retos, ou de que um dado homem seja um animal, a não ser que todo homem seja um animal.

Por outro lado, se os primeiros princípios são universais, ou as substâncias deles compostas também serão universais, ou haverá uma não substância anterior à substância – porque o universal não é substância, o elemento ou primeiro princípio é universal e o elemento ou primeiro princípio é anterior àquilo de que é um elemento ou primeiro princípio. Tudo isso se conclui naturalmente quando eles compõem as Ideias de elementos e afirmam que além das substâncias (detentoras da mesma forma) há também Ideias, cada uma das quais é uma coisa independente.

Mas se, como ocorre com os elementos da palavra, não há razão por que não devesse haver muitos *as* e *bs*, e não o *próprio a* ou o *próprio b* apartados desses muitos, então com base nisso seria possível haver um número infinito de sílabas semelhantes.

A doutrina de que *todo conhecimento é do universal* e, consequentemente, de que os princípios das coisas existentes também têm que ser universais e não substâncias separadas apresenta a maior dificuldade entre todas as que discutimos. Há, entretanto, um sentido no qual essa afirmação é verdadeira, embora haja um outro no qual não é verdadeira. Conhecimento, como *conhecer*, tem dois sentidos, dos quais um é em potência e o outro em ato. A potência sendo, como matéria, universal e indefinida tem um objeto universal e indefinido. Mas o ato é definido e tem um objeto definido, porque é particular e ocupa-se do particular. É apenas acidentalmente que a visão vê a cor universal, porque a cor particular que vê é cor; e o *a* particular que o gramático estuda é um *a*. Pois se os primeiros princípios têm que ser universais, o que deles é oriundo também tem que ser universal, como ocorre nas demonstrações lógicas; e se assim é, nada haverá que tenha existência independente, isto é, nenhuma substância. É evidente, porém, que, embora num sentido o conhecimento seja universal, num outro não é.

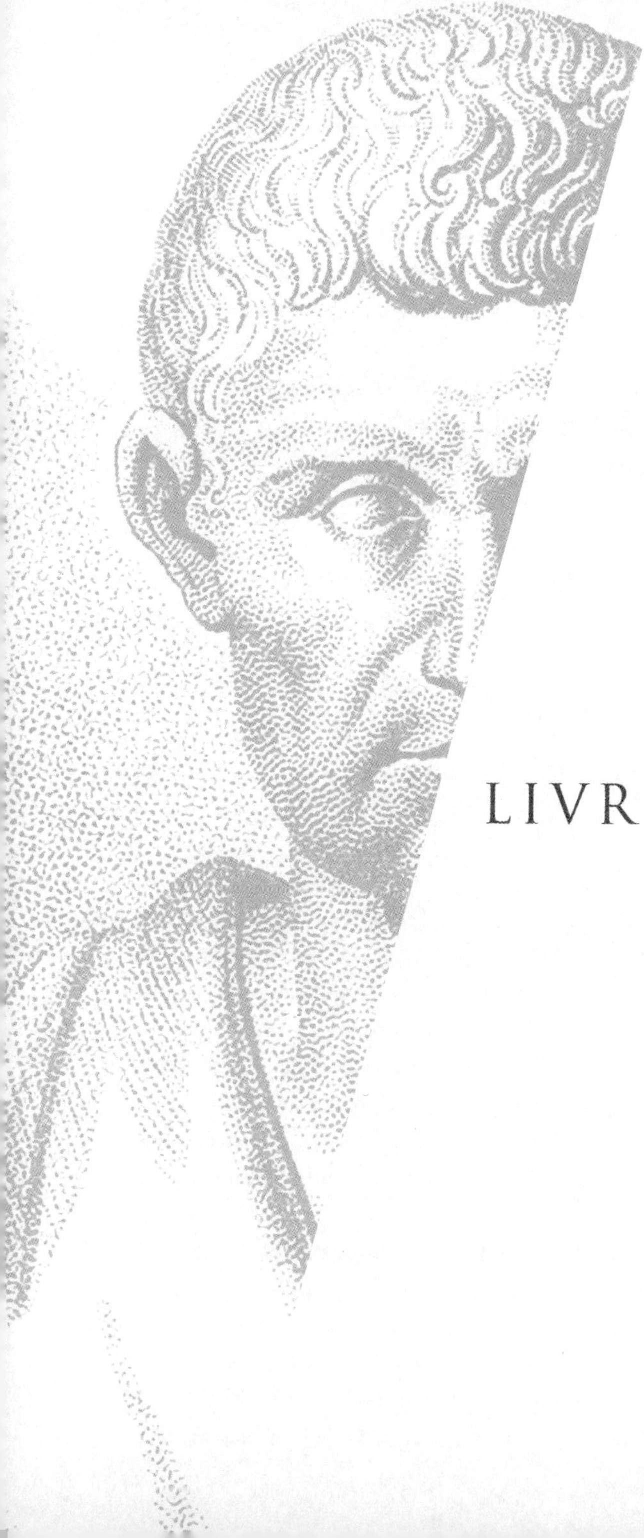

LIVRO XIV

1

No que diz respeito a esse tipo de substância,[503] que baste o que até agora foi exposto. Todos os pensadores fazem dos primeiros princípios contrários, tanto no domínio das coisas naturais quanto inclusive no que respeita às substâncias imutáveis. Ora, se nada pode ser anterior ao primeiro princípio de todas as coisas, não é possível que este primeiro princípio seja um primeiro princípio se for um atributo de alguma coisa mais. Isso seria tão absurdo como declarar que *branco* é o primeiro princípio, não *enquanto* alguma coisa mais, mas *enquanto branco*, e ainda que é predicável de um sujeito, e é branco porque é um atributo de uma outra coisa, pois então esse sujeito seria anterior. Ademais, todas as coisas são geradas de contrários como se o fossem de um substrato. Assim, com toda a certeza, contrários têm necessariamente um substrato. E, portanto, todos os contrários são predicados de um sujeito, nenhum deles existindo separadamente. Mas não há nenhum contrário à substância, o que não só é indicado pelo fenômeno como corroborado pela argumentação raciocinada.[504] Deste modo, nenhum dos contrários é, a rigor, um princípio. O primeiro princípio é algo diferente.

Mas esses pensadores tratam um dos contrários como matéria, alguns fazendo do *desigual* (que entendem como sendo a natureza da pluralidade) a matéria do *um* (1) (que é o *igual*), ao passo que outros fazem da pluralidade a matéria do *um* (1). Conforme um desses pensadores,[505] os números

503. Isto é, as Ideias ou os números como até agora examinados e criticados.

504. Ver *Categorias*, 3b24-27.

505. Alusão a Platão.

são gerados a partir da díade desigual do grande e do pequeno; segundo outro,[506] da pluralidade. Mas de um modo ou outro, são gerados pela substância do um (1). Aquele que se refere ao *desigual* e ao um (1) como elementos, e descreve o desigual como uma díade composta de grande e pequeno, refere-se ao desigual – isto é, o grande e o pequeno – como sendo unos, e não estabelece a distinção de que são unos na fórmula, mas não no número.

Ademais, enunciam insatisfatoriamente os primeiros princípios, os quais chamam de elementos. Alguns dizem que o *grande* e o *pequeno* juntamente com a unidade (1) (perfazendo 3 no total) são os elementos dos números, os dois primeiros como matéria e o um (1) como forma. Outros se expressam em termos de *muitos* e *poucos,* porque o *grande* e o *pequeno* são, em sua natureza, mais apropriados a serem princípios de grandeza; e outros nomeiam, de preferência, o caráter universal que abrange esses últimos: o *excedente* e o *excedido.* Entretanto, nenhuma dessas variações produz qualquer diferença considerável relativamente a algumas das consequências da teoria. Apenas afetam as dificuldades *abstratas,*[507] às quais esses pensadores escapam, porque as demonstrações que eles próprios empregam são *abstratas.*[508] Há, entretanto, a seguinte exceção: se o *excedente* e o *excedido* são os primeiros princípios, e não o *grande* e o *pequeno*, com base em idêntico princípio, o número deveria originar-se dos elementos antes de o dois ser originado, já que como *o excedente e o excedido* são mais universais do que o grande e o pequeno, assim o número é mais universal do que o dois. A julgar pelos fatos, porém, eles afirmam uma coisa, mas não a outra.

Outros opõem o *diferente* ou o *outro* ao um (1), enquanto outros ainda contrastam *pluralidade* e *unidade.* Ora, se – como sustentam – as coisas existentes provêm de contrários e se ou não há contrário ao um (1), ou se há algum contrário, é a pluralidade, e se o desigual é contrário ao igual, e o diferente ao idêntico, e o outro à coisa mesma, então os que opõem a unidade à pluralidade reúnem o melhor título de credibilidade, embora mesmo sua teoria seja inadequada, porque neste caso a unidade seria os *poucos*, já que a pluralidade opõe-se à escassez, e *muitos* a *poucos.*

Que o *um (1)* denota uma medida é evidente. E em cada caso há alguma coisa diferente que lhe serve de substrato. Por exemplo, na escala há o quarto de intervalo; na grandeza espacial, a polegada ou pé, ou alguma coisa

506. Referência provável ao sucessor de Platão na Academia, Espeusipo.

507. ...λογικάς... (*logikás*), quer dizer, mais precisamente: de natureza *dialética.*

508. Ver nota anterior.

semelhante; e nas cadências, a marcha ou a sílaba. Do mesmo modo, no que diz respeito à gravidade, há algum peso definido. O um (1) é predicado de
1088a1 todas as coisas da mesma maneira: das qualidades como uma qualidade e das quantidades como uma quantidade (a medida é indivisível, no primeiro caso na forma, enquanto no segundo para os nossos sentidos). Isso mostra que o um (1) não é qualquer substância independente. E isso é plausível, porque o um (1) indica uma medida de alguma pluralidade, e o número denota uma pluralidade medida e uma pluralidade de medidas. Daí também não se considerar, com razão, que o um (1) seja um número, pois *a medida* não é *medidas*, mas a medida e o um (1) são pontos de partida. A medida deve sempre ser algo que se aplica igualmente a tudo – por exemplo, se as coisas são cavalos, a medida é um cavalo; se homens, a medida é um homem, e se são um *homem*, um *cavalo* e um *deus*, a medida será presumivelmente um ser animado e o número deles será um número de seres animados. Se as coisas são *homem*, *branco* e *andando*, mal haverá um número deles, porque todos eles pertencem a um sujeito que é um e o mesmo numericamente. Entretanto, seu número será um número de *gêneros*, ou alguma outra designação equivalente.

Aqueles que consideram o desigual como um 1 e a díade como um composto indeterminado do grande e do pequeno sustentam teorias que estão bem longe da probabilidade e da possibilidade. Com efeito, estes são modificações e atributos, e não substratos, dos números e grandezas – *muitos* e *poucos* aplicando-se ao número, e *grande* e *pequeno* à grandeza, tal como ímpar e par, liso e áspero, reto e curvo são atributos. Ademais, a somar-se a esse erro, *grande* e *pequeno* e todos os outros similares têm que ser relativos. E a relação é, de todas as categorias, a que em menor grau constitui uma coisa real ou substância, sendo inclusive posterior à qualidade e quantidade. O relativo é um acidente da quantidade, como dissemos, e não sua matéria, uma vez que há alguma coisa mais distinta que é a matéria tanto do relativo em geral como de suas partes e tipos. Nada há *grande* ou *pequeno*, *muitos* ou *poucos* ou em geral relativo que seja muitos ou poucos, grande ou pequeno, ou relativo a alguma coisa mais sem ter uma natureza distinta que lhe seja própria. Que o relativo é uma substância e uma coisa real no mais baixo grau é indicado pelo fato de que somente dele não há geração, corrupção ou mudança no sentido em que no que toca à quantidade, há aumento e diminuição, no que toca à qualidade, alteração, no que toca ao lugar, locomoção, e no que toca à substância, geração e corrupção absolutas. O relativo não sofre nenhuma mudança real; de fato, sem qualquer mudança em si mesma, uma coisa será neste momento maior, noutro menor ou igual na medida em que a outra coisa experimenta uma mudança quantitativa. Além disso, a matéria de toda coisa – e, portanto, da substância – tem que ser aquela que é potencialmente daquela natureza. O relativo, entretanto, não é substância nem em potência nem em ato.

É, por conseguinte, absurdo, ou melhor impossível, representar a não substância como um elemento da substância e anterior a ela, já que todas as outras categorias são posteriores à substância. Além disso, os elementos não são predicados das coisas das quais são elementos. E, no entanto, *muitos* e *poucos* são predicados tanto separadamente quanto juntos do número; e *longo* e *curto* são predicados da linha e, no que concerne à superfície, é tanto larga quanto estreita. Se, então, há uma pluralidade da qual um termo, por exemplo *poucos*, é sempre predicável, digamos o 2 (que não pode ser muitos, pois se o fosse o 1 seria poucos...), então haverá um *muitos* absoluto – por exemplo, dez (10) será muitos (se nada houver mais do que dez), ou 10.000. Como é possível, então, nesta perspectiva, o número originar-se do *poucos* e *muitos*? Ou ambos dele devem ser predicados ou nem um, nem outro. Mas segundo essa perspectiva somente um ou outro é predicado.

2

É NECESSÁRIO INDAGARMOS em geral se as coisas eternas podem ser compostas de elementos. Se a resposta for afirmativa, terão matéria uma vez que tudo que consiste de elementos é composto. Supondo, então, ***que*** aquilo que consiste de qualquer coisa, quer tenha sempre existido ou tenha passado a existir, deva necessariamente passar a existir (vir a ser) a partir daquilo de que consiste; e ***que*** tudo vem a ser aquilo que vem a ser a partir daquilo que potencialmente é (pois não poderia ter vindo a ser a partir daquilo que não era potencialmente tal, e tampouco poderia dele consistir); e ***que*** a potência pode ser, ou não, atualizada, ***então*** não importa quão duradouro o número ou qualquer coisa que possua matéria possa ser, seria possível para ele não existir, tal como aquilo que tem um qualquer número de anos de idade é tão capaz de não existir quanto aquilo que tem um dia de idade. E na hipótese de ser assim, é possível que aquilo que existiu por tanto tempo que para ele não há limite também não exista. Portanto, coisas que contêm matéria não podem ser eternas, quer dizer, se aquilo que é capaz de não existir não é eterno, como tivemos oportunidade de dizer em alguma parte.[509] Ora, se o

509. Livro IX, Capítulo 8. Também no tratado *Do céu*, Livro I, Capítulo 12.

que vínhamos dizendo há pouco é universalmente verdadeiro, a saber, que *nenhuma substância é eterna a não ser que seja ato* e que os elementos são a matéria que serve de substrato à substância, nenhuma substância eterna pode ter elementos que, lhe sendo inerentes, deles ela consista.

Há alguns que, ao fazer do elemento que atua conjuntamente com o um (1) a díade indeterminada, objetam o *desigual* bastante razoavelmente, por conta das dificuldades por ele acarretadas. Mas livram-se apenas das dificuldades inevitavelmente nascidas da teoria dos que fazem do desigual, ou seja, do relativo, um elemento. Todas as dificuldades surgidas independentemente desta visão também são necessariamente encontradas no âmbito de suas próprias teorias, não importa se o que constroem a partir desses elementos é o número Ideal ou o matemático.

Há muitas causas para que recorram a essas explicações, a principal delas sendo o fato de que visualizaram o problema de uma maneira antiquada. Pensaram que todas as coisas existentes seriam redutíveis ao um, a saber, ao próprio *ser*, se não fosse solucionada e, adicionalmente, contestada a afirmação de Parmênides:

Pois jamais será demonstrado isto: que as coisas que não são são.[510]

Julgaram necessário demonstrar que aquilo que não é *é*, pois somente assim – daquilo que é e de algo mais – podiam ser compostas as coisas existentes, se são mais de uma.

Entretanto, em primeiro lugar, se *ser* possui diversos significados (uma vez que às vezes significa substância, outras vezes qualidade, outras vezes quantidade, e assim por diante quanto às demais categorias), que espécie de *um* são todas as *coisas que são* na suposição de que o não ser não é? Serão as substâncias unas ou as paixões (e semelhantemente com as demais categorias), ou todas as categorias conjuntamente? Em que sentido serão *um* o *isso* e o *aquilo*, o *tão grande* e todas as outras categorias que denotam algum sentido de *ser*? É, contudo, absurdo, senão impossível, que a introdução de uma coisa pudesse explicar o fato de que *o que é* às vezes significa *isso*, às vezes *aquilo*, às vezes *tanto*, às vezes *em tal lugar*.

Em segundo lugar, de que tipo de *não ser* e *ser* consistem as coisas reais? Também o não ser apresenta diversos significados, assim como o ser apresenta, e *não ser um homem* significa não ser um certo *isso*, não reto, não ser de uma certa qualidade, não três cúbitos de comprimento, não ser de uma certa quantidade. Que tipo de ser e de não ser, portanto,

---

510. Fragmento 7 (Diels-Kranz).

faz das coisas existentes uma pluralidade? Ele entende pelo não ser o que juntamente com o *ser* faz das coisas existentes uma pluralidade, o falso e o caráter da falsidade; e em razão disso, inclusive afirmou-se que temos que supor algo que é falso, tal como os geômetras supõem que uma linha tem um pé de comprimento, quando não tem. Mas não é possível que seja assim. Em primeiro lugar, os geômetras não supõem nada falso (uma vez que a proposição não faz parte da inferência lógica) e, em segundo lugar, as coisas existentes não são geradas a partir do não ser ou nele decompostas nesse sentido. Mas como o não ser, nos diversos casos, tem tantos sentidos quanto há categorias e, adicionalmente, diz-se do falso que *não é*, o mesmo ocorrendo com o potencial, é deste último que a geração procede, e o *homem* vem a ser daquilo que não é homem, mas homem em potência, e o *branco* daquilo que não é branco, mas que é branco em potência, isso sem importar se a geração é de uma coisa ou de muitas.

Está claro que o ponto em questão é como o *ser*, no sentido das substâncias, é múltiplo, já que as coisas geradas são números, linhas e corpos. É despropositado indagar como o *ser enquanto substância* é múltiplo e *não* como qualidades ou quantidades são múltiplas. Decerto a díade indeterminada ou *o grande e o pequeno* não constitui nenhuma razão para haver
1089b1 *dois brancos*, ou múltiplas cores, sabores ou configurações, pois se assim não fosse também estes seriam números e unidades. Mas se houvessem trilhado essa linha de investigação teriam percebido a causa da pluralidade também nas substâncias, visto ser a causa a mesma, ou análoga.

Foi devido a esse seu desvio na busca do oposto do *ser* e do *um*, a partir do que em combinação com o *ser* e o *um* originaram-se as coisas existentes, que eles postularam o relativo (isto é, o *desigual*), o qual não é nem o contrário nem a negação do *ser* e do *um*, mas uma característica singular das coisas existentes, tal como a substância ou a qualidade. Deveriam ter também investigado a seguinte questão: como explicar que os relativos são múltiplos e não unos? Do modo que é, indagam como é possível que haja muitas unidades além do *um* primário, mas não como pode haver muitas coisas desiguais além do *desigual*. A despeito disso, eles os utilizam em seus argumentos e discorrem sobre o *grande* e o *pequeno*, o *muitos* e o *poucos* (dos quais são compostos os números), o *longo* e o *curto* (dos quais a linha é composta), o *largo* e o *estreito* (dos quais é composta a superfície), o *profundo* e o *raso* (dos quais os sólidos são compostos); e mencionam ainda outros tipos de relação. Ora, o que causa a pluralidade nessas relações?

É necessário, como dizemos, pressupor para cada coisa aquilo que é em potência. O autor dessa teoria[511] depois explicou o que é potencialmente uma coisa particular ou substância, mas que não é por si existente, que é o relativo (poderia também ter dito *qualidade*); que não é potencialmente nem *ser* ou *um*, nem uma negação do *um* ou *ser*, mas apenas um tipo particular de *ser*. E seria ainda mais necessário, como o afirmamos, que, se estava investigando como são as coisas múltiplas, não tivesse restringido sua investigação a coisas da mesma categoria, e indagado *como* são múltiplas substâncias ou qualidades, mas que houvesse indagado como pode ser que coisas em geral são múltiplas. Efetivamente, algumas coisas são substâncias, algumas paixões e algumas relações. A propósito, no que toca às outras categorias, surge uma dificuldade a mais ao se descobrir como são múltiplas. De fato, seria cabível dizer que uma vez que não são separáveis, quantidades e qualidades são múltiplas somente porque seus substratos tornam-se e são múltiplos; não obstante, deve haver necessariamente alguma matéria para cada classe de coisas, com a ressalva de que não pode ser separável das substâncias. No caso das substâncias particulares, porém, revela-se explicável como a coisa particular pode ser múltipla sob a condição de não concebermos uma coisa tanto como uma substância particular quanto como uma certa característica. A dificuldade efetiva engendrada por essas considerações é o como as substâncias são realmente múltiplas e não *uma* substância.

Ademais, mesmo na hipótese de uma coisa particular e uma quantidade não serem idênticas, não fica explicado como e por que as coisas existentes são múltiplas, mas tão só como as quantidades são múltiplas; de fato, todo número indica quantidade e, se a unidade não significar uma medida, significará aquilo que é quantitativamente indivisível. Se, então, quantidade e substância diferem, não fica explicado por que motivo ou como a substância é múltipla; mas se são idênticas, quem o sustenta estará diante de muitas contradições lógicas.

Seria cabível também fixar a atenção na questão dos números, sobre o que justifica a crença de que existem. Para os que postulam as Ideias, os números suprem uma causa para as coisas existentes, uma vez que cada número é uma Ideia e esta é, de uma maneira ou outra, a causa da existência para outras coisas; que esta suposição lhes seja concedida. Mas quanto a quem não sustenta essa opinião, porque é capaz de perceber as

511. Platão.

dificuldades implícitas na teoria das Ideias (e assim não é devido a esse motivo que postula números) e, contudo, postula o número matemático, de quais fundamentos dispomos nós para dar crédito à sua afirmação de que há um tal número, e qual seria a utilidade deste número para outras coisas? Aquele que defende a existência do número matemático não afirma que ele é a causa de qualquer coisa, mas o considera como sendo algo detentor de existência independente. Tampouco pode nossa observação o apontar como sendo a causa de alguma coisa; de fato, os teoremas dos matemáticos aplicar-se-ão todos igualmente bem às coisas sensíveis, como afirmamos anteriormente.[512]

3

AQUELES, PORTANTO, que postulam as Ideias e identificam-nas com os números, graças à sua suposição (levantada com base em seu método de abstrair cada termo geral de seus vários exemplos concretos) de que todo termo geral é um 1, procuram explicar a razão da existência do número. Como, entretanto, seus argumentos não são nem necessariamente verdadeiros, nem em si mesmos possíveis, não há como justificar com fundamento nisso a afirmação da existência do número.

Os pitagóricos, por outro lado, observando que muitos atributos dos números são aplicados aos corpos sensíveis, supuseram que as coisas reais são números: não que os números tenham existência independente, mas que as coisas reais são compostas de números. Mas, afinal, por quê? Porque os atributos dos números estão presentes numa escala musical, nos céus e em muitas outras associações.

Quanto aos que sustentam que exclusivamente o número matemático existe, são incapazes de aduzir qualquer coisa nesse aspecto que seja coerente com suas hipóteses. O que realmente declararam foi que as ciências não podiam ter coisas sensíveis como seus objetos de estudo. Sustentamos, ao contrário, que podem – tal como já afirmamos anteriormente. E está claro que os objetos das matemáticas não existem independentemente, pois se assim existissem seus atributos não estariam presentes nas coisas corpóreas. Desta maneira, nesse aspecto os pitagóricos não estão vulneráveis à crítica. Mas na medida em que constroem corpos naturais, que possuem le-

512. Livro XIII, Capítulo 3.

veza e peso, a partir de números destituídos tanto de peso quanto de leveza, parecem-nos estar lidando com um outro universo e de outros corpos, e não dos sensíveis. Mas os que concebem o número como dissociável presumem sua existência e dissociabilidade, porque os axiomas não serão aplicáveis aos objetos sensíveis, ao passo que os enunciados das matemáticas são verdadeiros e agradam a alma. O mesmo vale para as grandezas matemáticas.

Fica claro, portanto, que, por um lado, a teoria contrária expressará o oposto disso e, por outro, que os que sustentam essa teoria têm que encontrar uma solução para a dificuldade que acabamos de suscitar, nomeadamente: *por que, enquanto os números de maneira alguma estão presentes nas coisas sensíveis, seus atributos estão*?

Há alguns que pensam que por ser o ponto o limite e extremidade da linha, e a linha da superfície, e a superfície do sólido, há necessariamente coisas reais desse tipo. Isso nos leva à necessidade de examinar também esse argumento e verificar se não é excepcionalmente fraco. Com efeito, extremidades não são substâncias; pelo contrário, todas as coisas desse jaez não passam de limites. Mesmo o andar – e o movimento em geral – apresenta certo limite. Assim, no que tange à teoria que estamos criticando, têm-se coisas individuais e um tipo de substância. Mas é absurdo. Que se acresça que mesmo que fossem substâncias seriam todas substâncias de coisas sensíveis particulares, uma vez que era a estas que o argumento aplicava-se. Por que, então, deveriam ser separáveis?

Ademais, podemos objetar – a não nos mostrarmos facilmente satisfeitos em excesso –, relativamente a todo número e objetos matemáticos, que em nada contribuem um para o outro, o anterior a favor do posterior. De fato, se o número não existisse, a despeito disso as grandezas espaciais existiriam para os que sustentam a existência exclusiva dos objetos matemáticos; e se essas grandezas não existissem, existiriam a alma e os corpos sensíveis. Mas não é de se concluir, a julgar pelos fenômenos observados, que falte coesão à natureza, tal como uma tragédia mal elaborada. Os que postulam as Ideias esquivam-se a este embaraço, porque constroem grandezas espaciais a partir da matéria, a partir de números – o dois para o caso das linhas, o três presumivelmente para o das superfícies, e o quatro para o dos sólidos, ou a partir de outros números, já que isso é indiferente. Mas deveremos conceber essas grandezas como Ideias? Ou qual é seu modo de existência? Ademais, no que contribuem para a realidade? Não contribuem em nada, tal como os objetos das matemáticas não contribuem em nada. Cumpre acrescentar que nenhum teorema matemático se lhes aplica, salvo se alguém optar por interferir com os princípios matemáticos e inventar teorias próprias peculiares. Não é difícil aventar quaisquer hipóteses aleatórias, desenvolvê-las e chegar a uma longa cadeia de conclusões.

Estão, portanto, esses pensadores inteiramente equivocados no seu empenho de vincular os objetos matemáticos às Ideias. Mas aqueles que primeiramente postularam dois tipos de números – o Ideal e o matemático – nem explicaram, nem são capazes de explicar de um modo ou outro como poderá o número matemático existir e do que será composto, uma vez que o tornam intermediário entre o número Ideal e o sensível. De fato, se for composto do *grande* e *pequeno,* será idêntico ao primeiro, isto é, o número Ideal. Mas de qual outro *grande* e *pequeno* pode ser ele composto? Pois ele[513] produz grandezas espaciais, a partir de um *grande* e *pequeno.* E se apontar para algum outro componente, estará afirmando um excesso de elementos. E se alguma coisa for o primeiro princípio de cada um dos dois tipos de números, o um (1) será algo comum a esses muitos tipos. É necessário que indaguemos como esse um (1) é essas múltiplas coisas quando, concomitantemente, o número – segundo ele – não pode originar-se, exceto do um (1) e da díade indeterminada.

Todas essas opiniões pecam por falta de racionalidade. São, por um lado, conflitantes entre si e, por outro, opõem-se à boa ló-gica. Que se some a isso a impressão de que nelas temos uma versão da *longa história* de Simônides. Com efeito, os homens recorrem à *longa história*, conforme a narrativa dos escravos, quando nada têm de satisfatório a dizer. Os próprios elementos também – o *grande e pequeno* – parecem bradar contra a violência de que são objeto, pois não podem, de modo algum, gerar números além dos obtidos a partir do um (1) mediante duplicação.

É igualmente absurdo – ou melhor, trata-se de uma das impossibilidades dessa teoria – atribuir geração a coisas que são eternas. Não há como duvidar de que os pitagóricos o fazem na medida em que afirmam claramente que quando o *um* havia sido constituído – a partir de planos, ou de superfícies-dimensões, ou da semente ou de elementos que são incapazes de explicar – imediatamente a parte mais próxima do *ilimitado*[514] começou a ser atraída e limitada pelo *limite.*[515] Contudo, como estão nesta oportunidade explicando a construção do universo e desejam expressar-se

---

513. Platão.

514. ...ἀπείρου... (*apeírou*).

515. ...πέρατος... (*pératos*). Ver *Física*, Livro III, Capítulo 4 e Livro IV, Capítulo 6.

na linguagem da física, ainda que possamos empreender algumas críticas às suas teorias sobre a natureza, é justo deixá-los fora da investigação em pauta; com efeito, o que investigamos são os primeiros princípios nas coisas imutáveis, o que nos obriga a examinar a geração desse tipo de números.

4

Esses pensadores afirmam que não há geração dos números ímpares, o que nitidamente sugere que há geração dos pares. E alguns sustentam que o par é construído inicialmente a partir dos desiguais – o grande e pequeno – quando são igualados. Portanto, a desigualdade deve necessariamente se aplicar a eles antes de serem igualados. Se haviam sido sempre igualados, não teriam sido antes desiguais, uma vez que nada há de anterior àquilo que sempre foi. A conclusão é que não é evidentemente pensando numa explicação teórica que introduzem a geração dos números.

Uma dificuldade acompanhada de descrédito, a qual afeta os que não veem dificuldade, nasce do problema de como os elementos e primeiros princípios estão relacionados ao *bom* e ao *belo*. Eis a dificuldade: se qualquer um dos elementos é tal como entendemos quando nos referimos ao bem ou ao supremo bem, ou se, pelo contrário, estes são posteriores, do ponto de vista da geração, aos elementos. Pareceria haver uma concordância entre os mitólogos e alguns pensadores atuais que negam a existência de tal elemento e afirmam que foi somente após alguma evolução na ordem natural das coisas que surgiram o bom e o belo. Assim agem visando a evitar uma efetiva dificuldade que se impõe aos que sustentam, como fazem alguns, que o um (1) é um primeiro princípio. Essa dificuldade não surge por se atribuir *bem* ao primeiro princípio como um atributo, mas por se conceber o um (1) como um princípio, e princípio no sentido de um elemento, e com isso fazer o número originar-se do um. Os antigos poetas[516] concordam com esta posição na medida em que afirmam que não foram as forças originais – tais como a *Noite e o Céu*, ou o *Caos*, ou o *Oceano* – que reinaram e governaram, mas Zeus. Foi, contudo, com fundamento na mudança dos governantes do universo que os poetas foram induzidos a enunciar essas teorias. De fato, aqueles entre

516. Especialmente Hesíodo e Homero.

eles que combinaram duas características[517] ao não descreverem tudo em linguagem mítica – por exemplo Ferécides e alguns outros – fizeram do bem supremo o gerador primordial, do mesmo modo que fazem os magos[518] e alguns dos filósofos posteriores como Empédocles e Anaxágoras, o primeiro fazendo do *amor* um elemento, ao passo que o segundo faz da *inteligência* um primeiro princípio. E, entre os que sustentam que as substâncias imutáveis existem, alguns identificam o um em si com o bem em si. Mas conceberam que a substância do bem era primordialmente o um.

O problema, portanto, é este: qual dessas duas opiniões deveríamos adotar? Ora, seria notável se o que é primário, eterno e supremamente autossuficiente não possuísse *essa própria qualidade*, a saber, a autossuficiência e a autopreservação, num grau primário e como alguma coisa boa. Aliás, é imperecível e autossuficiente, precisamente porque é bom e por nenhuma outra razão. Por conseguinte, é provavelmente correto afirmar que o primeiro princípio apresenta essa natureza. Mas afir-mar que esse princípio é o um, ou se não isso, afirmar que é um elemento – e um elemento de números – é impossível; de fato, isso envolve uma séria dificuldade que para ser evitada levou alguns pensadores (ou seja, os que concordam que o um é um primeiro princípio e elemento, mas somente do número matemático) a abandonar a teoria. Com efeito, segundo essa visão, todas as unidades tornam-se idênticas a algum bem, com o que obtemos uma enorme profusão de bens. Ademais, se as Formas são números, todas as Formas tornam-se idênticas a algum bem. Que alguém suponha Ideias de qualquer coisa que lhe aprouver. Se houver Ideias somente dos bens, as Ideias não serão substâncias; e se houver também Ideias de substâncias, todos os animais e plantas, assim como todas as coisas que participam das Ideias, serão bens.

Não só são esses absurdos as consequências resultantes, como também resultará que o elemento contrário, seja ele a pluralidade ou o desigual, isto é, o *grande e pequeno*, é mal absoluto. Daí um pensador evitou associar o *bem* com o *um,* sob o fundamento de que, uma vez que a geração procede de contrários, a natureza da pluralidade seria, neste caso, necessariamente má. Outros sustentam que a desigualdade é a natureza do mal, do que se concluiria que todas as coisas participam do mal, exceto

---

517. Isto é, a linguagem *característica* do mito e aquela *característica* da filosofia.

518. ...Μάγοι... (*Mágoi*): o termo (grafado inclusive com o μ maiúsculo) não é empregado na acepção genérica, mas alude especificamente aos sacerdotes caldeus ou persas da religião de Zoroastro (ou Zaratustra), ou mazdeísmo.

uma: o um absoluto; e que os números dele participam de uma maneira mais consumada do que as grandezas espaciais; e, adicionalmente, que o mal é o domínio para a atividade do bem, além de participar e tender para aquilo que é destrutivo do bem, uma vez que o contrário tende a destruir o seu contrário. E se, como asseveramos, a matéria é aquilo que cada coisa é potencialmente – por exemplo, a matéria do fogo em ato é aquilo que é potencialmente fogo – neste caso, o mau será simplesmente o potencialmente bom.

Assim, as razões de surgirem todas essas objeções são: [1] eles fazem de todo princípio um elemento; [2] fazem dos contrários princípios; [3] fazem do *um* um princípio e [4] consideram os números *como* as primeiras substâncias capazes de existir separadamente e *como* Formas.

5

SE, ENTÃO, REVELA-SE impossível tanto não incluir o bem entre os primeiros princípios quanto incluí-lo dessa maneira, fica claro que os primeiros princípios nem estão sendo acertadamente representados, nem são as substâncias primárias. Tampouco está correto o pensador[519] que compara os princípios do universo ao dos animais e das plantas, sob o fundamento de que as formas mais perfeitas sempre são produzidas a partir daquelas que são indeterminadas e imperfeitas, sendo levado com base nisso a afirmar que isso também é verdadeiro no que tange aos primeiros princípios, de sorte que nem sequer o *um ele mesmo* seria uma coisa real. Ele está errado, pois mesmo no mundo da natureza os princípios dos quais essas coisas são originadas são perfeitos, porque é o ser humano que gera o ser humano, o sêmen não antecedendo o ser humano. É igualmente absurdo gerar o espaço simultaneamente com os sólidos matemáticos (já que o espaço é peculiar a coisas particulares, razão pela qual são nele separáveis, ao passo que os objetos das matemáticas carecem de posição) e declarar que eles têm que estar em algum lugar e, não obstante isso, deixar de explicar qual é sua posição espacial.

Os que afirmam que *as coisas que são*[520] são oriundas dos elementos e que as primeiras das *coisas que são* são os números deveriam primeira-

---

519. Espeusipo.

520. ...τὰ ὄντα... (*tà ónta*).

mente ter distinguido os sentidos nos quais uma coisa é oriunda de uma outra e, em seguida, ter esclarecido em qual sentido o número origina-se dos primeiros princípios. Seria por mescla? Mas, em primeiro lugar, nem tudo admite mescla; em segundo, o resultado da mescla é alguma coisa diferente, e o um (1) não será separável, nem será uma entidade distinta, como pretendem eles que seja. Seria por composição, como afirmamos com relação à sílaba? Mas isso necessariamente implica posição, além do mais, ao pensar o um (1) e a pluralidade, os pensaremos separadamente. Isto, portanto, é o que o número será: uma unidade *mais* pluralidade, ou o um (1) *mais* o desigual.

Ademais, se uma coisa é oriunda de elementos, quer como inerente a eles ou não, de que maneira é o número originado? A originação a partir de elementos inerentes somente é possível para coisas que admitem geração. Será ele originado a partir de uma semente? Mas nada pode ser emitido daquilo que é indivisível. Seria originado de um contrário que não persiste? Mas todas as coisas cujo ser é assim originado também o têm originado de alguma coisa mais que não persiste. Como, portanto, um pensador con-
1092b1 sidera o *um* como contrário à pluralidade e um outro (tratando-o como o *igual*) como contrário ao desigual, o número é tratado como oriundo de contrários. Consequentemente, há algo mais que persiste a partir do que, juntamente com um contrário, o número é ou foi originado.

Além disso, por que, afinal de contas, enquanto todas as demais coisas oriundas de contrários, ou que apresentam contrários, perecem, mesmo que o contrário esgote-se para produzi-las, o número não perece? Não é dada para isso qualquer explicação. Todavia, quer inerente ou não inerente ao composto, o contrário o destrói – por exemplo, a luta destrói a mistura, embora não devesse fazê-lo, porque a mistura não é seu contrário.

Tampouco está definido de um modo ou outro em que sentido os números são as causas das substâncias e do *ser*; se como *limites* – por exemplo, como os pontos são os limites das grandezas espaciais – que foi como Eurito[521] determinou que número pertence a que coisa, digamos *este* número ao homem, e *este* ao cavalo, empregando seixos para imitar a configuração dos objetos naturais, como os que dispõem os números sob a forma de figuras geométricas, o triângulo e o quadrado. Ou será por que a harmonia é uma relação de números, o sendo assim também o ser humano e tudo o mais? Entretanto, em que sentido são números os atributos: branco, doce

521. Pensador que floresceu no começo do século IV a.C.

e quente? Ademais, está claro que os números não são a essência das coisas, não sendo eles tampouco causas da forma; com efeito, a relação é a essência, enquanto o número é matéria. Por exemplo, a essência da carne ou do osso *somente* é número no sentido de que é três partes de fogo e duas de terra. E o número, seja ele o que for, é sempre um número de alguma coisa, de partículas de fogo ou de terra, ou de unidades. Mas a essência é a proporção de uma quantidade relativamente à outra na mistura, ou seja, não mais um número, mas uma relação da mistura de números, ou de partículas corpóreas ou de qualquer outro tipo. A conclusão é que o número não é uma causa eficiente: nem o número em geral, nem aquilo que consiste de unidades abstratas... nem é ele a matéria, nem a fórmula ou forma das coisas. Nem é ele, tampouco, uma causa final.

6

Seria também cabível indagar qual o bem que extraem as coisas dos números pelo fato de sua mistura ser exprimível através de um número, ou um número facilmente calculável, ou um número ímpar. De fato, o hidromel não é mais sadio se for misturado na proporção três por três. Seria mais benéfico se misturado em nenhuma proporção em particular desde que diluído, de preferência a ser misturado numa proporção aritmética (mas forte). Novamente, as relações das misturas são expressas pela relação numérica, e não simplesmente por números – por exemplo, é 3:2 e não 3 *x* 2; de fato, em produtos de multiplicação as unidades têm que pertencer ao mesmo gênero. Assim, o produto de 1 *x* 2 *x* 3 tem que ser mensurável por 1, e o produto de 4 *x* 5 *x* 7 por 4. Portanto, todos os produtos que encerram o mesmo fator devem necessariamente ser mensuráveis por esse fator. Consequentemente, não é possível que o número do fogo seja 2 *x* 5 *x* 3 *x* 7 se o número da água é 2 *x* 3.

Se é necessário que todas as coisas participem no número, a conclusão necessária é que muitas coisas são as mesmas, isto é, que o mesmo número pertence tanto a esta coisa quanto a alguma coisa mais. É então o número uma causa, isto é, o objeto existe devido ao número? Ou não é isso conclusivo? Por exemplo, há um certo número dos movimentos do sol, como os há da lua, e realmente da vida e maturidade de todo ser vivo. Qual a razão, então, de alguns desses números não serem quadrados, outros cúbicos, alguns iguais e outros duplos? Não há razão para isso. Todas as coisas têm que cair nesta gama de números se, como foi suposto, todas as coisas têm participação numérica, e é possível que coisas diferentes enquadrem-se no mesmo número. Consequentemente, se o mesmo número pertenceu a certas coisas, estas teriam sido idênticas entre si, uma vez que teriam tido a mesma forma do número – por exemplo, sol e lua seriam idênticos. Mas por que esses números são causas? Há sete vogais,[522] sete cordas na escala, sete Plêiades. A maioria dos animais (ainda que não todos) perde os dentes no sétimo ano e sete foram os atacantes de Tebas. Seria por que o número sete *é o que é,* que houve sete atacantes e que as Plêiades consistem de sete estrelas? É certo que foram sete atacantes devido aos sete portões, ou por alguma outra razão, e as Plêiades são sete porque assim as computamos, tal como computamos a Ursa Maior como doze, ao passo que outros computam mais estrelas em ambas. Efetivamente, afirmam também que o Ξ, o Ψ e o Z são consonâncias, e que porque há três consonâncias há três consonantes duplas. Omitem totalmente o fato de que poderia haver milhares de tais letras na medida em que seria possível haver um signo para ΓΡ. Mas se dizem que cada uma dessas três letras é dupla relativamente às outras letras, nenhuma outra o sendo, e que a razão é haver na boca três regiões e uma letra ser aplicada ao *sigma*[523] em cada região, é por essa razão que há apenas três consonantes duplas, e não porque há três consonâncias, mesmo porque o número destas é realmente superior a três. Entretanto, não pode haver mais do que três consonantes duplas.

Esses pensadores assemelham-se aos velhos estudiosos de Homero, os quais enquanto enxergam similaridades secundárias deixam de ver as importantes.

Alguns afirmam haver muitas correspondências desse tipo – por exemplo, as notas medianas da oitava são respectivamente oito e nove, e o hexâmetro épico tem dezessete sílabas, o que é igual à soma de oito e nove; e a linha escande na primeira metade com nove sílabas e na segunda com oito sílabas. Por outro lado, eles salientam que o intervalo entre A e Ω[524] no alfabeto é igual ao intervalo entre a nota mais baixa de uma flauta e a mais alta, cujo número é igual ao do sistema total dos céus. Cumpre observar que ninguém consideraria difícil descobrir ou estabelecer tais

522. Aristóteles naturalmente tem em mente o alfabeto grego.

523. σ, ς (Σ): 18ª letra do alfabeto grego.

524. Isto é, entre a primeira (*alfa*) e a última (vigésima quarta: *ômega*) letras do alfabeto grego.

correspondências no domínio das coisas eternas, uma vez que podem ser constatadas até entre coisas perecíveis.

Quanto às celebradas características do número e seus contrários, e as propriedades matemáticas em geral, se as descrevermos como descrevem alguns, que delas fazem causas da natureza, parecerá que, se as examinarmos nessa linha de raciocínio, elas desaparecerão, já que nenhuma delas é uma causa em qualquer dos sentidos por nós distinguidos relativamente aos primeiros princípios. Entretanto, se concebermos os objetos matemáticos como o fazem esses pensadores, evidentemente o bem será predicável dos números, e o ímpar, o reto, o quadrado e as potências de certos números estarão na coluna do belo; de fato, as estações estão associadas a um número particular, e os demais exemplos por eles aduzidos a partir de teoremas matemáticos possuem todos a mesma força. A conclusão é que, uma vez que são acidentais, pareceriam meras coincidências. Mas todos os exemplos são apropriados entre si, constituindo uma unidade por analogia; de fato, há analogia entre todas as categorias do *ser*: como o reto está na extensão, está o plano na largura, talvez o ímpar no número e o branco na cor.

Além disso, não são os números Ideais que são as causas das relações harmônicas[525] e similares (com efeito, os números Ideais, mesmo quando iguais, diferem do ponto de vista da forma, uma vez que suas unidades também diferem do ponto de vista da forma[526]). Assim, ao menos por esta razão, não há necessidade de postularmos Formas[527].

São essas, portanto, as consequências da teoria, sendo possível aduzir muito mais. Contudo, o simples fato de encontrarem tanto problema relativamente à geração dos números Ideais e se mostrarem incapazes de construir um sistema pareceria constituir uma prova de que os objetos das matemáticas não são dissociáveis das coisas sensíveis – como insistem alguns – e de que os primeiros princípios não são os indicados pelas hipóteses desses pensadores.

---

525. Ou seja, as relações musicais.

526. Acepção aristotélica, forma em contraposição à matéria.

527. Acepção platônica, Forma (Ideia).

Este livro foi impresso pela Gráfica Grafilar
em fonte Garamond Premier Pro sobre papel Pólen Bold 70 g/m²
para a Edipro no outono de 2021.